"十二五"职业教育国家规划教材
经全国职业教育教材审定委员会审定
全国铁道职业教育教学指导委员会规划教材
"十二五"江苏省高等学校重点教材
高等职业教育城市轨道交通供电专业系列规划教材

城市轨道交通供电

宋奇吼　李学武　主　编
张云太　主　审

中国铁道出版社

2015年·北京

内 容 简 介

本书全面地介绍了城市轨道交通供电系统的各个子系统,包括变电所一次系统、变电所二次系统、接触网系统、电力监控系统,对各系统的功能需求、结构原理以及检修与运营管理都做了详细讲解。本书针对城市轨道供电系统发展趋势,第三轨供电、直流馈线 DDL 保护技术发展等新工作知识部分采用更加合理的表述方式。根据轨道交通供电系统运行维护人员应掌握的基本知识需求,校企合作共同确定了教材内容,应用工作过程导向的项目课程开发技术编排教材内容。

本书可作为高职院校相关专业的教科书,也可作为城市轨道交通供电设计、制造、工程、维护、运行等技术人员的培训教材和参考书。

图书在版编目(CIP)数据

城市轨道交通供电/宋奇吼,李学武主编 . ——
北京:中国铁道出版社,2015.12
"十二五"职业教育国家规划教材 全国铁道职业教育教学
指导委员会规划教材 "十二五"江苏省高等学校重点教材
ISBN 978-7-113-19863-3

Ⅰ.①城… Ⅱ.①宋… ②李… Ⅲ.①城市铁路—供
电系统—高等职业教育—教材 Ⅳ.①U239.5

中国版本图书馆 CIP 数据核字(2015)第 009144 号

书　　名:**城市轨道交通供电**

作　　者:宋奇吼 李学武 主编

策　　划:阚济存

责任编辑:阚济存　　　　编辑部电话:010-51873133　　　　电子邮箱:td51873133@163.com

封面设计:崔丽芳

责任校对:龚长江

责任印制:李 佳

出版发行:中国铁道出版社 (100054,北京市西城区右安门西街 8 号)

网　　址:http://www.tdpress.com

印　　刷:北京尚品荣华印刷有限公司

版　　次:2015 年 12 月第 1 版　2015 年 12 月第 1 次印刷

开　　本:787 mm×1 092 mm　1/16　印张:20　字数:510 千

印　　数:1~3 000 册

书　　号:ISBN 978-7-113-19863-3

定　　价:39.00 元

前言 PREFACE

　　本书为"十二五"职业教育国家规划教材,经全国职业教育教材审定委员会审定。

　　本书"十二五"为江苏省高等学校重点教材(项目编号为 2013-1-093)。在编写过程中得到"青蓝工程"项目资助。

　　随着城市轨道交通事业不断发展,供电系统作为城市轨道交通的重要组成部分,大量采用先进技术与新型设备,逐步实现监控自动化、远动化,运行管理智能化,性能检测及故障诊断现代化。对广大城市轨道交通供电系统运行维护人员在知识上、技能上提出更高要求。

　　编者以自己多年来从事高职高专教学与职工培训经验为基础,结合轨道交通供电系统的实际情况,以轨道交通供电系统新技术新设备技术资料为依据,充分汲取了高职高专在探索培养技术应用性人才方面取得的成功经验和教学成果,并参阅有关技术文献和生产厂家的技术资料,编写了本书。

　　本书全面系统地介绍了轨道交通供电系统运行维护人员应掌握的基本知识、技能,紧扣岗位标准,以设备讲解为中心,以技术应用为重点,力求做到内容新颖、概念准确、技术先进、联系实际,具有较强的实用性。

　　本书主要介绍近年来轨道交通供电系统新技术的发展方向,以设备单元为载体,分别讲述了牵引变压所主结线与配电装置、牵引变压所二次装置、接触网设备和远动系统,特别增加了设备单元的检修任务,编排了城市轨道交通供电设备的各种维护任务,适应了企业对高技能应用型人才的需求。

　　本书项目 1 的模块 5 至模块 7、项目 4 和项目 6 由南京铁道职业技术学院宋奇吼编写;项目 2 中的模块 1 至模块 4 及附录由南京铁道职业技术学院童岩峰编写;项目 3 由郑州铁路职业技术学院李学武编写;项目 5 由南京铁道职业技术

·1·

学院徐百钏编写;项目1中的模块1由南京铁道职业技术学院陈莉编写;项目1中的模块2由南京铁道职业技术学院杨飏编写。全书由宋奇吼、李学武主编,宋奇吼负责全书统稿工作。本书由中铁电气化勘测设备研究院张云太担任主审。

在本书编写过程中,得到了申通地铁、南京地铁、苏州地铁、中铁电化局、中铁建电气化局各位同仁的大力帮助,并提出了许多宝贵意见;武汉铁路职业技术学院陈刚和南京国铁电气有限责任公司冯正国参与了审稿工作,在此表示衷心感谢。

由于编者水平所限,书中疏漏和错误之处在所难免,诚恳欢迎读者提出宝贵意见,相关技术问题探讨可发送至 ntytdgd@163.com 电子邮箱。

编　者
2015 年 12 月

目目录 CONTENTS

项目1　城市轨道交通供电系统认知

项目描述

作为城市公共交通系统的一个重要组成部分,中国国家标准《城市公共交通常用名词术语》将城市轨道交通定义为"通常以电能为动力,采取轮轨运转方式的快速大运量公共交通之总称"。目前城市轨道交通有地铁、轻轨、独轨等多种类型,号称"城市交通的主动脉"。

城市轨道交通供电系统是为城市轨道交通运营提供所需电能的系统,不仅为城市轨道交通电动车组提供牵引用电,而且还为城市轨道交通运营服务的其他设施提供电能,如照明、通风、空调、给排水、通信、信号、防灾报警、自动扶梯等。在城市轨道交通的运营中,供电一旦中断,不仅会造成城市轨道交通运输系统的瘫痪,而且还会危及乘客生命安全和造成财产的损失。因此,高度安全可靠而又经济合理的电力供给是城市轨道交通正常运营的重要保证和前提。

拟实现的学习目标

1. 技能要求

(1)会识别不同的城市轨道交通类型;

(2)会识别城市轨道交通设备各子系统;

(3)会识别车站类型;

(4)会识别车站主要设备设施;

(5)会识别城市轨道交通供电系统的各子系统;

(6)会介绍城市轨道交通所采用的供电方式;

(7)会解释不同类型变电所的功能;

(8)会进行杂散电流防护与监测。

2. 知识要求

(1)了解不同的城市轨道交通类型;

(2)熟悉城市轨道交通设备各子系统;

(3)了解别车站类型;

(4)熟悉车站主要设备设施;

(5)掌握城市轨道交通供电系统的各子系统;

(6)掌握城市轨道交通所采用的供电方式;

(7)掌握不同类型变电所的功能;

(8)掌握杂散电流产生原因、防护与监测原则。

模块 1　城市轨道交通认知

城市轨道交通系统是一个复杂的联动系统,需要各子系统密切配合才能有效运行。本模块是城市轨道交通供电系统认知的基础部分,其他模块在其基础上提升。

1.1.1　学习目标

(1)了解城市轨道交通概念;
(2)熟悉城市轨道交通特点;
(3)掌握城市轨道交通类型;
(4)掌握城市轨道交通发展趋势。

1.1.2　知识准备

1.1.2.1　城市轨道交通的概念与分类

城市轨道交通是近代高科技的产物,大多采用全封闭道路、立体交叉、自动信号控制和电动车组等高科技产品和手段;其行车密度大,旅行速度高,载客能力大;其疏通客流的能力与传统的道路公共交通工具相比,具有极大的优越性。

1. 地铁

地铁是地下铁道交通的简称,它是一种在城市中修建的快速、大运量的轨道交通,通常以电力牵引,其单向高峰小时客运能力可达 30 000 人次以上,它的线路通常设在地下隧道内,也有的在城市中心以外地区从地下转到地面或高架桥上。图 1.1 所示为广州地铁。

目前世界上一些著名的特大城市,如纽约、伦敦、巴黎、莫斯科、东京等,均已形成一定的城轨交通规模和网络,且以地铁为主干,延伸到城市的各个方向。

图 1.1　广州地铁

地铁有以下特征:
(1)全部或大部分线路建于地面以下。
(2)建设费用大、周期长,成本回收慢。
(3)行车密度大,速度高。
(4)客运量大。
(5)地铁列车的编组数决定于客运量和站台的长度,一般为 2~8 辆。
(6)地铁车辆消声减振和防火均有严格要求,要做到既安全,又舒适。
(7)电压制式以直流 750 V 和 1 500 V 供电为主。

2. 轻轨

轻轨是一种中运量的轨道运输系统,一般采用钢轮钢轨体系,主要在城市的地面或高架桥上运行,线路采用地面专用轨道或高架轨道,遇繁华街区也可进入地下或与地铁衔接。轻轨的输送能力为(1.5~3.0)万人次/h,它的车辆轴重较轻,施加在轨道上的荷载相对于地铁的荷载来说比较轻,因而被称为轻轨。轻轨与地铁的不同之处在于运量较小,采用较小的车辆,线路曲线半径较小,线路的最大坡度较大,除此之外和地铁并无多大区别。

地铁和轻轨所采用的车辆、线路大体上是相同的,信号设备、通信设备、机电设备以及运营管理也是完全相同的。

不能认为,位于地面和高架的线路是轻轨,而地铁必须位于地下隧道内。例如,上海轨道交通3号线全部采用高架线路,许多人称之为轻轨,是不正确的,因为它完全是按地铁标准设计的,而且输送能力达3.0万人次/h以上。而6号线和8号线,大部分位于地下隧道内,却是按轻轨标准设计的,在3.0万人次/h以下。

也不能认为,轻轨的轨道较轻,虽然轻轨的轴重较轻,但是为了保证列车运行的平稳,仍然采用与地铁一样的钢轨。图1.2所示为大连的城市轻轨。

图1.2　大连的城市轻轨

轻轨有以下特征:

(1)它是以钢轮和钢轨为车辆提供走行的一种交通方式,车辆由电力提供牵引动力,可以采用直流、交流或线性电机驱动。

(2)轻轨的建设费用比地铁少,每公里线路造价仅为地铁的1/5~1/2。

(3)轻轨交通的每小时单向运输能力一般为(1.5~3.0)万人次,介于地铁和公共汽车之间,属于中等运能的一种公共交通形式。

(4)轻轨线路可以为地面、地下和高架混合型,一般与地面道路完全隔离,采用半封闭或全封闭专用车道。

(5)轻轨车辆一般采用C型车辆、Lc型车辆(直线电机)。

(6)轻轨交通对车辆和线路的消声和减振有较高的要求。

(7)电压制式以DC 750 V和DC 1500 V供电为主。

(8)轻轨车站分为地面、高架和地下三种形式。

3. 独轨

独轨交通的设想早在19世纪末已经形成。1901年德国鲁尔地区的三个工业城市之间,在险峻的乌珀河谷上空建成一条快速交通线,车辆吊在架空的导轨下面,沿着导轨行驶,后来三市合并成为乌珀塔尔市,这个独轨交通系统成为该市的一个标志。

独轨交通用作城市公共交通,开始进展比较缓慢。日本从德国引进专利,近30年开发了多种独轨铁路,在世界城轨交通中独树一帜。我国重庆市从日本引进的独轨交通系统已经开始运营,如图1.3所示。

独轨交通采用高架轨道结构,按结构形式分为跨坐式和悬挂式两种类型。前者车辆的走行装置(转向架)跨骑在走行轨道上,其车体重心处于走行轨道的上方。后者车体悬挂于可在轨道梁上行走的走行装置的下面,其重心处于走行轨道梁的下方。

图 1.3　重庆独轨铁路

独轨交通的优点是:

(1)独轨铁路线路占地小,可充分利用城市空间,适宜于在大城市的繁华中心区建线,对城市景观及日照影响小。

(2)独轨铁路构造较简单,建设费用低,为地铁的1/3左右。

(3)能实现大坡度和小曲线半径运行,可绕行城市的建筑物。

(4)一般采用轻型车辆,列车编组为4～6辆。

(5)走行装置采用空气弹簧和橡胶轮结构,并采用电力驱动,故运行噪声低,无废气,乘坐舒适。

(6)独轨铁路架于空中,具有交通和旅游观光的双重作用。

(7)跨座式轨道梁采用预应力混凝土梁制成,悬挂式轨道梁一般为箱形断面的钢结构。

独轨铁路交通的缺点是:

(1)能耗大。由于其走行装置采用橡胶轮,它与混凝土轨面的滚动摩擦阻力比钢轮钢轨大,故其能耗比一般轨道交通约大40%,且有轻度的橡胶粉尘污染。

(2)运能较小。一般每小时单向最大客运量为(1～2)万人次。

(3)独轨铁路不能与常规的地铁、轻轨等接轨。

(4)道岔结构复杂,笨重,转换时间较长,从而延长了列车折返时间。

(5)列车运行至区间时若发生事故,疏散和救援工作困难。

1.1.2.2　城市轨道交通的特点

城市轨道交通与城市道路交通相比,有以下特点:

1. 安全

城市轨道交通因为有运量大的特点,人们在设计、建设、管理以及资金的投入方面,对城市轨道交通的安全特别重视。

2. 快捷

城市轨道交通不受地面环境影响。

3. 准时

城市轨道交通在其专用的轨道上行驶,在可靠技术支持下,按照运营计划行驶,一般都会正常准时运营。

4. 舒适

城市轨道交通的乘车环境好。

5. 运量大

城市轨道交通的车厢空间大,一列地铁可载 2 000 人以上。

6. 无污染(或少污染)

城市轨道交通的动力是电能,没有污染。

7. 占地少,不破坏地面景观

城市轨道交通的线路主要在地下,占用城市地面面积少,不会破坏地面景观。

8. 投资大,技术复杂,建设周期长

城市轨道交通是一个庞大的系统工程,它涉及土建(装修)、机械、电子、供电、通信、信号等技术。设备多,点多面广,技术要求高,系统性、严密性、联动性要求高。土建工程大而多,且建设的周期长。涉及的资金投入一般是每公里(4～6)亿元。一般大城市建成一个 200 km 的地铁网,要投资上千亿的资金,且时间要 10～12 年甚至以上。

1.1.2.3　城市轨道交通发展概况

世界城市轨道交通已有 140 多年的历史,目前已呈现多元化的发展趋势。我国城市轨道交通起步较晚,但在城市化的推动下,建设态势在迅猛发展。

1. 世界城市轨道交通的发展

(1) 发展简史

1863 年,世界上第一条用蒸汽机车牵引的地下铁道线路在英国伦敦建成通车,当时还没有电车和电灯,至今已有 140 多年。纵观世界城市轨道交通发展历史,大致可分为两大阶段。

第一阶段从 1863 年到 20 世纪中叶。从第一条地铁诞生起,欧美的城市轨道交通发展较快,第二次世界大战前,有 13 个城市修建了地铁。

第二阶段从 20 世纪中叶至今。第二次世界大战后,伴随着各国城市的快速发展,地铁发展极为迅速。截至 2015 年全世界有 142 个城市拥有城市轨道交通系统。

(2) 技术发展

城市轨道交通属于集多工种、多专业于一身的复杂系统。1879 年,电力驱动列车的研制成功,不仅使地铁乘客和工作人员免除了蒸汽机车的烟熏之苦,也使城市轨道交通开创了使用无大气污染的二次能源之先河,城市轨道交通从此步入了连续不断的发展时期,相继出现了传统轮轨系统、直线电机驱动系统、磁悬浮列车、单轨交通系统、新交通系统等。现代城市轨道交通技术进步的标志,当以先进舒适的车辆和行车控制技术为代表。

① 车辆技术

城市轨道交通车辆的技术发展,可以从车体结构、车辆传动和走行系统三个方面来介绍。

a. 车体结构技术

城市轨道交通车辆的车体,过去主要采用碳素钢或耐候钢材料,现在已向不锈钢车体和铝合金车体发展。铝合金制成的车体,可以减轻车辆自重,增强抗腐蚀能力,延长使用寿命,还将减少大量的日常维护保养工作,可节省能源,并减轻对支撑结构物的压力而节省土建工程费用。但铝合金车体整体承载结构需要使用大量铝型材,技术难度较大,目前有的国家已在研究组合结构的车体技术。另外,目前世界范围内不锈钢车体也得到了广泛应用。不锈钢车体有局部不锈钢车、表板不锈钢车、全不锈钢车、半不锈钢车等几种类型,其最大优点是耐腐蚀,不用涂漆、易于维修。

b. 车辆传动技术

以前城市轨道交通车辆的牵引控制系统,主要采用直流电动机的凸轮变阻控制方式,这种方式使用了几十年,工作安全可靠,但车辆的启动和制动频繁,要消耗大量电能,其能量的散发还将引起隧道内温度的上升,对环境产生不良影响。自 20 世纪 60 年代初,新造车辆已越来越多地采用无级斩波调压控制方式。这确保了车辆的平稳启动与制动,又使得车辆设备的体积和重量大为减小,加上列车再生制动能量的利用,能耗显著降低,日常维护保养工作大大减少。随着GTO、IGBT 等大功率电子元器件的发展,为了使车辆运行更为平稳并达到主电动机维修工作量较小的目的,各国成功地开发了交流异步电动机变压变频控制技术。同时,作为科技发展新成就的代表,直线电机驱动技术、磁悬浮列车技术在城市轨道交通中也得到了实际应用。

c. 车辆走行系统

传统的车辆走行系统是车体通过转向架及轮对在钢轨上行走。城市轨道交通车辆的走行系统也在不断革新和发展,并已在实际应用上有所突破。如法国里尔地铁的 VAL 系统和日本神户等地的新交通系统等,都已经把传统的钢轮钢轨取消,而改用橡胶轮承重和水平轮导向的体系,车下轨道则采用特制的混凝土结构或钢板结构,使振动和噪声大大降低。另外,悬挂式单轨交通和跨座式单轨交通,在城市轨道交通工程中也得到了实际应用。

②行车控制技术

就行车控制技术而言,由于信息科学的不断进步,推动了微电子技术、信息传输技术和计算机网络技术的飞跃发展,城市轨道交通系统的行车控制技术充分利用了这些高新技术成果。行车系统使用的设备和技术,已从传统的电磁和电机设备,发展到功率电子和计算机技术;从运用普通金属电缆,发展到运用具有高速通信能力的光缆,使通信系统向无线通信与控制一体化的方向发展。就城市轨道交通的整体控制系统来说,将从以往的单一功能系统,向以模块化组成的适用于多种目的和多层次需要的综合控制系统发展;从单个列车局部而孤立的控制技术,向列车群的综合管理和控制方向发展;从中央集中控制管理方式,向集中管理、分散控制的自律分散式系统发展;从适用于固定闭塞的列车控制方式,向以列车自动运行为主体的移动闭塞方式发展。行车控制技术的发展,将使列车运行的安全度和准点率得到更为可靠的保障。

2. 国内城市轨道交通的发展

我国城市轨道交通开始于 20 世纪 60 年代的北京地铁建设。北京地铁一期工程 1965 年开工,1969 年建成通车。由于受资金、技术等因素制约,在其后的 30 多年中,中国的轨道交通建设速度十分缓慢。

随着我国国民经济的持续发展,城市化进程的逐步加快,城市人口与机动车数量急剧增长,人员出行和物资交流频繁,在我国大城市及特大城市,普遍存在着交通道路阻塞、交通秩序混乱、交通事故频发、交通污染严重等问题。由于城市轨道交通具有运量大、快捷舒服、安全节能、污染轻、占地少等特点,发展城市轨道交通已成为大城市发展公共交通的根本方针和缓解城市交通拥堵的最佳选择。

进入 20 世纪 90 年代以来,我国城市轨道交通进入了一个快速发展期,建设规模之大是世界城市轨道交通发展史上少有的,凸显了后发优势。我国累计有 19 个城市建成投运城轨线路87 条,总运营里程 2 539 km。其中地铁 2 074 km,占总里程的 81.7%;轻轨 192 km,占总里程的 7.6%;单轨 75 km,占总里程的 3.0%;现代有轨电车 100 km,占总里程的 3.9%;磁浮交通

30 km,占总里程的 1.2%;市域快轨 67 km,占总里程的 2.6%。

预计到 2020 年我国城市轨道交通累计营运里程将达到 7 395 km,中国城市轨道交通建设将迎来黄金时期。

在我国城市轨道交通的未来发展中,其趋势与前景主要集中在以下几个方面:

(1) 城市轨道交通网络化

单一的城市轨道交通线路不能满足市民出行的需要,更不能缓解城市交通的拥堵状况。必须形成多条线路互换的、基本覆盖城市主要区域的城市轨道交通的网络,才能有效解决城市交通的问题。城市轨道交通的网络化是大城市,尤其是特大城市,轨道交通发展的必然趋势。

城市轨道交通的网络至少要由三条以上独立运行的线路构成,而且每条线路至少有一个以上与其他线路换乘的车站。

城市轨道交通的网络化对于客流组织、客运服务以及应急处置提出较高的要求。

我国北京、上海、广州、南京、香港和台北已经实现了城市轨道交通的网络化运营。

(2) 交通制式多元化

虽大多数运行的城市轨道交通线路为传统地铁制式,但也出现了多样化的趋势。如长春建设了现代化轻轨交通;重庆轨道交通 2 号线为跨座式单轨交通;广州轨道交通 4 号线、北京机场线为直线电机系统;上海市区通往浦东机场则建成了高速磁悬浮线路。此外,还有 100 km/h、120 km/h 不同等级的市域快线等。

(3) 车辆与机电设备国产化

在国家城市轨道交通设备国产化政策推动下,通过建立合资企业,引进消化吸收新技术,开展多种形式的技术合作,我国将不断提高城市轨道交通的车辆、设备制造的技术水平和国产化率,逐步形成城市轨道交通车辆与机电设备的产业化。

1.1.3   工作任务

1.调研一条城市轨道交通线路

(1)调查其类型及主要技术参数;

(2)列出各子系统名称;

(3)列出其运营管理架构。

2.调研一个城市轨道交通车站

(1)列出其主要设施设备;

(2)画出车站示意图;

(3)调研其照明和配电系统。

1.1.4   分析与思考

本任务的目的是为了认知城市轨道交通系统,目前在实际工作中最常遇见的问题如下:

1.城市轨道交通各子系统如何相互配合,以保证有效运行?

2.城市轨道交通各子系统在哪里分界?

模块 2 城市轨道交通供电系统认知

城市轨道交通供电系统是城市轨道交通总系统中的一个重要组成部分,其有效运行是城市轨道交通总系统安全可靠运行的重要保障。本模块是城市轨道交通供电系统认知的核心部分,是在其他模块基础上提升。

1.2.1 学习目标

1.掌握城市轨道交通供电系统组成;

2.掌握供电系统向牵引变电所的供电方式;

3.掌握城市轨道交通供电系统的运行方式;

4.熟悉杂散电流形成机制;

5.掌握杂散电流腐蚀的防护与监测。

1.2.2 知识准备

1.2.2.1 城市轨道交通供电系统概述

1.城市轨道交通供电系统的供电制式

城市轨道交通的供电系统,由变电所、接触网(接触轨)和回流网三部分构成。变电所通过接触网(接触轨),由车辆受电器向电动客车馈送电能,回流网是牵引电流返回变电所的导体。

牵引网的供电制式主要指电流制、电压等级和馈电方式。目前城市轨道交通的直流牵引电压等级有 DC 600 V、DC 750 V 和 DC 1 500 V 等多种。我国国家标准《地铁直流牵引供电系统》规定了 DC 750 V 和 DC 1 500 V 两种电压制式。

牵引网的馈电方式分为架空接触网和接触轨两种基本类型。其中电压制式与馈电方式是密不可分的。一般架空接触网馈电方式电压等级采用 DC 1 500 V。目前第三轨馈电方式电压等级主要采用 DC 750 V,但有向 DC 1 500 V 发展的趋势。

供电制式选择的原则是:

(1)供电制式与客流量相适应

客流量是轨道交通设计的基础,应根据预测客流量大小,选择适用的电动客车类型和列车编组数量。一般大运量的轨道交通系统,采用 DC 1 500 V 电压和架空接触网馈电,中运量的系统采用 DC 750 V 电压和接触轨馈电方式。

(2)供电安全可靠

城市轨道交通是城市交通的骨干,一旦牵引网发生故障,造成列车停运,就会影响市民出行,引起城市交通混乱。因此,安全可靠是选择供电制式的最重要条件。

(3)便于安装和事故抢修

选用的牵引网应便于施工安装和日常维修,一旦发生牵引网故障,应便于抢修,尽快恢复运营。

(4)牵引网的使用寿命长,维修工作量小,是降低轨道交通运营成本的重要条件。

（5）城市轨道交通是城市的基础设施，应注重环境和景观效果。

2.国外轨道交通供电系统的发展

电力牵引用于轨道交通系统已有100多年的历史，随着经济和科学技术的不断发展，用于轨道交通的电力牵引方式有许多不同的制式出现。这里所说的制式是指供电系统向电动车辆或电力机车供电所采用的电流和电压制式，如直流制或交流制、电压等级、交流制中的频率（工频或低频）以及交流制中是单相或三相等。

为了便于理解电力牵引制式的变化和发展原因，首先介绍一下对城市轨道交通牵引列车的电动车辆或电力机车特性的基本要求：

（1）启动加速性能。要求启动加速力大而且平稳，即恒定的大启动力矩，便于列车快速平稳启动。

（2）动力设备容量利用。对列车的主要动力设备——牵引电动机的基本性能要求为：列车轻载时，运行速度可以高一些，而列车重载时运行速度可以低一些。这样无论列车重载或轻载都可以达到牵引电动机容量的充分利用，因为列车的牵引力与运行速度的乘积为其功率容量，这时近于常数。

（3）调速性能。城市轨道交通运输，要求有不同的运行速度，即调速。在调速过程中既要达到变速，还要尽可能经济，不要有太大的能量损耗，同时还希望容易实现调速。

了解了以上对列车牵引的基本特性要求以后，不难看出，直流串激电动机的性能是很符合这个要求的，即其机械特性（转矩与转速的关系特性）正符合重载时速度低，轻载时速度高的要求。更形象一点说，它具有牛马特性，牛可以拉得多一些，但跑得慢；马跑得快，但力气小，拉得少一些。

此外，从直流串激电动机的启动和调速方法看，也是比较容易实现的。为了限制直流串激电动机刚接通电源时启动电流太大和正常运行时为了降速而降低其端电压，最早采用在电动机回路中串联大功率电阻的方法来达到限流和降压的目的。这种方法实现是容易的，但在启动和调速过程中却带来了大量的能量损耗，很不经济。尽管如此，由于局限于一定时期的技术发展水平，采用直流串激电动机作为牵引动力就成为最早也是迄今为止被长期应用的形式，这就是供电系统直接以直流电向电动车辆或电力机车供电的电力牵引"直流制式"。

随着城市轨道交通客流量的不断增加，城轨列车需要的功率愈来愈大，如果采用直流供电制式，因受直流串激电动机（牵引电动机）端电压不能太高的限制，会导致供电电流很大，因而供电系统的电压损失和能量损耗必然增大。因此出现了"低频单相交流制"。

低频单相交流制是交流供电方式，交流电可以通过变压器升降压，因此可以升高供电系统的电压，到了列车以后再经车上的变压器将电压降低到适合牵引电动机应用的电压等级。由于早期整流技术的关系，这种制式采用的牵引电动机在原理上与直流串激电动机相似的单相交流整流子电动机。这种电动机存在着整流换向问题，其困难程度随电源频率的升高而增大，因此采用了"低频"单相交流制，它的供电频率和电压有 25 Hz、6.5～11 kV 和 15～16$\frac{2}{3}$ kV 等类型。由于用了低频电源使供电系统复杂化，需由专用低频电厂供电，或由变频电站将国家统一工频电源转变成低频电源再送出，因此在城市轨道交通中没有得到广泛应用，只在少量国家的工矿或干线上应用。

由于低频单相交流制存在以上缺点，长期以来，人们一直在寻求一种更理想的牵引供电方式，这就是"工频单相交流制"。这种制式既保留了交流制可以升高供电电压的长处，又仍旧采用直流串激电动机作为牵引电动机的优点，在电力机车上装设降压变压器和大功率整流设备，它们将高压电源降压，再整流成适合直流牵引电动机应用的低压直流电，电动机的调压调速可以通过改变降压变压器的抽头或可控制整流装置电压来达到。工频单相交流制是当前世界各国干线电气化铁路应用较普遍的牵引供电制式。我国干线电气化铁路即采用这种制式，其供电电压为 25 kV。

在牵引制的发展过程中曾出现过"三相交流制"的形式，但由于供电网比较复杂，必须要有两根（两相）架空接触线和走行轨道构成三相交流电路，两根架空接触线之间又要高压绝缘，造成的困难和投资更大，因此被淘汰。

关于直流制式的电压等级应用情况大致如下：干线电气化铁路的供电电压有 3 kV 的，电压没有再提高是因为受到直流牵引电动机端电压的限制，其值一般为 1.5 kV 左右，用 3 kV 供电，一般就需要将两台电动机串联，再提高供电电压，其连接就更复杂，还涉及当时整流装置绝缘水平的问题。这种制式在前苏联和东欧一些国家应用最普遍。

由于大功率半导体整流元件（晶闸管）的出现，在直流制电动车辆上，采用以晶闸管为主体的快速电子开关（整流器），可对直流串激牵引电动机进行调压调速，消除了用串联电阻启动和降压调速的不经济方法，给直流制增添了新的生命力。

另外还由于快速晶闸管的出现，近年来发展为由快速晶闸管等组成逆变器，不但将直流电逆变成交流电，而且频率可以调节，这样就解决了多年来想采用结构简单、结实的鼠笼式异步电动机作为牵引电动机的愿望。用变频率改变异步电动机速度的方法（简称变频调速），使异步牵引电动机性能满足牵引列车特点的要求。这种方法在国外无论在城市轨道交通还是在工矿和干线电牵引车辆上都应用较多。上海市地铁 2 号线的电动车辆就采用这种形式。不过，尽管电动车辆上采用的是交流异步牵引电动机，其架线供电电压还是直流的，所以还属于直流制式的范畴，这就给直流制的应用打开一个更宽广的天地，使它更有生命力。

从 1863 年伦敦建成世界上第一条地下铁道以来，在 150 多年的时间内，世界各国已有近百座城市修建了城市轨道交通。城市轨道交通几乎毫无例外地都采用直流供电制式，这是因为城市轨道交通运输需要的列车功率并不是很大，其供电半径（范围）也不大，因此供电电压不需要太高；还因为没有电抗压降直流制比交流制的电压损失小（同样电压等级下）。另外由于城市内的轨道交通，供电线路都处在城市建筑群之间，为确保安全，供电电压不宜太高。基于以上原因，世界各国城市轨道交通的供电电压都在 DC 550~1500 V，但其挡级很多，这是由各种不同交通形式，不同发展历史时期造成的。现在国际电工委员会拟定的电压标准为：600 V、750 V 和 1500 V 三种。后两种为推荐值。我国国标也规定为 750 V 和 1500 V，不推荐现有的 600 V。DC 1500 V 接触网和 DC 750 V 第三轨馈电都是可行的。从世界范围来看，采用第三轨馈电的占多数。

目前，为了降低工程造价，各国城市轨道交通有向地面线和高架线发展的趋向。随着人们环保意识的增强，越来越重视轨道交通的城市景观效果，因此，新建的轨道交通系统采用第三轨馈电的日益增多。例如，1990 年建成的新加坡地铁，号称集中了世界最先进的技术，为保护旅游城市环境，采用第三轨馈电。近年新建的吉隆坡轻轨、曼谷地铁、德黑兰地铁，都采用

DC 750 V 第三轨馈电。

近年来,有人说第三轨馈电是陈旧落后的技术,接触网是先进技术。这是一种片面的说法。衡量一条城轨线路是否先进,应该是它的自动化水平高低,计算机技术和信息技术应用程度,以及是否符合环保要求和景观效果,而不是采用了哪种供电方式。

3. 国内轨道交通供电系统的发展现状

我国自 1969 年建成北京第一条地下铁道以后,相继已有上海、广州、南京等城市轨道交通投入商业运营。国内在运营或者将要运营的轨道交通的供电系统主要采用架空式接触网和第三轨式(又称接触轨式)两种馈电类型。其中北京、天津等地铁采用 DC 750 V 的第三轨馈电,无锡地铁采用 DC 1 500 V 的第三轨馈电,电压提高到 1 500 V 是第三轨馈电技术发展的一个方向;上海、南京等地铁采用 DC 1 500 V 架空式接触网馈电。

下面我们从不同的角度对以上的两种供电制式进行分析比较。

(1)设备施工安装比较

架空接触网悬挂在钢轨轨面上方,由承力索、滑触线、馈电线、架空地线、绝缘子、支柱、支持与悬挂零部件、隔离开关、电缆及下锚装置等组成,结构比较复杂,零部件较多。架空接触网施工安装时,因作业面较高,作业不方便,安装调整比较困难。需要使用专用的架线车和大型机具,施工费用较高。

第三轨安装在车辆走行轨外侧,由导电接触轨、绝缘子、绝缘支架、防护罩、隔离开关和电缆组成,结构比较简单,零部件较少。第三轨安装高度较低,钢铝复合接触轨每延米重量为14.25 kg,施工安装方便,施工机具简单,施工安装费用较低。

(2)设备投资比较

现以青岛地铁为例,对两种供电制式的设备投资进行比较。青岛地铁第一期工程长约16.455 km,全部为地下线,设 13 座车站。采用以主变电所为主的混合式供电方案。除去两种供电制式相同部分设备的投资(2 座主变电所、车辆段的 1 座牵引降压混合变电所和两座降压变电所、10 kV 电缆网络),对两种供电制式下可比部分的设备投资比较如下。

①DC 1 500 V 架空接触网方案

青岛地铁第一期工程,采用 DC 1 500 V 架空接触网方案,正线上设牵引降压混合变电所 6座,设降压变电所 7 座。按牵引降压混合变电所每座造价 1 000 万元,降压变电所每座造价 400万元,架空接触网(柔性隧道内)每公里造价 165 万元计算,系统中可比部分的造价为 14 262万元。

②DC 750 V 低碳钢接触轨方案

采用 DC 750 V 低碳钢接触轨方案,正线上设 9 座牵引降压混合变电所,设 4 座降压变电所。该方案变电所的单价与 DC 1 500 V 架空接触网方案相同,接触轨每公里造价按 103 万元计算,系统中可比部分的造价为 14 009 万元。

③DC 750 V 钢铝复合接触轨方案

钢铝复合接触轨是由不锈钢带,通过机械方法,与铝合金型材相结合制成的接触轨。其特点一是重量轻,每延米重 14.75 kg;二是电阻率低,牵引网损耗小;三是供电距离较长。

青岛地铁第一期工程,采用 DC 750 V 钢铝复合接触轨方案,正线上设 7 座牵引降压混合变电所(接触网方案为 6 座),设 6 座降压变电所。钢铝接触轨每公里造价按 125 万元计算。系统中可比部分的造价为 13 538 万元。

由此可见,以设备投资而论,架空接触网方案和低碳钢接触轨方案基本持平,钢铝复合接触轨方案造价最低。

(3)供电可靠性比较

地铁每天运营18 h,必须保证不间断地供电。一旦供电中断,就会造成地铁停运,打乱城市交通秩序。因此,安全可靠的供电是选择供电制式的重要条件。

①架空接触网系统

柔性架空接触网结构复杂,固定支持零部件较多,所以薄弱环节也多。一旦某个零部件发生问题,会引起滑触线脱落,甚至发生刮弓等恶性事故。

另外,架空接触网靠导线张力维持其工作状态,经过多年磨损及电弧烧伤,导线的截面会逐渐减小,其强度也随之降低。加上导线材料的缺陷,在拉锚装置及故障电流作用下,极易发生滑触线断线事故,造成地铁停运。

香港地铁采用DC 1 500 V架空接触网供电。建成后多次发生架空线断裂,造成地铁长时间停运,引起地面交通瘫痪。

上述事实说明,架空接触网供电的可靠性较差。一旦发生断线事故,因高空作业也不便于抢修。上述架空线事故,国内几家地铁也已发生多起。

②接触轨系统

接触轨系统的零部件少,结构比较简单,坚固耐用,不存在断轨和刮碰受流器等事故隐患,北京和天津地铁的三轨系统使用近30年,从未发生过因接触轨故障造成列车停运事故。由此可见,接触轨供电系统的可靠性较高。一旦发生事故,抢修也方便快捷。

(4)使用寿命比较

接触网的使用寿命,关系到接触网更新改造的再投资,磨耗到限的导线必须及时更换。国产架空接触导线的设计使用寿命为15年,进口接触线的使用寿命可达20年。就是说采用架空接触网供电,系统每隔15~20年就需要更换一次滑触导线。

接触轨的特点是坚固耐磨,使用寿命长。我国地铁考查人员在伦敦地铁看到了使用100多年的第三轨。前几年,北京地铁曾对低碳钢接触轨磨耗状况进行过检测,经过20多年的运营,其磨耗量不到5%。按此推算,接触轨使用100年其磨耗量也不到25%。

因此,从使用寿命和节约投资考虑,接触轨方案具有较大优势。

(5)维修费用比较

①架空接触网系统

架空接触网在运营中维修调整工作量较大,需要组建接触网维修工区。一个接触网工区定员需25人,配备专用的接触网检查车,承担10 km左右线路接触网的维修任务。按此计算,一条20 km长的地铁,需要设两个接触网工区,定员约50人。

接触网工区的车辆、机具设备以及人员工资福利等,使运营管理单位每年要付出一笔很大的维修费用及管理费用。

另外,在日常运营中,若接触网发生断线事故,由于作业面高,抢修很困难。香港地铁最长的抢修时间达12 h。

②接触轨系统

采用第三轨供电,其结构简单,坚固耐用,几乎不用维修。北京地铁没有专职的三轨维修人员,由线路维修人员兼顾三轨维修。

平常三轨维修的内容有：擦拭绝缘瓷瓶、检查馈电线接头焊点、调整三轨安装位置、检查防爬设备、调整三轨弯头。这些简单的维修工作，不需要大型机具设备，所花维修费用较少。

（6）土建费用比较

快速轨道交通的土建费用，与工程地质条件和施工方法有关。地下车站明挖施工，与供电制式无关，盾构法施工的区间隧道断面，两种供电制式相同，不需要进行比较。

用明挖法施工的区间隧道，两种供电制式的净空高度不同，具有可比性。

我国地下铁道限界标准规定，DC 1 500 V 架空线系统的隧道净空高度为 4.5 m；DC 750 V 三轨系统的隧道净空高度为 4.2 m。两者相差 0.3 m。

按此计算，DC 750 V 三轨系统，每延米区间隧道（双线），可节约钢筋混凝土 0.42 m³，每公里隧道可节约投资 46 万元。

用矿山法施工的直墙拱形隧道，DC 1 500 V 系统与 DC 750 V 系统，净空高度相差 0.25 m。每公里隧道减少开挖量 2 350 m³，可节约投资约 70 万元。

（7）城市景观效果比较

随着人们环保意识的增强，越来越重视城市环境和景观。上海地铁 3 号线建成以后，人们开始反思架空接触网对城市景观的负面影响，实际上这个问题十年以前在国外已经引起重视。

1990 年建成的新加坡地铁 67 km 线路，1998 年马来西亚吉隆坡建成的两条高架轻轨，以及 1999 年建成的泰国曼谷轻轨，从城市景观效果考虑，均采用第三轨馈电。

北京地铁 13 号线，以地面线和高架线为主，采用第三轨馈电，其景观效果受到了市民的称赞。广州地铁总结了过去的经验，已确定在地铁 4 号线上采用 DC 1 500 V 电压的第三轨馈电方式。

从城市景观效果考虑，三轨馈电系统有较大的优势。

（8）人身安全比较

系统采用 DC 1 500 V 架空接触网，其滑触线悬挂在线路上方 4 m 处，不会对轨道维修人员及发生事故时人员快速疏散带来影响，安全性较好。正在研究中的城际间快速轨道交通系统，采用地面线和高架线形式，城市景观退居次要地位。出于人身安全考虑，倾向于采用架空接触网馈电。

DC 750 V 三轨系统，接触轨安装在走行轨旁边，高度较低，在接触轨带电情况下，人员进入隧道，或发生事故时人员快速疏散有一定的危险性。因此，从人身安全考虑，架空接触网系统具有优势。实践说明，由于在三轨上安装有绝缘防护罩，北京地铁运营 30 多年来也未发生工作人员和乘客被电击伤的事故。

（9）牵引网能量损耗比较

牵引网系统的能量损耗，与牵引网的电压制和馈电方式有关。在列车功率相同的条件下，牵引网电压和列车电流成反比，即牵引网电压提高一倍，其列车电流减少一倍。因此 DC 1 500 V 系统比 DC 750 V 系统的列车电流减小。

变电所的间距增大，牵引网的馈线电流成正比增大。DC 1 500 V 系统的变电所间距比 DC 750 V 系统大，二者牵引网上的实际馈线电流不是 1:2 的关系，而应该是 1:1.5 的关系。

另一方面，架空接触网上的线路电阻为 23～27 mΩ/km，而钢铝复合三轨的线路电阻为 8 mΩ/km，仅为架空接触网电阻的 1/3。根据电能消耗公式 $W = I^2 Rt$ 计算，钢铝复合轨牵引网的电能消耗要比架空接触网的能耗小。

综上所述,通过对两种供电制式的比较,可以看出:从工程一次投资比较,DC1500V架空接触网方案最高,DC750V低碳钢三轨方案次之,DC750V钢铝复合轨方案最低;DC1500V架空接触网方案,在人身安全方面具有优势;DC750V三轨方案具有6大优势,即施工安装和故障抢修方便,区间隧道土建费用低,供电可靠性高,使用寿命长,维修工作量小且维修费用和管理费用低,城市景观效果好。

一般来说,预测客流量较大,选用A型车8辆编组,车组重量达440t。按照这样大的负荷确定系统采用DC1500V架空线供电比较合适。对于一些中等城市,客流量不是很大,选用B型车6辆编组,车组重量不超过300t。在这种线路上,选用第三轨供电比较合适。

架空接触网适合用在地下线,如用在高架桥上和地面线上,将影响城市景观。特别是旅游城市更要考虑到城市景观效果,应该采用第三轨供电。

1.2.2.2 城市轨道交通供电系统的组成

城市轨道交通作为城市电网的一个用户,一般都直接从城市电网取得电能,无需单独建设电厂;城市电网也把城市轨道交通看成一个重要用户。城市轨道交通供电系统由电源系统(城市电网、主变电所)和牵引供电系统、动力照明供电系统和电力监控系统组成。其中牵引供电系统包括牵引变电所和牵引网两大部分,动力照明供电系统包括降压变电所与动力照明配电系统。

城市轨道交通的供电系统可分为交流高中压(HMV)、牵引供电(TPS)、接触网(OCS)、电力监控(SCA)等子系统。

1. 电源系统

我国和大多数国家一样,电力生产由国家经营管理,因此无论是干线电气化铁路,还是工矿电力牵引和城市轨道交通电力牵引用电均由国家统一电网供给。

为了说明电力牵引供电系统各个组成部分的关系和作用,下面以城市轨道交通直流电力牵引供电系统为例,如图1.4所示。

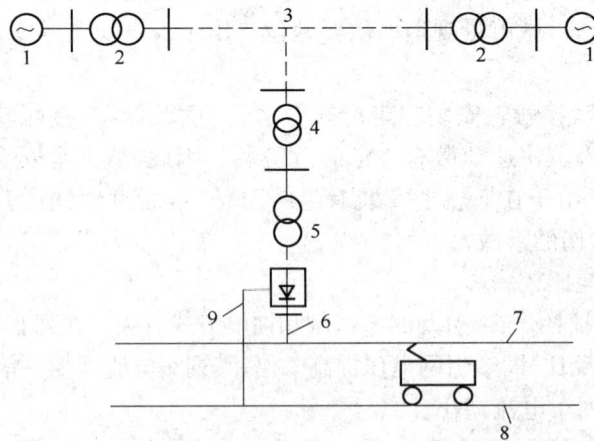

图1.4 城市轨道交通电力牵引供电系统

1—发电厂(站);2—升压变压器;3—电力网;4—主降压变电站;
5—直流牵引变电所;6—馈电线;7—接触网;8—走行轨道;9—回流线

生产电能的发电厂(站)由于它所利用的能源的不同,可以分为火力发电厂(用煤、油为燃料)、水力发电厂、原子能发电厂以及风力、地热、太阳能和潮汐发电厂等。电厂可能与其用户相距甚远,必须将输电电压升高,以减少线路的电压损失和能量损耗,因此在发电厂的输出端接入升压变压器以提高输电电压。目前我国用得最普遍的输电电压等级为110~220 kV。

通常国家供电系统总是把在同一个区域(或大区)的许多发电厂通过高压输电线和变电所联结起来成为一个大的统一的供电系统,向该区域的负荷供电。这样由各级电压输电线将发电厂、变电所和电力用户联结起来的一个发电、输电、变电、配电和用户的统一体被称为电力系统。组成统一的电力系统有如下的一些优越性:

(1)可以充分利用动力资源。火力发电厂发出多少电能就需要相应的消耗多少燃料,而其他的某些类型发电厂,它能发出多少电能取决于当时该发电厂的动力资源情况,如水电站的水位高低,它随自然条件的变化而变化。因此,组成统一的电力系统以后,在任何时候,可以动态地调整各种动力资源,以求其发挥最大效益。

(2)减少燃料运输,降低发电成本。大容量火力发电厂所消耗的燃料是很可观的,如果不用高压远距离输电,则发电厂必然要建在负荷中心附近而不能建在燃料资源的生产地,这样就要大量运输燃料,造成发电成本升高。采用高压输电电力系统以后就可以解决以上问题,将发电厂建在动力资源丰富的地方。

(3)提高供电的可靠性。由于供电区域内的负荷是由多个发电厂组成的电力系统共同供电的,与单个发电厂独立向自己的负荷供电比较起来,对负荷的供电可靠性就可以提高很多,因为系统内发电厂之间可以起到互为后备的作用。与此同时,整个系统的发电设备容量也可以减少很多,降低了设备的投资费用。

(4)提高发电效率。没有组成电力系统之前,每个发电厂的容量是按照它的供电负荷大小来设计选择的,如果该地区负荷小,则发电设备单机容量就小。通常单机小容量的发电设备总是比大容量的设备运行效率低些,因此组成电力系统以后,不但各发电厂的单机容量可以尽可能选得大一些,以提高单机的运行效率,而且总机组数目也可减少,还不受各地区负荷大小的牵制,因为它们是由统一系统供电的,这就达到了提高发电效率的目的。

通常高压输电线到了各城市或工业区以后通过区域变电所(站)将电能转配或降低一个等级(如10~35 kV)向附近各用电中心送电。城市轨道交通牵引用电既可从区域变电所高压线路得电,也可以从下一级电压的城市地方电网得电,这取决于系统和城市地方电网具体情况以及牵引用电容量大小。

对于直接从系统高压电网获得电力的城市轨道交通系统,往往需要再设置一级主降压变电站,将系统输电电压如110~220 kV降低到10~35 kV以适应直流牵引变电所的需要。从管理的角度上看,主降压变电站可以由电力系统(电业部门)直接管理,也可以归属于城市轨道交通部门管理。

从发电厂(站)经升压、高压输电网、区域变电站至主降压变电站部分通常被称为牵引供电系统的"外部(或一次)供电系统"。主降压变电站(当它不属于电力部门时)及其以后部分统称为"牵引供电系统",它应该包括:主降压变电站、直流牵引变电所、馈电线、接触网、走行轨及回流线等。直流牵引变电所将三相高压交流电变成适合电动车辆应用的低压直流电。馈电线是将牵引变电所的直流电送到接触网上。接触网是沿列车走行轨架设的特殊供电线路,电动车辆通过其受流器与接触网的直接接触而获得电能,走行轨道构成牵引供电回路的一部分,回流线将轨道回流引向牵引变电所。

2.向牵引变电所的供电方式

城市电网对城轨交通的供电方式有如下三种。

(1)集中供电方式

沿着城轨交通线路,根据用电容量和城轨交通线路的长短,建设城轨交通专用的主变电所。主变电所电压一般为进线电源 AC 110 kV,由发电厂或区域变电所对其供电,再由主变电所降压为城轨交通内部供电系统所需的电压级(AC 35 kV 或 AC 10 kV)。各主变电所具有两路独立的 AC 110 kV 电源。集中供电方式有利于城轨交通公司的运营和管理,各牵引变电所和降压变电所由环网电缆供电,具有很高的可靠性。广州、深圳、上海和香港城轨交通即为此种供电方式。集中供电方式如图 1.5 所示。

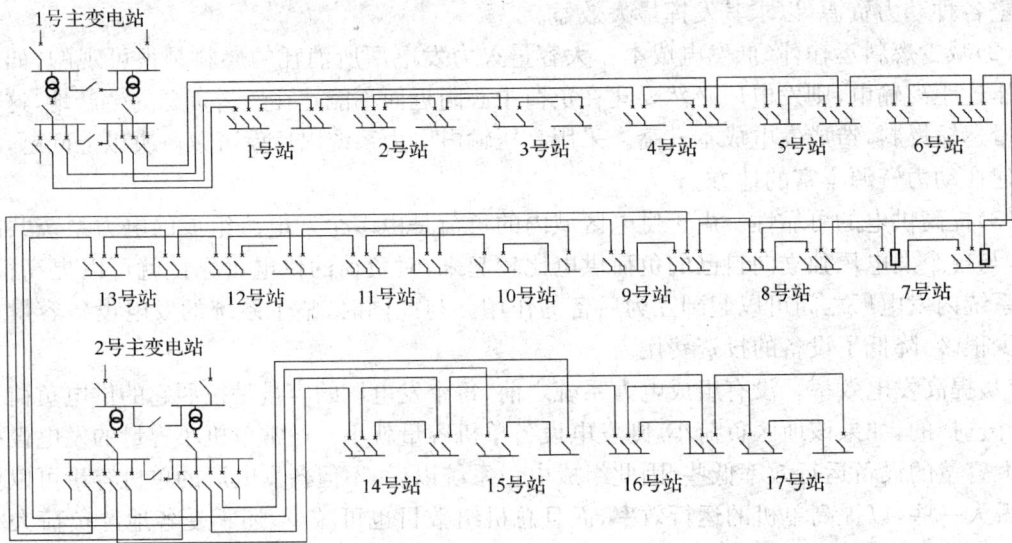

图 1.5 集中供电方式的环网供电示意图

①主变电所

城轨负荷作为一级负荷,主变电所进线一般为双电源。双电源的设计有两种:一是两路电源均为专用线路,电源可靠性高;另一种是一路电源为专用线路,另一路 T 接于供电线路与其他用户共享电源。T 接电源可靠性相对来说有所下降,但也能满足地铁供电的要求。两路电源分列运行,相互备用。同时,在设计中通过地铁环网电缆将两座主变电所的母线进行连接,即使两路外部电源同时发生故障,也可以实现主变电所之间的相互支援,提高了外部电源的安全可靠性。

主变电所进线电源侧可采用桥形接线或线路变压器组接线,如图 1.6 所示。采用何种接线形式,主要考虑外部电源的可靠程度和电力部门的要求。桥形接线的可靠性要略高于线路变压器组接线,主要体现在当一路进线电源故障时,完全不影响地铁供电系统的运行,而此时线路变压器组接线就只能单台主变压器运行。主变电所中压侧采用单母线分段接线方式,当其中 1 台主变压器或一路中压进线不能正常运行时,通过母联开关合闸保证地铁供电的可靠性。当外部电源不稳定时,通过主变压器有载调压开关保证地铁电源的稳定性和可靠性。

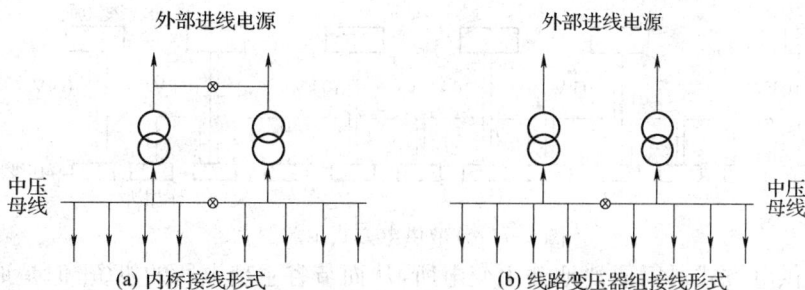

(a) 内桥接线形式　　　　　(b) 线路变压器组接线形式

图 1.6　主变电所电气主接线示意图

②中压交流环网系统

城市轨道交通的中压交流环网系统可采用牵引与动力照明相对独立的网络形式,也可采用牵引与动力照明混合的网络形式。对于牵引与动力照明相对独立的网络,牵引供电网络与动力照明网络的电压等级可以相同,也可以不同。供电系统中的中压网络应按列车运行的远期通过能力来设计,对互为备用线路,一路退出运行时,另一路应能承担其一、二级负荷的供电,线路末端电压损失不宜超过 5%。

一个运行可靠、调度灵活的环网供电系统,一般需满足以下设计原则和技术条件:

a. 供电系统应满足经济、可靠、接线简单、运行灵活的要求。

b. 供电系统(含牵引供电)容量按远期高峰小时负荷设计,根据路网规划的设计可预留一定裕度。

c. 供电系统按一级负荷设计,即平时由两路互为备用的独立电源供电,以实现不间断供电。

d. 环网设备容量应满足远期最大高峰小时负荷的要求,并满足当一个主变电所发生故障时(不含中压母线故障),另一个主变电所能承担全线牵引负荷及全线动力照明一、二级负荷的供电。

e. 电缆载流量也满足最大高峰小时负荷的要求,同时当主变电所正常运行,环网中一条电缆故障时,应能保证城市轨道交通正常运行。此时可不考虑主变电所和环网电缆同时故障的情况,但考虑主变电所与一个牵引变电所同时故障时,能正常供电(三级负荷除外)。

在中压环网电压等级的选取上,国内一般有 35 kV/33 kV 和 10 kV 两种等级,环网电压高则可相应减少主变电所的个数和降低线路损耗。目前,国内已经开通和即将开通的地铁线路多数采用集中供电方式,中压环网电压多采用 35 kV/33 kV 等级。

(2)分散供电方式

根据城轨交通供电系统的需要,在城轨交通沿线直接从城市电网引入多路电源,由区域变电所直接对城轨交通牵引变电所和降压变电所供电,称为分散供电。这种供电方式多为 AC 10 kV 电压级,因为我国各大城市的电网在逐渐取消或改造 AC 35 kV 这一电压级,要想在 10~30 km 的范围内引入多路 AC 35 kV 电源是不现实的。分散供电方式要保证每座牵引变电所和降压变电所都能获得双路电源。沈阳城轨、北京城轨 5 号线即为此种供电方式。分散供电方式如图 1.7 所示,可以看到,无论是牵引变电所还是降压变电所,其电源都由不同地方的电源提供。

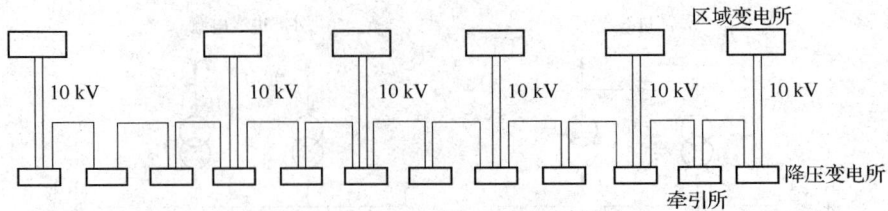

图 1.7　分散供电方式示意图

采用分散供电方式可以取消地铁主变电所,从而节省主变电所的投资,但是地铁电源系统能否采用这种方式与城市电网发达情况密切相关。采用集中供电方式可使地铁供电系统与外界的接点减少,便于日后的运营维护。

(3)混合供电方式

混合供电方式是前两种供电方式的结合,以集中供电方式为主,个别地段引入城市电网电源作为集中供电方式的补充,使供电系统更加完善和可靠。武汉轨道交通、北京城轨交通1号线和2号线即为此种供电方式。

1.2.2.3　城市轨道交通供电系统的特点

1. 牵引供电系统

(1)概述

城轨交通牵引供电系统由牵引变电所或牵引降压混合变电所(为便于叙述,以下统称为牵引变电所)和接触网系统构成,共同完成向城轨交通列车输送电能的任务。

牵引变电所是牵引供电系统的核心,一般由进出线单元、变压变流单元及馈出单元构成。其主要功能是将中压环网的 AC 35 kV 或 AC 10 kV 电源经变压变流单元转换为城轨交通列车所需的电能,并分配到上下行区间供列车牵引用。在城轨交通工程中,由于地下土建工程造价较高,所以在地面有条件时最好将牵引变电所建于地面,但降压变电所由于压损的要求仍应设在车站内,这样可以有效地节约工程造价。

在设备选型上,随着设备制造技术的发展,设备在防火、减小占地面积等方面都所进步。例如,干式变压器在防火、防潮湿等方面的优势都使其更适合城轨交通的运行环境;SF_6 气体绝缘开关柜(GIS)占地面积要比传统的空气绝缘开关柜(AIS)小,地下变电站中采用 GIS 柜可降低工程造价,尤其在 35 kV 电压等级下采用 GIS 柜的优势更为突出。

接触网系统负责将牵引变电所馈出的电能输送到列车上,一般有架空接触网和接触轨两种形式。从电压等级看,国内有 DC 1 500 V 和 DC 750 V 两种等级,DC 1 500 V 采用架空接触网形式,DC 750 V 采用接触轨形式。

采用 DC 1 500 V 接触网制式与 DC 750 V 接触轨形式相比,由于电压等级高,可以节省沿线牵引变电所的数量,并且由于接触网是架空悬挂,其安全性较好。但采用接触网形式对城市景观影响较大,运营后的维护工作量也较大。在具体的工程中可从一次投资、城市景观、安全因素和维护工作量等方面进行综合比选来确定受流方式。

在接触轨材料的选择上,国内已运行的城轨交通线路大多采用低碳钢,在国外,有些城轨交通采用钢铝复合轨。与低碳钢三轨相比,钢铝复合轨载流量大,可以减少牵引变电所的数量,降低运营维修费用,减少运行损耗。现在,国内武汉轻轨和天津地铁均已采用该材料。

(2)组成与要求

在城市轨道交通牵引供电系统中,电能从牵引变电所经馈电线、接触网输送给电动车组,再从电动列车经钢轨(称轨道回路)、回流线流回牵引变电所。由馈电线、接触网、轨道回路及回流线组成的供电网络称为牵引网。牵引供电系统即由牵引变电所和牵引网组成,其中牵引变电所和接触网是牵引供电系统的主要组成部分。接触网按其结构可分为架空式和接触轨式,按其悬挂方式又可分为柔性接触网和刚性接触网。习惯上,由于接触轨式是沿线路敷设的与轨道平行的附加轨,故又称第三轨;而采用架空方式时,才称为"接触网"。

城市轨道交通牵引供电系统如图1.8所示,其各部分功能简述如下。

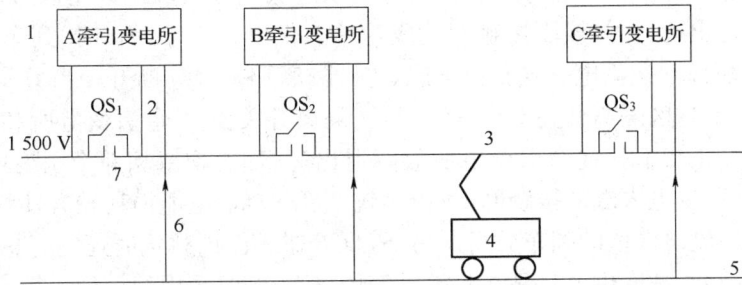

图1.8 牵引供电系统示意图

1—牵引变电所;2—馈电线;3—接触网(轨);4—电动列车;5—钢轨;6—回流线;7—电分段

①牵引变电所:供给城市轨道交通一定区域内牵引电能的变电所。

②接触网(或接触轨):经过电动列车的受电器向电动列车供给电能的导电网(有接触轨方式和架空接触网两种方式)。

③馈电线:从牵引变电所向接触网输送牵引电能的导线。

④回流线:用以供牵引电流返回牵引变电所的导线。

⑤电分段:为便于检修和缩小事故范围,将接触网分成若干段,称为电分段。

⑥轨道:列车行走时,利用走行轨作为牵引电流回流的电路。在采用跨座式单轨电动车组时,需沿线路专门敷设单独的回流线。

在城市轨道交通牵引供电系统中采用直流供电制。我国早期建成的北京城市轨道交通供电电压采用750 V,上海、广州、南京、深圳城市轨道交通采用1 500 V。

牵引变电所的数量、容量和设置距离是根据牵引计算的结果,并对经济技术条件比较后确定的。它们一般设置在城市轨道交通沿线若干站及车辆段附近。每个牵引变电所按其所需容量设置两组牵引整流机组并列运行,沿线任一牵引变电所故障解列,由两侧相邻的牵引变电所共同承担该区段的全部牵引负荷。

牵引变电所的容量和设置距离一般需考虑以下设计原则和技术条件:

①正线任一牵引变电所故障时,其相邻牵引变电所应采用越区供电方式,负担起该区段的全部牵引负荷,此负荷应满足远期高峰小时负荷。

②牵引变电所的数量及其在线路上的位置,应满足在事故情况下越区或单边供电时,接触网的电压水平。直流牵引供电系统的电压及其波动范围应符合表1.1的规定。

表1.1 直流牵引供电系统电压值

标称值(V)	最高值(V)	最低值(V)
750	900	500
1500	1800	1000

③在任何运行方式下,接触网最高电压不得高于最高值,高峰小时负荷时,全线任一点的

电压不得低于最低值。

（3）运行方式

牵引变电所向接触网（或接触轨）供电方式有两种，即单边供电和双边供电。城市轨道交通接触网（或接触轨）在每个牵引变电所附近由电分段进行电气隔离，分成两个供电分区，每个供电分区也称为一个供电臂。如列车只从所在供电臂上的一个牵引变电所获得电能，这种供电方式称为单边供电。如一个供电臂同时从相邻两个牵引变电所获得电能，则称为双边供电。

一般，车辆段内采用单边供电方式，正线采用双边供电方式。在采用双边供电时，当某一牵引变电所故障退出运行时，该段接触网就成为单边供电。正常运行时，列车从 B 牵引变电所和 C 牵引变电所以双边供电方式获得电能，越区隔离开关 QS_2 断开。当 B 牵引变电所因故障退出运行时，合上越区隔离开关 QS_2，通过越区隔离开关由 A 牵引变电所和 C 牵引变电所进行大双边供电。正线上任何牵引变电所故障退出运行时，均由相邻牵引变电所越区供电。在越区供电方式下，供电末端的接触网（或接触轨）电压较低，电能损耗较大，因此，视情况要适当减少同时处在该供电区段的列车数目。另外，直流馈线保护整定时还需考虑大双边供电方式下的灵敏度。因此，越区供电只是在不得已的情况下，短时采用的一种运行方式。

2.动力照明系统

动力照明系统为除城轨交通列车以外的其他所有地铁用电负荷提供电能，其中包括通信、信号、事故照明和计算机系统等许多一级负荷。这些一级负荷均与城轨交通正常运营密不可分，所以在设计、设备选型和施工过程中都应对动力照明系统给予足够的重视。城轨交通降压变电所与城网 10 kV 变电所一样，都是将中压电经变压器变为380 V/220 V电源供动力照明负荷用电。在引入电源方面，每座降压变电所均从中压环网引入两路电源，有条件时还应从相邻变电所或市电引一路备用电源，对于特别重要的负荷如控制系统计算机设备等负荷还应设蓄电池作为备用电源。

3.电力监控系统

电力监控系统是贯穿于整个供电系统的监视控制部分，是控制技术在电力系统中的应用。电力监控系统由控制中心、通信通道和被控站系统组成，对全线变电所及沿线供电设备实行集中监视、控制和测量。控制中心由数据服务器、通信前置机、工程师工作站及模拟盘显示器等组成，完成对所采集数据的分析、计算、存储、设备状态监视以及控制命令的发送等功能。被控站系统由变电所上位 PLC 或后台计算机、所内通信通道及下位 PLC 组成，完成对设备状态、信号等数据的采集、整理、简单分析计算及所内控制等功能。

4.城轨交通供电系统对电源的基本要求

一般工厂企业用电多集中在一个地方，而城轨交通用电则在沿线路几十公里的范围内，这是城轨交通与其他用户不同的地方。城轨交通作为城市电网的重要用户，属于 1 级负荷。城轨交通供电系统的主变电所、牵引变电所、降压变电所，都要求能获得两路电源。城轨交通供电系统对电源的基本要求是：

（1）两路电源要求来自不同的变电所或同一变电所的不同母线。

（2）每个进线电源的容量应满足变电所全部 1、2 级负荷的要求。

（3）两路电源应分列运行，互为备用，当 1 路电源发生故障时，由另 1 路电源恢复供电。

（4）为便于运营管理和减少损耗，要求集中式供电的主变电所的站位和分散式供电的电源点，要尽量靠近城轨交通线路，减少引入城轨交通的电缆通道的长度。

5. 城轨交通供电系统的电压等级

城轨交通供电系统电压等级主要有如下几种：

（1）AC 110 kV、AC 63 kV：为主变电所的电源电压，其中 AC 63 kV 电压级为东北电网所特有。

（2）AC 35 kV：为主变电所电源电压或牵引供电系统电源电压，如北京、青岛城轨交通的主变电所电源电压和上海、广州、深圳、香港的牵引供电系统电源电压属于 AC 35 kV 等级。AC 35 kV 这一电压级在各大城市电网中将逐渐消失，而由 AC 110 kV 取代。作为城轨交通内部和环网供电专用，AC 35 kV 电压级还将继续存在下去。环网供电的电压如果不采用 AC 35 kV，则可采用 AC 10 kV。

（3）AC 10 kV：牵引供电系统、动力照明供电系统和电力监控系统适用这一电压级。

（4）AC 380 V/220 V：城轨交通动力照明等低压负荷用电的电源电压。

（5）AC 36 V：安全照明电源电压。

（6）DC 1 500 V 或 DC 750 V：接触网（轨）电源电压。

（7）DC 220 V 或 DC 110 V：变电所直流操作电源电压和事故照明电压。

6. 城市轨道交通杂散电流

（1）杂散电流的形成

直流牵引供电系统在理想的状况下，牵引电流由牵引变电所的正极出发，经由接触网、电动列车和回流轨（即走行轨）返回牵引变电所的负极。但钢轨与隧道或道床等结构钢之间的绝缘电阻不是无限大，这样势必造成流经牵引轨的牵引电流不能全部经由钢轨流回牵引变电所的负极，有一部分的牵引电流会泄漏到隧道或道床等结构钢上，然后经过结构钢和大地流回牵引变电所的负极，这部分泄漏到隧道或道床等结构钢上的电流就是杂散电流，也称作迷流。图 1.9（a）为直流牵引地下杂散电流示意图。

走行轨铺设在轨枕、道砟和大地上，由于轨枕等的绝缘不良和大地的导电性能，地下的杂散电流如图 1.9（a）所示杂散地流入大地，然后在某些地方又重新流回钢轨和牵引变电所的负极。在走行轨附近埋有地下金属管道和其他任何金属结构时，杂散电流的一部分就会从导电的金属体上流过，如图 1.10 所示。此时钢轨和地下金属各点对大地的电位分布如图 1.9（b）和（c）所示。

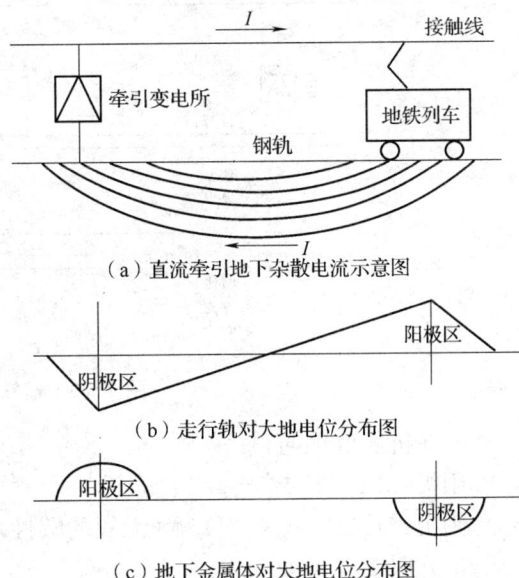

（a）直流牵引地下杂散电流示意图

（b）走行轨对大地电位分布图

（c）地下金属体对大地电位分布图

图 1.9　地下杂散电流和电位

（2）杂散电流的影响和危害

城市轨道中的杂散电流是一种有害的电流，会对地铁中的电气设备、设施的正常运行造成不同程度的影响，以及对隧道、道床的结构钢和附近的金属管线造成危害。这种危害主要表现在如下几个方面。

①若地下杂散电流流入电气接地装置，将引起过高的接地电位，使某些设备无法正常工作。

②若钢轨（走行轨）局部或整体对地的绝缘变差，则此钢轨（走行轨）对大地的泄漏电流增大，地下杂散电流增大，这时有可能引起牵引变电所的框架保护动作。而框架保护动作，则整

个牵引变电所的断路器会跳闸,全所失电,同时还会联跳相邻牵引变电所对应的馈线断路器,从而造成较大范围的停电事故,影响地铁的正常运营。

③对城市轨道隧道、道床或其他建筑物的结构钢筋以及附近的金属管线(如电缆、金属管件等)造成电腐蚀。如果这种电腐蚀长期存在,将会严重损坏地铁附近的各种结构钢筋和地下金属管线,破坏了结构钢的强度,缩短其使用寿命。

(3)地下金属结构被杂散电流腐蚀的基本原理

①腐蚀过程

直流牵引供电方式所形成的迷流及其腐蚀部位如图 1.10 所示。图中的 I 为牵引电流,I_x、J_y 分别为走行轨回流和泄漏的杂散电流。

由图 1.10 可知,杂散电流所经过的路径可等效地看成为两个串联的腐蚀电池。其中电池 Ⅰ 为 A 钢轨(阳极区)→B 道床、土壤→C 金属管线(阴极区);电池 Ⅱ 为 D 金属管线(阳极区)→E 土壤、道床→F 钢轨(阴极区)。

当杂散电流由图 1.10 中两个阳极区、钢轨(A)和金属管线(D)部位流出时,该部位的金属铁(Fe)便与其周围的电解质发生阳极过程的电解作用,此处的金属随即遭到腐蚀。这种腐蚀的过程,实际可能发生两种氧化还原反应。其中之一是当金属铁(Fe)周围的介质是酸性电解质,即 pH<7 时,发生的氧化还原反应是析氢腐蚀;二是当金属铁(Fe)周围的介质是碱性电解质,即 pH>7 时,发生的氧化还原反应为吸氧腐蚀。两种腐蚀的化学反应方程式如下:

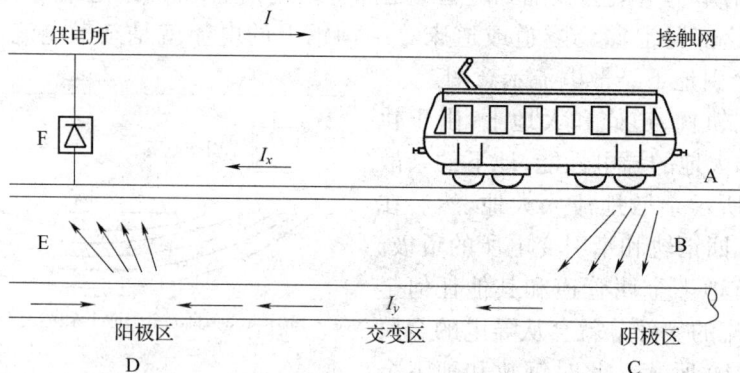

图 1.10　地铁杂散电流腐蚀原理图

a.在析氢腐蚀时。

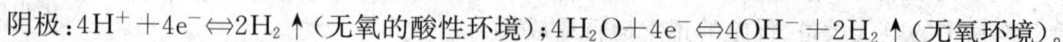

阳极:$2Fe \Leftrightarrow 2Fe^{2+} + 4e^-$。

阴极:$4H^+ + 4e^- \Leftrightarrow 2H_2 \uparrow$(无氧的酸性环境);$4H_2O + 4e^- \Leftrightarrow 4OH^- + 2H_2 \uparrow$(无氧环境)。

b.在吸氧腐蚀时。

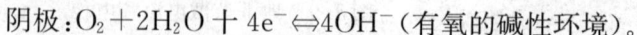

阳极:$2Fe \Leftrightarrow 2Fe^{2+} + 4e^-$。

阴极:$O_2 + 2H_2O + 4e^- \Leftrightarrow 4OH^-$(有氧的碱性环境)。

上述两种腐蚀反应通常生成 $Fe(OH)_2$,而在钢筋表面或介质中析出,部分还可以进一步被氧化形成 $Fe(OH)_3$。生成的 $Fe(OH)_2$ 继续被介质中的 O_2 氧化成 $Fe(OH)_3$,而 $Fe(OH)_3$ 可进一步生成 Fe_3O_4(黑锈的主要成分)。

②腐蚀特点

杂散电流腐蚀的一般特点有:腐蚀激烈,集中于局部位置;当有防腐层时,又往往集中于防腐层的缺陷部位。杂散电流腐蚀和自然腐蚀有较大的差异,具体如表1.2所示。

表 1.2 杂散电流腐蚀和自然腐蚀的差异

项　目		自然腐蚀	杂散电流腐蚀
钢铁	外观	孔蚀倾向较小,有黄色或黑色的质地较疏松的锈层,创面边缘不整齐,清除腐蚀产物后创面较粗糙	孔蚀倾向大,创面光滑,有时是金属光泽,边缘较整齐,腐蚀物似炭黑色细粉状,有水分存在时,可明显观察到电解迹象
	环境	几乎在土壤中均可发生	一般土壤电阻率大于 10 000 Ω·cm 环境下,腐蚀较困难
铅	外观	腐蚀均匀,有空洞时亦表现浅皿状,腐蚀物为不透明的粉状物	空洞内面粗糙,创面呈线状,长行分布不匀或沿电缆呈一直线分布,腐蚀物为透明的或白色的结晶物
	环境	水的 pH 值一般在 6.8～8.5 范围之外,氯化物浓度大	地下水为中性,普遍会有氯化物、碳酸盐、硫酸盐

(4)杂散电流腐蚀的防护与监测

①杂散电流腐蚀防护的原则

城市轨道中杂散电流腐蚀防护应遵循以下基本原则。

a. 采取措施,以治本为主,将城市轨道杂散电流减小至最低限度。

b. 采取措施,限制杂散电流向轨道外部扩散。

c. 轨道附近的地下金属管线结构,应采取有效的防蚀措施。

②杂散电流的防护措施

杂散电流的防护设计应采取"以堵为主,以排为辅,防排结合,加强监测"的原则。

a. 堵。就是隔离和控制所有可能的杂散电流泄漏途径,减少杂散电流进入城市轨道的主体结构、设备及可能与其相关的设施。

b. 排。就是通过杂散电流的收集及排流系统,提供杂散电流返回至牵引变电所负母线的通路,防止杂散电流继续向本系统外泄漏,以减少腐蚀。

c. 监测。设计完备的杂散电流监测系统,监视、测量杂散电流的大小,为运营维护提供依据。

③杂散电流防护的措施

a. 确保牵引回流系统的畅通,使牵引电流通过回流系统流回牵引变电所,从根本上减少杂散电流的产生。

b. 为保护整体道床的结构钢筋不受杂散电流腐蚀及减少杂散电流扩散,利用整体道床内结构钢筋的可靠电气连接,建立主要的杂散电流收集网,收集由钢轨泄漏出来的杂散电流,在阴极区经钢轨流回牵引变电所。

c. 对于需设置浮动道床的区段,浮动道床内的纵向钢筋也应电气连接,并和整体道床内的杂散电流收集网电气连接,使隧道内所有的道床收集网钢筋在电气上连为一体。

d. 在条件允许的情况下,尽可能增强整体道床结构与隧道、车站间的绝缘。

e. 为保护地下隧道、车站结构钢筋不受杂散电流腐蚀及减少杂散电流向外部的扩散,利用隧道、车站结构钢筋的可靠电气连接,建立辅助杂散电流收集网,收集由整体道床泄漏出来的杂散电流,在阴极区经整体道床和钢轨流回牵引变电所。

f. 在盾构区间隧道,采用隔离法对盾构管片结构钢筋进行保护。在盾构区间相邻的车站,两车站的结构钢筋用电缆连接起来,使全线的杂散电流辅助收集网在电气上连续。

g. 在高架桥区段,桥梁与桥墩之间加橡胶绝缘垫,实现桥梁内部结构钢筋与桥墩结构钢筋绝缘,防止杂散电流对桥墩结构钢筋的腐蚀。为保护高架桥梁的结构钢筋及减少杂散电流的扩散,利用桥梁顶层结构钢筋和轨道梁内结构钢筋的可靠电气连接,建立杂散电流收集网,收集由钢轨泄漏出来的杂散电流,使之在阴极区经钢轨流回牵引变电所。

h. 在高架桥车站内,车站结构钢筋和车站内高架桥结构钢筋要求在电气上绝缘,防止杂散电流对车站结构钢筋的腐蚀。

i. 牵引变电所设置杂散电流排流装置,以便在轨道绝缘能力降低致使杂散电流增大时,及时安装排流装置使收集网(主收集网、辅助收集网)中杂散电流有畅通的电气回路。

j. 直流供电设备、回流轨采用绝缘法安装。

k. 各类管线设备应尽量从材质或其他方面采取措施,减少杂散电流对其腐蚀及通过其向轨道外部泄漏。

l. 轨道专业应采取以下的一些措施:走行回流钢轨尽量选用重型轨(如 60 kg/m 轨),并焊接成长钢轨。钢轨接头的电阻应小于 5 m 长的回流钢轨的电阻值,以减少回流电阻。若采用短钢轨,则应用钢轨接头夹板(鱼尾板)连接,并在道岔与辙岔的连接部位的两根钢轨之间加焊一根120 mm² 及以上的绝缘铜电缆连接线,并应做到焊接可靠。

钢轨与轨枕或整体道床间采用绝缘法安装,保证钢轨对轨枕或整体道床的泄漏电阻不小于 15 Ω·km。为了达到此要求,在钢轨与混凝土轨枕之间,在紧固螺栓、道钉与混凝土轨枕之间,以及在扣件与混凝土轨枕之间采取绝缘措施,加强轨道对道床的绝缘,以减少钢轨对地的泄漏电流。其具体做法是:钢轨下加绝缘垫;使用绝缘扣件;钢轨采用绝缘套管固定安装;轨枕下加绝缘垫;道岔处加强绝缘;在有导轨处,导轨与走行轨之间加绝缘;钢轨底部与整体道床之间的间隙不小于 30 mm;利用整体道床内结构钢筋形成杂散电流收集网。

m. 隧道、地下车站采取的措施:隧道、地下车站主体结构的防水层,必须具有良好的防水性能和电气绝缘性能;车站、隧道内应设有畅通的排水措施,不允许有积水现象。

为保护隧道、地下车站结构钢筋不受杂散电流腐蚀及减少杂散电流向外扩散,利用这些结构钢筋的可靠电气连接,建立辅助杂散电流收集网。其所收集的由整体道床泄漏出来的杂散电流,经整体道床、钢轨或单向导通装置流回牵引变电所。

在盾构区间隧道,采用隔离法对盾构管片结构钢筋进行保护。

在过江隧道的轨道两端设立单向导通装置与其他线路单向隔离。

车站动力照明采用 TN-S 系统接地形式。

车站屏蔽门应绝缘安装并与钢轨有可靠的电气连接。

(5)杂散电流的监测

①杂散电流腐蚀监测原理

a. 极化电压的正向偏移平均值

杂散电流难以直接测量,通常利用结构钢极化电压的测量来判断结构钢筋是否受到杂散电流的腐蚀作用。极化电压的正向偏移平均值不应超过0.5 V。一般在电化学腐蚀测量中,测量管、地电位差的标准方法如图 1.11 所示。

此方法在电化学腐蚀测量中称为近参比法。目

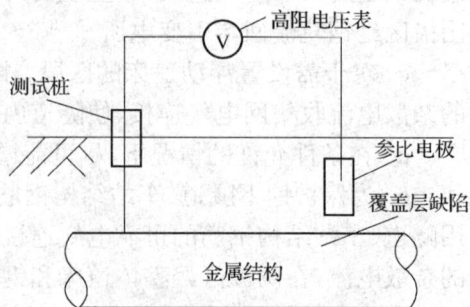

图 1.11　管、地电位的标准测量方法

的是为了使测量结果更为精确。此法的测量要点是把参比电极(通常用长效铜/硫酸铜电极)尽量靠近被测构筑物或金属管路表面,如果被测表面带有良好的覆盖层,参比电极对应处应是覆盖层的露铁点。在地铁系统中,埋地金属结构对地电位的测量方法亦采用如上所述的近参比法,需要使用长效参比电极作为测量传感器,在没有杂散电流扰动的情况下,测量的电位分布呈现一稳定值,此稳定电位我们称之为自然本体电位 U_0,当存在杂散电流扰动的情况下,测量电位出现偏离,所测电位为 U_1,其偏移值为 ΔU。一般情况下,我们将测量电压为正的称为正极性电压,测量电压为负的称为负极性电压。

埋地金属结构受杂散电流干扰的影响,其对地电位,也就是相对于参比电极的电压会偏离自然本体电位 U_0。在杂散电流流入金属结构的部位,金属结构呈现阴极,此部位的电位会向负向偏离,阴极区域的金属不受杂散电流腐蚀。在杂散电流流出金属结构的部位,金属结构呈现阳极性,此部位的电位会向正向偏离,阳极区域的金属受到杂散电流腐蚀影响。因为腐蚀是一个长期作用的结果,而瞬间杂散电流的变化是杂乱无序的,仅测量瞬间金属结构对参比电极的电压不能直接反映测量点杂散电流的腐蚀情况,所以应该测量计算在一定时间内偏移自然本体电位 U_0 的正向平均值,《地铁杂散电流腐蚀防护技术规程》(CJJ 49—1992)规定:测量时间为半小时,其计算公式如下:

$$U_a(+) = \sum_{i=1}^{p} U_i(+)/n - U_0 \tag{1.1}$$

式中　$\sum\limits_{i=1}^{p} U_i(+)$ ——所有正极性电压瞬时值和绝对值小于 U_0 值的负极性电压各瞬时值之和;

　　　　p ——所有正极性电压瞬时值读取次数及绝对值小于 U_0 值的负极性电压各瞬时值读取次数之和;

　　　　n ——总的测量次数;

　　　　U_0 ——自然本体电位;

　　　$U_a(+)$ ——极化电压的正向偏移平均值。

b. 半小时轨道电位最大值测量

由于杂散电流的泄漏受轨道电位的影响很大,所以轨道电位的测量监测也是非常重要的。轨道电位严格意义上来讲应是以无限远的大地为基准,而钢轨电位测量以无限远的大地为基准是很难实现的,在测量中测量钢轨对埋地金属结构的电压来代表轨道电位。由于轨道电位的瞬时值变化很大,实际测量过程中,其监测和计算的参数为测量时间内的最大值 U_{max},即半小时轨道电位的最大值。

c. 自然本体电位 U_0 的测量

自然本体电位 U_0 是一个非常重要的测量参数,而我们探讨的测量方法最终要实现自动在线测量,所以测量装置本身应该能够测量自然本体电位 U_0。城市轨道交通的特点是一天内有几个小时的完全停止运营,在列车停止运行 2 h 后,可以进行自然本体电位 U_0 的自动测量。

②杂散电流监测系统

杂散电流监测系统有分散式监测系统和集中式监测系统两种。分散式杂散电流监测系统由参考电极、道床收集网测试端子、高架桥梁收集网测试端子、隧道收集网测试端子、测试盒、测试电缆、杂散电流综合测试端子箱及杂散电流综合测试装置构成。集中式杂散电流监测系统由参考电极、道床收集网测试端子、高架桥梁收集网测试端子、隧道收集网测试端子、传感器、数据转接器、测试电缆及杂散电流综合测试装置构成。

其中道床收集网测试端子、高架桥梁收集网测试端子、隧道收集网测试端子可利用伸缩缝处的连接端子,不单独引出测试端子。

a. 分散式杂散电流监测系统(图 1.12)

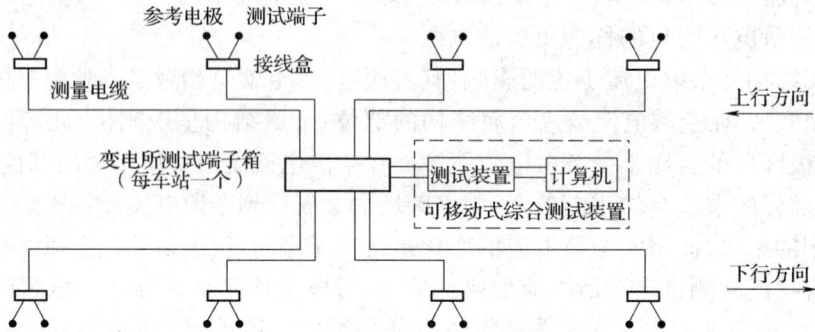

图 1.12　分散式杂散电流监测原理框图

在每个车站变电所的控制室或检修室内安装一台杂散电流测试端子箱,将该车站区段内的参考电极端子和测试端子接至接线盒,由统一的测量电缆引入至变电所测试端子箱内的连接端子,将来用移动式微机型综合测试装置分别对每个变电所进行杂散电流测试及数据处理。

b. 集中式杂散电流监测系统(图 1.13)

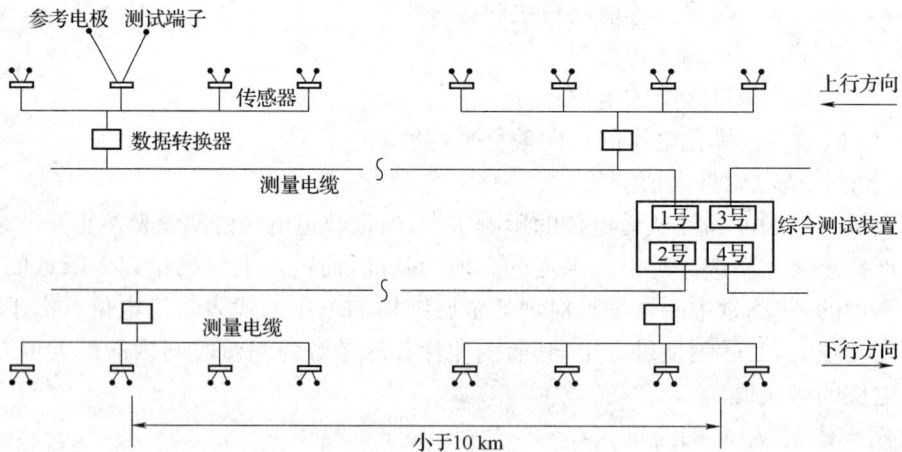

图 1.13　集中式杂散电流监测原理框图

在每个测试点,将参考电极端子和测试端子接至传感器。将该车站区段内的上下行传感器通过测量电缆,分别连接到车站变电所的控制室或检修室内的数据转接器。车站的数据转接器通过测量电缆接至固定式杂散电流综合测试装置。综合测试装置至传感器的传输距离最远不超过 10 km,由此来考虑每条线路需设置几个杂散电流综合测试室。

以上两种监测系统均能满足杂散电流监测要求,采用哪种方案根据需要进行选择。

　　某地铁线的杂散电流监测系统构成原理如图 1.14 所示,主要监测整体道床排流网的极化电位、本体电位,隧道侧壁结构钢的极化电位、本体电位,监测点的轨道电位等。整个系统为一分布式计算机监测系统。传感器是一个以单片机为核心的数据采集处理系统,可以实时采集处理测量点排流网和结构钢的自然本体电位 U_0,正向平均值 $U_a(+)$,半小时内的轨道电压最大值 U_{max},并把采集运算得到的参数送入指定的内存存储起来。由于整个地铁线路较长,通信距离比较长,为保证传感器的数据可靠传送到中央控制室的上位机,转接器起到了通信传输的中继作用。监测装置通过转接器向各个传感器要监测数据,同时可以计算各个供电区间的轨地过渡电阻和轨道纵向电阻。上位机与监测装置连接,把所有监测点监测和计算的有关杂散电流的信息参数以数据库的形式存入计算机。上位机软件具有查询、统计和预测功能,在上位机上可以实时查询到地铁沿线杂散电流腐蚀的防护情况。

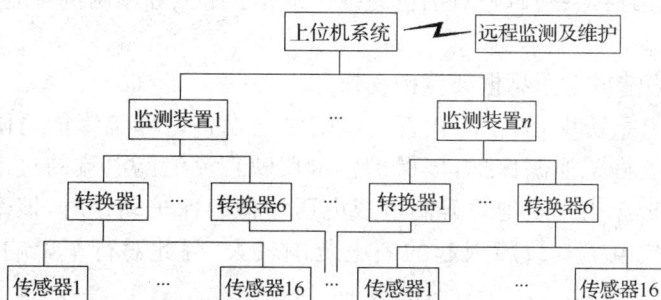

图 1.14　地铁杂散电流监测系统原理框图

　　(6)杂散电流防护系统的维护

　　①定期利用杂散电流综合测试装置(杂散电流监测系统)在高峰小时测试整体道床结构钢筋、车站隧道结构钢筋、高架桥梁结构钢筋相对周围混凝土介质平均电位,以此电位作为判断有无杂散电流对结构钢筋腐蚀的依据。如测试到某段结构钢筋电位超过标准 0.5 V 的,则该区段杂散电流超标,应对钢轨回路及钢轨泄漏电阻进行测试检查,然后结合测试结果进行维护。

　　②每月定期对全线轨道线路清扫,保持线路清洁干燥,尤其是轨道扣件及钢轨绝缘垫要保持清洁干燥,不能有易导电的物质在钢轨扣件和绝缘垫表面,因为这些物质将导致轨道对地的泄漏电阻下降。

　　③在前面所述监测及测试后,针对测试结果,查出引起杂散电流腐蚀严重的原因,若是钢轨回流系统出现"断点"(如钢轨间的接续线是否连接良好和脱落等),则应及时将"断点"处焊接及连接至设计要求标准;若是某处钢轨泄漏电阻太小,则应检查钢轨是否为积水、灰尘污染或钢轨安装绝缘设备破坏所引起,并及时清扫或对绝缘设备维护。

　　④如果全线钢轨泄漏电阻普遍降低,简单清扫或维护不能解决问题时,则应将牵引变电所的排流柜开通(如果牵引变电所内装有排流柜的话),使杂散电流收集网与整流机组负极柜单向连通,以单向排流来保护结构钢筋免受杂散电流腐蚀。

　　⑤定期检查各杂散电流收集网之间的连接线是否连接良好,连接螺栓是否生锈等,如果这些连接部件状态不良,则应及时进行修复。

　　⑥定期检查负回流电缆及均流电缆的连接是否良好,如有问题,要及时修复。

⑦定期检查并测试单向导通装置的工作状态是否良好(检查单向导通装置中的二极管、隔离开关、消弧角等的工作状态),发现问题及时处理。

⑧定期检查杂散电流监测系统的参比电极、智能传感器、转接器及其连接是否良好,发现问题予以处理。

(7)钢轨电位异常的处理

在直流牵引供电系统中,不论是接触轨式系统还是架空接触网式系统均是利用走行钢轨作为牵引回流媒介流回变电所的负极。因此,钢轨也是牵引供电系统中的重要组成部分。同时,我们也知道钢轨除为列车提供走行导向外,还为轨道交通的信号系统提供通路;另外,在装设站台屏蔽门的系统中,为了保证乘客的安全,还将屏蔽门的非导电金属部分与钢轨相连。于是,为了运营安全和防护杂散电流,必须要求城市轨道交通供电部门与车辆维修、工务、信号等部门紧密联系、加强沟通,共同做好对钢轨的维护工作。下面介绍两例可能出现的钢轨电位异常及其处理方法。

①钢轨电位升高造成电压型框架保护动作

在直流牵引供电系统中,为了防止直流牵引供电设备内部绝缘能力降低时造成设备危害而设置了直流系统框架泄漏保护,该保护包含反映直流泄漏电流的过电流保护和反映接触电压的过电压保护。当钢轨电位升高造成电压型框架保护动作时,该牵引变电所供电区域的牵引负荷全部失电。其故障引起的断电范围较大,因此对行车影响亦较大,须引起足够的重视。

一般来说,引起钢轨电位升高的原因较复杂,可能与车辆的牵引特性、钢轨的绝缘程度(含信号装置)、屏蔽门绝缘程度、变电所牵引设备绝缘情况、变电所保护配置等有关。

在对整个系统进行检查时,需详细了解车辆的牵引状况;全面仔细检查钢轨的绝缘程度,是否存在多个钢轨直接接地的情况;检查信号装置的安装情况,特别是道岔处信号装置的接地情况;检查屏蔽门非金属部分的接地情况是否良好等。

在运行的应急处理中,当确认电压型框架保护动作是由于该变电所牵引供电设备内部绝缘能力降低引起的,可将该牵引变电所退出运行,使用越区供电方式来保证牵引供电。而在判断为由于系统钢轨电位异常升高导致电压型框架保护动作时,作为临时应急措施,可强行合上钢轨电位限值装置,以抑制钢轨电位。

②其他接口装置绝缘不佳,导致钢轨电位升高

当由于某种原因,信号装置、屏蔽门的非导电的金属框架的接地情况不佳、接触电阻增加时,可能引起该装置的接地处有放电现象,甚至起火,导致钢轨电位升高。此时应详细检查相关接口装置的接地良好情况及绝缘安装的情况。

1.2.3 工作任务

1.调研一条城市轨道交通线路的供电系统

(1)调查其组成及主要技术参数;

(2)列出其供电方式并画出示意图;

(3)列出其主变电所、牵引变电所、降压变电所的布置并画出示意图;

(4)调查其接触网类型及主要设备;

(5)调查其采取的杂散电流腐蚀的防护与监测措施。

2.调研一个变电所

(1)列出其引入电源的等级、名称；

(2)列出其供电范围并画出示意图；

(3)调研其主要设备组成。

1.2.4　分析与思考

本任务的目的是为了认知城市轨道交通供电系统，目前在实际工作中最常遇见的问题如下：

1.城市轨道交通供电系统中各子系统如何进行相互配合，保证其有效运行？

2.城市轨道交通供电系统中各子系统在哪里分界？

复习思考题

1.城市轨道交通的特点是什么？

2.供电制式选择的原则是什么？

3.城轨交通供电系统由哪些部分组成？

4.城市电网对城轨交通的供电方式有哪些？

5.简述城市轨道交通牵引供电系统各部分功能。

6.牵引变电所的容量和设置的距离需考虑哪些因素？

7.电力监控系统由哪些部分组成？

8.城轨交通供电系统对电源的要求是什么？

9.城轨交通供电系统的电压等级主要有哪几种？

10.城市轨道中的杂散电流主要是什么？

11.地下金属结构被杂散电流腐蚀的基本原理是什么？

12.杂散电流防护的措施有哪些？

13.杂散电流防护系统的维护措施有哪些？

14.钢轨电位异常的处理方法有哪些？

项目 2　变电所一次设备维护

为了保证安全供电和运行的需要,交、直流变电所和各种供电装置中设有各种类型的一次电气设备和监控设备。通常把转换与分配电能的设备和载流导体,如变压器、整流器、断路器和隔离开关等称为一次电气设备。

项目描述

以变电所一次设备为载体,依据高压电器检修作业标准,在校内铁路综合实训基地和校外地铁实训基地,使用各种通用和专用工器具对变压器、断路器、隔离开关、互感器等高压电器进行维护和检修。

拟实现的学习目标

1. 技能要求
(1)能对变压器进行日常维护和检修;
(2)能对整流器进行日常维护和检修;
(3)能对断路器进行日常维护和检修;
(4)能对隔离开关进行日常维护和检修;
(5)能对互感器进行日常维护和检修;
(6)能对配电装置进行日常维护和检修;
(7)能对接地装置进行日常维护和检修。
2. 知识要求
(1)掌握高压电器的类型和用途;
(2)掌握各种一次设备的工作原理;
(3)掌握各种一次设备的基本结构;
(4)理解设备型号基本含义;
(5)理解电弧理论和灭弧原理;
(6)掌握变电所主接线的类型、特点和应用范围;
(7)掌握接地的基本概念。

模块 1　变压器与整流机组的运行与维护

变压器是变电所的心脏,整流机组是城轨牵引变电所的心脏,保证其正常工作是保证供电质量的基础。本模块的任务就是学习变压器和整流机组的检修。

2.1.1　学习目标

1.掌握变压器和整流机组的工作原理和组成结构；
2.能维护和检修油浸式变压器；
3.能维护和检修干式变压器。

2.1.2　知识准备

2.1.2.1　高压电器的分类

在高压系统中,用来对电路进行开、合操作,切除和隔离事故区域,对电路进行运行情况监视、保护及数值测量的设备,统称为高压电器。

1.按照用途分类

按照用途,高压电器可以分成下列几类:

(1)开关电器

用来关合和开断电路的电器,包括:

①断路器,用来在电路正常工作和发生故障时关合和开断电路。

②隔离开关,主要用于将高压设备与电源隔离,以保证检修工作人员的安全。

③熔断器,用来在电路发生过载或短路时依靠熔件的熔断开断电路。

④负荷开关,用来在电路正常工作或过载时关合开断电路,不能开断短路电流。

(2)限制电器

用来限制电路中电压或电流的电器,包括:

①电抗器,主要用来限制电路中的短路电流。某些类型的熔断器也有限制短路电流的作用。

②避雷器,用来限制电路中出现的过电压。

(3)变换电器

用来变换电路中的电压和电流使之便于检测的电器,包括:

①电流互感器,用来变换电路中的电流,以便供电给测量仪表、继电器或自动装置,并使之与高压电路隔离。

②电压互感器,用来变换电路中的电压,以便供电给测量仪表、继电器或自动装置,并使之与高压电路隔离。

(4)组合电器

将上述某几种电器,按一定的线路配装成一个整体的电器组合。

2.按照安装地点分类

按照安装地点,高压电器可以分为:

(1)户内式

装在建筑物内,不具有防风、雨、雷、灰尘、露、冰和浓霜等性能。户内式高压电器的工作电压一般为 35 kV 及以下的电压等级。

(2)户外式

适于安装在露天,能承受风、雨、雷、灰尘、露、冰和浓霜等作用。户外式高压电器的工作电压一般都在 35 kV 及以上的电压等级。

3. 按照电流制式分类

按照电流制式,高压电器可以分为:

(1)交流电器

工作于三相或单相工频交流制的电器,极少数工作在非工频系统。

(2)直流电器

工作于直流制系统。

对于电气化铁路及城市交通系统,交流电器是交流制电气化铁路及城市地铁供电系统中大量应用的电器;直流电器则是直流制电气化铁路、城市地铁及轻轨交通供电系统中大量应用的电器。

按照高压电器工作条件及所起作用的不同,其结构和工作性能应具有不同的特点。高压电器应能可靠地在规定的工作电压及电流下工作,因此,应具有足够的绝缘强度和载流能力;用于切断载流电路的开关设备,应具有足够的熄灭电弧的能力;对电路运行状态进行监视、测量的电器元件(例如电压、电流互感器)应能满足测量精度的要求;对电路运行状态进行保护用的电压、电流互感器,除了应能满足测量精度的要求外,还应在高电压或大电流作用下不至于饱和。所有的高压电器都应满足运行可靠、工作灵活的要求,同时还必须考虑经济条件。

2.1.2.2 变压器与整流机组

1. 变压器的工作原理

图 2.1 是单相变压器的工作原理示意图。

变压器主要包括铁芯和绕在铁芯上的两个(或以上)互相绝缘的绕组,绕组之间有磁耦合,但没有电的联系。通常一侧绕组接交流电源,称为一次绕组(也称原绕组或初级绕组),匝数为 N_1;另一侧绕组接电负载,称为二次绕组(也称副绕组或次级绕组),匝数为 N_2。

当在一次绕组加上合适的交流电源时,一次绕组中就有交流电源 i_1 通过,由于 i_1 的励磁作用,将在铁芯中产生交变的主磁通 Φ。由于一次、二次绕组绕在同一个铁芯上,所以主磁通同时和一次、二次绕组交链。根据法拉第电磁感应定律,这个交变的主磁通分别在这两个绕组中产生感应电动势,即一次绕组的感应电动势 e_1 和二次绕组的感应电动势 e_2。这样二次绕组在感应电动势 e_2 的作用下,可向负载供电,实现能量的转换。

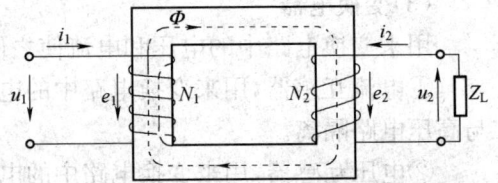

图 2.1 变压器工作原理示意图

根据电磁感应原理,可得

$$e_1 = -N_1 \frac{\mathrm{d}\Phi}{\mathrm{d}t}$$
$$e_2 = -N_2 \frac{\mathrm{d}\Phi}{\mathrm{d}t}$$

(2.1)

假设忽略变压器的内阻抗不计,则感应电势等于端电压,即 $u_1 \approx e_1$,$u_2 \approx e_2$,所以一次、二次绕组的端电压不同,大小与绕组的匝数成正比,即

$$\frac{u_1}{u_2} \approx \frac{e_1}{e_2} = \frac{N_1}{N_2} = K$$

(2.2)

式中　K——变压器的变比,改变变比即可改变输出电压的大小。

根据能量守恒原理,如果忽略变压器的内部能量损耗,则有二次绕组的输出功率等于一次绕组的输入功率,即

$$p_1 = p_2 = u_1 i_1 = u_2 i_2$$

所以

$$\frac{u_1}{u_2} = \frac{i_2}{i_1} = \frac{N_1}{N_2}$$

(2.3)

可见变压器在变换电压的同时,电流的大小也随着改变。

2. 变压器的主要技术参数

变压器在规定的使用环境和运行条件下,主要技术数据一般都标注在变压器的铭牌上。主要包括:额定容量、额定电压及其分接、额定频率、绕组联结组以及额定性能数据(阻抗电压、空载电流、空载损耗和负载损耗)和总重。

(1)额定容量(kV·A):在额定电压、额定电流下连续运行时,能输送的容量。

(2)额定电压(kV):变压器长时间运行时所能承受的工作电压。为适应电网电压变化的需要,变压器高压侧都有分接抽头,通过调整高压绕组匝数来调节低压侧输出电压。

(3)额定电流(A):变压器在额定容量下,允许长期通过的电流。

(4)空载损耗(kW):当以额定频率的额定电压施加在一个绕组的端子上,其余绕组开路时所吸取的有功功率。与铁芯硅钢片性能及制造工艺和施加的电压有关。

(5)空载电流(%):当变压器在额定电压下二次侧空载时,一次绕组中通过的电流。一般以额定电流的百分数表示。

(6)负载损耗(kW):把变压器的二次绕组短路,在一次绕组额定分接位置上通入额定电流,此时变压器所消耗的功率。

(7)阻抗电压(%):把变压器的二次绕组短路,在一次绕组慢慢升高电压,当二次绕组的短路电流等于额定值时,此时一次侧所施加的电压。一般以额定电压的百分数表示。

(8)相数和频率:三相开头以 S 表示,单相开头以 D 表示。我国标准频率 f 为50 Hz,国外有 60 Hz 的。

(9)温升与冷却:变压器绕组或上层油温与变压器周围环境的温度之差,称为绕组或上层油面的温升。油浸式变压器绕组温升限值为 65 K,油面温升为 55 K。冷却方式也有:油浸自冷、强迫风冷、水冷、管式、片式等多种。

(10)绝缘水平:有绝缘等级标准。绝缘水平的表示方法举例如下:高压额定电压为 35 kV 级、低压额定电压为 10 kV 级的变压器绝缘水平表示为 LI200 AC85/LI75 AC35,表示该变压器高压雷电冲击耐受电压为 200 kV,工频耐受电压为 85 kV,低压雷电冲击耐受电压为 75 kV,工频耐受电压为 35 kV。

(11)联结组标号:根据变压器一、二次绕组的相位关系,把变压器绕组连接成各种不同的组合,称为绕组的联结组。为了区别不同的联结组,常采用时钟表示法,即把高压侧线电压的相量作为时钟的长针,固定在 12 上,低压侧线电压的相量作为时钟的短针,看短针指在哪一个数字上,就作为该联结组的标号。如 D,yn11 表示一次绕组是三角形联结,二次绕组是带有中心点的星形联结,组号为 11 点。

3. 干式变压器

《干式电力变压器》(GB 6450—1986)对干式电力变压器的定义为"铁芯和线圈不浸在绝

缘液体中的变压器"。干式变压器的铁芯和绕组一般为外露结构,不采用液体绝缘,不存在液体泄漏和污染环境的问题;干式变压器结构简单,维护和检修较油浸变压器要方便很多;同时干式变压器都采用阻燃性绝缘材料,基于这些优点,被广泛应用在对安全运行要求较高的场合。许多国家和地区都规定,在高层建筑的地下变电站、地铁、矿井、人流密集的大型商业和社会活动中心等重要场所必须选用干式变压器供电。

(1)干式变压器的型号(图 2.2)

例如型号为 SCZ(B)1010/0.4 kV 对应:三相树脂绝缘、有载调压、低压为箔式线圈、设计序号为 10 的额定容量为 10 kV·A,额定电压为 0.4 kV 干式变压器。

(2)干式变压器的分类

①按技术参数分类

a.电压等级

干式电力变压器主要集中于中压配电网 10 kV 电压等级,发电厂站应用的干式变压器多为 6 kV 电压等级。15～35 kV 电压等级的产品也有一定的应用需求。

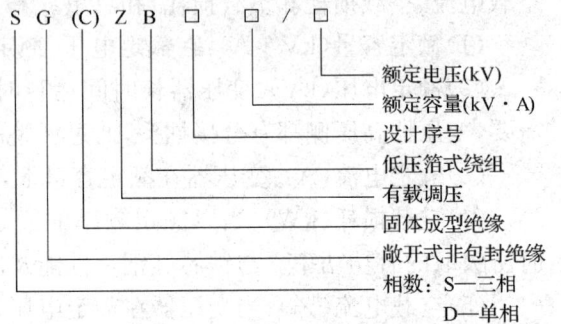

图 2.2　干式变压器的型号

b.额定容量

配电变压器:10/0.4 kV 以及 20/0.4 kV、35/0.4 kV 的容量一般为 30～2 500 kV·A。

电力变压器:10 kV、20 kV、35 kV 的干式变压器可生产最大容量达 20 000 kV·A 以上。

c.有载调压和无载调压

目前,我国 10 kV 有载调压干式配电变压器的最大容量达 2 500 kV·A,35 kV 有载调压干式电力变压器容量达 25 000 kV·A。

②按型号分类

国内干式变压器的种类按型号可分为 SC 和 SG,即包封线圈和非包封线圈两大类。包封线圈分为纯树脂浇注式、带填料树脂浇注式和缠绕式;非包封线圈的分为普通浸渍式和包封浸渍式。

③按绝缘介质和制造工艺分类

目前,我国生产的干式变压器主要有 4 类,包括浸渍式、Nomex 纸型、环氧树脂型(分为浇注型和绕包型两类)和 SF₆ 气体绝缘型。

(3)干式变压器的性能特点

①环氧浇注干式电力变压器的特点

a.整体机械强度好,耐受短路能力强;

b.耐受冲击过电压的性能好,基准冲击水平(BIL)值高;

c.防潮耐腐性能好,适合恶劣环境下工作;

d.可制造大容量的干式变压器;

e.局部放电小,运行寿命长;

f.可从备用状态立即投入运行,无需预热去潮处理;

g.损耗低,过负荷能力强;

②真空浇注工艺类干式电力变压器的特点。

a. 绝缘薄；

b. 质量稳定；

c. 绝缘性能好。

③SF₆ 气体绝缘干式变压器的特点。

SF₆ 气体的特性是无色、无毒、无味，在 600 ℃温度下属于稳定的惰性气体。同时它不易燃烧，不爆炸，绝缘性能好，热容量比变压器油稍差，但在 0.14 MPa 以上散热性能好，能完全满足变压器的散热要求。

4. 整流机组

整流机组由变压器和整流器组成。整流机组是地铁牵引变电所最重要的设备，其作用是将环网电缆 AC 35 kV（或 AC 33 kV、AC 10 kV）电压降为交流 1 180 V，再整流输出直流 DC 1 500 V，经网上电动隔离开关给接触网供电，实现直流牵引。整流机组的接线方式将对电网的质量有很大影响。24 脉波整流机组在某些行业的应用并不少见，但是在地铁中的应用属于新型的设备，下面就重点介绍整流机组的接线方式。

（1）整流机组接线选择的考虑

在考虑变压器的联结组别时，一个重要的因素就是高次谐波的影响。国际上公认谐波"污染"是电网的公害，所以必须采取措施加以限制。在国家标准《电能质量　公用电网谐波》（GB/T 14549—1993）中对谐波作出了限制。整流机组作为大功率整流设备，属于非线性负荷，从电网吸收非正弦电流，引起电网电压畸变，因此整流机组属于重要的谐波源。为了抑制整流机组谐波对电网的影响，通常的措施是将变压器的一次或二次绕组接成三角形，使励磁电流的 3 次谐波或零序分量能够流通，使三倍次谐波或 3 的整数倍次谐波电流不注入电网。同时增加变压器二次侧的相数，波形会更平滑，可以有效地减少谐波。因此，在确定地铁整流机组的规格时，考虑采用带三角形联结的变压器，同时尽可能地增加整流的相数，以减少谐波"污染"。

（2）D,y11,d0－D,y1,d2 联结法

基于以上考虑，可选择两台变压器，一台（T₁）联结组别为 D,y11,d0，另一台（T₂）为 D,y1,d2，其中 D 联结绕组为延边三角形，如图 2.3 所示。根据两台变压器的接线，可作出其相量图如图 2.4 和图 2.5 所示。

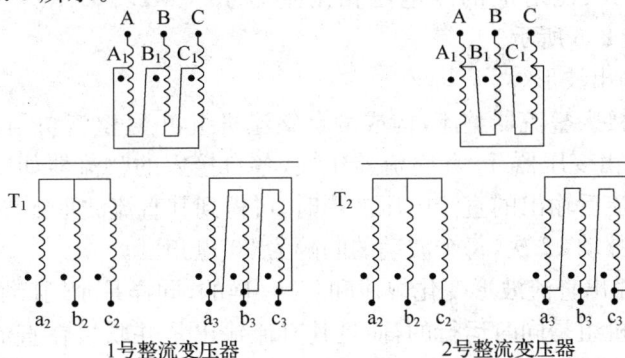

图 2.3　D,y11,d0－D,y1,d2 变压器联结图

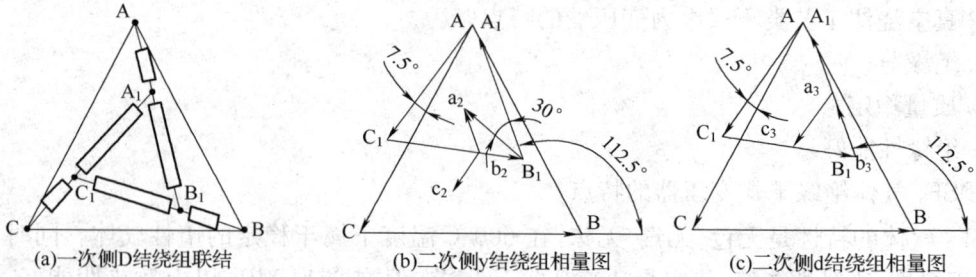

图 2.4　变压器 T_1 的结构及相量图

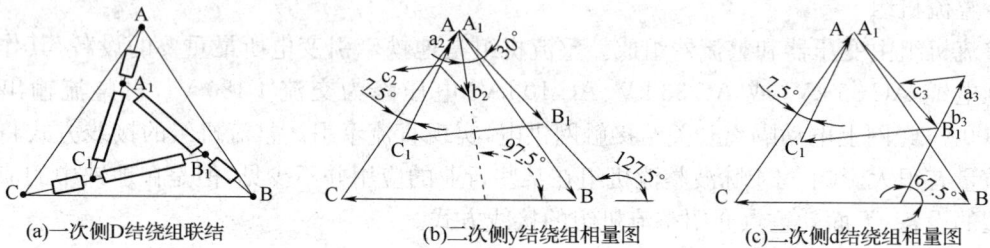

图 2.5　变压器 T_2 的结构及相量图

分析图 2.4 和图 2.5 的相量图可知,若以水平右方向为参考方向,则可得其他电压相量的相位角分别为:

①对于变压器 T_1。

一次侧电压相量 $U_{A_1B_1}$ 的相位角为 112.5°;

二次侧电压相量 $U_{a_2b_2}$ 的相位角为 142.5°(y 结),$U_{a_3b_3}$ 的相位角为 112.5°(d 结)。

②对于变压器 T_2。

一次侧电压相量 $U_{A_1B_1}$ 的相位角为 127.5°;

二次侧电压相量 $U_{a_2b_2}$ 的相位角为 97.5°(y 结),$U_{a_3b_3}$ 的相位角为 67.5°(d 结)。

由图 2.4 和图 2.5 的相量图并利用上面分析结果可知,对于同一台变压器,其阀侧(二次侧)绕组同名端线电压的相位差为 30°(142.5°−112.5°=97.5°−67.5°=30°);而两台变压器网侧(一次侧)并联接入电网时,相当于其一次侧电压各移相 7.5°(不同的旋转方向),使 T_1 变压器一次侧三角形绕组电压与 T_2 原边三角形绕组线电压有 15°的相位差(127.5°−112.5°=15°),而两台变压器二次侧对应的线电压相角差为 45°(142.5°−97.5°=112.5°−67.5°=45°),上述的结果如图 2.6 所示。

(3)整流机组的输出波形

两台变压器分别接入整流器整流,构成两台整流机组,1 号整流机组由变压器 T_1 和整流器组成,2 号整流机组由变压器 T_2 和整流器组成,各自接入的整流器如图 2.7 所示。如果只考虑 1 号整流机组整流后输出的直流电压波形时,可得到其直流波形如图 2.8 所示,其输出直流波形在一个周期中脉动 12 次,每个波动的间隔为 30°电角度。

2 号整流机组的输出直流波形变化规律和 T_1 一样的,同样是 12 脉动的波形,如图 2.8 所示。但由于两台整流机组是同时运行的,而且其直流输出是并联接在直流母线上的。前面已经分析过,变压器 T_1 和 T_2 的一次绕组通过延边三角形的结法移相后,具有 15°的相位差,因此其整流后输出的波形也具有 15°的相位差。

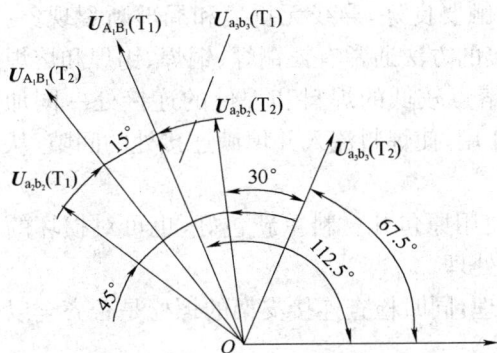

图 2.6　两台变压器的相量关系图

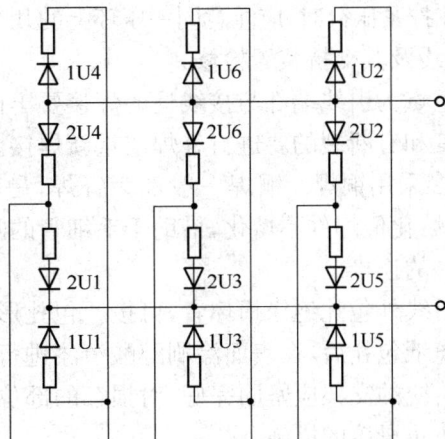

图 2.7　整流器接线图

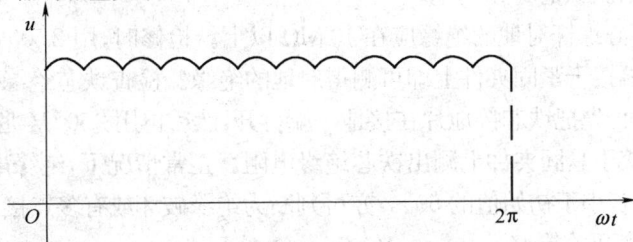

图 2.8　单台变压器整流后输出的波形(一个周期)

两台整流机组并联运行后输出的直流波形如图 2.9 所示,即在一个周期内为 24 脉波。图 2.9 可由图 2.8 的波形叠加其本身平移 15°后的波形处理后得到。

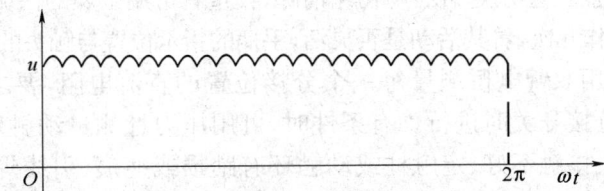

图 2.9　两台变压器整流后输出的波形(一个周期)

由上述分析可知,地铁牵引变电所中获得的 24 脉波整流是由两台整流机组并联运行等效而成的。即单台整流器由两个三相 6 脉冲全波整流桥组成,其中一个整流桥接至变压器二次侧"Y"型绕组,另一个整流桥接至变压器二次侧"D"型绕组。两个整流桥并联连接构成 12 脉波整流。为了实现 24 脉波整流,在两台变压器的原边将绕组接成延边三角形,使其分别顺时针和逆时针移相 7.5°。两台变压器的二次侧电压相位差为 45°,而两台整流机组的直流输出波形实际上有 15°的相位差,将其并联运行就等效成 24 脉波整流。

2.1.3　工作任务

1.油浸式变压器芯部检修

(1)线圈的轴向压力检修

用压钉和压环压紧线圈的变压器,在检查时应拧动压钉,使压环向下移动,即增加线圈的轴向压力。在拧紧压钉时,应注意同一压环上的几个压钉受力应均匀,保持各侧的压紧程度一致。

(2)引线及其支持装置检修

检修重点为引线端部与接线柱的焊接要牢固,接触要良好,导线无折痕和局部断裂现象。对接触不良和有断裂的要进行补焊或重新焊接。焊接的方法通常有银铜焊、铜焊、锡焊和熔焊4种,其中多采用铜焊。铜焊一般都为钎焊,是利用熔点较低的焊料和焊件的连接处一同加热,使焊料熔化但焊件不熔化,借助于毛细管的吸力作用,使焊料流入并填满连接处的间隙,从而获得焊件的连接。

对于引线外包扎绝缘损坏者,可按原包扎形式,使用原包扎材料重新包好,也可对损坏的局部用电缆纸包扎后,在表面涂刷醇酸清漆进行绝缘处理。

固定引线的支架应坚固完好,对损坏的部位要修理,同时检查连接支架的螺栓是否齐全以及是否有防止滑落的措施。

(3)穿心螺杆绝缘及铁芯绝缘检修

在正常情况下,穿心螺杆对地的绝缘应在 10 MΩ 以上。检修时,用 2 500 V 兆欧表,将其"L"端接于螺杆端头上,"E"端接于紧固夹件上即可测得对地的绝缘。检查铁芯绝缘的目的是判断其有无多点接地现象。检查时,先把铁芯接地片在接地一端拆开,然后再用 2 500 V 兆欧表,将其"L"端接于铁芯接地片上,"E"端接于紧固夹件上测出铁芯绝缘电阻。正常情况下,绝缘电阻应在 5 000 MΩ 以上。与初始值相比较,若小于初始值的 50%,亦可判断为绝缘破坏或有多点接地现象。

(4)有载调压分接开关检修

检修时,应先托起分接开关的外绝缘筒,从检查孔处观察它的接触部分,要求触头表面不应有灼痕与疤痕。用手按压触动环并使其旋转,一是检查各动触环弹簧压力是否均匀,二是观察触环表面有无缺陷。对在运行中长期不调压使用的分接开关,其动触环和定触柱上常覆有氧化膜和污垢,较轻者可将触头在各位置往返切换多次,将污垢清除;较重者可用干燥的白绸布将其擦拭干净。最后再将分接开关往复操作几次,看其活动是否灵活,手柄的指示位置与触头的接触是否一致。

上述检查完毕后,用双臂电桥测量每一个分接位置的直流电阻,要求不超过 500 μΩ。此方法只能在拆开检查分接开关时进行。有条件时,可用压力计测量动触环与定触柱的接触压力。如果发现分接开关接触不好、定触柱或动触环有踏损或疤痕、引线焊接不牢等,应将其拆下进行修理。

(5)芯部外表和紧固件检修

检查线圈及其他绝缘物有无老化发脆,外包绝缘是否完整等。对局部绝缘损坏者,可用电缆纸或黄蜡布带包扎,然后在表面涂刷醇酸清漆。

检查芯部表面的脏污情况,如果面积小且污物较少时,可用干燥白布或泡沫塑料擦拭干净;如果面积大且污物较多时,可用合格的绝缘油自上而下进行冲洗。冲洗时油压力要保持在196~245 kPa 范围内。

检查各部紧固螺钉是否紧固,有无防滑落措施。

2. 干式变压器检修

(1)干式变压器基础、支架及外罩检修

①用水平尺检查其倾斜度是否能满足设计标准,若不满足应对其进行相应调整,使之满足设备运行要求。

②外壳、基础和支架等锈蚀破损部分,用除锈剂或者细砂纸进行除锈,然后进行涂漆防锈

处理。个别部位破损严重的,对相关部件进行整体更换。修后设备应达到安装牢固,无倾斜,外壳无严重锈蚀,基础支架表面无破损剥落。

③电缆穿孔用防火泥进行封堵,孔洞封堵应符合要求。

④外罩清洁。用吸尘器或者抹布对外罩进行清洁处理。

(2)干式变压器铁轭、铁芯、穿心螺杆检修

①检查螺母是否有松动,用力矩扳手进行紧固处理,切勿用呆扳手或者活动扳手,以防用劲过大,造成螺杆滑丝。

②检查铁芯和铁轭是否有脱漆、锈蚀。用细砂纸进行研磨除锈后涂漆。

③检查铁芯和铁轭是否有变形。如果有变形,应进行硅钢片调整或部分更换或整体更换。检修后的铁芯,铁轭外表应平整无翘片,无严重波浪状,叠片紧密;检修后的硅钢片叠片接缝间隙不应超过 0.5 mm。

(3)干式变压器高低压侧连接部件检修

①检查电气连接部件(高压连接杆、高压连接片、高压端子等)是否有松动、锈蚀、放电现象。用细砂纸打磨除锈,用力矩扳手紧固,确保其接触良好,在连接部位涂抹导电膏。

②检查高压侧电缆终端头导电部位的机械强度、变形与接触情况;检查高压侧电缆终端头绝缘硅胶是否有放电、爬电现象,检查原因,必要时整体更换。

③对硅胶绝缘裙边结构(终端冷缩头)用清洁的抹布擦拭干净。

④检查高压侧电缆终端头的地线是否绑扎牢固,防止高压侧导体对电缆终端头地线短路。

⑤用力矩扳手检查无载调压连接片是否连接紧固,同时对连接片进行除锈处理。

⑥检查干式变压器低压侧与低压开关柜的连接导体是否有变形、放电、烧灼、松动现象;用细砂纸打磨除锈,涂抹导电膏;对软连接要注意是否有散股、松动、断股现象,如果有此现象应进行绑扎、固定、加强处理,必要时整体更换。

(4)接地系统检修

①检查外罩、底座、箱体和铁芯是否可靠接地,确保铁芯单点接地。

②如接地部分有锈蚀现象,应用除锈剂对其进行除锈处理。

(5)干式变压器高、低压绕组的检修

①对高、低压绕组表面进行清洁处理。

②高、低压绕组间的通风道灰尘处理。用不大于 100 kPa 的干燥压缩空气吹(与通风的方向相反);在用抹布清理时,切勿用棉质抹布去尘,以防棉质在物体上面,容易造成放电现象。

③高压绕组表面爬弧、放电处理。对爬电部位用细砂纸轻轻打磨表面的发黑部分,对龟裂部位采取环氧树脂绝缘填充胶填充,最后涂抹绝缘漆。

(6)干式变压器绝缘子、支撑件、上下部绝缘衬垫块检修

①用抹布或吸尘器对绝缘子、支撑件、上下部绝缘衬垫块进行除尘处理。

②检查各部件是否有放电痕迹。

③检查绝缘子或绝缘衬垫是否有开裂、破损现象,有则进行更换。

④检查绝缘子或绝缘衬垫是否有移位松动,有则进行位移调整,使之满足运行要求。

3.整流器的日常维护

(1)外观检查

①按图样检查主电路和辅助电路接线是否正确。

②检查所有紧固件是否紧固、弹簧垫圈是否压平。

③检查母线有无过热发黑,电阻器、电容器有无过热烧焦,以及电流互感器绝缘包有无过热变色现象。

④清扫屏柜通风网孔灰尘。

⑤用毛刷或吸尘器清扫绝缘子、二极管、熔断器、电容器表面的灰尘。

（2）二极管检查

用万用表电阻挡检查各二极管的正、反向电阻值有无异常现象。

在实际电路中,二极管的周边电阻一般都比较大,大都在几百或几千欧以上,这样就可以用万用表的的 $R \times 10\,\Omega$ 或 $R \times 1\,\Omega$ 挡来测量 PN 结的好坏。测量时,用 $R \times 10\,\Omega$ 挡测 PN 结应有较明显的正反向特性(如果正反向电阻相差不太明显,可改用 $R \times 1\,\Omega$ 挡来测量),一般正向电阻在 $R \times 10\,\Omega$ 挡测量时表针应指示在上百欧,在 $R \times 1\,\Omega$ 挡测量时表针应指示在几十欧(根据不同表型,可能略有出入)。如果测量结果正向阻值太大或反向阻值太小,都说明这个 PN 结有问题,这只二极管也就有问题了。实际判定还要参考二极管的型号、参数。

2.1.4　分析与思考

1. 变压器有哪些主要组成部分?
2. 整流机组是如何完成高压交流转换成适合电力牵引的直流的?
3. 变压器器有哪些主要参数? 有何含义?
4. 变压器检修时有哪些注意事项?

模块 2　断路器的运行与维护

高压断路器是高压电器设备中最重要的设备,是一次电力系统中控制和保护电路的关键设备。高压断路器主要有两个作用,一是控制作用,即根据电力系统的运行要求,接通或断开工作电路;二是保护作用,当系统中发生故障时,在继电保护装置的作用下,断路器自动断开故障部分,以保证系统中无故障部分的正常运行。本模块的任务是学习断路器的检修。

2.2.1　学习目标

1. 理解电弧理论和断路器灭弧原理;
2. 掌握各类型断路器的结构和特点;
3. 能维护和检修真空断路器;
4. 能维护和检修 SF_6 断路器。

2.2.2　知识准备

2.2.2.1　电弧理论

1. 气体电弧原理

（1）电弧的概念

当开关电器开断电路时,如果电路电压超过 $10 \sim 20\,V$,电流超过 $80 \sim 100\,mA$,触头刚刚分离后,触头之间就会产生强烈的白光,称为电弧。电弧是开关电器在开断过程中不可避免的现象。电弧的实质是一种气体放电现象。

(2)电弧放电的特征及危害

①电弧由三部分组成,包括阴极区、阳极区和弧柱区。

②电弧温度很高。电弧放电时,能量高度集中,弧柱中心区温度可达 10 000 ℃ 左右,电弧表面温度也会达到 3 000～4 000 ℃。

③电弧是一种自持放电现象。电极间的带电质点不断产生和消失,处于一种动平衡状态,弧柱区电场强度很低,一般仅为 10～200 V/cm。

④电弧是一束游离的气体。它的质量很轻,在电动力、热力和其他外力作用下,能迅速移动、伸长、弯曲和变形。

由于电弧具有上述特征,所以会对电力系统和电气设备造成危害,主要有:

①电弧的存在延长了开关电器断开故障电路的时间,加重了电力系统短路故障的危害。

②电弧产生的高温,将使触头表面熔化和汽化,烧坏绝缘材料。对充油电气设备还可能引起着火、爆炸等危险。

③由于电弧在电动力、热力作用下能移动,很容易造成飞弧短路和伤人,或引起事故的扩大。

电弧存在时,尽管开关触头断开,电路中仍有电流流通,只有当电弧熄灭后,电路中才无电流通过而真正断开。

(3)电弧的产生

①电弧产生的根本原因

产生电弧的根本原因是开关触头在分断电流时,触头间电场强度很大,使触头本身的电子及触头周围介质中的电子被游离而形成电弧。

②产生电弧的游离方式

a. 热电子发射

高温炽热的阴极表面能够向空间发射电子。当断路器的动、静触头分离时,触头间的接触压力及接触面积逐渐缩小,接触电阻增大,使接触部位剧烈发热,导致阴极表面温度急剧升高而发射电子,形成热电子发射。发射电子的多少与阴极表面温度及阴极的材料有关。

b. 强电场发射

当开关电器分闸的瞬间,由于动、静触头的距离很小,触头间的电场强度就非常大,使触头内部的电子在强电场作用下被拉出来,就形成强电场发射。

c. 碰撞游离

从阴极表面发射出的电子在电场力的作用下高速向阳极运动,在运动过程中不断地与中性质点(原子或分子)发生碰撞。当高速运动的电子积聚足够大的动能时,就会从中性质点中打出一个或多个电子,使中性质点游离,这一过程称为碰撞游离。新产生的电子将和原有的电子一起以极高的速度向阳极运动,当碰撞其他中性质点时,将再次发生碰撞游离。这样连续不断的碰撞游离,就使气体介质中带电质点大量增加,具有很大的电导,在外加电压作用下,气体介质被击穿,形成电弧放电。

d. 热游离

触头间电弧燃烧的间隙,称为弧隙。弧隙的温度很高,弧柱的温度可达 5 000～13 000 ℃。弧柱中气体分子在高温作用下产生剧烈热运动,动能很大的中性质点互相碰撞时,将被游离而形成电子和正离子,这种现象称为热游离。弧柱导电就是靠热游离来维持的。

从上述可见:电弧由碰撞游离产生,靠热游离维持,而阴极则借强电场或热电子发射提供传导电流的电子,因此,维持电弧稳定燃烧的电压就不需要很高。

③开关电弧形成的过程

断路器断开过程中电弧是这样形成的:触头刚分离时突然解除接触压力,阴极表面立即出现高温炽热点,产生热电子发射;同时,由于触头的间隙很小,使得电压强度很高,产生强电场发射。从阴极表面溢出的电子在强电场作用下,加速向阳极运动,发生碰撞游离,导致触头间隙中带电质点急剧增加,温度骤然升高,产生热游离并且成为游离的主要因素。此时,在外加电压作用下,间隙被击穿,形成电弧。

(4)电弧的熄灭

电弧中发生游离的同时,还存在着相反的过程,即去游离。若去游离作用始终大于游离作用,则电弧电流减少,直至电弧熄灭。因此,要熄灭电弧,就必须加强去游离作用。这就要了解去游离的形式和影响因素。

①电弧的去游离形式

电弧的去游离过程包括复合和扩散两种形式。

a.复合

复合是正、负带电质点相互结合变成不带电质点的现象。由于弧柱中电子的运动速度很快,约为正离子的1 000倍,所以电子直接与正离子复合的几率很小。一般情况下,先是电子碰撞中性质点时,被中性质点捕获变成负离子,然后再与质量和运动速度相当的正离子互相吸引而接近,交换电荷后成为中性质点。还有一种情况就是电子先被固体介质表面吸附后,再被正离子捕获成为中性质点。

b.扩散

扩散是弧柱中的带电质点溢出弧柱以外,进入周围介质的现象。扩散有三种形式:一是温度扩散,由于电弧和周围介质间存在很大温差,使得电弧中的高温带电质点向温度低的周围介质中扩散,减少了电弧中的带电质点;二是浓度扩散,这是因为电弧和周围介质存在浓度差,带电质点就从浓度高的地方向浓度低的地方扩散,使电弧中的带电质点减少;三是利用吹弧扩散,在断路器中采用高速气体吹弧,带走电弧中的大量带电质点,以加强扩散作用。

②影响去游离的因素

a.电弧温度

电弧是由热游离维持的,降低电弧温度就可以减弱热游离,减少新的带电质点的产生。同时,也减小了带电质点的运动速度,加强了复合作用。通过快速拉长电弧,用气体或油吹动电弧,或使电弧与固体介质表面接触等,都可以降低电弧的温度。

b.介质的特性

电弧燃烧时所在介质的特性在很大程度上决定了电弧中去游离的强度,这些特性包括:导热系数、热容量、热游离温度、介电强度等。若这些参数值越大,则去游离过程就越强,电弧就越容易熄灭。

c.气体介质的压力

气体介质的压力对电弧去游离的影响很大。因为,气体的压力越大,电弧中质点的浓度就越大,质点间的距离就越小,复合作用越强,电弧就越容易熄灭。在高度的真空中,由于发生碰撞的几率减小,抑制了碰撞游离,而扩散作用却很强。因此,真空是很好的灭弧介质。

d. 触头材料

触头材料也影响去游离的过程。当触头采用熔点高、导热能力强和热容量大的耐高温金属时，减少了热电子发射和电弧中的金属蒸气，有利于电弧熄灭。

除了上述因素以外，去游离还受电场电压等因素的影响。

(5)交流电弧特性和熄灭的条件

①交流电弧的特性

在交流电路中，电流瞬时值随时间变化，因而电弧的温度、直径以及电弧电压也随时间变化，电弧的这种特性称为动特性。由于弧柱的受热升温或散热降温都有一定过程，跟不上快速变化的电流，所以电弧温度的变化总滞后于电流的变化，这种现象称为电弧的热惯性。

在一个周期内交流电弧的电流及电压随时间的变化如图2.10所示。电弧电压呈马鞍形变化，即电流小时，电弧电压高，电流大时，电弧电压减小且接近于常数。图2.10(a)和(b)分别代表一般冷却和加强冷却的电流、电压变化曲线。从图2.10(b)中可见，加强冷却可使电弧电压尖峰增高。

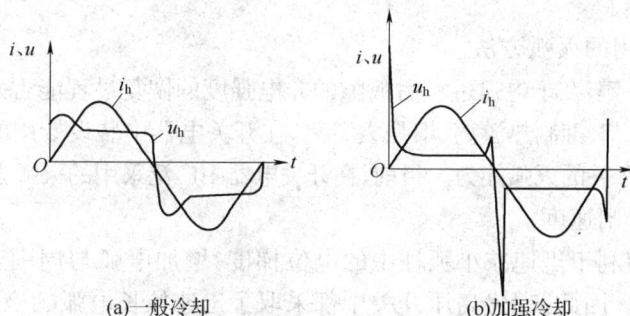

(a)一般冷却　　　　　　　(b)加强冷却

图2.10　交流电弧电压作用曲线

总之，交流电弧在交流电流自然过零时将自动熄灭，但在下半周随着电压的增高，电弧又重燃。如果电弧过零后，电弧不发生重燃，电弧就此熄灭。

②交流电弧熄灭的条件

交流电流过零后，电弧是否重燃取决于弧隙介质介电强度和弧隙电压的恢复。

a. 弧隙介质介电强度的恢复

弧隙介质能够承受外加电压作用而不致使弧隙击穿的电压称为弧隙的介电强度。当电弧电流过零时电弧熄灭，而弧隙的介质强度要恢复到正常状态值还需一定的时间，此恢复过程称之为弧隙介电强度的恢复过程，以耐受的电压 $U_j(t)$ 表示。

弧隙介质介电强度的恢复过程中，$U_j(t)$ 主要取决于开关电器灭弧装置的结构和灭弧介质的性质。图2.11所示为不同介质的介电强度恢复过程曲线。

b. 弧隙电压的恢复过程

电流过零前，弧隙电压呈马鞍形变化，电压值很低，电源电压的绝大部分降落在线路和负载阻抗上。电流过零时，弧隙电压正处于马鞍形的后峰值处。电

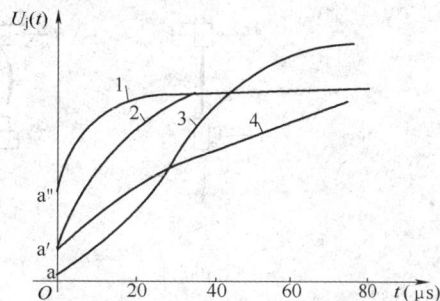

图2.11　介质强度恢复过程曲线

1—真空；2—SF_6；3—空气；4—油

流过零后,弧隙电压从后峰值逐渐增长,一直恢复到电源电压,这一过程中的弧隙电压称为恢复电压,其电压恢复过程以 $U_{hf}(t)$ 表示。电压恢复过程与线路参数、负荷性质等有关。受线路参数等因素的影响,电压恢复过程可能是周期性的变化过程,也可能是非周期性的变化过程。

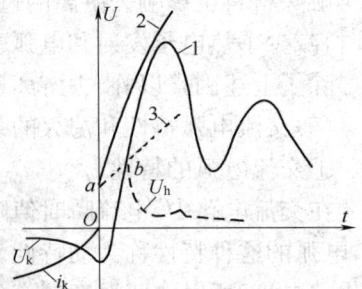

图 2.12 恢复电压和介质强度曲线
1—弧隙恢复电压曲线;
2,3—弧隙介质强度曲线

c. 交流电弧熄灭的条件

在电弧电流过零时,电弧自然熄灭。电流过零后,弧隙中同时存在着两个作用相反的恢复过程,即介质介电强度恢复过程 $U_j(t)$ 和弧隙电压的恢复过程 $U_{hf}(t)$。图 2.12 所示为恢复电压与介电强度曲线。从图 2.12 中可见:如果弧隙介质强度在任何情况下都高于弧隙恢复电压,则电弧熄灭;反之,如果弧隙恢复电压高于弧隙介质强度,弧隙就被击穿,电弧重燃。因此,交流电弧的熄灭条件为: $U_j(t) > U_{hf}(t)$。其中 $U_j(t)$ 为弧隙介质强度, $U_{hf}(t)$ 为弧隙恢复电压。

2. 开关电器中常用的灭弧方法

熄灭交流电弧的关键,在于电弧过零后弧隙的介电强度的恢复过程能否始终大于弧隙电压的恢复过程。为了加强冷却、抑制热游离、增强去游离,在开关电器中装设专用的灭弧装置或使用特殊的灭弧介质,以提高开关的灭弧能力。目前,在开关电器中广泛采用的灭弧方法有下面几种。

(1)提高触头的分闸速度

迅速拉长电弧,有利于迅速减小弧柱中的电位梯度,增加电弧与周围介质的接触面积,加强冷却和扩散的作用。因此,现代高压开关中都采取了迅速拉长电弧的措施灭弧,如采用强力分闸弹簧,其分闸速度已达16 m/s以上。

(2)采用多断口灭弧

图 2.13 所示为开关电器的多断口触头的示意图。每一相有两个或多个断口相串联。在熄弧时,多断口把电弧分割成多个相串联的小电弧段。多断口使电弧的总长度加长,导致弧隙的电阻增加;在触头行程、分闸速度相同的情况下,电弧被拉长的速度成倍增加,使弧隙电阻加速增大,提高了介电强度的恢复速度,缩短了灭弧时间。采用多断口时,加在每一断口上的电压成倍减少,降低了弧隙的恢复电压,亦有利于熄灭电弧。在要求将电弧拉到同样的长度时,采用多断口结构成倍减小了触头行程,也就减小了开关电器的尺寸。

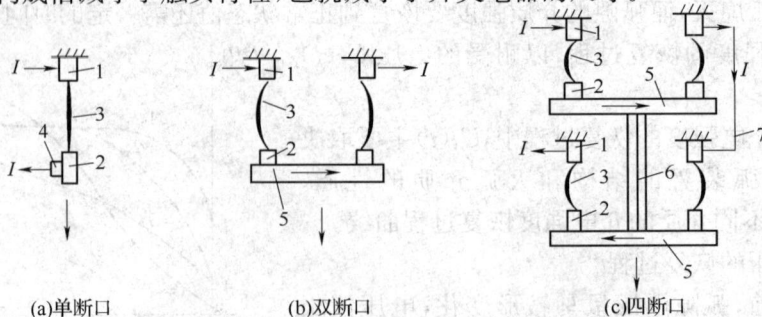

(a)单断口   (b)双断口   (c)四断口

图 2.13 一相有多个断口的触头示意图
1—静触头;2—动触头;3—电弧;4—可动触头;5—导电横担;6—绝缘杆;7—连线

（3）吹弧

用新鲜而且低温的介质吹拂电弧时，可以将带电质点吹到弧隙以外，加强了扩散，由于电弧被拉长变细，使弧隙的电导下降。吹弧还使电弧的温度下降，热游离减弱，复合加快。按吹弧气流的产生方法不同，吹弧可分为以下几种。

①用油气吹弧

用油气作吹弧介质的断路器称为油断路器。在这种断路器中，有用专用材料制成的灭弧室，其中充满了绝缘油。当断路器触头分离产生电弧后，电弧的高温使一部分绝缘油迅速分解为氢气、乙炔、甲烷、乙烷、二氧化碳等气体，其中氢的灭弧能力是空气的7.5倍。这些油气体在灭弧室中积蓄能量，一旦打开吹口，即形成高压气流吹弧。

②用压缩空气或SF_6气体吹弧

将20个左右大气压的压缩空气或5个大气压左右的六氟化硫气体（SF_6）先储存在专门的储气罐中，断路器分闸时产生电弧，随后打开喷口，用具有一定压力的气体吹弧。

③产气管吹弧

产气管由纤维、塑料等有机固体材料制成，电弧燃烧时与管的内壁紧密接触，在高温作用下，一部分管壁材料迅速分解为氢气、二氧化碳等，这些气体在管内受热膨胀，增高压力，向管的端部形成吹弧。

按吹弧方向的不同，吹弧可分为以下几种。

①纵吹

吹弧的介质（气流或油流）沿电弧方向的吹拂称为纵吹，如图2.14(a)所示。纵吹能增强弧柱中的带电质点向外扩散，使新鲜介质更好地与炽热电弧接触，加强电弧的冷却，有利于迅速灭弧。

②横吹

横吹时气流或油流的方向与触头运动方向是垂直的，或者说与电弧轴线方向垂直，如图2.14(b)、(c)所示。横吹不但能加强冷却和增强扩散，还能将电弧迅速吹弯吹长。有介质灭弧栅的横吹灭弧室，栅片能更充分地冷却和吸附电弧，加强去游离。在相同的工作条件下，横吹比纵吹效果要好。

③纵横吹

由于横吹灭弧室在开断小电流时因室内压力太小，开断性能较差。为了改善开断小电流时的灭弧性能，可将纵吹和横吹结合起来。在大电流时主要靠横吹，小电流时主要靠纵吹，这就是纵横吹灭弧室，如图2.15所示。

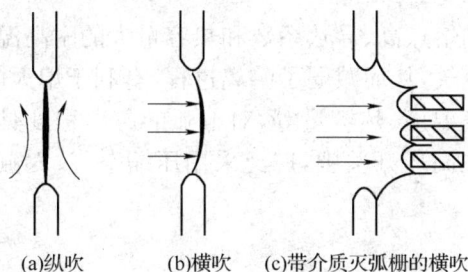

(a)纵吹　　　(b)横吹　　(c)带介质灭弧栅的横吹

图2.14　吹弧示意图

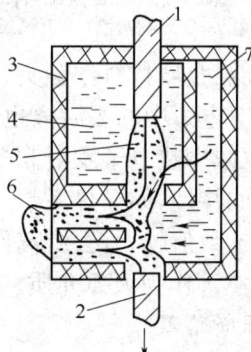

图2.15　纵横吹灭弧室示意图

1—静触头；2—动触头；3—密闭燃烧室；

4—变压器油；5—电弧；6—横吹孔；7—空气囊

（4）短弧原理灭弧

这种灭弧方法常用于低压开关电器中，其灭弧装置是一个金属栅灭弧罩，利用将电弧分为多个串联的短弧的方法来灭弧。图2.16所示为金属灭弧栅熄弧。由于受到电磁力的作用，电弧从金属栅片的缺口处被引入金属栅片内，一束长弧就被多个金属片分割成多个串联的短弧。如果所有串联短弧阴极区的起始介质强度或阴极区的电

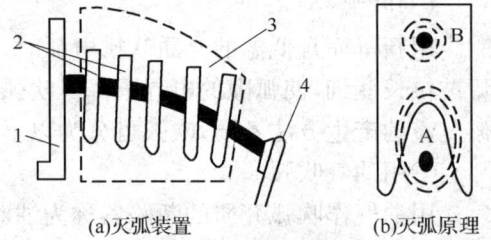

(a)灭弧装置　　(b)灭弧原理

图2.16　金属灭弧栅熄弧

1—静触头；2—金属栅片；3—灭弧罩；4—动触头

压降的总和永远大于触头间的外施电压，电弧就不再重燃而熄灭。采用缺口铁质栅片，是为了减少电弧进入栅片的阻力，缩短燃弧时间。

（5）利用固体介质的狭缝狭沟灭弧

低压开关电器中也广泛应用狭缝灭弧装置。该灭弧装置的灭弧片是由石棉水泥或陶土制成的。触头间产生电弧后，在磁吹装置产生的磁场作用下，将电弧吹入由灭弧片构成的狭缝中，把电弧迅速拉长的同时，使电弧与灭弧片内壁紧密接触，对电弧的表面进行冷却和吸附，产生强烈的去游离。图2.17所示为狭缝灭弧装置的工作原理图。

图2.18所示是石英砂熔断器使用狭沟灭弧的原理。石英砂熔断器中的熔丝熔断时，在石英砂的狭沟中产生电弧。由于受到石英砂的冷却和表面吸附作用，使电弧迅速熄灭。同时，熔丝气化时产生的金属蒸气渗入石英砂中遇冷而迅速凝结，大大减少了弧隙中的金属蒸气，使得电弧容易熄灭。

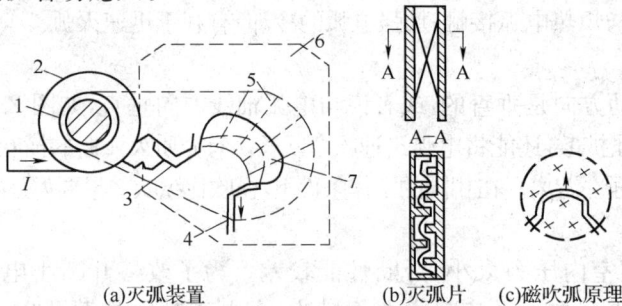

(a)灭弧装置　　　(b)灭弧片　(c)磁吹弧原理

图2.17　狭缝灭弧装置的工作原理

1—磁吹铁芯；2—磁吹绕组；3—静触头；
4—动触头；5—灭弧片；6—灭弧罩；7—电弧移动

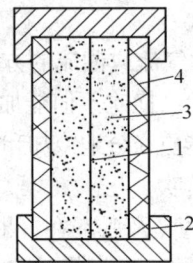

图2.18　石英砂灭弧原理

1—熔丝；2—铜帽；
3—石英砂；4—管体

（6）用耐高温金属材料作触头、优质灭弧介质灭弧

触头材料对电弧中的去游离也有一定影响，用熔点高、导热系数和热容量大的耐高温金属制作触头，可以减少热电子发射和电弧中的金属蒸气，从而减弱了游离过程，有利于熄灭电弧。

灭弧介质的特性，如导热系数、电强度、热游离温度、热容量等，对电弧的游离程度具有很大影响。这些参数值越大，去游离作用就越强。在高压开关中，广泛采用压缩空气、六氟化硫（SF_6）气体、真空等作为灭弧介质。

2.2.2.2　高压断路器

1.高压断路器概述

（1）作用

高压断路器是高压电器设备中最重要的设备，是一次电力系统中控制和保护电路的关键

设备。高压断路器主要有两个作用:一是控制作用,即根据电力系统的运行要求,接通或断开工作电路;二是保护作用,当系统中发生故障时,在继电保护装置的作用下,断路器自动断开故障部分,以保证系统中无故障部分的正常运行。

(2)高压断路器的基本要求

根据以上所述,断路器在电力系统中承担着非常重要的作用,不仅应能接通和断开负荷电流,而且还应能断开短路电流。因此,断路器必须满足以下基本要求。

①工作可靠

断路器应能在规定的运行条件下长期可靠地工作,并能正确地执行分、合闸的命令,顺利完成接通或断开电路的任务。

②具有足够的开断能力

断路器在断开短路电流时,触头间要产生能量很大的电弧。因此,断路器必须具有足够强的灭弧能力才能安全、可靠地断开电路,并且还要有足够的热稳定性。

③具有尽可能短的切断时间

在电路发生短路故障时,短路电流对电气设备和电力系统会造成很大的危害,所以断路器应具有尽可能短的切断时间,以减少危害,并有利于电力系统的稳定。

④具有自动重合闸性能

由于输电线路的短路故障大多数是瞬时的,所以采用自动重合闸可以提高电力系统的稳定性和供电可靠性。即在发生短路故障时,继电保护动作使断路器分闸,切断故障电流,经无电流间隔时间后自动重合闸,恢复供电。如果故障仍然存在,断路器则立即跳闸,再次切断故障电流。这就要求断路器具有在短时间内连续切除故障电流的能力。

⑤具有足够的机械强度和良好的稳定性能

正常运行时,断路器应能承受自身重量和各种操作力的作用。系统发生短路故障时,应能承受电动力的作用,以保证具有足够的动稳定。断路器还应适应各种工作环境条件的影响,以保证在各种恶劣的气象条件下都能正常工作。

⑥结构简单、价格低廉

在满足安全、可靠要求的同时,还要求断路器结构简单、体积小、重量轻、价格合理。

(3)高压断路器的类型

按安装地点分类,分为屋内式和屋外式两种。

根据断路器采用灭弧介质的不同,断路器有如下几种类型。

①油断路器

采用变压器油作为灭弧介质和绝缘介质的断路器叫油断路器。变压器油只作为灭弧介质和触头开断后弧隙绝缘介质,而带电部分与地之间的绝缘采用瓷介质的断路器,由于油量较少,称为少油断路器。它可用于各级电压的户内、户外变电所。

②六氟化硫(SF$_6$)气体断路器

采用规定压力的、具有优良灭弧性能和绝缘性能的 SF$_6$ 气体作为灭弧介质和弧隙绝缘介质的断路器叫六氟化硫气体断路器。它主要用于 110 kV 及以上大容量变电所及频繁操作的场所。

③真空断路器

真空断路器是指触头在 $133.3 \times 10^{-8} \sim 133.3 \times 10^{-4}$ Pa 的真空中开闭电路的断路器。

目前,它主要用于 35 kV 及以下用户中要求频繁操作的场所。

(4)高压断路器的结构

高压断路器的基本结构如图 2.19 所示。其中开断元件是核心,开关设备的控制、保护及安全隔离等方面的任务都由它来完成。其他组成部分都是配合开断元件为完成上述任务而设置的。

高压开关基本组成部分的主要零部件及其功能如表 2.1 所示。

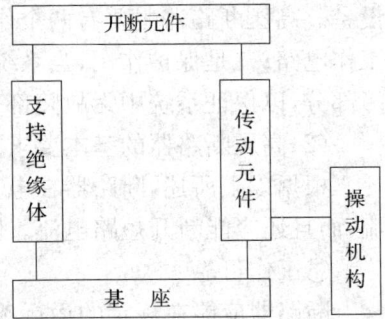

图 2.19　高压断路器的基本结构

表 2.1　高压开关基本组成部分的主要零部件及其功能

名　称	主要零部件	功　能
开断元件	主灭弧室,主触头系统,主导电回路辅助灭弧室,辅助触头系统,并联电阻等	开、断及关、合电力线路,安全隔离电源
支持绝缘件	瓷柱、瓷套管、绝缘管等构成的支柱本体、拉紧绝缘子等	保证开断元件由可靠的对地绝缘,承受开断元件的操作力及各种外力
传动元件	各种连杆、齿轮、拐臂、液压管道、压缩空气管道等	将操作命令及操作功传递给开断元件的触头和其他部件
基座	开关本体的底架、底座	整台产品的基础
操动机构	弹簧、液压、电磁、气动及手动机构的本体及其配件	为开断元件分合闸操作提供能量,并实现各种规定的操作

(5)高压断路器的技术参数

高压断路器的特性和工作性能,可用它的基本参数来表征。

①额定电压 U_N

额定电压是指断路器长时间运行时能承受的正常工作电压。它不仅决定了断路器的绝缘水平,而且在相当程度上决定了断路器的总体尺寸。三相电路中,额定电压均指线电压。

②最高工作电压

由于电网不同地点的电压可能高出额定电压 10% 左右,故制造厂规定了断路器的最高工作电压。对于 220 kV 及以下设备,其最高工作电压为额定电压的 1.15 倍;对于 330 kV 的设备,规定为 1.1 倍。

③额定电流 I_N

额定电流是指铭牌上标明的断路器可长期通过的工作电流。断路器长期通过额定电流时,各部分的发热温度不会超过允许值。额定电流也决定断路器触头及导电部分的截面。

④额定开断电流 I_{NK}

额定开断电流是指断路器在额定电压下能正常开断的最大短路电流的有效值。它表征断路器的开断能力。开断电流与电压有关,当电压不等于额定电压时,断路器能可靠切断的最大短路电流有效值,称为该电压下的开断电流。当电压低于额定电压时,开断电流比额定开断电流有所增大。

⑤额定断流容量 S_{NK}

额定断流容量也表征断路器的开断能力。在三相系统中,它和额定开断电流的关系为

$$S_{NK}=\sqrt{3}\dot{U}_N I_{NK}$$

式中　$\dot{U}_N$——断路器所在电网的额定电压，I_{NK} 为断路器的额定开断电流。由于 U_N 不是残压，故额定断流容量不是断路器开断时的实际容量。

⑥关合电流 i_{Ncl}

保证断路器能关合短路而不至于发生触头熔焊或其他损伤，所允许接通的最大短路电流。

⑦动稳定电流 i_{es}

动稳定电流是指断路器在合闸位置时，允许通过的短路电流最大峰值。它是断路器的极限通过电流，其大小由导电和绝缘等部分的机械强度所决定，也受触头的结构形式的影响。

⑧热稳定电流 I_{Nt}

热稳定电流是指在规定的某一段时间内，允许通过断路器的最大短路电流。热稳定电流表明了断路器承受短路电流热效应的能力。

⑨全开断（分闸）时间 t_0

全开断时间是指断路器接到分闸命令瞬间起到各相电弧完全熄灭为止的时间间隔，它包括断路器固有分闸时间 t_{gf} 和燃弧时间 t_h，即 $t_0=t_{gf}+t_h$。

断路器固有分闸时间是指断路器接到分闸命令瞬间到各相触头刚刚分离的时间；燃弧时间是指断路器触头分离瞬间到各相电弧完全熄灭的时间。全开断时间 t_0 是表征断路器开断过程快慢的主要参数。t_0 越小，越有利于减小短路电流对电气设备的危害、缩小故障范围、保持电力系统的稳定，如图 2.20 所示。

⑩合闸时间

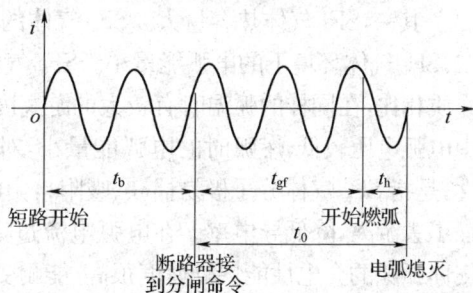

图 2.20　断路器开断时间示意图

合闸时间是指从操动机构接到合闸命令瞬间起到断路器接通为止所需的时间。合闸时间决定于断路器的操动机构及中间传动机构。一般合闸时间大于分闸时间。

⑪操作循环

操作循环也是表征断路器操作性能的指标。我国规定断路器的额定操作循环如下：

自动重合闸操作循环：分—θ—合分—t—合分

非自动重合闸操作循环：分—t—合分—t—合分

式中　分——分闸操作；

合分——合闸后立即分闸的动作；

θ——无电流间隔时间，标准值为 0.3 s 或 0.5 s；

t——强送电时间，标准时间为 180 s。

(6)国产高压断路器的型号如图 2.21 所示。

第一单元是产品字母代号：S—少油断路器；D—多油断路器；K—空气断路器；L—SF₆ 断路器；Z—真空断路器；Q—自产气断路器；C—磁吹断路器。

第二单元是装设地点代号：N—户内式；W—户外式。

第三单元是设计序号。

第四单元是额定电压(kV)。

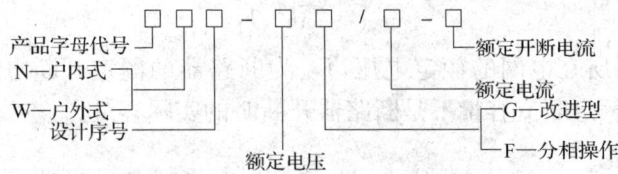

图 2.21　国产高压断路器的型号

第五单元是补充工作特性标志:G—改进型;F—分相操作。

第六单元是额定电流(A)。

第七单元是额定开断电流(kA)。

2. 高压 SF_6 断路器

(1)SF_6 气体的特性

SF_6 是一种无毒、不燃的气体,具有优异的绝缘性能和灭弧性能,将其应用于断路器、变压器和电缆等电气设备,显示出矿物油无可比拟的优越性。

①SF_6 气体的优良特性

其一,SF_6 气体热容量大。SF_6 气体的分子在分解时吸收的能量多,对弧柱的冷却作用强。其二,SF_6 气体环境下的电弧能量小。SF_6 气体在高温时分解出的硫、氟原子和正负离子,与其他灭弧介质相比,在同样的弧温时有较大的游离度。在维持相同游离度时,弧柱温度较低。因此,SF_6 气体中电弧电压较低,燃弧时的电弧能量小,对灭弧有利。其三,SF_6 气体分子的负电性强。所谓负电性,是指 SF_6 气体分子极易捕获、吸附自由电子形成低活性负离子的特性。SF_6 气体负电性强,加强了去游离,降低导电率。在电弧电流过零后,弧柱温度将急剧下降,分解物急速复合。因此,SF_6 气体弧隙的介电性能恢复速度很高,能耐受很高恢复电压,电弧在电流过零后难重燃。

②SF_6 气体的危害及其对策

SF_6 的危害主要体现在两个方面,其一是高温电弧分解产物和其本身(或分解产物)与接触介质发生化学反应,生成物对生物的毒性作用;其二是 SF_6 作为一种温室气体对环境的危害。

电器设备内的 SF_6 气体在高温电弧发生作用时会产生某些有毒产物,这种物质对绝缘材料、金属材料、玻璃、电瓷等含硅材料有很强的腐蚀性。例如:SF_6 气体分解物与水的继发性反应;与电极(Cu-W 合金)及金属材料(Al、Cu)反应而生成某些有毒产物;与含有硅成分的环氧酚醛玻璃丝布板(棒、管)等绝缘件,或以石英砂、玻璃作填料的环氧树脂浇注件、模压件以及瓷瓶、硅橡胶、硅脂等起化学作用,生成 SiF_4、$Si(CH_3)2F_2$ 等产物。

因此,在制造、运用和检修 SF_6 断路器时,应该注意以下几个方面:

a. 必须严格控制 SF_6 气体中的水分。现在通常从以下几个方面采取措施:加强断路器的密封;组装断路器时,先要对零部件进行彻底烘干;严格控制 SF_6 气体中含水量;严格控制断路器充气前的含水量;在 SF_6 断路器内部加装吸附剂。

b. 由于 SF_6 气体在灭弧时会产生有毒气体和粉尘,在排放废气和拆开断路器灭弧部件时,应戴防毒面具、防护手套、长袖工作服,尽量不露出皮肤,处理有毒废料时应戴防护手套。

c. 排出的 SF_6 废气时,应通过滤罐过滤有毒粉尘后放到大气中。

d. 断路器部件的拆装、检修一般应在干燥、清洁的室内进行,现场检修时天气应稳定无雨且空气湿度不得大于 80%。

e. 为防止断路器内部进入潮气和灰尘,拆卸处理过的部件应马上用塑料布(袋)包好并系紧。

(2)SF₆ 断路器的结构类型

常见的 SF₆ 断路器结构按照对地绝缘方式不同分两种类型：

①落地罐式。这种断路器的总体结构如图 2.22 所示。它把触头和灭弧室装在充有 SF₆ 气体并接地的金属罐中，触头与罐壁间绝缘采用环氧树脂支持绝缘子，引出线靠绝缘瓷套管引出。该结构便于安装电流互感器，抗震性能好，但系列性能差。

②瓷柱式。瓷柱式断路器灭弧室可布置成"T"形或"Y"形，220kV 的 SF₆ 断路器随开断电流增大，制成单断口断路器，布置成单柱式，如图 2.23 所示。灭弧室位于高电位，靠支柱绝缘瓷套对地绝缘。

目前的城市轨道交通供电系统中，一般在 110 kV 电压等级断路器采用 SF₆ 断路器，而在 110 kV 和 35 kV(或者 35 kV)的配电装置中采用 SF₆ 组合电器(GIS)。

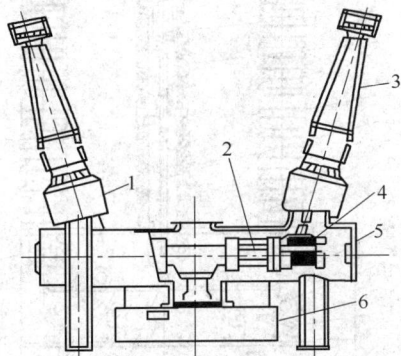

图 2.22　500 kV SF₆ 断路器

1—套管式电流互感器；2—灭弧室；3—套管；
4—合闸电阻；5—吸附剂；6—操作机构箱

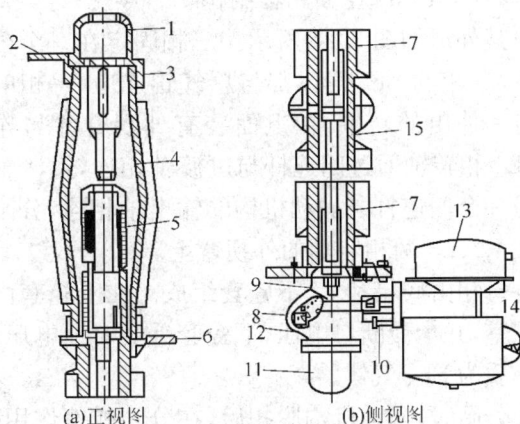

(a)正视图　　(b)侧视图

图 2.23　单压式定开距灭弧室绝缘
套支柱型断路器

1—帽；2—上接线板；3—密封圈；4—灭弧室；
5—动触头；6—下接线板；7—支柱绝缘套；8—轴；
9—操作机构传动杆；10—辅助开关传动杆；11—吸附剂；
12—传动机构箱；13—液压机构；14—操作拉杆

(3)SF₆ 断路器灭弧室的结构与灭弧过程

SF₆ 断路器灭弧室结构可分为单压式和双压式两种。

①单压式(压气式)灭弧室

单压式灭弧室又称压气式灭弧室。只有一个气压系统，即常态时只有单一压力的 SF₆ 气体。灭弧室的可动部分带有压气装置，分闸过程中，压气缸与触头同时运动，将压气室内的气体压缩。触头分离后，电弧即受到高速气流纵吹而将电弧熄灭。灭弧室中，压气活塞是固定不动的，静触头与动触头之间的开距也是固定不变的。灭弧室的工作过程如图 2.24 所示。

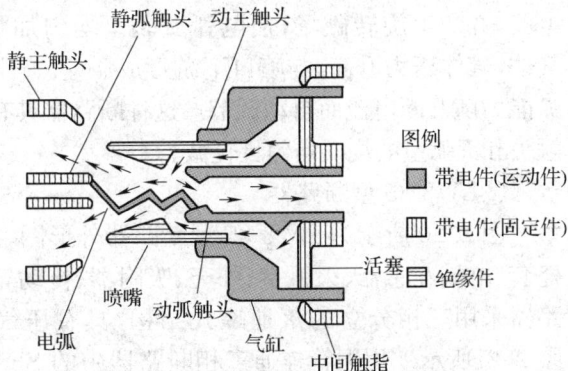

图 2.24　SF₆ 断路器灭弧原理图

②双压式灭弧室

它有高压和低压两个气压系统,灭弧时,高压室控制阀打开,高压 SF_6 气体经过喷嘴吹向低压系统,再吹向电弧使其熄灭。灭弧室内正常时充有高压气体的称为常充高压式;仅在灭弧过程中才充有高压气体的称为瞬时充高压式。

单压式结构简单,但开断电流小、行程大、固有分闸时间长,而且操动机构的功率大。近年来,单压式 SF_6 断路器采用了大功率液压机构和双向吹弧,逐渐取代双压式。

(4)SF_6 断路器的典型结构

SF_6 断路器在电力系统中得到了广泛应用,下面以 LW16-35 型断路器和 LW8-35 断路器为例来说明 SF_6 断路器的结构和工作原理。

①LW16-35 型断路器

a. LW16-35 型断路器结构

其外形如图 2.25 所示。三相固定在一个公共底架上,各相的 SF_6 气体都与总气管连通,每相的底箱上有一伸出的转轴,在上面装有外拐臂并与连杆相连,L1 相转轴通过四连杆与过渡轴相连,过渡轴再通过另一个四连杆与操动机构的输出轴相连,分闸弹簧连在 L2、L3 两相转轴的外拐臂上。

每相由底箱和上、下瓷套组成。在上瓷套内装有灭弧室,并承受断口电压,下瓷套承受对地电压,内绝缘介质为 SF_6 气体。

分闸时,操动机构脱扣后,在分闸弹簧作用下,三相的转轴按顺时针转动,通过内拐臂和绝缘拉杆使导电杆向下运动,使断路器分闸。合闸时,在操动机构作用下,过渡轴顺时针运动,带动三相转轴沿逆时针方向转动,使导电杆向上运动,完成合闸动作。

b. 自能旋弧式灭弧室工作原理

LW16-35 型断路器采用膨胀式灭弧原理。分闸时,动触头向下运动,动、静触头之间产生电弧。当静触头上的弧根转移到弧环上之后,旋弧线圈被串联进电路,并产生旋转磁场,使电弧旋转。均匀加热 SF_6 气体,气体压力升高,与喷口下游形成压差,产生强烈喷口气吹,在电流过零时,自然熄弧,其灭弧能力随开断电流而自动调节。这种断路器具有良好的开断性能,而且由于电弧不断的旋转,使触头和灭弧室的烧损均匀且轻微。

②LW8-35 型断路器

图 2.26 所示为 LW8-35 型断路器外形图,这是一种户外高压罐式结构的断路器,主要由瓷套、电流互感器、灭弧室、外壳、吸附器、传动箱、连杆、底架及弹簧操动机构等部分组成。断路器采用三相分立的落地罐式结构,具有压气式灭弧室。灭弧室为单压力压气式结构,如图 2.27所示。用铜管连通三相断路器中的 SF_6 气体。这种灭弧室主要由静触头、动触头、外壳、汽缸及喷口等部件组成,上、下绝缘子及绝缘拉杆构成了动、静触头的对地绝缘。

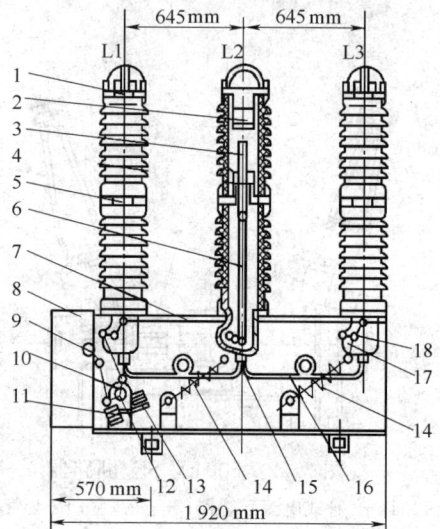

图 2.25　LW16-35 型断路器外形结构图

1—上接线座;2—静触头;3—导电杆;
4—中间触指;5—下接线座;6—绝缘拉杆;
7—连杆;8—弹簧结构;9—操动机构输出轴;
10—拐臂;11—分闸缓冲器;12—过渡轴;
13—合闸缓冲器;14—分闸弹簧;15—内拐臂;
16—气管;17—外拐臂;18—转轴

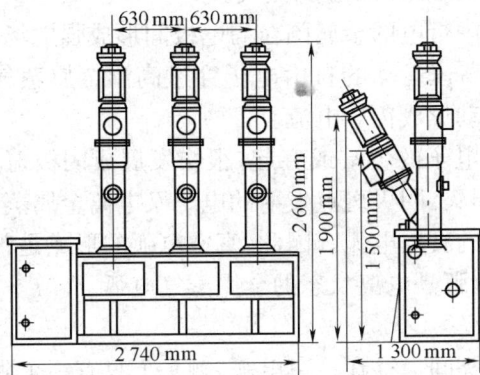

图 2.26 LW8-35 型 SF$_6$ 罐式断路器外形图

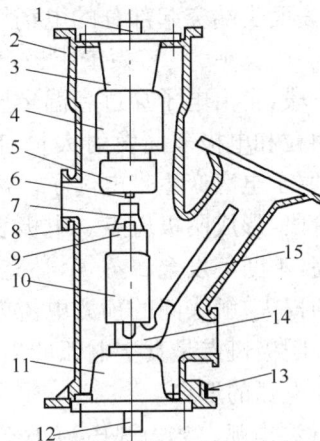

图 2.27 LW8-35 型 SF$_6$ 断路器灭弧室结构图

1—导电杆;2—大外壳;3—上绝缘子;4—冷却室;
5—静触头;6—静弧触头;7—喷口;8—动弧触头;
9—动触头;10—汽缸;11—下绝缘子;12—绝缘拉杆;
13—接地装置;14—动触头支座;15—导电杆

LW8-35 型断路器可装设 12 只管式电流互感器,每一种互感器有 4 个接头,可以获得三种互感比。该断路器配用 CT14 型弹簧操动机构。其合闸弹簧的储能方式有电动储能和手动储能,分、合闸操作有分、合闸电磁铁操作和手动按钮操作两种操作方式。

3.高压真空断路器

(1)真空电弧理论

①真空断路器的概念

真空断路器利用真空度约为 10^{-4} Pa(在运行过程中不低于 10^{-2} Pa)的高真空作为内绝缘和灭弧介质。真空度就是气体的绝对压力与大气压的差值,表示气体稀薄的程度。气体的绝对压力值越低,真空度越高。当灭弧室内被抽成 10^{-4} Pa 的真空时,其绝缘强度比绝缘油、一个大气压力下的 SF$_6$ 和空气的绝缘强度高很多。

②真空间隙的绝缘性能

真空间隙的气体稀薄,分子的自由行程较大,发生碰撞游离的几率很小,因此真空间隙具有很高的绝缘强度。当真空间隙在某一电压下击穿几次后,由于触头表面的毛刺被冲击掉,触头表面光洁度提高,真空间隙在该电压下就不再击穿了,击穿电压将会升高,这种现象叫真空间隙的老化。这是真空间隙独具的特点。

真空间隙的绝缘强度与很多因素有关,主要与真空间隙的长度、真空度、电极材料、电极表面状态、形状和大小、施加电压的波形和频率等因素有关。

③真空电弧的形成与熄灭

a.真空电弧的形成

形成真空电弧主要有三个阶段。

第一阶段,触头蒸发形成金属蒸气。在触头带电流分离时,由于接触压力减小,触头由面接触变为点接触(触头间形成金属小桥),电流集中通过金属桥。在分断过程中,其一,金属桥被拉长,截面减小,电阻增大,桥上耗散功率大,温度急剧升高,金属桥熔化并产生高温金属蒸气;其二,触头表面结合不牢固的金属团粒(如金属加工时残留的毛刺),在静电场力的作用下,离开电极表面,加速通过真空间隙轰击电极,使电极和团粒的温度升高,蒸发出高温金属蒸气;

其三,触头表面尖端突起部分的电场极强,因强电场发射自由电子所形成的电子束(预放电电流,其值为 $10^{-5} \sim 10^{-3}$ A)轰击阳极,也可使阳极发热,蒸发出金属蒸气。

第二阶段,自由电子穿过高温金属蒸气。运动中带电的金属团粒与电极间形成强电场,此电场可使团粒和电极表面发射大量自由电子。当高速运动的自由电子穿过高温金属蒸气云时,使金属原子电离产生带电离子。离子的定向移动形成传导电流。

第三阶段,形成阴极斑点。电极表面发射自由电子的尖端或突起,很快发展成阴极斑点,其温度极高,不断蒸发金属蒸气,补充金属蒸气的损失,阴极斑点发射的电子又电离金属蒸气,补充离子的损失,触头间的预放电流就转变成自持的真空电弧。因此,真空电弧的形成是一个电极过程。阴极斑点是真空电弧的生命线。真空电弧是电离状态的金属蒸气电弧。

b. 真空电弧的形态

◆ 扩散型电弧。当电弧电流小于 100 A 时,触头间只存在一束电弧,触头上只有一个阴极斑点,并在触头表面做不规则的运动。当电弧电流大于 100 A、小于 6 kA 时,阴极斑点会从一个分裂为若干个,并在阴极表面不断向四周扩散,电弧以许多完全分离的并联电弧的形态存在。这种形态的电弧为扩散型电弧,如图 2.28(a)所示。

◆ 集聚型电弧。当电极上电弧电流大于 10 kA 时,阴极斑点受电磁力的作用相互吸引,使所有的阴极斑点集聚成一个运动速度缓慢的阴极斑点团(其直径可达 $1 \sim 2$ cm),形成单束大弧柱,且电极强烈发光,触头表面将出现熔坑,这种形态的电弧称为集聚型电弧,如图 2.28(b)所示。

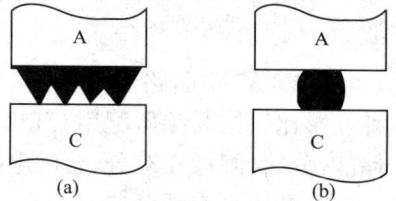

图 2.28 电弧形态

c. 真空电弧的熄灭

对扩散型电弧,电流过零时,真空电弧熄灭。阴极斑点所造成的熔区在电弧熄灭后 $10^{-8} \sim 10^{-7}$ s 内便凝固。阴极和阴极斑点便不再向弧柱区提供电子和金属蒸气,而残余的等离子体内的各种粒子在数个微秒内向四周扩散完,弧区介电强度迅速提高,实际上已变成了真空间隙,足以承受很高的恢复电压而不致击穿。扩散型电弧过零后很容易熄灭。

对集聚型电弧,电流过零时,电弧熄灭,但触头表面有面积和厚度相当大的熔区,这些熔区需要毫秒数量级的时间才能冷却。在这段时间内,电极仍向弧区输送大量金属蒸气和带电粒子,在恢复电压上升过程中,弧区相当于一个充气间隙,不可避免要发生重新击穿。只有当触头开距足够大,阴极斑点产生的金属蒸气不足以维持带电粒子扩散时,真空电弧才熄灭。故集聚型电弧难以熄灭,应设法避免。一般在触头结构上采取措施,防止触头表面发生过分严重的局部熔化和烧损。

总之,真空电弧的熄灭,主要取决于触头的阴极现象、电极发热程度及离子向弧柱外迅速扩散的作用。

(2)真空断路器的分类

按照不同的分类方法,真空断路器可分为以下几种:

①按真空灭弧室的布置方式,分为落地式、悬挂式、综合式和接地箱式。

②按真空灭弧室的外壳,分为玻璃外壳式和陶瓷外壳式。

③按触头形状,分为横磁吹式和纵磁吹式。

(3)真空断路器的基本结构

真空断路器由真空灭弧室、绝缘支撑、传动机构、操作机构、机座(框架)等组成。

（4）真空断路器的灭弧室

真空灭弧室是真空断路器中最重要的部件，其结构如图 2.29、图 2.30 所示。真空灭弧室的外壳是由绝缘筒、两端的金属盖板和波纹管所组成的密封容器。灭弧室内有一对触头，分别焊接在各自的导电杆上，波纹管的另一个端口与动端盖的中孔焊接，动导电杆从中孔穿出外壳。由于波纹管可以在轴向上自由伸缩，所以这种结构既能实现在灭弧室外带动动触点做分合运动，又能保证真空外壳的密封性。

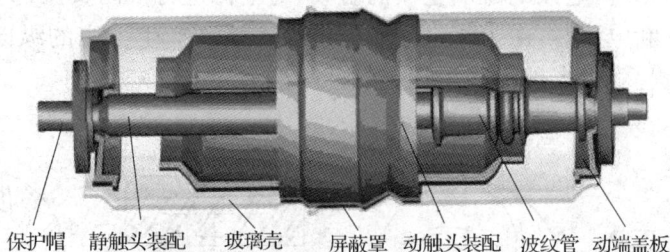

保护帽　静触头装配　玻璃壳　　屏蔽罩　动触头装配　波纹管　动端盖板

图 2.29　玻璃外壳真空灭弧室的剖视图

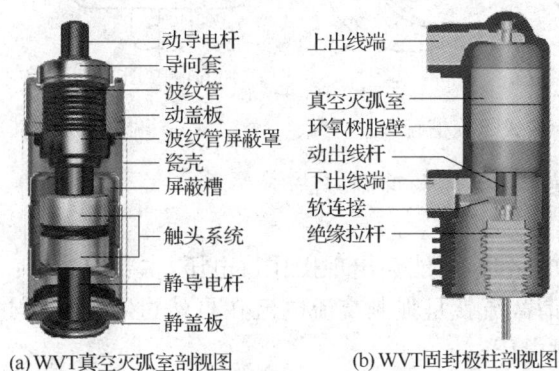

动导电杆
导向套
波纹管
动盖板
波纹管屏蔽罩
瓷壳
屏蔽槽
触头系统
静导电杆
静盖板

上出线端
真空灭弧室
环氧树脂壁
动出线杆
下出线端
软连接
绝缘拉杆

(a)WVT真空灭弧室剖视图　　　　(b)WVT固封极柱剖视图

图 2.30　陶瓷外壳真空灭弧室结构

下面简要地介绍灭弧室中主要部件及各部分的作用。

①外壳。外壳是真空灭弧室的密封容器，它不仅要容纳和支持灭弧室内的各种部件，而且当动、静触头在断开位置时起绝缘作用。因此，整个外壳通常由绝缘材料和金属组成。对外壳的要求首先是气密封要好，其次是要有一定的机械强度和绝缘性能。

②波纹管。波纹管既要保证灭弧室完全密封，又要在灭弧室外部操动时使触头作分合运动。常用的波纹管有液压成形和膜片焊接两种形式。所用材料以不锈钢为最好。波纹管的侧壁可在轴向上伸缩，其允许伸缩量决定了灭弧室所能获得的触头最大开距。一般情况下，波纹管的疲劳寿命也决定了灭弧室的机械寿命。

③屏蔽罩。触头周围的屏蔽罩主要是用来吸附燃弧时触头上蒸发的金属蒸气，防止绝缘外壳因金属蒸气的污染而引起绝缘强度降低和绝缘破坏，同时，也有利于熄弧后弧隙介质强度的迅速恢复。屏蔽罩还能起到使灭弧室内部电压均匀分布的作用。在波纹管外面用屏蔽罩，可使波纹管免遭金属蒸气的烧损。

屏蔽罩的导热性能越好，其表面冷却电弧的能力也就越好。因此，制造屏蔽罩常用材料为无氧铜、不锈钢和玻璃，铜是最常用的。

④触头。触头是真空灭弧室内最为重要的元件,灭弧室的开断能力和电气寿命主要由触头状况来决定。目前真空灭弧室的触头系统,就接触方式而言,都是对接式的。根据触头开断时灭弧的基本原理的不同,可分为非磁吹触头和磁吹触头两大类。

非磁吹型圆柱状触头最简单,机械强度好,易加工,但开断电流小。

磁吹触头又分为横向磁吹触头和纵向磁吹触头两类。而横向磁吹触头包括螺旋槽触头和杯形触头两种,如图2.31、图2.32所示。对横向磁吹触头,当断路器分闸时,触头间产生电弧,由于触头的特殊结构,电弧电流产生横向磁场,对电弧进行横向吹弧,提高了灭弧能力。对纵向磁吹触头,当开断电流时,由于流过线圈的电流在弧区产生一定的纵向磁场,是电弧电压降低和集聚电流值提高,极大地提高了触头的开断能力和电气寿命。

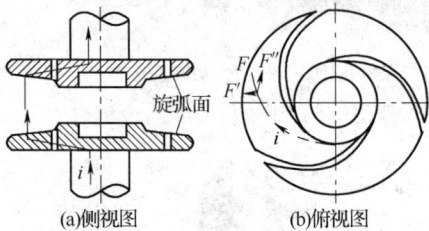

图 2.31　中接式螺旋槽触头　　　　　图 2.32　杯形触头

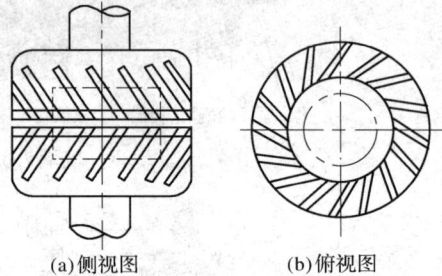

(5)真空断路器的操作过电压及抑制方法

①操作过电压

用真空断路器断开电路时,可能会出现操作过电压,主要形式有:

a.截流过电压。所谓截流就是强制交流电流在自然过零前突然过零的现象,由于电路中存在电感,因此会发生过电压。

b.切断电容性负载时的过电压。这是因熄弧后间隙发生重击穿而引起的。所以,真空断路器的重击穿几率越小越好。

c.高频多次重燃过电压。是因为断路器开断感性电流时,当间隙被击穿后电弧重燃,受电路参数影响,击穿后电流中含有高频分量。当高频分量的幅值很大时,受其影响,间隙被反复击穿,使负载侧的电压不断升高,从而产生较高的过电压。

②抑制过电压的方法

操作过电压对其电气设备尤其是电机绕组绝缘危害很大。因此,必须采取抑制方法。常用的方法有:

a.采用低电涌真空灭弧室。这种灭弧室既可降低截流过电压,又可提高开断能力。

b.在负载端并联电阻和电容。它不仅能降低截流过电压及其上升速度,而且在高频重燃时可使振荡过程强烈衰减,对抑制多次重燃过电压有较好的效果,电阻一般选 $100\sim200\ \Omega$,电容选 $0.1\sim0.2\ \mu F$。

c.串联电感。可降低过电压的上升陡度和幅值。

d.安装避雷器。用它限制过电压的幅值。

(6)真空断路器的优缺点

根据断路器的结构特点和适用范围,断路器的优缺点有:

①触头开距小,动作快;

②燃弧时间短,触头烧损轻;

③寿命长,适于频繁操作;

④体积小,结构紧凑,真空灭弧室不需检修,维修工作量小;

⑤防火、防爆性能好;

⑥制造工艺复杂,造价高;

⑦监视真空度变化的简易装置尚未解决;

⑧开断小电流时,有可能产生较高的过电压,需采取降低过电压的措施。

(7)真空断路器真空度检查

①测量动、静触头两端的绝缘电阻。用1 000 V兆欧表,绝缘电阻应大于500 MΩ,说明真空度良好。

②耐压试验。动、静触头间施加交流工频电压,耐压1 min,无击穿为真空度良好。

③用真空度检测仪检查。用依据脉冲磁场放电测量原理制造的KZJ-1型真空度检测仪,可直接测出真空度值。

这样通过定期的检查、测量,就可以掌握真空度变化的状况及趋势,防患于未然,确保断路器安全可靠地运行。

4. 直流断路器

直流断路器一般为机械式、单相快速断路器。城轨交通供电系统中,直流断路器应用于牵引变电所整流装置牵引侧以及馈线侧,一般以直流开关柜的形式出现,较常见的是瑞士赛雪龙公司生产的断路器的UR系列(额定电流500～4 000 A)和HPB系列(额定电流4 500 A、6 000 A)。较常见的直流开关柜有MB型和KMB型。

(1)常用直流断路器

图2.33、图2.34所示为直流快速断路器的外部结构图,图2.35所示为直流断路器UR36原理图。它是一种双向、单极单元,采用了电磁吹弧、电动操作系统、直接瞬时过流脱扣、间接快速脱扣(用户可选项)和空气自然冷却方式等技术。间接脱扣器由一个线圈和一个电子控制装置组成,线圈固定在断路器上,电子控制装置(由放电电容和电子开关组成)单独安装。1 000～6 000 A的断路器,其响应时间仅为几毫秒。

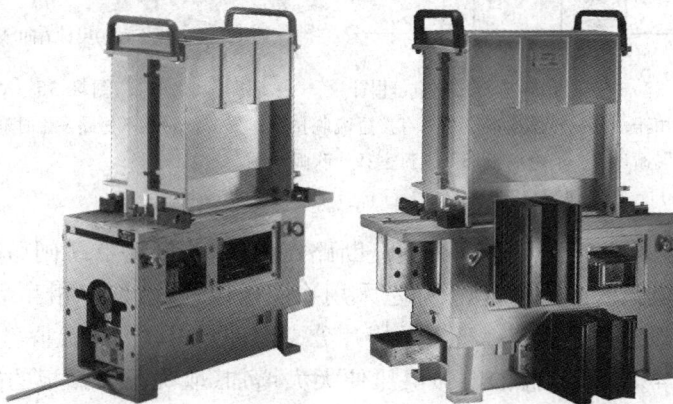

图2.33 HPB45系列断路器和HPB60系列断路器

图 2.34　UR26/36/40 系列断路器

与交流电弧不同,直流电弧只能靠强制电流为零来熄灭,电弧能量不变的前提下,促使电弧电流接近于零,意味着必须提高电弧电压,使之高于断路器的工作电压。可以通过合理的措施迅速提高电弧电压,如在中、低压直流回路中使用电磁吹弧断路器,从而达到灭弧的目的。对高压直流回路,必须相应地降低电压和电流,对要求分闸更快的断路器,通过加接 LC 谐振电路产生人工电流零点来灭弧,这需要非常精确和可靠的电子技术,如图 2.36 所示。

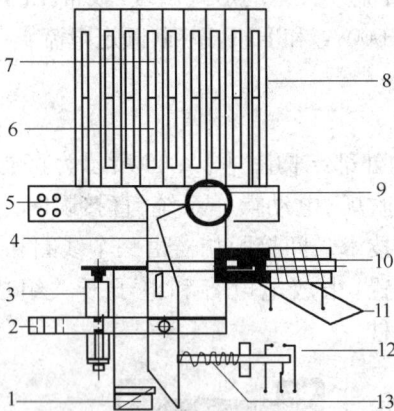

(a) 简化后等效回路

(b)电流 I_1 曲线和电弧电压 U_s 曲线

图 2.35　直流断路器 UR36 原理图

图 2.36　直流灭弧原理

1—间接过流脱扣器;2、5—导体连接排;3—直接过流脱扣器;
4—动触头;6—金属栅片;7—消电离板;8—灭弧室;9—吹弧线圈;
10—合闸线圈;11—接触弹簧;12—辅助开关;13—分闸弹簧

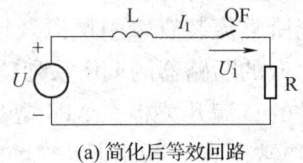

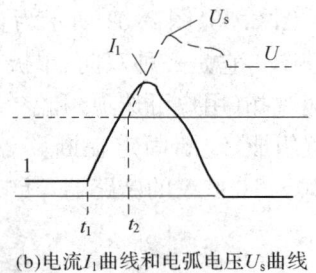

t_1—短路发生时刻;t_2—触头分离时刻

以瑞士赛雪龙公司生产的 UR 系列直流断路器为例,当断路器跳闸后,主回路磁场将动、静触头之间产生的电弧吹入灭弧室,灭弧室采用冷阴极设计,由许多相互绝缘的灭弧板(金属栅片)组成,一旦电弧进入灭弧室就被金属栅片分裂为许多串联的小弧段。因为每两块灭弧板之间的电压降约为 40 V,所以总的电弧电压便大大增加(取决于灭弧板的数量),但一般不超过额定电压的两倍。电弧电流大大减少,使电弧得以迅速熄灭。燃烧的气体从上端溢出,并在位于金属灭弧板上部的绝缘板之间被去电离。

鉴于直流电弧熄灭比较困难,当直流断路器合闸送电时,必须预先进行线路测试,即首先通过线路测试装置对将要合闸送电的线路进行绝缘性能测试,绝缘合格,则给断路器送出合闸命令;绝缘测试不合格,则闭锁断路器禁止合闸。当运行的线路跳闸后,禁止盲目重合闸,只有通过线路测试,确认短路清除,断路器才能自动重合闸。

(2)直流开关柜

直流开关柜分固定式和移开式两种。移开式直流开关柜就是断路器固定安装在可移开的手车上,代表性产品有瑞士赛雪龙公司生产的 KMB 型、MB 型等。

KMB 或 MB 型直流开关柜是一个集成系统,包括断路器手车、控制、保护系统(SEP-COS)、框架、母排等,也可根据用户需求,加装转换开关或隔离开关。其外观如图2.37(a)所示。KMB 柜宽为 600 mm 或 800 mm,它适用于额定工作电压低于3 000 V,额定电流最大至6 000 A的直流牵引供电系统中。内部结构如图2.37(b)所示。KMB 柜宽为 500 mm 或 800 mm,可满足电流从1 000 A 到 6 000 A,电压从直流 750 V 至 3 000 V 的各种应用需要。它适用于轻轨、地铁以及铁路多种场合。内部结构如图2.37(c)所示。

(a)直流开关柜外观图

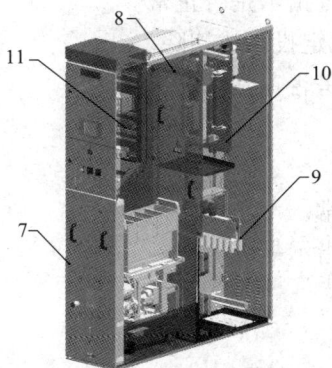

(b)KMB 断路器柜内部结构

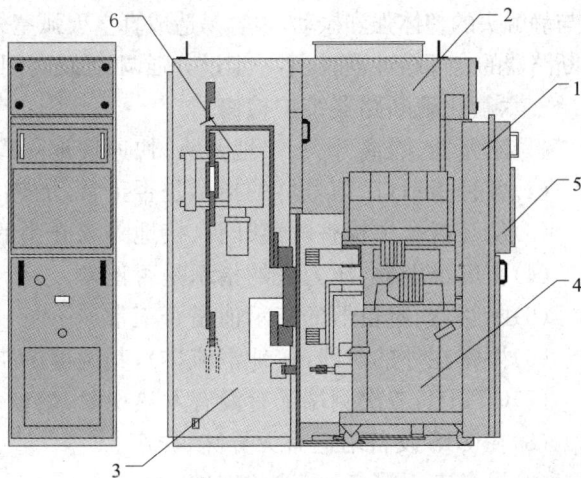

(c)KMB 断路器柜

图2.37　直流开关柜

1—断路器手车;2—断路器室;3—柜后母线室;4—测量室;5—低压室;6—转换(隔离)开关;
7—断路器手车;8—断路器室;9—柜后母线室;10—测量室;11—低压室

2.2.3 工作任务

1. 真空断路器检修

(1) 真空灭弧室

真空灭弧室是真空断路器的主要元件,它是在一只管形的玻璃管(或陶瓷管)内密封着所有的灭弧元件,分合闸时通过动触杆运动,拉长或压缩波纹管而不破坏灭弧室内真空的装置。

① 检查外观有无异常、外表面有无污损。如果绝缘外壳表面沾污,应用干布擦拭干净。

② 动、静触头累积磨损厚度超过 3 mm,就要更换真空管。

③ 真空度的检查主要通过工频耐压法检查,在真空断路器处于开断状态下,在真空灭弧管的触头间加上规定的预防性工频试验电压 1 min,中间应无异常。

④ 每一次维护都要对真空断路器的触头开距、压缩行程、三相同期性进行检查及调整。

(2) 高压带电部分

高压带电部分是指真空灭弧室的静导电杆和动导电杆接到主回路端子以接通电路的部分,它由支持绝缘子、绝缘套管等绝缘元件支撑在真空断路器的框架上。

① 检查导电部分有无变色、断裂、锈蚀,固定连接部分元件有无松动,绝缘有无破损、污损。

② 测试主回路相对地、相与相之间以及绝缘提升杆的绝缘电阻应不小于规定值。

③ 断路器在分、合闸状态下,分别进行主回路相对相、相间及断口的交流耐压试验 1 min,应合格;绝缘提升杆在更换或干燥后,也必须进行耐压试验。

④ 测试真空灭弧室两端之间、主回路端之间的接触电阻,应不大于规定值。

(3) 真空断路器分合闸缓冲器

真空断路器分合闸缓冲器用于减轻分闸或合闸时的冲击力,分闸缓冲器还用来限制动、静触头的"开距",要求分闸缓冲器性能可靠;合闸缓冲器可以减少合闸"弹跳时间"。但为了保证缓冲效果,动、静触头接触后,静触头必须跟随动触头继续前进一个缓冲距离,这就导致真空灭弧室静触头外壳与静触头的整体强烈振动,很容易造成真空灭弧室外壳或与静触头连接处损伤。所以,在检修真空断路器的合闸缓冲器时,不一定过分强调"弹跳时间",要兼顾保证有良好的缓冲性能。

2. 六氟化硫断路器维护检修

(1) 断路器、隔离开头、接地开头、快速接地隔离开头的位置指示是否正常。

(2) 各种指示灯、信号灯的指示是否正常,加热器是否按规定投入或切除。

(3) 从窥视孔中检查隔离开头、接地隔离开头的触头接触是否正常。

(4) 密度继电器、压力表的指示是否正常。

(5) 断路器、避雷器的指示值是否正常。

(6) 裸露在外的母线(接地汇流排),其温度的指示是否正常。

(7) CT、PT 二次侧端子有没有发热现象,熔丝、熔断器的指示是否正常。

(8) 在 GIS 设备附近有无异味、异声。

(9) 设备有无漏气、漏油的现象。

(10) 所有阀门的开、闭位置是否正常,金属支架有无锈蚀、发热现象。

(11) 可见的绝缘件有无老化、剥落、裂纹的现象。

(12) 所有金属支架和保护罩的外壳有无油漆剥落现象。

(13) 接地端子有无发热现象,金属外壳的温度是否超过规定。

(14)所有设备是否清洁、齐整、标志完善。

(15)室内行车操作是否正常。

(16)各气室 SF_6 气体含水量的测量。

(17)氧化锌避雷器阻性电流测量。

(18)断路器、隔离开关机构目检,液压机构有无渗漏油、二次侧接线有无发热的现象。

3.直流断路器灭弧罩的解体检修

(1)用扳手松开位于灭弧罩两端及两极板端部的连接搭扣,并旋转90°,以松开角形导弧板。

(2)用扳手松开灭弧罩与断路器的两个固定螺钉。

(3)卸下灭弧罩放置在工作台上,检查灭弧罩外壳有无弧黑和积灰,使用干抹布对外壳清洁干净。若单面裂纹超过 1 cm 或双面对应处出现裂纹,均需更换。

(4)用套筒扳手松开灭弧罩外壳六个固定螺栓和顶部手柄四个固定螺钉和垫圈。

(5)把灭弧罩侧翻180°,拆下灭弧罩一侧盖板,逐一取出灭弧罩内的每片大、小树脂灭弧栅片和偏转铁板,检查大、小树脂灭弧栅片表面有无弧黑和积灰,并用干抹布清洁干净。

(6)当局部烧毁留下的标记大于 1/2 原始厚度(2.5 mm)或出现裂纹时,需及时更换。检查角形导弧板,当横截面积达到其原始面积(20 mm×4 mm)一半时,需及时更换。

2.2.4　分析与思考

1.气体电弧有什么特征? 对电力系统和电气设备有哪些危害?

2.电弧的游离和去游离方式各有哪些? 影响去游离的因素是什么?

3.交流电弧有什么特征? 熄灭交流电弧的条件是什么?

4.什么是弧隙介质强度和弧隙恢复电压?

5.开关电器中常采用的基本灭弧方法有哪些?

6.高压断路器的作用是什么? 对其有哪些基本要求?

7.高压断路器有哪几类? 其技术参数有哪些?

8.简述高压断路器结构的及各部分功能。

9.简述 SF_6 气体为什么具有优良的灭弧性能和绝缘性能?

10.为什么 SF_6 断路器必须严格控制 SF_6 气体中的水分? 采取了哪些措施?

11.简述单压力 SF_6 断路器的灭弧原理。

12.真空间隙独具的特点是什么? 真空间隙为什么具有优良的灭弧性能和绝缘性能?

13.真空间隙的绝缘强度主要与什么因素有关?

14.真空电弧的本质是什么? 简述真空电弧是怎样形成的?

15.真空电弧熄灭的原理是什么?

16.真空灭弧室主要由几部分组成? 各部分作用是什么?

17.真空断路器如何检查其真空度?

模块3　其他开关电器的维护与检修

隔离开关又称隔离刀闸,是一种高压开关电器,因为它没有专门的灭弧装置,故不能用来切断负荷电流和短路电流,使用时应与断路器配合,只有在断路器断开时才能进行操作。隔离开关在分闸时,动静触头间形成明显可见的断口,绝缘可靠。

高压负荷开关是一种结构简单,具有一定开断和关合能力的开关电器,它具有灭弧装置和一定的分合闸速度,能开断正常的负荷电流和过负荷电流,也能关合一定的短路电流,但不能开断短路电流。因此,高压负荷开关可用于控制供电线路的负荷电流,也可用来控制空载线路、空载变压器及电容器等。

本模块的任务是学习检修高压隔离开关等开关电器。

2.3.1　学习目标

1. 掌握隔离开关的作用、结构、型号含义;
2. 掌握负荷开关的作用、结构、型号含义;
3. 掌握高压熔断器的作用、结构、型号含义;
4. 能维护和检修高压隔离开关;
5. 能维护和检修负荷开关。

2.3.2　知识准备

2.3.2.1　隔离开关

1. 隔离开关的用途

隔离开关又称刀闸,是一种没有专门灭弧装置的高压开关电器,在电力系统中,其主要作用有:

(1)隔离电源。利用隔离开关断口的可靠绝缘能力,使需要检修或分段的线路与带电线路相互隔离,以确保检修工作的安全。

(2)隔离开关与断路器配合进行倒闸操作。操作隔离开关时必须注意:绝不允许带负荷电流分闸,否则,断口间产生的电弧将烧毁触头或形成三相弧光短路,造成供电中断。因此,当隔离开关与断路器串联于电路中运行时,隔离开关必须遵守先合后分的原则;在并联时,必须遵守先分后合的原则。

(3)通、断小电流电路。用隔离开关可以通、断电压互感器和避雷器电路;通、断激磁电流不超过 2 A 的空载变压器电路;通、断电容电流不超过 5 A 的空载线路;通、断母线和直接接在母线上的电气设备的电容电流;通、断变压器中性点的接地线。

(4)在某些终端变电所中,快分隔离开关与接地开关相配合,代替断路器的工作。

2. 隔离开关的技术要求

(1)有明显的断开点。

(2)断口应有足够可靠的绝缘强度。

(3)具有足够的动、热稳定性。

(4)结构简单,分、合闸动作灵活可靠。

(5)隔离开关与断路器配合使用时,应具有机械的或电气的连锁装置,以保证正常的操作顺序。

(6)主闸刀与接地闸刀之间设有机械或电气连锁装置,保证二者之间的动作顺序。

3. 隔离开关的分类

隔离开关种类很多,按不同的分类方法分类如下:

(1)按装设地点的不同分为户内式和户外式两种。

(2)按绝缘支柱数目分为柱式、双柱式和三柱式三种。

（3）按动触头运动方式分为水平旋转式、垂直旋转式、摆动式和插入式等。

（4）按有无接地闸刀分为无接地闸刀、一侧有接地闸刀、两侧有接地闸刀三种。

（5）按操动机构的不同分为手动式、电动式、气动式和液压式等。

（6）按极数分为单极、双极、三极三种。

（7）按安装方式分为平装式和套管式等。

4. 国产隔离开关型号与参数（图 2.38）

```
G N   10 - 20 / 8 000
```

额定电流

额定电流(kV)

设计序列号

户内性或户外型（N—户内，W—户外）

隔离开关

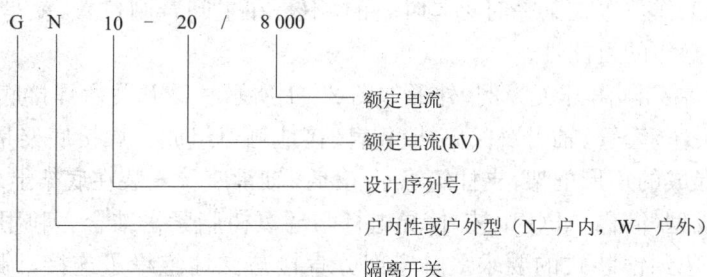

图 2.38　隔离开关型号与参数

5. 直流馈线隔离开关

直流馈线隔离开关用于城市轨道交通供电系统的牵引变电所直流馈线侧，电压等级 DC 1 500 V 或者 DC 750 V，安装在变电所室内或者室外接触网钢柱上。都是闸刀式结构，图 2.39 是直流馈线隔离开关结构示意图。

（a）直流馈线隔离开关

（b）安装在室内的直流馈线隔离开关　　　（c）安装在室外接触网钢柱上的直流馈线隔离开关

图 2.39　直流馈线隔离开关结构

6. 三工位隔离开关

三工位隔离开关外形如图 2.40 所示,常用于全封闭组合电器(GIS)中,所谓三工位是指三个工作位置:隔离开关主断口接通的合闸位置;主断口分开的隔离位置;接地侧的接地位置。

三工位隔离开关其实就是整合了隔离开关和接地开关两者的功能,并由一把刀来完成,这样就可以实现机械闭锁,防止主回路带电合地刀,因为一把刀只能在一个位置,而不像传统的隔离开关,主刀是主刀,地刀是地刀,两把刀之间就可能出误操作。而三工位隔离开关用的是一把刀,一把刀的工作位置在某一时刻是唯一的,不是在主闸合闸位置,就是在隔离位置或接地位置,避免了误操作的可能性。

以 GN$_{36}$-12D 系列隔离开关为例,外形如图 2.41 所示。该开关由焊接底架、触刀、支柱绝缘子、汇流排、触头座、套管、轴、拉杆、停挡、拐臂、接地触刀组成。焊接底架是由 4 mm 厚的钢板折弯并与角钢焊成的矩形框架,支柱绝缘子、套管、轴承座等安装在底架上,导电套管采用环氧树脂压力注射成型(简称 APG 工艺)使导电杆与环氧树脂紧密结合。利用导电套管方便了开关柜体的分割,达到铠装式的要求。触座部分直接与支柱绝缘子连接,调整简单,分、合闸时,只要操作手柄转动与轴相连的拐臂,通过连杆带动触刀旋转达到合闸、隔离、接地的位置。从而保证了维修时工人的绝对安全。导电部分主要由触刀和触头组成,触刀由两块铜板固定在导电套管导电杆上,外加磁锁板,从而加强触刀的刚性,使其在通过短路电流时,具有良好的动热稳定性。触刀对触头的接触方式采用球点接触,减少了装配时的工艺难度,保证了接触的良好。该开关可垂直或水平安装在柜内。

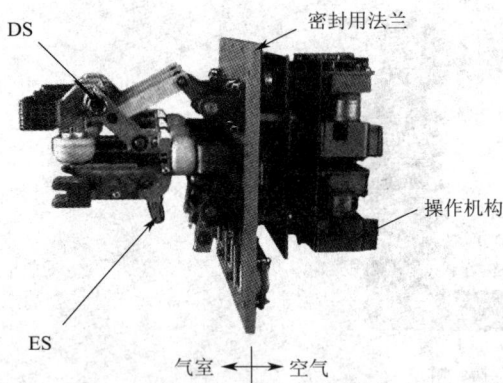

图 2.40　工作在组合电器中的三工位隔离开关外形图
DS—隔离开关;ES—接地开关

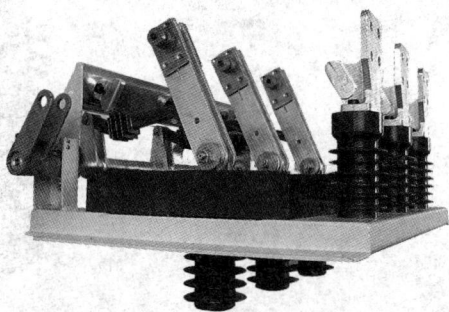

图 2.41　GN$_{36}$-12D 系列隔离开关外形图

2.3.2.2　高压负荷开关

1. 高压负荷开关的用途

高压负荷开关是一种结构简单、具有一定开断和关合能力的开关电器。它具有灭弧装置和一定的分合闸速度,能开断正常的负荷电流和过负荷电流,也能关合一定的短路电流,但不能开断短路电流。因此,高压负荷开关可用于控制供电线路的负荷电流,也可用来控制空载线路、空载变压器及电容等。

高压负荷开关在分闸时有明显的断口,可起到隔离开关的作用,与高压熔断器串联使用,前者作为操作电器投切电路的正常负荷电流,而后者作为保护电器开断电路的短路电流及过负荷电流。

2. 高压负荷开关的分类

(1)按使用地点分为户内型和户外型。

(2)按灭弧方式的不同,可以分为产气式、压气式、压缩空气式、油浸式、真空式、SF₆式等。近年来,真空式发展很快,在配电网中得到了广泛应用。

(3)按是否带熔断器可分为带熔断器式和不带熔断器式。

3. 高压负荷开关的型号(图2.42)

$$\boxed{1}\,\boxed{2}\,\boxed{3}-\boxed{4}\,\boxed{5}\,\boxed{6}\,\boxed{7}/\boxed{8}\,\boxed{9}$$

图2.42　高压负荷开关的型号

①单元:F,表示负荷开关;Z,表示真空负荷开关。

②单元:N,户内型;W,户外型。

③单元:设计序号。

④单元:额定电压。

⑤单元:操动机构代号,有D表示电动操动机构,无D表示手动。

⑥单元:熔断器代号,有R表示带熔断器,无R不带熔断器。

⑦单元:S,表示熔断器装在开关上端;没S时装在下端。

⑧单元:额定工作电流(A)。

⑨单元:额定开断电流(kA)。

4. 户内型高压负荷开关

图2.43所示为FN4-10/600型户内高压真空负荷开关外形及安装尺寸。采用落地式结构,真空灭弧室装在上部,操动机构装设在下面,机构部分就是基座。在基座底板上前后对称地竖立着两排绝缘杆,用来固定和支撑中间的绝缘板。在这块绝缘板上按三角位置排列,又竖立三组绝缘杆(共计9根),每一组绝缘板上分别装着压板,真空灭弧室就垂直被压在压板和中间绝缘板之间。

电磁操动机构通过三个环氧树脂绝缘子拉杆,使三个真空灭弧室的动触头同时动作,接通或断开电路。在合闸位置时,压缩连接头内的弹簧,使触头保持一定的接触压力。相间装有绝缘板,以免发生相间弧光短路。

5. 户外型高压负荷开关

图2.44为FW11-10型SF₆负荷开关。三相共用一个箱体,箱内充有SF₆气体。箱体的一端安装操动机构,箱体底部吸附剂罩,里面有吸附剂和充气阀门,吸附剂是用来吸附SF₆气体中的水分。瓷套管起对地绝缘、支持动静触头和引出接线端子的作用。

2.3.2.3　高压熔断器

1. 熔断器的作用及种类

熔断器是最简单和最早采用的一种保护电器,并兼有开关作用。常和被保护的电气设备串接于电路中使用。当电路中流过短路电流时,利用熔体产生的热量使本身熔断,从而切断电路,起到保护电气设备、缩小事故范围的作用。通常用于保护功率较小和对保护性能要求不高的电气设备。

熔断器可分为限流和不限流两大类。在熔体熔化后,其电流未达到最大值之前就(熔断)

立即减小到零的熔断器称为限流熔断器。这种熔断器中装有特种灭弧物质(如一定粒度的石英砂)或熔体熔断时产生特种灭弧介质(如产气纤维管在电弧高温下分解出的氢气等),故具有很强的灭弧能力。在熔体熔化后,电流几乎不减小,继续增至最大值,电流经一次或几次过零后,电弧才熄灭(熔件熔断)切断电路的熔断器称为不限流熔断器。这种熔断器中无特殊的灭弧介质或熔体熔断时不产生特种灭弧介质,仅靠熔断时产生电弧使熔体熔化,从而拉长电弧,最后使电弧熄灭,故此种熔断器灭弧能力较弱,熔断时间较长。

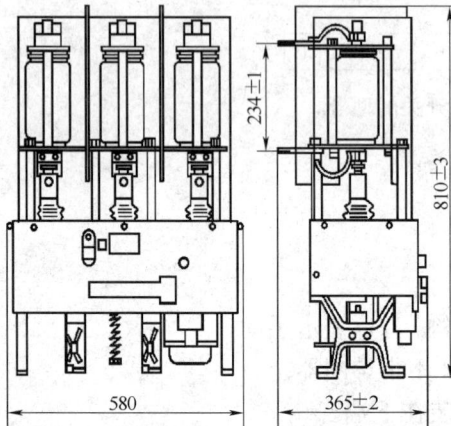

图 2.43 FN4-10/600 型户内高压真空
负荷开关(单位:mm)

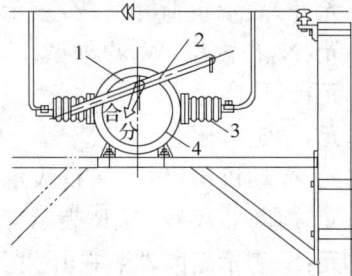

图 2.44 FW11-10 型 SF₆ 负荷开关
1—端盖;2—操动机构;3—绝缘子;4—箱体

2. 熔断器的基本结构

(1)外壳(又称熔体管)

熔断器的熔体管有瓷、胶木、产气纤维等几种。瓷熔体管内一般充有石英砂,用于限流熔断器,胶木熔体管一般用于不限流熔断器。

(2)熔体(又称熔丝)

熔体用不同材质的金属(如铜、铅、锡、锌等)制成不同形状、不同截面,以通过不同的额定电流。如丝状、片状、栅状等。

(3)金属触头及触头座

熔体管两端装有金属触头(两触头间用熔体电连接),并与触头座相配合。一般由铜材料制成。它们允许通过的最大工作电流称为熔断器的额定电流。在使用熔断器时,应使熔体的额定电流小于或等于熔断器的额定电流。

(4)支持绝缘子及底座

支持绝缘子固定在底座上,用于安装固定金属静触头座及熔体管。低压熔断器一般无支持绝缘子,触头座直接安装在底板上。

3. 熔断器的保护特性

(1)保护特性的概念

熔断器串联在电路中使用,安装在被保护设备或线路的电源侧。当电路中发生过负荷或短路时,熔体被过负荷或短路电流加热,并在被保护设备的温度未达到破坏其绝缘之前熔断,使电路断开,设备得到了保护。熔体熔化时间的长短,取决于熔体熔点的高低和所通过的电流的大小。熔体材料的熔点越高,熔体熔化就越慢,熔断时间就越长。熔体熔断电流和熔断时间之间呈现反时限特性,即电流越大,熔断时间就越短,其关系曲线称为熔断器的保护特性,也称安-秒特性,如图 2.45 所示。

　　(2)影响熔体熔断时间的主要因素

　　熔断时间与通过熔体的电流大小有关。当通过熔体的电流小于或等于其额定电流时,熔体熔断的时间无限长,对同一材质的熔体通过熔体的电流比其额定电流越大,熔体的熔断时间越短。

　　熔断时间与熔体的材质有关。一般条件下(熔体的长度、截面积相等),熔体的熔点越低,熔断时间越短。但一般在高压熔断器中却采用高熔点的铜丝,而不采用低熔点的铅锡合金丝作熔体。这是因为铜丝经过处理后,其保护特性优于铅锡合金丝的缘故。

　　当铜丝和铅锡合金丝的使用长度相等,其额定电流也相等时,由于铅锡合金丝电阻率大,通过额定电流时,其发热量多。又因其熔点低,为保证其通过额定电流不致熔断,其截面积制造的较大,以减小发

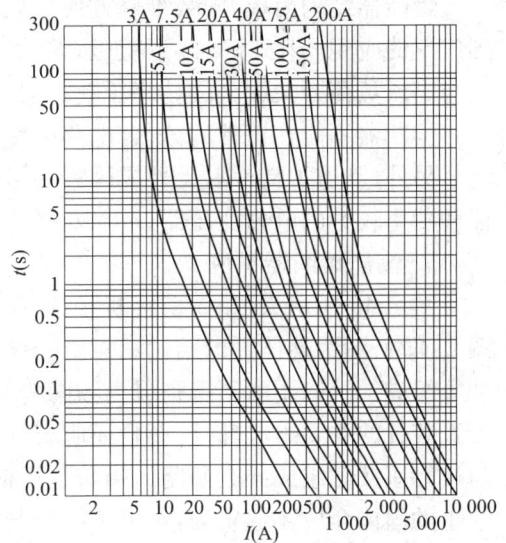

图 2.45　熔断器的保护特性曲线

热量,因而体积大(即热容量大),通过同一短路电流时,熔断时间较长。铜丝的电阻率较小,通过相同的额定电流时,发热量少,制造的截面积较小,因而体积较小,热容量较小,通过同一短路电流时,熔断时间较短。当额定电流较小时,铜丝的截面积将很小,不便安装,若做的截面便于安装时,铜丝截面又较大,允许通过的电流又远大于需要的额定电流。当铜丝达到熔化温度(1080 ℃)时,设备绝缘早已热击穿,失去保护作用。但铜丝的断路能力大,保护特性好,为利用这些优点,可设法降低其熔化温度。最简单有效的方法是冶金效应法(或称金属熔剂法),即使难熔金属在某种合金状态下变为易熔材料的方法。如在难熔金属铜熔体的表面焊上易熔金属锡的小球,当熔体发热到锡的熔化温度时,小球先熔化,渗入铜丝内产生铜锡合金,该合金的熔点比铜大为降低,且发热量剧增,因此,铜丝将首先在焊有小锡球处熔断,产生电弧,电弧的高温足使铜丝沿全长熔化,切断电路。

　　影响熔断器保护特性的其他因素还有:①安装熔体不慎损伤熔体或接触不良;②熔体老化或质量不高;③熔体长度不等;④不适当的采用材质不同的代用熔体;⑤石英砂的纯度、粒度、湿度不合要求等。

　　(3)保护特性的作用

　　按照保护特性选择熔体才能获得熔断器动作的选择性。所谓选择性,是指当电网中有几级熔断器串联使用时,分别保护各电路中的设备,如果某一设备发生过负荷或短路故障时,应当由保护该设备(离该设备最近,即该设备或线路的主保护)的熔断器熔断,切断电路,即为选择性熔断;如果保护该设备的熔断器不熔断,而由上级熔断器熔断或者断路器跳闸(即该设备或线路的后备保护),即为非选择性熔断。发生非选择性熔断时,扩大停电范围,造成不应有的损失。

　　当熔断器多级串联使用时,应注意保护特性的配合,合理选择各级熔断器熔体的额定电流,以使熔断器有选择性的动作,缩小事故范围。为此,一般应使前一级(靠近电源)熔体的额

定电流大于后一级(靠近负载)熔件额定电流2～3个等级,即可使熔断器有选择性的动作。

4. 熔断器的主要优缺点

熔断器结构简单,安装维修方便。故在功率较小和对保护特性要求不高的配电装置中得到广泛的应用。在1kV以下低压系统中常与刀开关配合代替自动空气开关,在10kV系统中常与高压负荷开关配合代替高压断路器。

熔断器不能在正常的分、合电路中使用。因熔断器动作后必须更换熔体,势必造成局部停电。另外,其保护特性易受外界因素的影响,故在1kV以上高压系统中仅用于保护电压互感器和功率较小的电力变压器。

5. 高压熔断器举例

图2.46所示为RN5型熔断器,这种熔断器主要由熔管、接触座支柱绝缘子和底座组成。图2.47所示为熔体管的结构示意图。熔体管由熔管(瓷管)、端盖、顶盖、陶瓷芯、熔体和石英砂等组成。熔管用滑石陶瓷或高频陶瓷制成,具有较高的机械强度和耐热性能。熔管不仅是灭弧装置的主要组成部分,而且还起着支持和保护熔体的作用。端盖用铜制成,熔体通过端盖与接触座接触组成导电回路。顶盖也用铜制成,用来封闭熔管。充入熔管的石英砂形成大量细小的固体介质狭缝狭沟对电弧起分割、冷却和表面吸附(带电粒子)作用,同时缝隙内骤增的气体压力也对电弧起强烈的去游离作用,所以电弧被迅速熄灭。

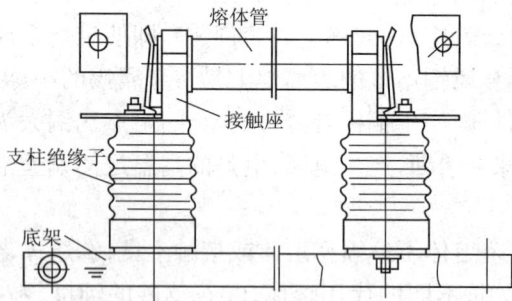

图2.46　RN5型熔断器

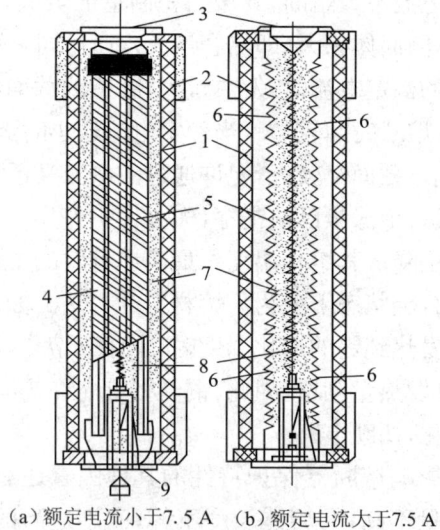

(a) 额定电流小于7.5 A　(b) 额定电流大于7.5 A

图2.47　熔体管的结构示意图

1—熔管;2—端盖;3—顶盖;4—陶瓷芯;5—熔体;
6—小锡球;7—石英砂;8—指示熔体;9—弹簧

图2.48所示为RW3-10型跌落式熔断器。户外跌落式熔断器主要作用是作为电力输电线路和电力变压器短路和过负荷保护使用。上静触头和下静触头分别固定在瓷绝缘子的上下端。鸭嘴罩可绕销轴O_1转动,合闸时,鸭嘴罩里的抵舌(搭钩)卡住上动触头同时并施加接触压力。一旦熔体熔断,熔管上端的上动触头就失去了熔体的拉力,在销轴弹簧的作用下,绕销轴O_2向下转动,脱开鸭嘴罩里的抵舌,熔管在自身重力的作用下绕轴O_3转动而跌落。熔管由层卷纸板或环氧玻璃钢制成,两端开口,内壁衬以石棉套,既防止电弧烧伤熔管,还具有吸湿性。熔

体熔断后,在电弧高温作用下,熔管内壁分解产生的氢气、二氧化碳等向管的两端喷出,对电弧产生纵吹作用,使其在过零时熄灭。

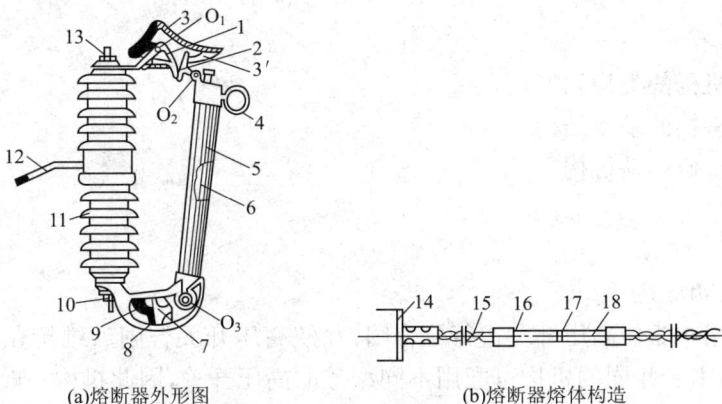

(a)熔断器外形图　　　(b)熔断器熔体构造

图 2.48　RW3-10 型跌落式熔断器结构原理

1—上静触头;2—上动触头;3—鸭嘴罩;3′—抵舌;4—操作环;5—熔管;6—熔丝;
7—下动触头;8—托架;9—下静触头;10—下接线端;11—瓷绝缘子;12—固定板;13—上接线端;
14—钮扣;15—绞线;16—紫铜套;17—小锡球;18—熔体;O_1、O_2、O_3—销轴

2.3.3　工作任务

1 500 V 隔离开关小修:

(1)清扫、检查绝缘子;检查引线和接地装置。要求各部分无灰尘,无污垢,支持绝缘子无裂纹、破损及爬电痕迹,引线无断股,连接牢固,接地良好。

(2)打磨、调整触头。触头接触面光滑,无烧损和锈蚀,闭合时接触良好。分闸时分闸角度与带电部分的距离符合规定。

(3)打磨、调整触头。触头接触面光滑,无烧损和锈蚀,闭合时接触良好。

(4)检查调整操作机构。各零部件完好,连接牢固,止钉间隙符合规定;转动灵活,连锁、限位器作用良好可靠,各转动部分注油。对于电动隔离开关,应对电动操作机构的分合闸电机进行检查,打磨碳刷,清扫整流子;限位开关位置正确,动作灵活可靠;打磨分合闸接触器触头;紧固端子牌及其他电气回路的接线。电动操作应灵活、可靠。

(5)检查构架及支撑装置并进行局部除锈涂漆。

(6)检查各联锁条件,满足要求。

2.3.4　分析与思考

1.高压隔离开关在线路中的主要作用是什么?

2.隔离开关配合断路器进行停、送电操作时,应遵守的安全操作规定是什么?

3.高压负荷开关的作用是什么?

4.高压熔断器的作用是什么?

模块 4　操动机构的维护与检修

操动机构是用来驱使高压开关进行分合闸,并使高压开关合闸后维持在合闸状态的电气设备,简称机构。由于相同的机构可配用不同型号的高压开关,因此机构一般独立于高压开关本体,有独立的型号。本模块的任务就是对操动机构进行检修。

2.4.1 学习目标

1.掌握操动机构的类型和特点。
2.掌握操动机构的基本结构。
3.能维护和检修操动机构。

2.4.2 知识准备

2.4.2.1 操动机构概述

操动机构是用来驱使高压开关进行分合闸,并使高压开关合闸后维持在合闸状态的电气设备,简称机构。由于相同的机构可配用不同型号的高压开关,因此机构一般独立于高压开关本体,有独立的型号。

断路器操动机构的特点是:结构较复杂,操动功率大,传动部分运动速度高,动作过程快(几十毫秒~几百毫秒)。

1. 操动机构的结构

根据操动机构的作用,它一般由下列几部分组成。

(1)能量转换装置

其作用是把其他形式的能量转换成机械能,使操动机构按规定目的发生机械运动。这种装置如电磁铁、电动机、液压传动工作缸、压缩空气工作缸等。该装置应能提供足够的操作功用以克服断路器的机械静力矩和短时的电动力矩,保证断路器的分、合闸速度。

(2)传动机构

它是操动机构的执行元件,用以改变操作功的大小、方向、位置,使断路器改变工作状态。它多由连杆机构、拐臂、拉杆、油、气管道等元件组成。要求它的机械惯性小,传动速度大,能量损失少,动作准确、可靠。

(3)保持与脱扣机构

既可使断路器可靠地保持在合闸位置,又可迅速解除合闸位置,使断路器进入自由分闸状态的装置称为保持与脱扣机构。

保持机构多由动作灵活的机械卡销组成。脱扣机构多由连杆机构组成,如四连杆等。不同的操动机构有不同形式的保持与脱扣装置,但都应稳定可靠、动作灵活。脱扣机构的失灵将使断路器拒绝分闸或误分闸,并造成严重后果。

脱扣机构的自由脱扣是指不论合闸做功元件处在何种位置(如断路器处在合闸过程中),只要分闸做功元件启动,机构都应使断路器可靠分闸。

(4)控制系统

机构的控制系统有电控、气控、油控等类型,用于实现对断路器的远距离控制,保持或释放操作功。

(5)缓冲装置

缓冲装置用于吸收做功元件完成分、合闸操作后剩余的操作功,使机构免受机械冲击。缓冲装置应有较短的复位时间,以便为下次动作做好准备。如弹簧缓冲器、橡皮缓冲器、油、气缓冲器等。

(6)闭锁装置

其作用在于防止断路器的误操作和误动作。如位置闭锁(弹簧储能不合要求时机构拒动)、高压力与低压力闭锁(指油、气压力不合要求时机构拒动)等。

2. 操动机构的类型及特点

操动机构的类型及特点见表 2.2。

表 2.2　断路器操动机构的类型及特点

类　　型	基本特点	使用场合
手动机构	用人力合闸,用已储能的弹簧分闸,不能遥控合闸操作及自动重合闸 结构简单,须有自由脱扣机构 关合能力决定于操作者,不易保证	可用于电压 10 kV,开断电流 6 kA 以下的断路器或负荷开关
弹簧机构	用合闸弹簧(用电动机或手力储能)合闸,靠已储能的分闸弹簧分闸,动作快,能快速自动重合闸,能源功率小 结构较复杂,冲击力大,构件强度要求较高 输出力特性与本体反力特性配合较差	可用于交流操作,适用于 110 kV 及以下的断路器,是 35 kV 及以下断路器配用的操动机构的主要品种
液压机构	以高压油推动活塞实现合闸与分闸,动作快,能快速自动重合闸 结构较复杂,密封要求高,工艺要求高 操作力大,冲击力小,动作平稳	适用于 110 kV 及以上的断路器,是超高压断路器配用的操动机构的主要品种
液压弹簧机构	以碟状弹簧组压缩储能,高压油推动活塞实现合闸与分闸,动作快 综合了弹簧机构、液压机构的优点	适用于 110 kV 及以上的断路器,是超高压断路器配用的操动机构的主要品种
气动机构	以压缩空气推动活塞往复运动,使断路器分、合闸,或仅用压缩空气推动活塞合闸(或分闸),而以已储能的弹簧分闸(或合闸),动作快,能快速自动重合闸,合闸力容易调整。 制造工艺要求较高;需压缩空气源,操作噪声大	适用于有压缩空气源的开关站

2.4.2.2　弹簧操动机构

弹簧操动机构是一种以弹簧储能(压缩储能和拉伸储能两种类型),机械杆件传递操作功的一种操动机构。城市轨道交通供电系统中,中压(35 kV 或者 10 kV)真空断路器一般配用弹簧操动机构,如图 2.49、图 2.50 所示。

弹簧操动机构工作原理示意图如图 2.51 所示。其工作原理叙述如下:分闸时磁铁①励磁,分闸钩子②脱离,分闸弹簧③释放能量,断路器④分闸。合闸时,合闸电磁铁⑤励磁,合闸钩子⑥脱离,合闸弹簧⑦释放能量,分闸弹簧③受到压缩储存能量,断路器④合闸。合闸后,机构自动进行储能,过程如下:电动机⑧通电工作,合闸弹簧⑦受到压缩储存能量。压缩到位后通过限位开关切断电动机⑧受电回路。

弹簧操动机构的额定操作顺序如下:①断路器处在分闸位,分合闸弹簧均未储能;②启动电动机(约 7 s)或手动对合闸弹簧储能;③按合闸按钮使合闸弹簧释放能量,驱使断路器合闸(≤0.08 s)并通过机械传动装置对分闸弹簧储能;④断路器合闸后自动启动电动机对合闸弹簧储能;⑤按分闸按钮使分闸弹簧释放能量驱使断路器分闸(≤0.04 s);(3) 按合闸按钮使断路器合闸。此后,操动机构按③→④→⑤→③的动作顺序循环动作。

图 2.49 弹簧操动机构外形图

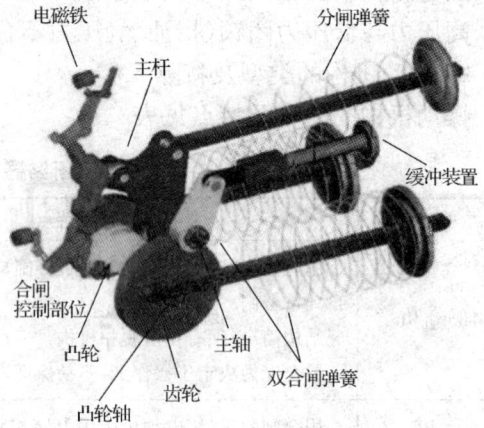

图 2.50 弹簧操动机构内部结构图

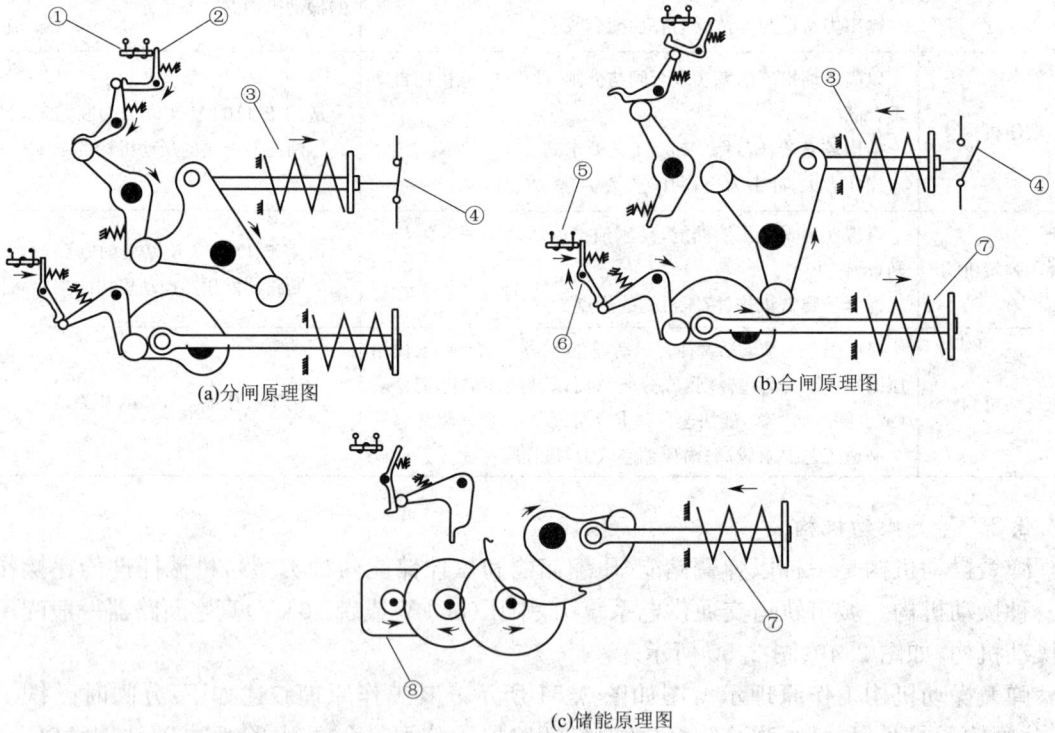

(a)分闸原理图

(b)合闸原理图

(c)储能原理图

图 2.51 弹簧操动机构工作原理示意图

弹簧操动机构初次使用前,要进行分、合闸,手动电动储能的性能试验。按规程和检修工艺定期对操动机构各机械运动部分进行润滑,检查各部位螺栓是否松动,若有松动,则予以紧固。按规程定期对操动机构电气元件进行预防性试验。定期检查合、分闸弹簧是否完整无损,分、合闸弹簧长度是否合乎要求。

2.4.2.3 液压操动机构

利用高压压缩气体(氮气)作为能源、液压油(10 号航空油)作为传递能量的介质,经特定的油路和阀门注入带有活塞的工作缸中,推动活塞往复运动,驱使断路器分、合闸的机构,称为液压操动机构。常充压、差动式液压机构如图 2.52 所示。城市轨道交通供电系统中,高压(110 kV)SF$_6$ 断路器一般配用液压机构。

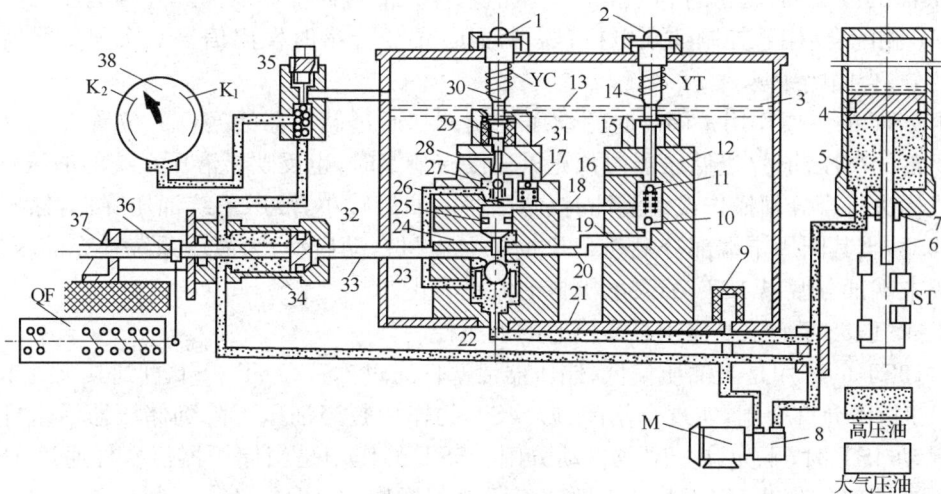

图 2.52　CY$_3$ 型操动机构的液压系统

1—合闸按钮;2—分闸按钮;3—密封圈;4—活塞;5—储压筒;6—活塞杆;7—密封圈;8—油泵;
9—滤油器;10、11—球阀;12—分闸电磁阀;13—油;14—分闸电磁铁;15—推动杆;16—泄油孔;
17—逆止阀;18—油道;19—节流接头;20、21—油道;22—接头;23—合闸二级阀;24—泄油孔;
25—合闸二级阀活塞;26—油管道;27—合闸一级阀;28—泄油孔;29—推杆;30—合闸电磁铁;
31—合闸电磁阀;32—工作缸;33—合闸管道;34—活塞杆;35—放油阀;36—传动拉杆;
37—导向支架;38—电接点压力表;YC—合闸线圈;YT—分闸线圈;S—微动开关;M—电动机;
QF—断路器辅助联动接点;K$_1$、K$_2$—电接点压力表的静触点

1.CY3 型液压机构的基本结构及各部作用

CY3 型液压机构自成一独立部分,它通过伸出机构箱的活塞杆与断路器本体的水平拉杆相连,其余部件均封闭在机构箱内部。其主要组成部分如图 2.52 所示。

(1)油泵

电动油泵 8 是机构的能量转换装置,它将电能转换成油的位能,为液压系统提供一定数量和一定压力的高压油。根据技术要求升高液压系统的压力和补充高压油,以满足正常操作断路器的需要。

油泵采用双柱塞式结构,通过靠背轮与电动机作钢性连接。油泵的低压端用一根塑料软管和油箱中的滤油器 9 连接组成吸油回路。低压油经单向阀进入油泵,经油泵升压变为高压油后,通过油泵出口的单向阀进入高压油管(一般为铜管),高压油管经单向阀与四通接头相连,高压油经从四通接头引出的高压油管,分别送入储压器、工作缸、电磁阀中。

(2)储压器

储压器是液压机构的能源,属于充气活塞式结构,由钢制储压筒 5、活塞 4、活塞杆 6、充气逆止阀、帽盖和密封圈 7 等组成。活塞 4 把储压器内的气和油隔离开。在储压器活塞上方预先充入一定压力的氮气。当油泵工作时,将高压油不断打入储压筒活塞下方,当油压高于氮气压力时,高压油推动活塞向上运动,进一步压缩氮气,从而使氮气储备了能量,并在储压筒内积存了足够的高压油。当油压上升到规定压力时,储能过程完成。活塞杆上升脱离微动开关 ST,将油泵电机电源切断,此时储压筒内油、气压力相等。由于活塞将氮气与油隔开,故对活塞的密封要求很高,一般采用 O 形、V 形两道油封,以防止油、气互相渗透。活塞上表面一般有 20 mm 深的液压油,起密封和润滑作用。活塞杆经油封伸出储压筒外并与基座上的 5 个微动开关 ST 相配合,用于控制油泵电机;监视油压(油压异常时发出信号);实现断路器在油压异常时的分、合闸闭锁等。

1ST、2ST 的主要作用是储能时的油压控制。它通过储压器活塞杆的位置直接反映储压器内部积蓄的高压油量(当储压器内预充氮气没有泄漏时,也反映了液压系统的油压)。

当机构进行合分闸操作或泄漏油时,储压器内油量减小,液压系统油压降低,储压器活塞杆向下移动,当其圆周末端部分触动 2ST 时油泵电机自动启动,为液压系统补充油压,直到活塞杆圆周末端部分脱离 1ST,油泵电机自动停机为止。

3ST、4ST、5ST 的主要作用是操作时的油压控制。

其中,3ST 的作用是当油压偏低,储压器活塞杆通过 1ST、2ST、3ST 直到其圆周末端部分触动 3ST 时,不允许合闸,实现合闸闭锁。4ST 的作用是当油压下降到储压器活塞杆圆周末端部分触动 4ST 时,不允许分闸或自动分闸。5ST 的作用是当储压器活塞杆通过 1ST、2ST 直到圆周末端部分触动 5ST 时,不允许进行重合闸操作。

(3)阀系统

阀系统是机构的控制、传动系统,使高压油经特制的油路和阀门进入工作缸,以驱动工作缸中活塞运动。它由油箱(储存一定量的常压油)、分合闸按钮(控制分合闸电磁阀)、滤油器(使液压油经过滤后重新使用)、加热器(低温时给液压油加热以保证液压油的工作性能)、分合闸电磁阀(控制油路)、放油阀(用于释放高压油或检修换油时释放低压油)等部分组成。

合闸电磁阀由合闸一级阀 27、逆止阀 17(两阀为 $\phi 5.5$ mm 钢球)、合闸二级阀 23($\phi 17$ mm 钢球)和合闸二级阀活塞 25 及相应的油路等组成。

分闸电磁阀由两个单向球阀 10、11($\phi 5.5$ mm 钢球)及相应的油路组成。

(4)工作缸系统

工作缸是机构的执行元件和能量转换器。它将压缩氮气的位能,经液压油的传递变换为工作活塞直线往复运动的机械能,驱使断路器改变工作状态。主要由工作缸、活塞及杆、油封、导向支架、辅助转换开关等组成。

工作活塞根据压差原理往复运动。工作活塞左侧装有活塞杆,致使活塞左右两侧面积不等(右侧大,左侧小),根据压差原理,当活塞两侧压强相等时,因受力面积不等,两侧接受压力不等,使活塞向左运动,断路器合闸。当活塞右侧高压油经泄油道放入油箱中时,右侧为常压,左侧为高压,则活塞向右运动,断路器分闸。

(5)控制板

控制板上装有启动器(接触器)、中间继电器、辅助开关、电接点压力表、接线端子排及控制线路等。用于监视、控制系统的油压,保证机构可靠动作。

K_1、K_2 是电接点压力表的触点,其主要作用是当油压异常升高或异常降低时接通电路以控制油压。

其中 K_1 的作用是液压系统发生油压异常升高时,K_1 接通电路,中间继电器动作,切断油泵电机电源,油泵电机自动停止。K_2 的作用是液压系统发生油压异常降低时,K_2 接通电路,中间继电器动作,切断油泵电机电源,油泵电机自动停止。

2. 工作原理

(1)分闸状态

如图 2.52 所示,储压器内的氮气已储压到额定值。此时,高压油经油路 21 进入合闸二级阀 23,使其关闭,堵塞油路 33;高压油经油路 26 进入合闸一级阀 27,使其关闭,堵塞油路 18;高压油经另一油路送入工作缸左侧,使活塞 34 移至最右位置,断路器处于分闸状态。同时高压油经工作缸左侧进入放油阀 35,使其关闭,堵塞放油回路。高压油经放油阀 35 进入电接点压力表 38,使其显示正常油压。由于阀系统中的放油回路均被堵死,高压油的压力就能保持住,为断路器合闸准备好了条件。断路器辅助开关中一对接点闭合,送出分闸位置信号。

(2)合闸过程

按下合闸按钮 1,电磁铁线圈 YC 通电,电磁铁铁芯 30 向下冲击,推动杆 29 向下运动,堵塞放油回路 28,同时打开合闸一级阀 27,从油路 26 来的高压油经合闸一级阀 27 进入逆止阀 17,并经过 17 进入油路 18。从油路 18 来的高压油使合闸二级阀活塞 25 向下运动,堵塞放油回路 24,同时打开合闸二级阀 23,使从油路 21 来的高压油经 23 进入油路 33,并经 33 进入工作缸右侧,根据压差原理,推动活塞 24 迅速向左运动,使断路器合闸(此时活塞两侧均有高压油)。同时油路 18 中的高压油进入分闸电磁阀 12,使球阀 11 堵塞放油回路 16。此时合闸按钮返回,YC 失电,30、29 返回,打开放油回路 28。压力差使合闸一级阀 27 关闭,逆止阀 17 也复位关闭。油路 18 中保持正常工作压力,使 25 不能复位,断路器维持在合闸状态。当二级阀活塞 25 上部的油有所泄漏、油压降低时,高压油经已打开的合闸二级阀 23、油路 20、补油孔 19(ϕ0.5 mm),打开球阀 10 向油路 18 中补油,可使断路器维持在合闸状态。

(3)分闸过程

按下分闸按钮 2,分闸电磁铁线圈 YT 通电,铁芯 14 向下运动,推动杆 15 打开球阀 11,使油路 18 中的高压油经球阀 11、油路 16 放入油箱。活塞 25 上部的高压力消失,变为常压。由于压力差的存在,25 上升复位,打开放油回路 24,使合闸二级阀 23 上升关闭;油路 33、工作缸右侧的高压油变为常压油,根据压差原理,工作活塞左侧的高压油推动活塞 34 迅速向右运动,使断路器分闸。油路恢复为图 2.52 所示的状态。分闸时,节流孔的作用是限制高压油经管道 20 从分闸电磁阀泄掉,以缩短分闸电磁阀动作的时间。

CY3 型液压机构的分、合闸都是利用液压油传递能量来实现的,因此它所操纵的断路器(如 SW6—110 型断路器)中不再装设分闸弹簧。但在底架部分装有合闸保持弹簧,以免在断路器正常运行时,由于某种原因机构工作压力降低引起断路器缓慢分闸。

3.CY3 型液压操动机构维修调整要点

(1)检修机构时,应十分注意机构的清洁度。任何一点微小的污物混入液压系统中,都会造成机构的渗漏、误动作,甚至会造成滑动密封面损坏的严重后果。因此,检修机构时,应用汽油清洗,不允许使用棉纱,以保证液压油的纯净。

(2)环境温度过低时,应启动加热器,以保证液压油的流动性,否则将影响断路器分、合闸速度及密封的可靠性。一般情况下,加热器在 0 ℃时投入,+10 ℃时切除。

(3)正常情况下,油泵每天启动一次,若启动次数过多,说明高压油路渗油加快、密封损坏要及时修理。

(4)储压器的压力是微动开关 ST 的位置保证的,压力表的读数仅供参考。因为影响油压的因素很多,如温度、预充氮气的压力、摩擦力、压力表的精度等。当压力表的读数与微动开关对应的压力不相符合时,不能随意改变微动开关的位置来调整压力,因为微动开关的位置除了反映油压的大小外,还要保证储压器内存有一定的油量供操作用。只要压力稳定在某数值不随时间变化(温度影响除外),就不要调整。必须检修微动开关时,一定要注意使其位置不变。

(5)断路器在正常运行中,若机构失压,除合闸保持弹簧起作用外,可采用机械闭锁工具(如卡板)卡在水平连杆的接头上,使断路器维持在合闸状态,再检修机构。但机构检修后启动油泵时必须按下合闸按钮让高压油立即进入工作缸右侧,才能使断路器可靠地保持在合闸状态,然后取下卡板。否则,高压油将进入工作缸左侧,断路器将分闸,造成供电中断。

(6)机构的空载调试应注意下列事项:

①液压系统内存有气体时,会使机构的速度、时间特性不稳定,油泵打油时间长。因此机构投入运行前,应首先排除油泵和液压系统内的气体。液压系统排气,打开高压放油阀。油泵排气,拧开油泵上的放气塞。

②检查储压器中预充氮气的压力。将油压放到零,起动油泵,压力表指针突然上升到 P_m 值,然后缓慢上升;停止油泵工作,打开放油阀,使压力表指针缓慢下降,当降到 P_d 时,油压突然降到零。则预充氮气压力 $P_y = (P_m + P_d)/2$。

③检查储压器活塞杆行程,一般为 (182 ± 3) mm。

④检查压力控制系统,调整各微动开关,使之能按规定压力可靠分合。

⑤油泵打压时间(从零压升到规定停止压力)不应超过 3 min。

⑥在零压时启动油泵,当油压达到氮气预压力时,按分、合闸按钮就可实现慢分、慢合,慢分、慢合操作用于检查工作缸活塞动作是否平稳,并测量工作活塞行程是否为 (132 ± 1) mm。

⑦进行电动快速分、合闸操作,检查电磁阀系统工作的可靠性。

⑧机构应进行密封检查。其方法是:停止压力,机构分别在分、合闸位置静置 8 h,不应有渗油现象,储压器下降不应超过 2 mm。

⑨机构应进行高压强度检查。其方法是:在合闸位置,用人为方法启动微动开关,使系统压力升高到 $9.8 \times 350 \times 10^4$ Pa,持续 5 min,储压器活塞杆位置应不变。否则,说明液压系统有渗漏。做此实验时应注意安全。

(7)开关在合闸位置,打开放油阀,工作缸活塞杆伸出长度的缩短应不超过 2 mm,否则说明合闸保持弹簧的拉力不够,应予以调整。

(8)检修应按检修工艺及标准进行。

2.4.2.4 弹簧储能液压机构

弹簧储能液压操动机构是一种以弹簧储能,液压传递的一种操动机构。具有机构紧凑、重量轻、与断路器组装简单方便、部件少、噪声低、免维修等优点。这里介绍一种 HMB-2 型弹簧储能液压操动机构,如图 2.53 所示。表 2.3 是该操动机构的电气数据,图 2.54 所示为工作原理。

1. 储能过程

液压泵 11 将油加压输送到高压储油箱 5,其储

图 2.53 HMB-2 型弹簧储能液压操动机构

能活塞 3 与碟状弹簧 1 连接。根据弹簧的行程,碟状弹簧的储能状态由控制杆 15 反映出来并

带动液压控制系统中的电机起停开关,液压泵与高压储油箱之间装有逆止阀,防止停泵时压力下降。

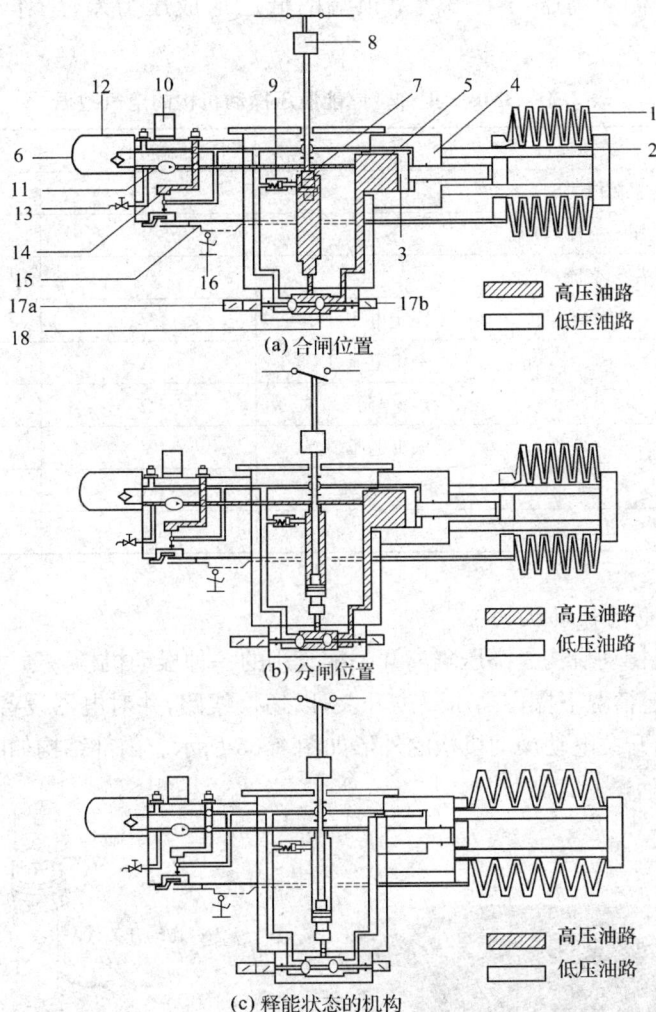

(a) 合闸位置

(b) 分闸位置

(c) 释能状态的机构

图 2.54　HMB-2 型弹簧储能液压操动机构工作原理

1—碟状弹簧;2—拉紧螺柱;3—储能活塞;4—储能缸;5—高压储油箱;6—低压储油箱;
7—工作活塞;8—断路器连接轴;9—机械闭锁;10—电动机;11—液压泵;12—带油过滤器的低压储油箱;13—放油阀;
14—溢流阀/压力释放阀;15—控制杆;16—弹簧行程开关;17a—分闸电磁阀;17b—合闸电磁阀;18—转换

2. 合闸过程

工作活塞 7 带有活塞杆的一侧与高压储油箱 5 相连接,工作活塞顶端那一侧与低压储油箱 6 连接,就能可靠地保持分闸位置,一旦合闸电磁阀 17b 动作,转换阀 18 切换,堵塞住工作活塞顶端侧与低压储油箱 6 的通路,同时接通工作活塞顶端侧与高压储油箱 5 的通路,因为在工作活塞顶端侧的面积大于工作活塞杆侧的面积,所以活塞顶端侧的压力大于活塞杆侧的压力,此压力差推动工作活塞运动到合闸位置。

碟型弹簧按照切换操作需要的油量释放张力。这些油量能立即由液压泵补充。在系统压力一直维持的时候,工作活塞停留在合闸位置,机械闭锁 9 由压力控制,防止万一失压状态下出现慢分。

3. 分闸过程

当分闸电磁阀 17a 动作，转换阀 18 切换到初始位置，即堵塞住高压油路，接通低压油路，此刻工作活塞杆侧的高压与工作活塞顶端的低压形成压力差，工作活塞即运动到分闸位置（表 2.3）。

表 2.3　HMB-2 型弹簧储能液压操动机构的电气数据

数据项目		单位	电气数据
储能电机	电机储能时间	min	<1
	电压　交流/直流	V	220/220
	功率　交流/直流	kW	0.47/0.47
二次回路	合闸线圈　额定电压（DC）	V	220
	分闸线圈　额定电流（DC）	A	1.4
	分闸线圈　线圈电阻（20℃）	Ω	154±5
	加热器　额定电压（AC）	V	220
	加热器　功率	W	100
操动机构重量		kg	200

2.4.2.5　隔离开关电动操动机构

隔离开关电动机操动机构是高压隔离开关配套用的一种操动机构。通过二级齿轮变速和蜗轮蜗杆减速，在无载流情况下操作高压隔离开关，以切换线路，并对电器设备与带电的高压线路进行电气隔离。隔离开关电动操动机构的外形如图 2.55 所示。内部结构如图 2.56 所示。

图 2.55　隔离开关电动操动机构外形图

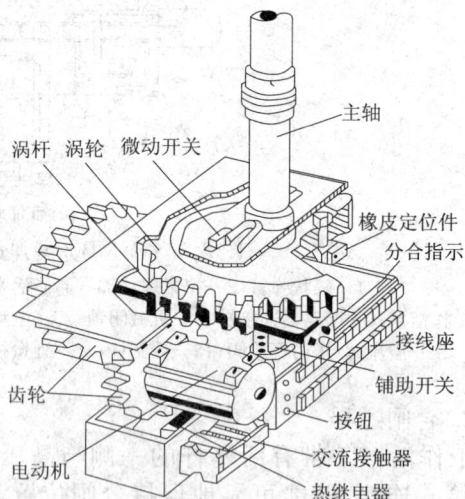

图 2.56　隔离开关电动操动机构结构图

隔离开关电动操动机构采用交直流两用电动机驱动，通过机械变速传动系统，将动力传递给机构输出轴，安装时借助钢管等与隔离开关相连接，以实现驱动隔离开关分、合闸。该机构主要由电动机、机械减变传递系统、电气控制系统和箱壳组成。

电动机为整流子电动机。机械减速、变速系统包括行星轮系、齿轮机构、蜗轮蜗杆机构、平面四连杆机构,在蜗杆端部设有方头,以便手动摇柄插入进行手动操作,当手动摇柄插入时,自动切断电源,保证安全。

电气控制部分包括控制按钮(分、合、停各一个)、直流(或交流)接触器、辅助开关、电阻、延时继电器及速断熔断器等。

2.4.3　工作任务

真空断路器操动机构的检查调整:

真空断路器的操动机构一般采用电磁操动机构、电动或手动弹簧储能操动机构。

①检查紧固元件有无松动,各种元件是否生锈、变形、损伤,更换不合格的部件,涂上防锈油。

②各摩擦及活动部分应注润滑油,保证动作灵活。

③各辅助接点及转换开关动作应可靠准确。

④电动机及二次回路绝缘应良好,接线正确,端子紧固,接触良好。

⑤多次进行分、合闸操作试验、自由脱扣试验、通电合闸操作试验,断路器均应无异常。

⑥测试电磁操动机构在 65%~120% 的额定电压范围内,分、合闸操作应无异常;在 30% 额定分闸电压进行操作时,应不能分闸;在 85%~110% 的额定电压范围内,分、合闸内操作应无异常。

2.4.4　分析与思考

1.操动机构的功能是什么?

2.弹簧型操作机构的额定操作顺序是什么?

3.根据设备结构图简述弹簧型操作机构的工作过程。

4.CY3 型操作机构主要有哪几部分组成? 各部分主要功能是什么? 工作缸的工作原理是什么?

5.根据设备结构图简述 CY3 型液压操作机构的储能、分闸、合闸工作过程。

6.根据设备结构图简述液压弹簧操作机构的储能、分闸、合闸工作过程。

模块 5　互感器的维护与检修

互感器是一种特殊的变压器,它将电信号变成规定范围内小信号,使测量仪表和继电器标准化和小型化,同时将二次设备与一次系统高压设备实行电气隔离。本模块的任务是学习电压互感器和电流互感器的维护和检修。

2.5.1　学习目标

1.掌握电流互感器和电压互感器的工作原理;

2.掌握互感器的结构和型号;

3.掌握互感器的接线方式;

4.能维护和检修互感器;

5.能对互感器进行试验。

2.5.2 知识准备

2.5.2.1 概　述

1. 互感器与系统的连接

互感器是一种特殊的变压器,其基本机构和工作原理与变压器相同。其一、二次绕组与系统的连接方式如图 2.57 所示。

图 2.57 中,V、A、kW·h 分别为电压表、电流表和电度表,TV、TA 分别为电压互感器和电流互感器。

互感器用在各种电压等级的交流回路中。电流互感器的一次绕组串联于一次电路,而二次绕组与测量仪表或继电器的电流线圈串联。电压互感器的一次绕组并联于一次电路内,而二次绕组与测量仪表或继电器的电压线圈并联。

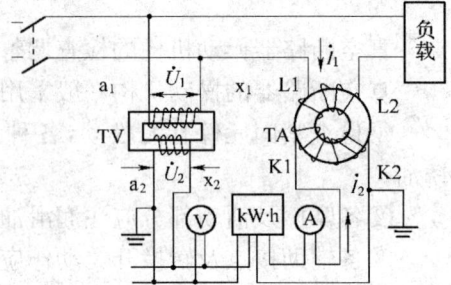

图 2.57　互感器与系统的连接图

2. 互感器的作用

(1)将电信号变成规定范围内小信号。电压互感器二次侧额定电压为 100 V 或 $100/\sqrt{3}$ V,电流互感器二次额定电流为 5 A 或 1 A。使测量仪表和继电器标准化和小型化,二次设备按此电压、电流设计,经济技术性能较好。

(2)将二次设备与一次系统高压设备实行电气隔离,且互感器二次绕组接地,保证了二次设备和人身安全。另外二次系统不受一次系统的限制,接线灵活,维护、调试、检修方便,便于实现远距离集中控制、保护、测量。

3. 互感器的类型

互感器包括电流互感器和电压互感器。电流互感器有光电式和电磁式两种,电压互感器有光电式、电磁式和电容分压式。

2.5.2.2 电磁型电流互感器

1. 电流互感器工作原理

电流互感器是一种小容量特殊变压器,正常运行时存在磁势平衡方程为

$$F_1 + F_2 = F_0$$

因为
$$F = IW$$

所以
$$I_1 W_1 + I_2 W_2 = I_e W_1 \tag{2.4}$$

$$\frac{I_1 - I_e}{I_2} = \frac{W_2}{W_1}$$

式中　F_1、F_2——一、二次边电流产生的磁势;

　　　　F_0——铁芯中激磁磁势;

　　　　I_1、I_2——一、二次边的电流;

　　　　I_e——正常运行时的激磁电流;

　　　　W_1、W_2——一、二次绕组匝数。

我们将电流互感器额定电流比定义为一、二次绕组的额定电流之比,即:

$$K_i = \frac{I_1}{I_2}$$

令一、二次绕组的匝数之比 $K_W = \dfrac{W_2}{W_1}$，由于激磁电流 I_e 很小，我们把它忽略，认为：

$$K_i = K_W = \frac{I_1}{I_2} = \frac{W_2}{W_1} \tag{2.5}$$

这样就有误差产生，为了减小误差，制作电流互感器时一般 K_W 稍小于 K_i。

电流互感器的原边串联是一次电路内，并且匝数 W_1 很少，只有一匝或几匝，一次绕组中的电流 I_1 是一次电路内的电流。因此，要想二次电路内电流 I_2 正比于一次电路内电流 I_1，只要二次绕组内的匝数 W_2 够多就行，如图 2.58 所示。

2. 电流互感器的误差

（1）电流误差（比值差）

电流误差是指以电流互感器二次边测量的二次电流值乘以额定电流比与一次侧实际电流之差对一次电流实际值的百分比，即：

$$\Delta I = \frac{K_i I_2 - I_1}{I_1} \times 100\% \tag{2.6}$$

电流误差会引起所有仪表和继电器产生误差。

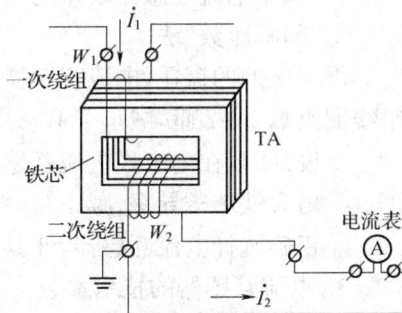
图 2.58 电流互感器基本结构

（2）角误差（相角误差）

电流互感器的角误差是指二次电流相量 I_2 旋转 $180°$ 以后，与一次电流相量间的夹角 δ。并且规定旋转后的二次电流相量超前于一次相量时，角误差 δ 为正，反之为负。

角误差对功率型测量仪表和继电器以及反映相位的保护装置会有影响。

（3）复合误差

当电流互感器原边流过短路电流时，铁芯趋向饱和。此时激磁电流含大量高次谐波，即使一次电流为正弦波，二次电流也不会是正弦波，就不能用相量图来分析一、二次电流的关系，这样要用到复合误差。

复合误差的定义是：在稳态情况下，电流互感器的二次电流瞬时值乘以额定电流比与一次电流瞬时值之差的有效值对一次电流有效值的百分数。

$$\varepsilon_c = \frac{100\%}{I_1} \sqrt{\frac{1}{T} \int_0^T (K_i I_2 - I_1^2) \, dt} \tag{2.7}$$

选择保护用电流互感器（P 级）时用到此参数。

（4）影响电流互感器误差的因素

① 电流互感器的磁路构造、铁芯材质

磁路构造、铁芯材质决定了磁路的磁阻，减少电流互感器磁路磁阻可以使误差降低，所以减小磁路长度，增加铁芯截面，采用高导磁率材料作铁芯误差会减少。

② 一次电流对电流互感器误差的影响

a. 当 I_1 过大（$I_1 \gg 1.2 I_2$），一次安匝 $F_1 = I_1 W_1$ 太大，使激磁磁势 F_e 过大，即 I_e 过大，但铁芯磁路已饱和，则 Φ_e 的增加不与 I_1 成正比，那么在二次绕组产生的感应电势 E_2 不与 I_1 成正比增加，因此 I_2 增加较少，出现误差。

b. 当 I_1 过小（$I_1 \ll I_2$），一次安匝 $F_1 = I_1 W_1$ 太小，使激磁磁势 $E_2 F_e$ 过小，即 I_e 过小、Φ_e 小，因此感应电势 E_2 也应过小。在二次负载不变的情况下，I_2 应按比例减小，但由于铁芯具有磁滞现象，此时铁芯中剩磁将起主导作用，也就是说 Φ_e 不随 I_1 按比例减少，E_2 由剩磁决定,相应的 I_2 不按比例减小,出现误差。所以互感器应工作在额定电流附近。

③ 二次负载及功率因数的影响

当一次电流及二次负载功率因数不变时,增加二次负载会使 E_2 增大,从而激磁电流 I_e 增大,误差增大。所以要减小误差,二次负载必须限制在某个范围(额定负载)内。

当二次功率因数角增加时,电流误差增大,δ 减小。反之,二次功率因数角减小,电流误差减小,δ 增大。

(5)减小电流互感器误差的一般方法

①"削减匝数"法

由于误差的存在,电流互感器的二次电流总是偏小,制造电流互感器时,人为削减二次绕组线圈匝数 1～2 匝,减小了 W_2,要维持磁势平衡关系不变,I_2 必然增加。

②设计时,在串级式电流互感器铁芯上增加平衡绕组、连耦绕组,抵消漏磁,减小误差。

③增大铁芯磁导率,减小激磁电流。

④正确选择电流互感器,使其工作在标准条件下。

3. 电流互感器的技术参数

(1)电流互感器的准确度级

电流互感器的测量误差,可以用其准确度级来表示,准确度级是指在规定的二次负荷变化范围内,一次电流为额定值时的最大电流误差。一般 0.1、0.2 级主要用于实验室精密测量和供电容量超过一定值(月供电量超过 100 万 kW·h)的线路或用户;0.5 级的可用于收费用的电能表;0.5～1 级的用于发电厂、变电所的盘式仪表和技术上用的电能表;3 级、5 级的电流互感器用于一般的测量和某些继电保护上;5P 和 10P 级的用于继电保护,在旧型号产品中用 B、C、D 级表示。

(2)保护级电流互感器的 10% 误差曲线

10% 误差曲线主要是用于选择继电保护用的电流互感器和复式整流装置,或者根据已给定的电流互感器确定其二次负载阻抗,选择二次电缆的截面。

用于保护的电流互感器在可能出现的最大短路电流范围内,最大误差不能超过 10%。当 I_1 增加到一定值时,电流互感器的比值差为 10%,此时的一次电流 I_1 与一次额定电流 I_N 之比 n 称为 10% 倍数,又因为电流互感器的误差还受二次负载阻抗影响,随着互感器所带的负载不同,10% 倍数也不同,电流互感器 10% 倍数与二次允许最大负载阻抗 Z_2 的关系曲线,称为 10% 误差曲线。根据电网参数计算出一次电流倍数 $n(n=I_1/I_N)$。从图 2.59 中查出最大允许二次负载阻抗值,如果实际二次负载阻抗(包括该 TA 二次侧串联的所有继电器线圈阻抗、二次电缆阻抗和接触电阻)小于该允许值,则认为电流互感器的误差满足要求。如果不满足要求,则应:增大电流互感器的变比;增大二次电缆截面面积;降低接触电阻;减少电流互感器二次侧串联的线圈数量等。

(3)电流互感器的额定容量

电流互感器的额定容量 S_{N2} 系指电流互感器在额定二次电流和额定二次阻抗下运行时,二次绕组输出的容量。由于电流互感器的额定二次电流为标准值(5 A 或 1 A),也为了便于计算,有的厂家提供电流互感器的额定阻抗 Z_{N2} 值。

因电流互感器的误差和二次负荷有关,故同一台电流互感器使用在不同准确级时,会有不同的额定容量。

4.电流互感器的接线

(1)电流互感器的极性

电流互感器在连接时,要注意其端子的极性,按照规定,我国互感器和变压器的绕组端子,均采用"减极性"标号法。用"减极性"法所确定的"同名端",实际上就是"同极性端",即在同一瞬间,两个同名端同为高电位或同为低电位。按规定,电流互感器的一次绕组端子标以 L1、L2,二次绕组端子标以 K1、K2,L1 与 K1 为同名端,L2 与 K2 为同名端。如果一次电流从 L1 流向 L2,则二次电流应从 K2 流向 K1,如图 2.60 所示。

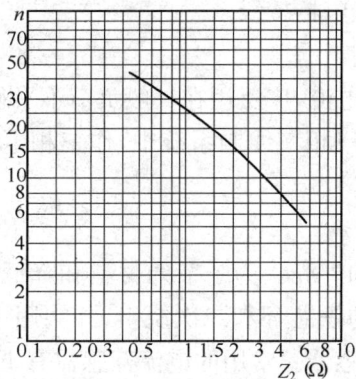

图 2.59 10%误差曲线

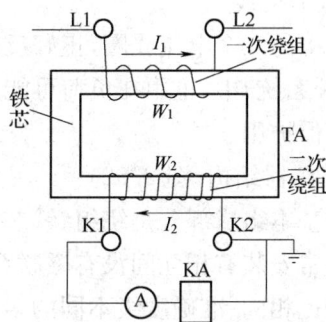

图 2.60 电流互感器

(2)电流互感器的接线方式(图 2.61)

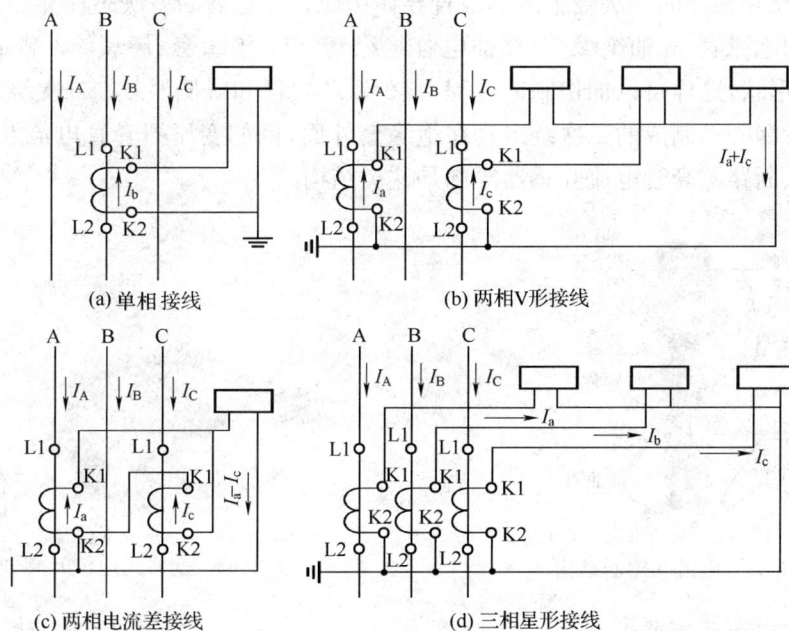

(a)单相接线

(b)两相V形接线

(c)两相电流差接线

(d)三相星形接线

图 2.61 电流互感器的接线方式

① 单相接线

电流线圈通过的电流,反映一次电路某一相的电流。通常用于负荷平衡的三相电路,如低压动力线路中,供测量电流或接过负荷保护装置之用。

② 两相 V 形接线

这种接线也称为两相不完全星形接线。在继电保护装置中,这种接线称为两相两继电器接线或两相的相电流接线。在中性点不接地的三相三线制电路中(如 6～10 kV 高压电路中),广泛用于测量三相电流、电能及作过电流继电保护用。

③ 两相电流差接线

这种接线也称为两相交叉接线,适用于中性点不接地的三相三线制电路中(如 6～10 kV 高压电路中)供过电流继电保护用,也称为两相一继电器接线。

④ 三相星形接线

这种接线中的三个电流线圈,正好反应各相的电流,广泛用在一般负荷不平衡的三相四线制系统(如 TN 系统)中,也用在负荷可能不平衡的三相三线制系统中,作三相电流、电能测量及过电流继电保护用。

5. 电流互感器结构(图 2.62)

互感器的基本组成部分是绕组、铁芯、绝缘物和外壳。为了节约材料和降低投资,一台高压电流互感器常安装有相互间没有磁联系的独立的铁芯环和二次绕组,并共用一次绕组。这样可以形成变比相同、准确度级不同的多台电流互感器。常用的电流互感器有下面几种:套管式电流互感器、充油式电流互感器、电容式电流互感器、SF₆ 气体绝缘倒立式电流互感器、穿墙式环氧电流互感器。

(1)套管式电流互感器(图 2.63)

单匝式电流互感器的一次绕组由单根直导体构成。互感器的一次芯柱和二次绕组之间的绝缘,可以采用绝缘套、充油绝缘套、充油电容绝缘套、SF₆ 绝缘套、环氧等。铁芯是硅钢片卷制成螺旋式环形状,这样可以加快制造过程、减少铁芯损耗和减低误差。二次绕组均匀地绕在铁芯上,以减少漏磁。制成的二次绕组套在绝缘套外面,例如变压器套管电流互感器、穿墙套管电流互感器、断路器套管电流互感器等都是这类结构。

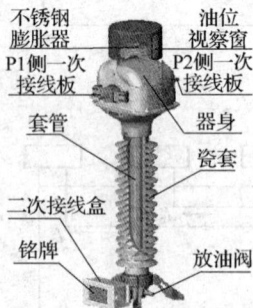

图 2.62 电流互感器结构

图 2.63 套管式电流互感器外形图

(2)充油式电流互感器

35～110 kV 电流互感器多数采用充油式。LCWD1-35 型电流互感器有两个环形铁芯,铁芯外面绕二次绕组(一个 0.5 级和一个 P 级),一次绕组穿过铁芯与二次绕组构成"8"字形的链状,如图 2.64(a)所示。一、二次绕组外面各用多层皱纹纸包缠后相互绝缘,整个"8"字形绕组放置在注满变压器油的绝缘套中。绝缘套与金属底座及油枕两端均垫耐油橡胶密封圈，用螺栓紧固。油枕两侧装有一次绕组的出线端 L1 及 L2、L3 与油枕直接贯通，L1 靠小绝缘套绝缘。二次线端从底座引出。为了防止油的受潮和减轻油的劣化，油枕内一般装有隔膜。

L-110 型电流互感器采用串级原理结构，如图 2.64(b) 所示。

为了增强一次绕组和二次绕组间的耦合，在上、下两个铁芯柱上设置了平衡绕组。高压电流互感器一次绕组的两个出线

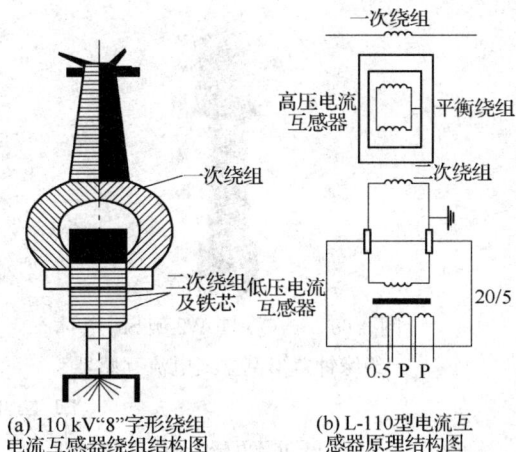

(a) 110 kV "8" 字形绕组电流互感器绕组结构图
(b) L-110 型电流互感器原理结构图

图 2.64　充油式电流互感器

端由绝缘套顶部油枕上引出，二次绕组和置于绝缘套底部底座的低压电流互感器的一次绕组相连。低压电流互感器有三个二次绕组(0.5,P,P)，分别绕在三个环形铁芯上，其一次绕组则绕在三个绕有二次绕组的环形铁芯上。

220 kV 瓷箱式 U 字形绕组电流互感器如图 2.65 所示，这类产品采用全封闭结构，由油箱、绝缘套、器身、油枕及膨胀器等部件组成。膨胀器由不锈钢或耐油橡胶制成盒式，与油枕相连。当互感器内油热胀冷缩时，起到储油和补油的呼吸作用，并与空气完全隔绝，称为全密封结构。膨胀器又是互感器的防爆装置。全密封结构有两大优点：

① 与空气隔绝，能延缓油的老化过程；

② 油因热胀冷缩进行呼吸过程中，不会将空气吸入，避免了互感器因受潮进水而引发爆炸事故。

(3)SF$_6$ 气体电流互感器

适用于 110 kV、50 Hz 电力系统中作电流、电能测量及继电保护用。该产品主要由躯壳、高强度瓷套、底座、一次导电杆、二次绕组等部分组成。产品顶部装有压力释放装置，以避免突发性事故的发生。底座上设有 SF$_6$ 阀门及密度继电器和二次接线板等。图 2.66、图 2.67 为两种电流互感器外形图。

SF$_6$ 气体电流互感器的优点有：电场分布均匀，局部放电量低，倒立式结构，气体绝缘，抗动热稳定电流能力大；绝缘性能稳定，无老化现象；维护简便，运行安全，无爆炸及火灾可能。

6. 电流互感器的型号(图 2.68)

7. 电流互感器的配置原则

(1)每条支路的电源侧均装设足够数量的电流互感器，供该支路测量、保护使用。此原则同于开关电器的配置原则，因此有断路器与电流互感器紧邻布置。配置的电流互感器应满足下列要求：

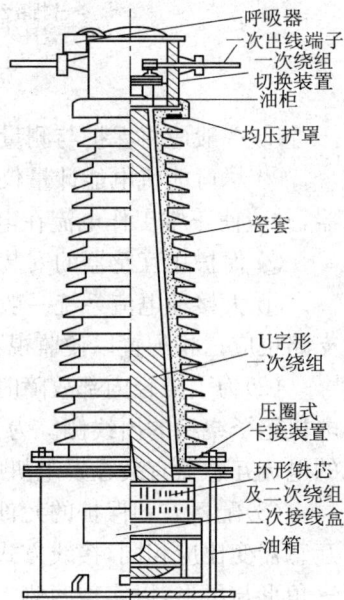

图 2.65　220 kV 瓷箱式 U 字形绕组电流互感器

图 2.66　LVQB-110W2 型 SF$_6$ 气体
绝缘钟罩形倒立式电流互感器

图 2.67　LVQB-110W2 型 SF$_6$ 气体
绝缘"T"形倒立式电流互感器

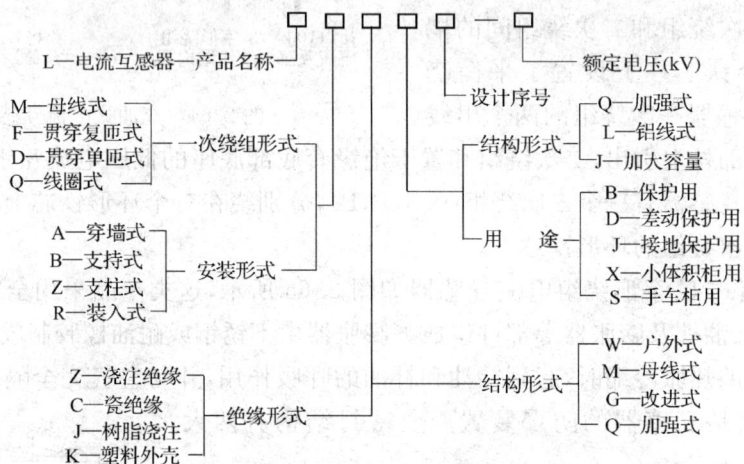

图 2.68　电流互感器的型号

① 一般应将保护与测量用的电流互感器分开。

② 尽可能将电能计量仪表互感器与一般测量用互感器分开,前者必须使用 0.5 级互感器,并应使正常工作电流在电流互感器额定电流的 2/3 左右。

③ 保护用互感器的安装位置应尽量扩大保护范围,尽量消除主保护的不保护区。

④ 大接地电流系统一般三相配置以反应单相接地故障;小电流接地系统发电机、变压器支路也应三相配置以便监视不对称程度,其余支路一般配置于 A、C 相。

(2)为了减轻内部故障时发电机的损伤,用于自动调节励磁装置的电流互感器应布置在发电机定子绕组的出线侧。为了便于分析和在发电机并入系统前发现内部故障,用于测量仪表的电流互感器宜装在发电机中性点侧。

(3)配备差动保护的元件,应在元件各端口配置电流互感器,当各端口属于同一电压级时,互感器变比应相同,接线方式相同。Y,d11 接线组别变压器的差动保护互感器接线应分别为三角形与星形,以实现两侧二次电流的相位校正。

(4)为了防止支持式电流互感器套管闪络造成母线故障,电流互感器通常布置在断路器的出线或变压器侧。

8. 电流互感器的使用注意事项

(1)电流互感器的接线应保证正确。一次绕组和被测电路串联,而二次绕组应和连接的所有测量仪表、继电保护装置或自动装置的电流线圈串联,同时要注意极性的正确性,一次绕组与二次绕组之间应为减极性关系,一次电流若从同名端流入,则二次电流应从同名端流出。

(2)电流互感器二次侧所接负载是测量仪表、继电器的电流线圈等,它们匝数少、阻抗小,通过的电流非常大,因此电流互感器在正常运行状态下近似于短路状态。

(3)电流互感器的二次绕组绝对不允许开路。这是因为电流互感器正常工作时,二次电流有去磁作用,使合成磁势很小。当二次绕组开路时,二次电流的去磁作用消失,一次电流将全部用来激磁,这时,将在二次侧产生超过正常值几十倍的磁通,结果会使铁芯过热而损坏互感器。同时,由于铁芯中磁通的急剧增加,在二次绕组上产生过电压,可能达到数百甚至数千伏,将危及人身和设备安全。因此,为了防止二次绕组开路,规定在二次回路中不准装熔断器等开关电器。如果在运行中必须拆除测量仪表或继电器及其他工作时,应首先将二次绕组短路。

(4)电流互感器的二次侧必须可靠接地,但接地点只允许有一个。这是为了防止一、二次绕组之间绝缘损坏或击穿时一次高电压窜入二次回路,危及人身和设备安全。

2.5.2.3 电压互感器

1. 电磁型电压互感器

(1)电磁型电压互感器的工作原理

电压互感器相当于降压变压器。工作时,一次绕组并联在一次电路中,而二次绕组并联仪表、继电器的电压线圈。因此电压低,额定电压一般为 100 V;容量小,只有几十伏安或几百伏安;负荷阻抗大,工作时其二次侧接近于空载状态,且多数情况下它的负荷是恒定的。电压互感器的一次电压 U_1 与其二次电压 U_2 之间数值关系是

$$U_1 \approx (N_1/N_2)U_2 \approx K_U U_2 \tag{2.8}$$

式中　N_1、N_2——电压互感器一次和二次绕组匝数;

　　　K_U——电压互感器的变压比。

(2)电磁式电压互感器的误差

由于电压互感器存在励磁电流和内阻抗,使二次电压和一次电压大小不等,相位差也不等于 180°,即电压互感器测量结果会存在误差,通常用电压误差和角误差表示。

① 电压误差:电压误差为二次电压的测量值乘额定互感比所得一次电压的近似值与实际一次电压之差对一次电压实际值的百分比。

$$\Delta U = \frac{K_U U_2 - U_1}{U_1} \times 100\% \tag{2.9}$$

② 角误差:角误差为旋转 180°的二次电压相量与一次电压相量之间的夹角。并且规定旋转后的二次电压相量超前于一次相量时,角误差 δ 为正,反之为负。

角误差对功率型测量仪表和继电器以及反映相位的保护装置会有影响。

③ 电压互感器运行工况对误差的影响

影响电压互感器误差的运行工况是二次负荷、功率因数和一次电压的值。

a. 一次电压的影响。电压互感器一次额定电压已标准化,将一台互感器用于高或低的电压等级中,或运行中离额定电压偏离太远,励磁电流和角都会随着发生变化,电压互感器的误差就会增大。故正确地使用互感器,应使一次额定电压与电网的额定电压相适应。

b. 二次负荷及功率因数的影响。如果一次电压不变,则二次负载阻抗及功率因数直接影响误差的大小。当接带的负荷过多,二次负载阻抗下降,二次电流增大,在电压互感器绕组上的电压降上升,使误差增大;二次负载的功率因数过大或过小时,除影响电压误差外,角误差也

会相应地增大。因此,要保证电压互感器的测量误差不超过规定值,应将其二次负载阻抗和功率因数限制在相应的范围内。

(3)电磁式电压互感器的分类

① 按安装地点可分为户内式和户外式。

② 按相数可分为单相式和三相式。高压电压互感器一般为单相结构,只有 20 kV 以下才制成三相式。

③ 按每相绕组数可分为双绕组和三绕组式。三绕组电压互感器有两个二次侧绕组:基本二次绕组和辅助二次绕组。辅助二次绕组供接地保护用。

④ 按绝缘可分为干式、浇注式、油浸式、串级油浸式和电容式等。干式多用于低压;浇注式用于 3~35 kV;油浸式主要用于 35 kV 及以上的电压互感器。

(4)电磁式电压互感器的结构类型

① 35 kV 及以下的电压互感器。35 kV 及以下电压互感器的结构和普通变压器基本一致。根据其绝缘方式的不同,可分为干式、环氧浇注式和油浸式三种。干式电压互感器一般只用于低压的户内配电装置。浇注式电压互感器用于 3~35 kV 户内配电装置。油浸式电压互感器 JDJJ2-35 型、JDJ2-35 型被广泛用于 35 kV 系统中。

② 110~220 kV 电压互感器。随着电压的升高,电压互感器绝缘尺寸需增大。为了减少绕组绝缘厚度,缩短磁路长度,110 kV 及以上电压互感器采用串级式,铁芯不接地,由绝缘板支撑。图 2.69 所示为 JCC1-110 串级式电压互感器结构原理图,一次绕组分两部分,分别绕在上下两铁芯上,二次绕组只绕在下铁芯柱上并置于一次绕组的外面。铁芯和一次绕组的中点相连。当电网电压 U 加到互感器一次绕组时,其铁芯的电位为 $(1/2)U$。而且一次绕组的两个出线端与铁芯间的电位差、一二次绕组间的电位差以及二次绕组和铁芯间的电位差都是 $(1/2)U$。这就降低了对铁芯与一次绕组之间以及一、二次绕组之间的绝缘要求。

图 2.70 所示为由两台 110 kV 电压互感器串接组成的 220 kV 电压互感器的原理图。一次绕组分四级,当电网施加到电压互感器上的电压为 U 时,下互感器铁芯的对地电位为 $(1/4)U$,上互感器铁芯的对地电位为 $(3/4)U$,上下两个铁芯间的电位差为 $(1/2)U$。

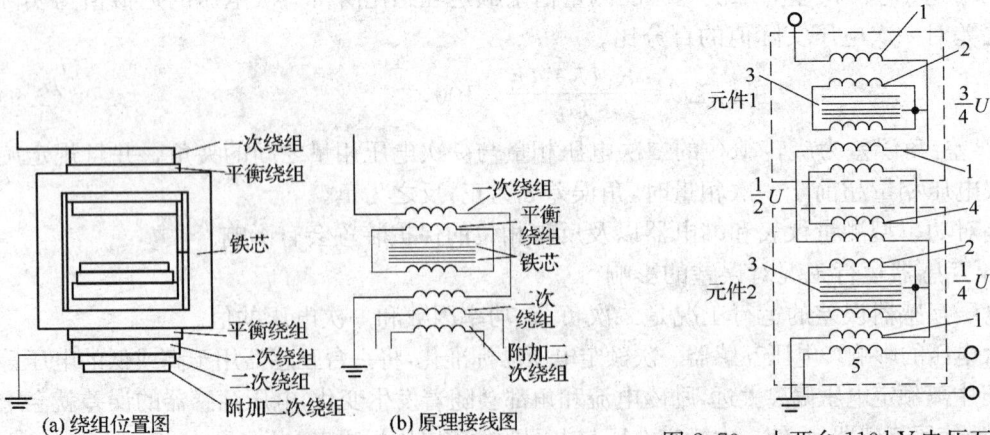

图 2.69 110 kV 电压互感器的结构原理图

图 2.70 由两台 110 kV 电压互感器串接成 220 kV 电压互感器的原理图
1——一次绕组;2——平衡绕组;3——铁芯;
4——连耦绕组;5——二次绕组

JDX-110 型电压互感器的铁芯是接地的,为单级绝缘结构。JCC 型电压互感器有一个二次绕组,供测量和保护用;一个剩余电压绕组,三相接成开口三角,测量零序电压用。

JDCF 型和 JDX-110 型电压互感器均有两个二次绕组,测量和保护分开以及一个剩余电压绕组。

电磁型电压互感器可以视为电感元件,与断路器端口并联电容或线路电容形成振荡回路,在操作时,往往会发生铁磁谐振损坏设备。降低电压互感器磁密度是减少此类事故发生的措施之一。

(5)电磁式电压互感器的型号(图 2.71)

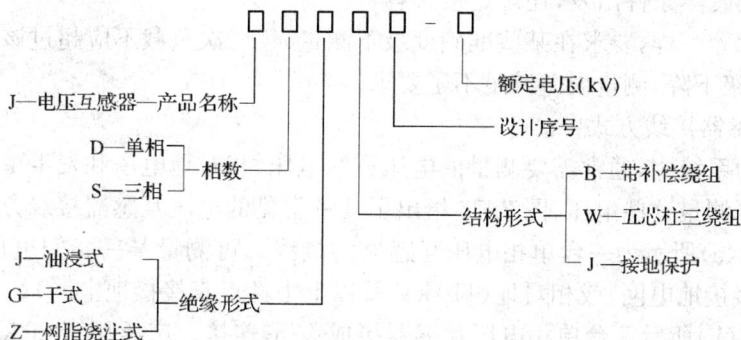

图 2.71　电磁式电压互感器的型号

2. 电容式电压互感器

(1)电容式电压互感器工作原理

原理接线如图 2.72 所示。电容式电压互感器实质上是一个电容分压器,在被测装置的相和地之间接有电容 C_1 和 C_2。按反比分压,C_2 上的电压为

$$U_{C_2} = \frac{U_1 C_1}{C_1 + C_2} = K U_1 \tag{2.10}$$

式中　K——分压比,$K = C_1/(C_1 + C_2)$。

(2)电容式电压互感器的误差

电容式电压互感器的误差由空载误差、负载误差和阻尼器负载电流产生的误差等几部分组成。

电容式电压互感器的误差除受 U_1、Z_{21} 和 $\cos\phi_2$ 的影响外,还与电源频率有关,当系统频率变化超出 (50 ± 0.5) Hz 范围时,会产生附加误差。

(3)电容式电压互感器的优缺点

优点是:结构简单、重量轻、体积小、占地少、成本低,且电压越高效果越显著,此外,分压电容还可兼作载波通信的耦合电容,因此,广泛应用于

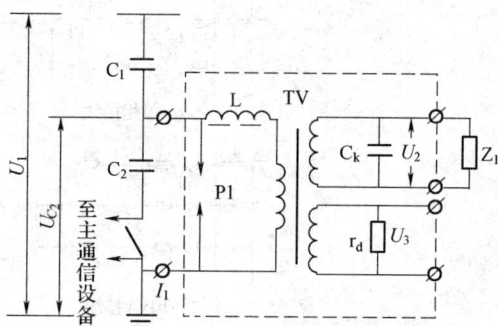

图 2.72　电容式电压互感器原理接线图

110~500 kV 中性点直接接地系统。电容式电压互感器的缺点是:输出容量越小,误差越大,暂态特性不如电磁式电压互感器。

3. 电压互感器的准确度级和额定容量

(1)电压互感器的准确度级

电压互感器的测量误差,用其准确度级来表示。电压互感器的准确度级,是指在规定的一

次电压和二次负荷变化范围内,负荷的功率因数为额定值时电压误差的最大值。

电压互感器的测量精度有 0.2、0.5、1、3、3P、6P 六个准确度级,同电流互感器一样,误差过大,影响测量的准确性,或对继电保护产生不良影响。0.2、0.5、1 级的适用范围同电流互感器,3 级的用于某些测量仪表和继电保护装置。保护用电压互感器用 P 表示,常用的有 3P 和 6P。

（2）电压互感器的额定容量

电压互感器的误差与二次负荷有关,因此对应于每个准确度级,都对应着一个额定容量,但一般说电压互感器的额定容量是指最高准确度级下的额定容量。电压互感器按最高电压下长期工作允许的发热条件出发,还规定最大容量。

与电流互感器一样,要求在某些准确度级下测量时,二次负载不应超过该准确级规定的容量,否则准确度级下降,测量误差满足不了要求。

4.电压互感器接线方式

在三相电力系统中,通常需要测量的电压有线电压、相对地电压和发生单相接地故障时的零序电压。为了测量这些电压,图 2.73 给出了几种常见的电压互感器接线方式。

（1）图 2.73(a)所示为一台单相电压互感器的接线。可测量某一相间电压(35 kV 及以下的中性点非直接接地电网)或相对地(110 kV 及以上中性点直接接地电网)。

（2）图 2.73(b)所示两台单相电压互感器接成 V 形连接。广泛用于 20 kV 及以下中性点不接地或经消弧线圈接地的电网中,测量线电压,不能测量相电压。

（3）图 2.73(c)所示为一台三相三柱式电压互感器接成 Y,yn 形接线,只能用来测量线电压,不能用来测量相对地电压,因为它的一次侧绕组中性点不能引出,故不能用来监视电网对地绝缘。其原因是中性点非直接接地电网中发生单相接地时,非故障相对地电压升高$\sqrt{3}$倍,三相对地电压失去平衡,在三个铁芯柱将出现零序磁通。由于零序磁通是同相位的,不能通过三个铁芯柱形成闭合回路,而只能通过空气间隙和互感器外壳构成通路。因此磁路磁阻很大,零序励磁电流很大,引起电压互感器铁芯过热甚至烧坏。

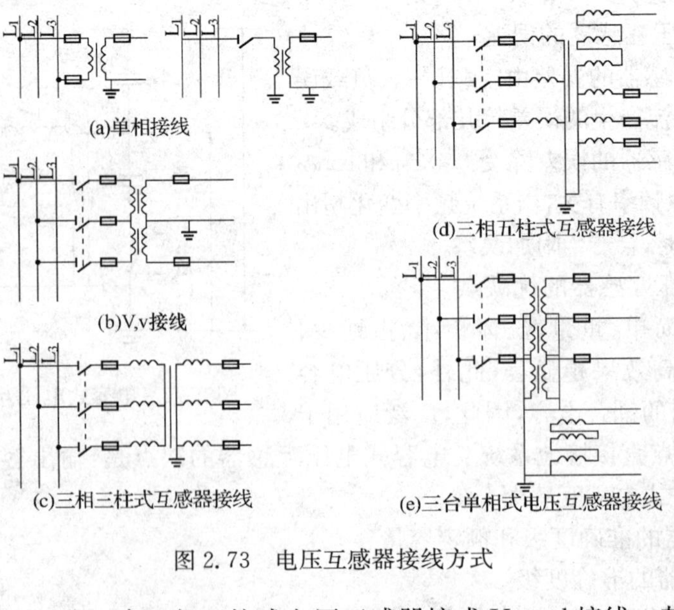

图 2.73　电压互感器接线方式

（4）图 2.73(d)所示为一台三相五柱式电压互感器接成 Y,y,d 接线。其一次侧绕组、基本

· 90 ·

二次侧绕组接成星形,且中性点均接地,辅助二次侧绕组接成开口三角形。这种接线可用来测量线电压和相电压,还可用作绝缘监察,故广泛用于小接地电流电网中。

(5)图 2.73(e)所示为三台单相三绕组电压互感器接成的 Y,y,d 接线,广泛应用于 35 kV 及以上电网中,可测量线电压、相电压和零序电压。这种接线方式下发生单相接地时,各相零序磁通以各自的电压互感器铁芯构成回路,因此对电压互感器无影响。这种接线方式的辅助二次侧绕组接成开口三角形,对于 $35\sim60\,kV$ 中性点非直接接地电网,其相电压为 $100/\sqrt{3}\,V$,对中性点直接接地电网,其相电压为 100 V。

5. 电压互感器的配置

(1)电压互感器配置原则

应满足测量、保护、同期和自动装置的要求;保证在运行方式改变时,保护装置不失压、同期点两侧都能方便地取压。

(2)电压互感器配置方案

① 母线:$6\sim220\,kV$ 电压级的每组主母线的三相上应装设电压互感器,旁路母线则视回路出线外侧装设电压互感器的需要而确定。

② 线路:当需要监视和检测线路断路器外侧有无电压,供同期和自动重合闸使用,该侧装一台单相电压互感器。

③ 发电机:一般在出口处装两组。一组(三只单相、双绕组接线)用于自动调节励磁装置。一组供测量仪表、同期和继电保护使用,该组电压互感器采用三相五柱式或三只单相接地专用互感器,接成 Y0,y0 接线,辅助绕组接成开口三角形,供绝缘监察用。当互感器负荷太大时,可增设一组不完全星形连接的互感器,专供测量仪表使用。50 MW 及以上发电机中性点常还设一单相电压互感器,用于 100% 定子接地保护。

④ 变压器:变压器低压侧有时为了满足同步或继电保护的要求,设有一组电压互感器。

6. 新型互感器

新型互感器的研制是光电子、光纤通信和数字信号处理技术的发展和应用。新型互感器的特点是:高低压间没有直接的电磁联系,使绝缘结构大为简化;测量过程中不需要消耗很大能量;测量范围宽,暂态相应快,准确度高;二次绕组数量增多,满足多重保护需要;重量轻、成本低。新型互感器按高、低压部分的耦合方式,可分为无线电电磁波耦合、电容耦合和光电耦合式,其中光电式互感器性能最佳,研制工作进展很快。光电式互感器的原理是利用石晶材料的磁电效应和电场效应,将被测的电压、电流信号转换成光信号,经光通道传播,由接收装置进行数字化处理将接收到的光波转变成电信号,并经过放大,供仪表和继电器使用。

非电磁式互感器的共同缺点是输出容量较小,需研制功率更大的放大器或采用小功率的半导体继电保护装置来减小互感器的负荷。

2.5.3 工作任务

1. 互感器的日常巡视

(1)互感器外观清洁完整,无破损,等电位连接可靠,均压环安装正确,引线对地距离、保护间隙等符合规定。

(2)油浸式、电容式互感器无渗油,油位指示正常,三相基本一致。

(3)SF_6 互感器无漏气,压力与厂家规定相符,三相基本一致。

（4）各金属部件油漆完好，三相相序标志正确，接线端子清晰，运行编号完整。

（5）一、二次侧引线连接可靠，极性关系正确，电流比位置符合运行要求。

（6）各接地部件可靠接地。

（7）吸湿器的硅胶无受潮变色。

（8）检查电容式电压互感器分压电容器各节之间的防晕罩连接正常。

（9）检查压力表指示在正常规定范围内，无漏气，密度继电器、防爆片、补气信号器的位置正常。

（10）检查绝缘物表面清洁，无放电痕迹，黏结部位无脱胶、无裂纹等老化现象。

（11）环氧树脂互感器无过热、无异常振动及声响。

（12）环氧树脂互感器半封闭外露铁芯无锈蚀。

2. 互感器的小修

（1）油浸式互感器

①外部检查及清扫。

②检查维修膨胀器、储油柜、呼吸器。

③检查并紧固一、二次侧引线连接件。

④渗漏油处理。

⑤检查电容屏型电流互感器及油箱式电压互感器末屏接地点、电压互感器 N(X) 端接地点。

⑥必要时进行零部件的修理及更换。

⑦必要时调整油位。

⑧必要时补漆。

⑨必要时加装金属膨胀器。

⑩必要时进行绝缘脱气处理。

（2）固体绝缘互感器

①外部检查及清扫。

②检查并紧固一、二次侧引线连接件。

③检查铁芯及夹件。

④必要时补漆。

（3）SF$_6$ 气体绝缘互感器

①外部检查及清扫。

②检查气体压力表、阀门、密度继电器。

③必要时检漏或补气。

④必要时进行气体脱气处理。

⑤检查并紧固一、二次侧引线连接件。

⑥必要时补漆。

（4）电容式电压互感器

①外部检查及清扫。

②检查并紧固一、二次侧引线及电容器连接件。

③电磁单元渗漏油处理，必要时补油。

④必要时补漆。

2.5.4 分析与思考

1.互感器在电力系统中有什么作用？

2.什么是互感器的准确度等级？它与容量有什么关系？

3.为什么运行中电流互感器不允许开路？而电压互感器不允许短路？

4.工作缸的工作原理是什么？电流互感器有哪些接线方式？各种接线方式能测哪些电流？

5.电压互感器有哪些接线方式？各种接线方式能测哪些电压？

6.互感器的误差有哪些表现形式？主要受什么因素影响？

7.简述电容式电压互感器结构原理。

8.什么是电流互感器的 10％倍数？10％倍数曲线有什么作用？

模块 6　配电装置的维护与检修

配电装置是按电气主接线的要求,把一、二次电气设备如开关设备、保护电器、检测仪表、母线和必要的辅助设备组装在一起构成的在供配电系统中进行接受、分配和控制电能的总体装置。一般中、小型变配电所中常用的成套配电装置按电压高低可分为高压成套配电装置(也称高压开关柜)和低压成套配电装置(低压配电屏和配电箱)。低压成套配电装置通常只有户内式一种,高压开关柜则有户内式和户外式。另外还有一些成套配电装置,如高、低压无功功率补偿成套装置,高压综合启动柜等也常使用。本模块的任务就是对成套配电装置进行维护和检修。

2.6.1 学习目标

1.掌握电气主接线的基本类型和适用范围;

2.掌握地铁变电所常用电气主接线方式;

3.掌握配电装置的结构和要求;

4.能维护和检修 GIS 设备;

5.能维护和检修 AIS 设备。

2.6.2 知识准备

2.6.2.1 电气主接线的基本形式

1.电气主接线概述

(1)电气主接线的概念

变电所的电气主接线是指由断路器、隔离开关、互感器、避雷器、主变压器、母线和电缆等高压一次设备,按一定的顺序连接起来用于表示接受和分配电能的电路。

电气主接线反映变电所的基本结构和性能,在运行中表明电能的输送和分配关系、一次设备的运行方式,成为实际运行操作的依据。

(2)电气主接线图

主接线图一般用单线图表示。单线图是表示三相相同的交流电气装置中一相连接顺序的图,当三相不完全相同时,则用多线图表示。

在主接线图中使用国标文字及图形符号。而电气设备的状态按正常状态画出，所谓正常状态就是指电路中无电压和外力作用下开关的状态，即断开状态。例如隔离开关都是以断开状态画出，如果特殊情况则应注明。供安装使用的电气主接线图，在图上要标出主要电气设备的规格型号。

（3）电气主接线的基本要求

电气主接线的设计正确与否对电力系统的安全、经济运行，对电力系统的稳定和调度的灵活性以及对电气设备的选择、配电装置的布置、继电保护及控制方式的拟定等都有重大的影响。在选择电气主接线时，应注意发电厂或变电所在电力系统中的地位、进出线回路数、电压等级、设备特点及负荷性质等条件，并满足下列基本要求。

①保证必要的供电可靠性和保证电能质量

保证必要的供电可靠性和保证电能质量，是电气主接线应满足的最基本要求。主接线的可靠性主要是指主电路故障或检修所带来的不利影响限制在一定范围内，以提高供电的能力和电能的质量。一般从以下几个方面对主接线的可靠性进行定性分析：

a. 断路器检修时能否不影响供电；

b. 断路器或母线故障以及母线检修时，尽量减少停运的回路数和停运时间，并要保证对重要用户的供电；

c. 尽量避免发电厂、变电所全部停运的可能性；

d. 大机组、超高压电气主接线应满足可靠性的特殊要求。

②具有一定的灵活性和方便性

应能灵活地投入和切除某些机组、变压器或线路，从而达到调配电源和负荷的目的；能满足电力系统在事故运行方式、检修运行方式和特殊运行方式下的调度要求；当需要进行检修时，应能够很方便地使断路器、母线及继电保护设备退出运行进行检修，而不致影响电力网的运行或停止对用户供电；必须能够容易地从初期接线过渡到最终接线，以满足扩建的要求。

③具有一定的经济性

应力求简单，以节省断路器、隔离开关、电流互感器、电压互感器及避雷器等一次设备的投资；要尽可能简化继电保护和二次回路，以节省二次设备和控制电缆；应采取限制短路电流的措施，以便选择轻型的电器和小截面的载流导体；要为配电装置的布置创造条件，以节约用地和节省有色金属、钢材和水泥等基建材料；应经济合理地选择主变压器的型式、容量和台数，要避免出现两次变压，以减少变压器的电能损耗。

（4）电气主接线分类

母线是接受和分配电能的装置，是电气主接线和配电装置的重要环节。电气主接线一般按有无母线分类，即分为有母线和无母线两大类。

有母线的主接线形式包括单母线和双母线。单母线又分为单母线无分段、单母线有分段、单母线分段带旁路母线等形式；双母线又分为普通双母线、双母线分段、3/2断路器、双母线及带旁路母线的双母线等多种形式。

无母线的主接线形式主要有单元接线、桥型接线和角型接线等。

（5）电气主接线中开关电器的配置原则

当线路或高压配电装置检修时，需要有明显可见的断口，以保证检修人员及设备的安全。故在电气回路中，在断路器可能出现电源的一侧或两侧均应配置隔离开关。若馈线的用户侧没有电源时,断路器通往用户的那一侧,可以不装设隔离开关。若电源是发电机,则发电机与出口断路器之间可以不装隔离开关。但有时为了便于对发电机单独进行调整和试验,也可以装设隔离开关或设置可拆卸点。

当电压在110 kV及以上时,断路器两侧的隔离开关和线路隔离开关的线路侧均应配置接地开关。对35 kV及以上的母线,在每段母线上亦应设置1～2组接地开关,以保证电器和母线检修时的安全。

(6)倒闸操作注意事项

①明确主接线倒闸作业前后的运行方式,特别掌握电源的供电情况和各开关设备的通断情况。

②明确倒闸操作中相应的继电保护及自动装置调整和转换。

③停电时,从负荷侧开始,先分断负荷侧开关,后分电源侧开关;送电时,先合电源侧开关,后合负荷侧开关。这样使开合的电流最小,万一发生操作失误,可以将影响面降到最小。

④隔离开关与断路器串联时,隔离开关应先合后分。隔离开关与断路器并联时,隔离开关应先分后合,隔离开关无论是分闸还是合闸都是在断路器闭合状态下进行,从而保证了隔离开关不带负荷操作。

⑤隔离开关带接地刀闸时,送电时应先断接地闸刀,后合主刀闸;停电时应先断主刀闸,后合接地刀。否则造成接地短路。

(7)变电所的类型(图2.74)本变电所的母线上有其他变电所的负荷电流通过,称为系统功率穿越。根据变电所在电网中的位置、重要程度和从电力系统取得电源的方式不同,可分为下列几种形式:

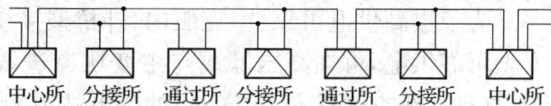

图2.74　变电所类型示意图

①中心变电所,具有4路及以上电源进线并有系统功率穿越,除了完成一般变电所的功能,还向其他变电所供电。

②中间(或终端)变电所,变电所有两路电源进线的为中间(或终端)变电所,其中有系统功率穿越的称为通过式变电所;没有系统功率穿越的称为分接式变电所。

2.常见电气主接线

(1)桥型接线

①概述

当只有两台主变压器和两条电源进线线路时,可以采用如图2.75所示的接线方式。这种接线称为桥型接线。

桥型接线的桥臂由断路器及其两侧隔离开关组成,正常运行时处于接通或断开状态(由系统运行方式决定)。根据桥臂的位置又可分为内桥接线、外桥接线和双断路器桥型接线三种形式。

②内桥接线

内桥接线如图2.75(a)所示,桥臂置于线路断路器的内侧,靠近主变压器。其特点如下:

a.线路发生故障时,仅故障线路的断路器跳闸,其余三条支路可继续工作,并保持相互间的联系。

b.变压器故障时,联络断路器及与故障变压器同侧的线路断路器均自动跳闸,使未故障线路的供电受到影响,需经倒闸操作后,方可恢复对该线路的供电。

c. 线路运行时变压器操作复杂。

内桥接线适用于输电线路较长、线路故障率较高、穿越功率少和变压器不需要经常改变运行方式的场合。

③外桥接线

外桥接线如图 2.75(b)所示,桥臂置于线路断路器的外侧。其特点如下:

a. 变压器发生故障时,仅跳故障变压器支路的断路器,其余支路可继续工作,并保持相互间的联系。

b. 线路发生故障时,联络断路器及与故障线路同侧的变压器支路的断路器均自动跳闸,需经倒闸操作后,方可恢复被切除变压器的工作。

c. 线路投入与切除时,操作复杂,影响变压器的运行。

这种接线适用于线路较短、故障率较低、主变压器需按经济运行要求经常投切以及电力系统有较大的穿越功率通过桥臂回路的场合。

④双断路器桥型接线

桥型接线属于无母线的接线形式,简单清晰,设备少,造价低,也易于发展过渡为单母线分段或双母线接线。但因内桥接线中变压器的投入与切除要影响到线路的正常运行,外桥接线中线路的投入与切除要影响到变压器的运行,而且更改运行方式时需利用隔离开关作为操作电器,故桥型接线的工作可靠性和灵活性较差。

为了提高供电可靠性,克服内、外桥型接线的不足,使运行方式的调度操作更为方便,确保安全可靠供电,可在高压母线与主变压器进线之间增设断路器,其原理接线如图 2.75(c)所示,这种接线方式在 35(10) kV 的变电站中大量采用。

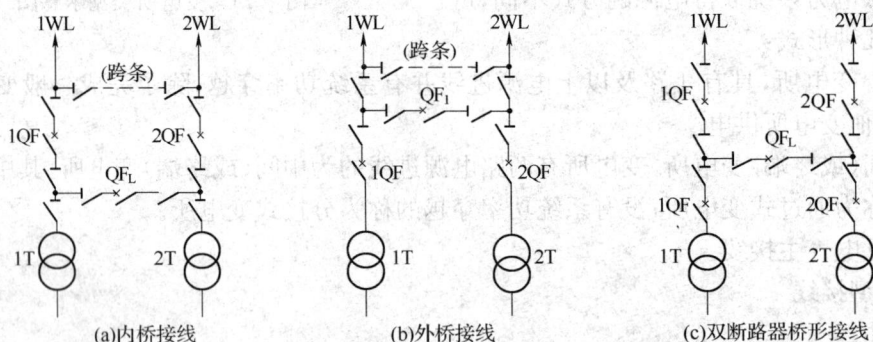

图 2.75 桥形接线图

QF$_L$—联络断路器或桥断路器

(2)单母线接线

①单母线接线

为使每一台主变压器能从任一电源回路获得电能,这就需要设置汇流母线,以便将各电源回路电能汇集起来,再分配到各个用电回路,以提高供电的可靠性和经济性。

如果电源回路和用电回路都通过断路器、隔离开关接在同一套母线上,则构成单母线接线,如图 2.76 所示。

这种接线的优点是:接线简单,投资少;操作方便,容易扩建。缺点是:检修母线或母线隔离开关,全厂(所)停电;母线或母线隔离开关故障,全厂(所)停电;检修出线断路器,该回路停电。

因此,这种接线只适用于小容量和用户对供电可靠性要求不高的发电厂或变电所中。为了克服以上缺点,可采用母线分段和加旁路母线的措施。

②单母线分段接线

a. 单母线隔离开关分段接线

如图 2.77 所示,当任一段母线(Ⅰ段或Ⅱ段)及其母线隔离开关停电检修,可以通过事先断开分段隔离开关 QS$_d$,使另一段母线的工作不受影响。

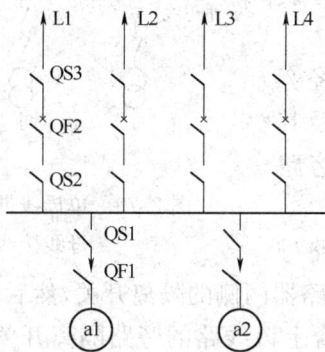

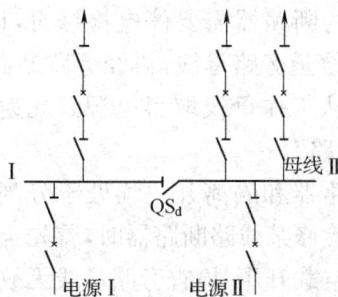

图 2.76　单母线接线　　　　图 2.77　单母线隔离开关分段接线

当分段隔离开关 QS$_d$ 投入,两段母线同时运行期间,若任一段母线发生故障,仍将造成整个配电装置的短时停电。只有将与母线相连的所有断路器跳闸后,才可以用分段隔离开关 QS$_d$ 将故障段母线隔开,方能恢复非故障段母线的运行。

b. 单母线断路器分段接线

如图 2.78 所示,当分段断路器 QF$_d$ 接通运行时,任一段母线发生故障时,在继电保护的作用下,分段断路器和接在故障段上的电源回路断路器便自动断开。这使非故障段母线可以继续运行,缩小了母线故障的停电范围。

当分段断路器断开运行时,分段断路器除装有继电保护装置外,还应装有备用电源自动投入装置,分段断路器断开运行,有利于限制短路电流。

图 2.78　单母线断路器分段接线

断路器分段时的优点:

◆ 在正常情况下检修母线时,可不中断另一段母线的运行。

◆ 任一段母线发生故障时,在继电保护装置的作用下,母线分段断路器断开,从而保证了非故障段母线的不间断供电。

◆ 可满足采用双回线路供电的重要用户供电可靠性要求。

断路器分段时的缺点:

◆ 当一段母线或母线隔离开关故障或检修时,该段母线上的所有回路都要在检修期间内停电。

◆ 当采用接于不同段母线的双回线路供电时,常使架空线路出现交叉跨越。

◆ 扩建时需要向两个方向均衡扩建。

单母线分段的数目取决于电源的数目、电网的接线及主接线的运行方式,一般以2~3段为

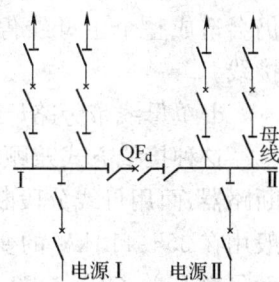

宜。其连接的回路数一般比不分段的单母线接线增加一倍，但仍不宜过多。

主要应用于中、小容量发电厂的电气主接线，以及各类发电厂的厂用电接线以及进出线数量比较多的 6～220 kV 变电所中。

c. 单母线带旁路母线接线

如图 2.79 所示，在工作母线外侧增设一组旁路母线，并经旁路隔离开关引接到各线路的外侧。另设一组旁路断路器 QF_p（两侧带隔离开关）跨接于工作母线与旁路母线之间。

当任一回路的断路器需要停电检修时，该回路可经旁路隔离开关 QS_p 绕道旁路母线，再经旁路断路器 QF_p 及其两侧的隔离开关从工作母线取得电源。此途径即为"旁路回路"，或简称"旁路"。

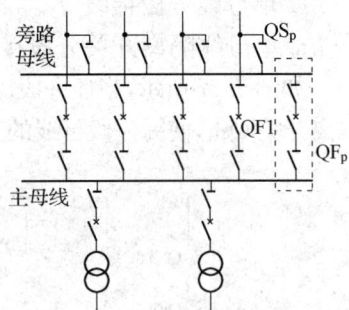

图 2.79 单母线带旁路母线接线

平时旁路断路器和隔离开关均处于分闸位置，旁路母线不带电。当需检修某线路断路器时，首先合上旁路断路器两侧的隔离开关，然后合上旁路断路器向旁路母线空载升压，检查旁路母线无故障后，再合上该线路的旁路隔离开关。此后，断开该出线断路器及其两侧的隔离开关，这样就由旁路断路器代替了该出线断路器工作。

单母线带旁路母线接线方式的最大优点是供电可靠性高。断路器故障检修时，可不停电进行检修，供电可靠，运行灵活，适用于向重要用户供电，出线回路较多的变电所尤为适用，该接线方式仅适用于 110 kV 及以下电压等级的母线。

旁路断路器在同一时间只能代替一个线路断路器的工作。但母线出现故障或检修时，仍会造成整个主母线停止工作。为了解决这个问题，可以采用带旁路母线的单母线分段接线。

d. 单母线带旁路母线分段接线

这种接线方式兼顾了旁路母线和母线分段两方面的优点。为了减少投资，可不专设旁路断路器，而用母线分段断路器兼作旁路断路器，常用的接线如图 2.80 所示。供电可靠性高，一般用在 35～110 kV 的变电所母线。在正常工作时，靠旁路母线侧的隔离开关 QS3、QS4 断开，而隔离开关 QS1、QS2 和断路器 QF_d 处于合闸位置（这时 QS_d 是断开的），主接线系统按单母线分段方式运行。当需要检修某一出线断路器（如 1WL 回路的 1QF）时，可通过倒闸操作，将分段断路器作为旁路断路器使用，即由 QS1、QF_p、QS4 从母线Ⅰ接至旁路母线，或经 QS2、QF_p、QS3 从母线Ⅱ接至旁路母线，再经过 $1QS_p$ 构成向 1WL 供电的旁路。此时分段隔离开关 QS_d 是接通的，以保持两段母线并列运行。

现以检修 1QF 为例，简述其倒闸操作步骤：

◆ 向旁路母线充电，检查其是否完好。合上 QS_d；断开 QF_p 和 QS2；合上 QS4；再合上 QF_p，使旁路母线空载升压，若旁路母线完好，QF_p 不会自动跳闸。

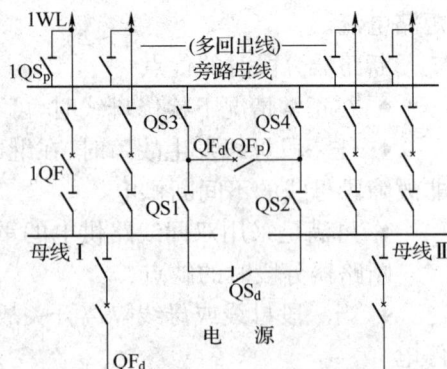

图 2.80 单母线带旁路母线分段接线
QF_d—分段断路器（兼旁路断路器）

◆ 接通 1WL 的旁路回路，合上 $1QS_p$。这时有两条并列的向 1WL 供电的通电回路。

◆ 将线路 1WL 切换至旁路母线上运行。断开断路器 1QF 及其两侧的隔离开关，并在靠近断路器一侧进行可靠接地。这时，断路器 1QF 退出运行，进行检修，但线路 1WL 继续正常供电。

（3）单元接线

如图 2.81 所示，电源线路（或发电机）与变压器直接连接成一个单元，组成线路（发电机）-变压器组，称为单元接线。其中图 2.81(a) 是发电机—双绕组变压器单元接线，发电机出口处除了接有厂用电分支外，不设母线，也不装出口断路器。发电机和变压器的容量相匹配，必须同时工作，发电机发出的电能直接经过主变压器送往升高电压电网。发电机出口处可装一组隔离开关，以便单独对发电机进行实验，200 MW 及以上的发电机，由于采用分相封闭母线，不宜装设隔离开关，但应有可拆连接点。图 2.81(b) 是发电机—三绕组变压器单元接线，为了在发电机停止工作时，变压器高压侧和中压侧仍能保持联系，发电机与变压器之间应装设断路器和隔离开关。

为了减少变压器及其高压侧断路器的台数，节约投资与占地面积，可采用图 2.82 所示的扩大单元接线。图 2.82(a) 是两台发电机与一台双绕组变压器的扩大单元接线，图 2.82(b) 是两台发电机与一台低压分裂绕组变压器的扩大单元接线，这种接线可限制变压器低压侧的短路电流。扩大单元接线的缺点是运行灵活性较差。

单元接线的优点是接线简单、投资少、占地少、操作方便、经济性好；由于不设发电机电压母线，减少了发电机电压侧发生短路故障的几率。

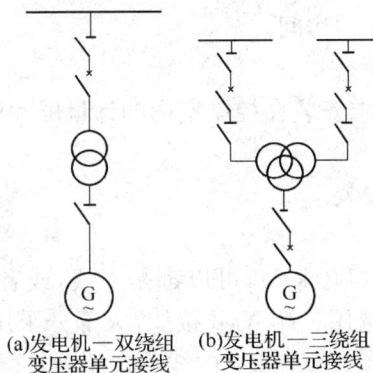

(a)发电机—双绕组　　(b)发电机—三绕组
变压器单元接线　　　变压器单元接线

图 2.81　单元接线

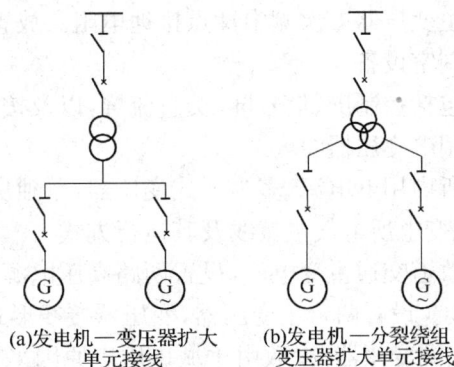

(a)发电机—变压器扩大　　(b)发电机—分裂绕组
单元接线　　　　　变压器扩大单元接线

图 2.82　扩大单元接线

2.6.2.2　变电所

1. 主变电所

（1）主变电所功能与类型

城市轨道交通供电系统按一类负荷设计，每条轨道线路设置两个主变电所，每个主变电所平时由两路互为备用的独立电源供电，以实现不间断供电。

主变电所从发电厂或城市电网区域变电所获得高压（如 110 kV）电源，经降压形成 35(33)kV 或 10 kV 以中压环网形式向布置在沿线的牵引变电所、降压变电所输送电能。每个主变电所的主变容量设计满足最大高峰小时负荷的要求，并满足当一个主变电所发生故障（不含中压母线故障)时,另一个主变电所能承担全线牵引负荷及全线动力Ⅰ、Ⅱ级负荷的供电要求。电缆载流量也满足最大高峰小时负荷的要求,同时当主变电所正常运行、环网中一条电缆故障时,能保证地铁正常运行。

按照电气主接线的不同,目前城轨交通供电系统中的主变电所有两种类型:内桥接线主变电所和线路变压器组接线主变电所。

(2)主要电气设备

①主变压器

主变电所使用的主变压器为三相油浸电力变压器,带有载调压开关和自动调压装置,主变压器下方设置储油设施。

②开关柜

主变电所使用的开关柜主要有高压(110 kV)开关柜和中压(35 kV 或者 10 kV)交流开关柜。

a. 110 kV 开关柜

110 kV 开关柜是户内安装的 GIS 组合电器。GIS 的中文全称是六氟化硫气体绝缘金属全封闭组合电器,一般采用 SF$_6$ 断路器、液压操作机构。除母线为三相共箱式外,其余均为三相分箱式。

b. 中压开关柜

中压开关柜也采用 GIS,均为三相分箱式,采用真空断路器。开关柜的操作机构为弹簧储能式或液压弹簧式,采用三工位隔离开关和接地刀闸。

③接地电阻

作为主变压器二次侧中性点接地电阻。放置在专门房间。

④控制室设备

主要包括控制屏、信号屏、交直流屏,以及按照要求安装在控制室内的计量屏和保护屏。

⑤自用电变压器

作为所内用电电源,多为干式变压器,单独房间安装。

(3)主变电所电气主接线及其运行方式

城市轨道交通主变电所,设置两路高压电源进线(110 kV),可以都是专线,或者一路专线一路"T"接。设置两台主变压器,变压器接线形式均选用三相 Y,d 接线,大部分采用 110 kV/35 kV 两线圈变压器,少数由于城市历史原因采用 110 kV/10 kV 两线圈变压器。两台主变压器互为备用,正常情况下并列运行,各承担约 50% 的用电负荷。

按照其 110 kV 侧的电气主接线结构,可以分为两种:内桥接线的主变电所和线路—变压器组接线的主变电所。

①线路—变压器组接线的主变电所

某线路—变压器组接线的主变电所的电气主接线如图 2.83 所示。

a. 高压侧电气主接线

线路—变压器组接线就是电源线路和变压器直接相连,是一种最简单的接线方式。正常运行方式下,两路线路各带一台主变压器,即 1 号进线电源通过隔离开关 1011 和断路器 101 为 1 号变压器 1B 提供电能;2 号进线电源通过隔离开关 1022 和断路器 102 为 2 号变压器 2B 提供电能。

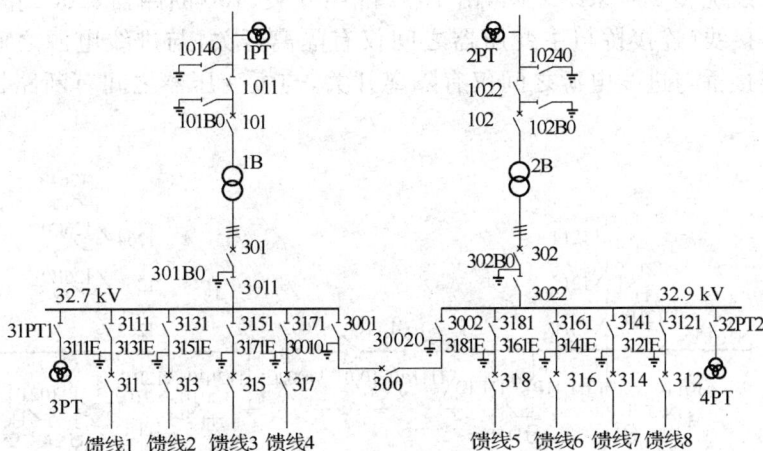

图 2.83　某线路—变压器组接线的主变电所主接线图

如主变压器一、二级负荷的负载率较低,系统发生故障时,恢复供电操作十分方便。当一台主变或者一条电源线路故障退出运行时,只需在主变电所中压侧做转移负荷操作,由另一路进线电源的主变压器承担本变电所范围内的全部一、二级用电负荷,如图 2.83 中闭合母联断路器 300 即可实现,对相邻变电所无影响。但当主变压器一、二级负荷的负载率高,一台主变或者一条电源线路故障退出运行时,需要通过相邻主变电所联络来转移部分负荷,实现相互支援。

线路变压器组接线只配置两个设备单元,断路器少,接线简单,系统接线简单,运行可靠、经济,有利于变电所实现自动化、无人化,造价省。但是,线路故障检修停运时,变压器将被迫停运,对变电所的供电负荷影响较大。

b. 中压侧电气主接线

主变电所中压侧均采用单母线断路器分段接线。图中,母线分段断路器(简称母联断路器)300 将母线分成两段,分别称为Ⅰ段母线和Ⅱ段母线。1 号变压器 1B 通过断路器 301 和隔离开关 3011 将中压电能输送至Ⅰ段母线,并通过馈线断路器 311、313、315、317 分别将中压电能输送至地铁沿线的降压变电所和牵引降压混合变电所。2 号变压器 2B 通过断路器 302 和隔离开关 3022 将中压电能输送至Ⅱ段母线,并通过馈线断路器 312、314、316、318 分别将中压电能输送至地铁沿线的降压变电所和牵引降压混合变电所。

正常情况下,两段母线分列运行,即母联断路器 300 断开。降压变电所和牵引降压混合变电所可以从不同母线段取得中压电源;当主变电所一段中压母线失电时,通过闭合母联断路器 300,另一段中压母线可以迅速恢复对降压变电所和牵引降压混合变电所供电。

②内桥接线的主变电所

某主变电所的电气主接线如图 2.84 所示。

a. 高压侧电气主接线

该主变电所 110 kV 电源采用内桥接线,即 110 kV 进线电源中,1 号电源经过 1214 隔离开关、121 断路器、1211 隔离开关、1011 隔离开关,联络 1 号主变压器,形成 1 号系统;2 号电源经过 1264 隔离开关、126 断路器、1262 隔离开关、1022 隔离开关,联络 2 号主变压器,形成 2

号系统;在 1 号系统和 2 号系统之间,由 1001 隔离开关、100 断路器、1002 隔离开关形成连接桥,构成内桥接线(连接桥与主变压器之间仅有隔离开关,与进线电源之间有断路器,称为内桥接线;连接桥与进线电源之间仅有隔离开关,与主变压器之间有断路器,称为外桥接线)。

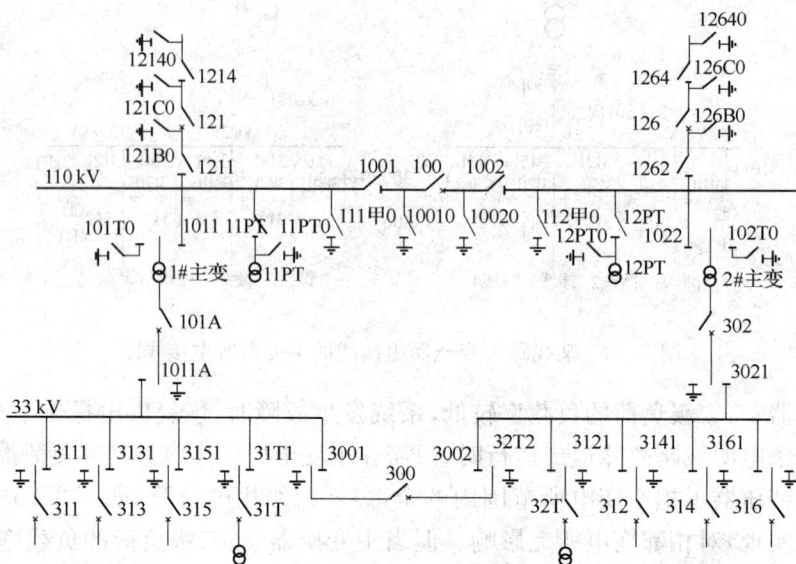

图 2.84　某内桥接线的主变电所主接线图

正常运行时桥断路器 100 断开,类似于线路-变压器组接线,两路线路各带一台主变压器。

因内桥接线线路侧装有断路器,线路的投入和切除十分方便。当送电线路发生故障时,只需断开故障线路的断路器,不影响另一回路正常运行。需要时也可以合上桥断路器由一路进线带两台主变压器。但主变压器故障时,则与该变压器连接的两台断路器都要断开,从而影响了另一回未故障线路的正常运行。另外,桥断路器检修时,电源线路需较长时间停运;出线断路器检修时,电源线路也需较长时间停运。

b.中压侧电气主接线

该主变电所中压侧也采用单母线断路器分段接线。结构与运行类似于线路—变压器组接线的主变电所。

2.降压变电所

(1)降压变电所结构与功能

城市轨道交通供电系统的降压变电所,主要结构与设备与工业与民用建筑降压变电所一样,所不同的就是设有钢轨电位限制装置。

降压变电所为除城轨列车以外的其他所有城轨交通用电负荷提供电能,其中包括通信、信号、事故照明和计算机系统等许多一级负荷。这些一级负荷均与城轨交通正常运营密不可分。城轨交通降压变电所与城网 10 kV 变电所一样,都是将中压电经变压器变为 380 V/220 V 电源供动力照明负荷用电。在引入电源方面,每座降压变电所均从中压环网引入两路电源,有条件时还应从相邻变电所或市电引一路备用电源,对于特别重要的负荷如控制系统计算机设备等负荷还应设蓄电池作为备用电源。

（2）降压变电所电气主接线及其运行方式

某降压变电所的电气主接线如图2.85所示。35kV侧为单母线分段，而0.4kV除跟随式降压变电所外，均为单母线分段。每个降压变电所均设两台动力变压器，分别负责向本变电所所在半个车站及半个区间内的动力照明负荷供电。正常运行时两台动力变压器分别运行同时供电，当任一台动力变压器因故障退出运行时，通过联络开关由另一台动力变压器负担全所一、二级动力照明负荷。

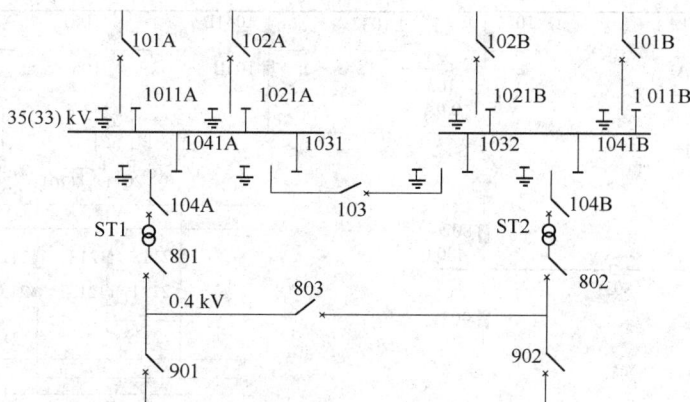

图2.85 典型的降压变电所主接线图

3.牵引降压混合变电所

在城市轨道交通牵引供电系统中，电能从牵引变电所经馈电线、接触网输送给电动列车，再从电动列车经钢轨（称轨道回路）、回流线流回牵引变电所。牵引变电所是牵引供电系统的核心。牵引变电所的数量、容量和设置的距离是根据牵引计算的结果，并经济技术比较后确定的。它们一般设置在城市轨道交通沿线若干车站及车辆段附近。每个牵引变电所按其所需容量设置两组牵引整流机组并列运行，沿线任一牵引变电所故障解列，由两侧相邻的牵引变电所共同承担该区段的全部牵引负荷。

牵引变电所往往与降压变电所合建，成为牵引降压混合变电所。

牵引降压混合变电所主要电气设备包括：

①35(33)kV/0.4kV动力变压器

动力变压器是户内环氧树脂浇注型，采用无载调压、自然风冷。变比为(31.35～34.65)kV/0.4kV，连接组别△/Y-11。动力变压器的保护由热敏电阻组成的温度保护、过流保护以及热过载继电保护构成。

②开关柜

牵引降压混合变电所使用的开关柜主要有中压交流开关柜、0.4kV低压交流开关柜以及1500V直流开关柜、排流柜、钢轨电位限制装置、负极柜等。中压交流开关柜采用GIS开关柜，其余均采用AIS开关柜，即空气开关柜。1500V直流开关柜采用直流快速断路器，操作机构为电保持型。

③整流机组

整流机组是牵引降压混合变电所的重点设备，它包括整流变压器和整流器。整流变压器采用户内环氧树脂浇注变压器，无载调压。

某牵引降压混合变电所的电气主接线如图 2.86 所示,35 kV 侧和 0.4 kV 均为单母线分段。

以降压变压器 ST1 和 ST2 为核心构成的降压所部分,结构与运行方式同降压变电所。

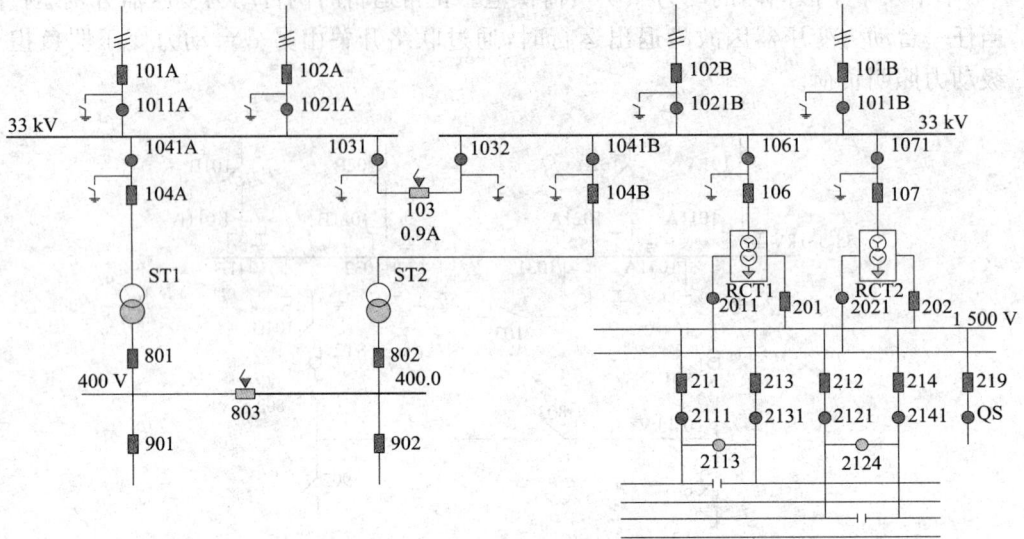

图 2.86　典型的牵引降压混合变电所主接线图

每个牵引降压混合变电所按其所需容量设置两组整流机组并列运行,如图中的 RCT1、RCT2。两组整流机组(简称 RCT1、RCT2)均由相同的整流变压器和整流器组成,它们的直流侧并联工作。为使并联的直流电压相等和直流电流相近,交流中压侧(35 kV)采用不分段的单母线。此整流机组采用 12 相全波脉动整流,多相整流可获得比较平滑的直流电,并可减少对电网的谐波污染。整流器输出的直流电正极经断路器接到正母线,负极经隔离开关接到负母线。正母线经馈线直流断路器及隔离开关后再送到接触网上;负母线经回流线与钢轨相连。电动车组的受电弓与接触网接触滑行时,其牵引电动机就可从整流机组获得 1 500 V 的直流电。

当其中一套机组因故退出运行时,另一套机组在具备运行条件时不应退出运行。该运行条件系指:牵引整流机组过负荷满足要求;谐波含量满足要求;不影响故障机组的检修。如果这些条件能满足,那么一套牵引整流机组维持运行,既可保持列车运行,还可降低能耗、降低轨电位、减少杂散电流的影响。

4. 中压网络

(1)中压网络的电压等级

我国现行中压配电标准电压等级有:35 kV、20 kV、10 kV、6 kV 和 3 kV。国际标准电压级中压配电标准电压等级有:33 kV 和 20 kV。城市轨道交通中压网络电压等级是采用 35 kV 还是采用 33 kV、20 kV 或者 10 kV,要结合外部电源、线路走向、运能、站点设置、设备供应情况等诸多因素,进行技术经济比较,选择适合工程实际的电压等级。例如上海、广州部分地铁线路由于历史条件限制成套引进了国外设备,因此采用了 33 kV 电压等级;南京、深圳等城市采用了 35 kV 电压等级;北京、长春、大连等城市则采用了 10 kV 电压等级。

（2）中压网络的结构分类

根据中压网络功能的不同，为牵引变电所供电的中压网络称为牵引供电网络（简称牵引网络）；同样，为降压变电所供电的中压网络称为动力照明供电网络（简称动力照明网络）。目前，国内城市轨道交通工程经常采用的形式有牵引动力照明混合网络与牵引动力照明独立网络。

牵引动力照明混合网络采用同一电压等级，并通过公用电源电缆同时向牵引变电所、降压变电所提供中压电能，供电系统的整体性比较好。牵引动力照明独立网络既可采用不同的电压等级，也可以采用同一个电压级，牵引网络与动力照明网络相对独立，彼此相互影响较小。

对于集中式供电系统，牵引网络和动力照明网络可以采用相对独立的形式，即牵引动力照明独立网络，也可以共用混合网络。对于分散式供电系统，则采用牵引动力照明混合网络。中压网络内部结构形式涉及中压网络供电安全准则及其运行方式。

（3）某地铁1号线及2号线中压环网举例

某地铁1号线及2号线供电系统高中压系统均采用110/33 kV二级电压制，全部采用集中供电方式。每条地铁线路均建设两个110/33 kV主变电站，每个主变电站均从城市电网引入两路110 kV电源，设置两台110/33 kV主变压器，将110 kV电源降压到33 kV，再通过33 kV中压环网供电网络将电源分配给地铁车站（车辆段、控制中心）的牵引变电所、降压变电所。

33 kV侧均采用了单母线分段的接线形式，根据每条地铁线路车站变电所数量进行分区供电，配置适当数量的馈出断路器。33 kV环网电缆配备有导引线差动保护作为主保护，延时过电流保护作为后备保护。

某地铁1号线供电系统33 kV环网采用的是大供电分区方式，即供电分区正好是主变电站数量的两倍。地铁1号线设有a和b两个主变电站，所以有a-c、a-d、b-d和b-e共4个供电分区。两个主变电站馈出的33 kV电源在d站变电所通过环网分段断路器相联络（图2.87）。

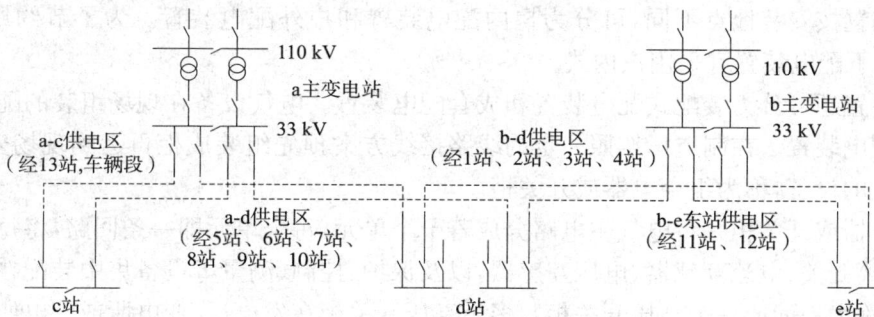

图2.87 某地铁1号线中压环网示意图

由某地铁1号线33 kV环网供电简图可知，a主变电所33 kV两段母线的4路馈线电缆分别交叉给a降压变电所的两段母线及5站A、B降压变电所供电；b主变电所33 kV两段母线4路馈线电缆分别交叉给11站A、B所及1站A、B所供电。d站的A、B变电所及控制中心变电所正常运行时，电源分别来自两座主变电所。各车站变电所依次分别环接，只有当一个主变电所全所解列时，才由控制中心通过电力监控（SCADA）系统将d站环网分段断路器遥控合闸，由另一主变电所承担全线的一、二级牵引负荷及动力照明负荷用电。

某地铁 2 号线及其他地铁线路(如 3、4 和 5 号线)供电系统 33 kV 环网采用的是小分区供电方式,即供电分区的数量比主变电站数量的两倍还要多。具体有多少供电分区视供电分区内串接的车站变电所数量而定(一般串接 2～4 个车站变电所)。地铁 2 号线设有两个主变电站,但有 6 个供电分区。由于 a 主变电站靠近车辆段,所以车辆段变电所是单独一个供电分区,这样供电分区总数达到了 7 个。2 号线两个主变电站馈出的 33 kV 电源在 e 站变电所通过环网分段断路器相联络(图 2.88)。

某地铁 2 号线工程供电系统示意图如图 2.88 所示。

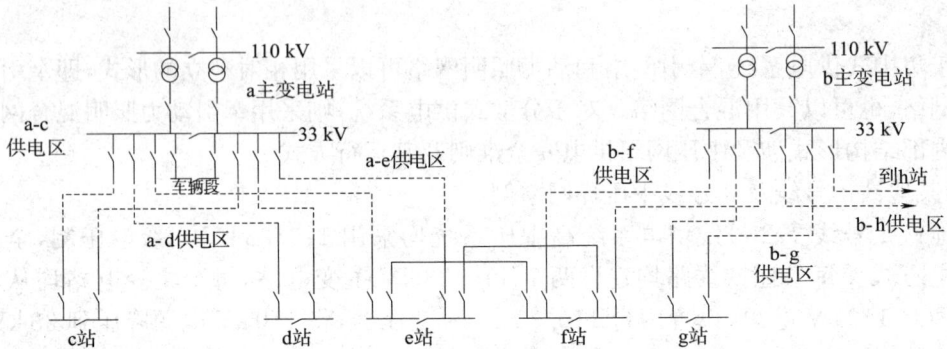

图 2.88　某地铁 2 号线中压环网示意图

2.6.2.3　配电装置

1.配电装置

（1）概述

配电装置是按电气主接线的要求,把一、二次电气设备(如开关设备、保护电器、检测仪表、母线)和必要的辅助设备组装在一起构成的在供配电系统中进行接受、分配和控制电能的总体装置。

配电装置按安装地点不同,可分为户内配电装置和户外配电装置。为了节约用地,一般 35 kV 及以下配电装置宜采用户内式。

配电装置还可分为装配式配电装置和成套配电装置。电气设备在现场组装的配电装置称为装配式配电装置。在制造厂按照一定的线路接线方案预先组装成柜再运到现场安装,制造厂成套供应的设备,称为组合电器或开关柜。

组合电器或开关柜是将电气主电路分成若干个单元,每个单元即一条回路,将每个单元的断路器、隔离开关、电流互感器、电压互感器,以及保护、控制、测量等设备集中装配在一个整体柜内(通常称为一面或一个高压开关柜),多个高压开关柜在发电厂、变电所或配电所安装后组成的配电装置称为成套配电装置。

由于城市轨道供电系统变电所都建在城市中心地带,所以,其配电装置都选择采用成套配电装置,并布置在户内。

高压成套配电装置按主要设备的安装方式分为固定式和移开式(手车式);按开关柜隔室的构成形式分为铠装式、间隔式、箱型、半封闭型等;按其母线系统分为单母线型、单母线带旁路母线型和双母线型;根据一次电路安装的主要元器件和用途分有断路器柜、负荷开关柜、高压电容器柜、电能计量柜、高压环网柜、熔断器柜、电压互感器柜、隔离开关柜、避雷器柜等。按照绝缘介质划分,包括 AIS 和 GIS 两种。AIS(Air Insulated Switchgear)是以大气绝缘(包括大气与固体绝缘组成的复合绝缘)的开关柜,GIS(Gas Insulated Switchgear)是以 SF_6 气体为绝缘介质的开关柜。

开关柜在结构设计上要求具有"五防",所谓"五防"即防止误操作断路器,防止带负荷拉合隔离开关(防止带负荷推拉小车),防止带电挂接地线(防止带电合接地开关),防止带接地线(接地开关处于接地位置时)送电,防止误入带电间隔。

配电装置应满足的基本要求是:

①设计应符合国家技术经济政策,满足有关规程要求。

②设备选择合理,技术性能可靠。

③布置整齐、清晰、有足够的安全距离保证人身和设备安全,操作、巡视、检修方便。

④在保证安全、可靠的条件下,力求降低造价,减少工程量和占地面积。

⑤留有发展扩建的余地。

城市轨道交通供电系统中,110 kV 及以上采用 GIS(断路器采用 SF_6 断路器),35 kV 开关柜采用 GIS(断路器采用真空断路器),10 kV 开关柜采用 AIS(断路器采用真空断路器),0.4 kV 开关柜采用 AIS(断路器采用空气断路器)。

(2)配电装置的最小安全净距

配电装置的各种结构尺寸,是综合考虑到设备外形尺寸、检修维护和搬运的安全距离、电气绝缘距离等因素决定的。各种间隔距离中最基本的是空气中不同相的带电部分之间或各带电部分对接地部分之间的空间最小安全净距,在国家标准中称为 A 值。在此距离下,无论是处于正常最高工作电压之下,或处于内外过电压下,空气间隙均不致被击穿。我国《高压配电装置设计技术规程》规定的屋内、屋外配电装置的安全净距,如表 2.4 和表 2.5 所示,其中,B、C、D、E 等类电气距离是在 A 值的基础上再考虑运行维护、搬运和检修工具活动范围及施工误差等因素确定的。图 2.89 所示为屋内配电装置最小安全净距校验图。

表 2.4 屋内配电安全净距

符号	安全净距 (mm) 适应范围	额定电压(kV) 3	6	10	15	20	35	63	110(J)	110
A_1	带电部分至接地部分之间 网状和板状遮栏向上延伸线距地 2.3 m 处与遮栏上方带电部分之间	75	100	125	150	180	300	550	850	950
A_2	不同相的带电部分之间 断路器和隔离开关的断口两侧引线带电部分之间	75	100	125	150	180	300	550	900	1 000
B_1	栅状遮栏至带电部分之间 交叉的不同时停电检修的无遮栏带电部分之间	825	850	875	900	930	1 050	1 300	1 600	1 700
B_2	网状遮栏至带电部分之间	175	200	225	250	280	400	650	950	1 050
C	无遮栏裸导体至地楼面之间	2 500	2 500	2 500	2 500	2 500	2 600	2 850	3 150	3 250

续上表

符号	安全净距 (mm) 适应范围	额定电压(kV)								
		3	6	10	15	20	35	63	110(J)	110
D	平行的不同时停电检修的无遮栏裸导体之间	1 875	1 900	1 925	1 950	1 980	2 100	2 350	2 650	2 750
E	通向屋外的出线套管至屋外通道的路面	4 000	4 000	4 000	4 000	4 000	4 000	4 500	5 000	5 000

注：① 110J 指中性点有效接地电网。

② 当为板状遮栏时，其 $B_2 = A_1 + 30$ mm。

③ 通向屋外配电装置的出线套管至屋外地面的距离，不应小于表中所列屋外部分之 C 值。

④ 海拔超过 1 000 m 时，A 值应进行修正。

表 2.5　屋外配电安全净距

符号	安全净距 (mm) 适应范围	额定电压(kV)					
		3~10	15~20	35	63	110(J)	110
A_1	带电部分至接地部分之间 网状遮栏向上延伸线距地 2.5 m 处与遮栏上方带电部分之间	200	300	400	650	900	1 000
A_2	不同相的带电部分之间 断路器和隔离开关的断口两侧引线带电部分之间	200	300	400	650	1 000	1 100
B_1	设备运输时，其外廓至无遮栏带电部分之间 交叉的不同时停电检修的无遮栏带电部分之间 栅状遮栏至绝缘体和带电部分之间	950	1 050	1 150	1 400	1 650	1 750
B_2	网状遮栏至带电部分之间	300	400	500	750	1 000	1 100
C	无遮栏裸导体至地面之间 无遮栏裸导体至建筑物、构筑物顶部之间	2 700	2 800	2 900	3 100	3 400	3 500
D	平行的不同时停电检修的无遮栏带电部分之间 带电部分与建筑物、构筑物的边沿部分之间	2 200	2 300	2 400	2 600	2 900	3 000

注：① 110J 指中性点有效接地电网。

② 海拔超过 1 000 m 时，A 值应进行修正。

③ 本表所列各值不适用于制造厂的产品设计。

屋外配电装置使用软导线时，由于软母线在风力、温度即覆冰等情况下，导线会伸缩和摆动，无法保证上面规定的安全净距，在不同的过电压和工作电压下，考虑到不同风力影响，其带电部分至接地部分和不同相带电部分之间的安全净距，应根据表 2.6 进行校验，并应采用其中最大数值。

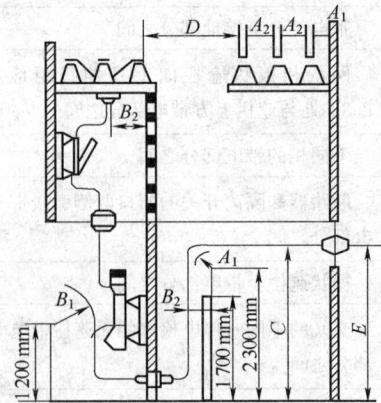

图 2.89　屋内配电装置最小安全净距校验图

表 2.6　不同条件下的计算风速和安全净距（mm）

条　件	校验条件	计算风速（m/s）	A 值	额定电压			
				35 kV	63 kV	110(J) kV	110 kV
雷电过电压	雷电过电压和风偏	10	A_1	400	650	900	1 000
			A_2	400	650	1 000	1 100
操作过电压	操作过电压和风偏	最大设计风速的 50%	A_1	400	650	900	1 000
			A_2	400	650	1 000	1 100
最大工作电压	最大工作电压短路和 10 m/s 风速时的风偏		A_1	150	300	300	450
	最大工作电压和最大设计风速时的风偏		A_2	150	300	500	500

注：在气象条件恶劣如最大设计风速为 35 m/s 及以上以及雷暴时风速较大的地区，校验雷电过电压时的安全净距，其计算风速采用 15 m/s。

2. GIS 组合电器

（1）概述

GIS 是由断路器、隔离开关、接地开关、互感器、避雷器、母线、连接件等单元，封闭在接地的金属体内组成。其内部充有一定压力并有优异灭弧和绝缘能力的 SF_6 气体。由于 GIS 既封闭又组合，故占地面积小，占用空间少，基本不受外界环境影响，不产生噪声和无线电干扰，运行安全可靠，且维护工作量少，在城网建设和改造工程中，得到广泛的应用。它的突出优点是：

①最大限度地缩小整套配电装置的占地面积和空间体积，结构十分紧凑。110～220 kV GIS 占地面积仅为敞开式变电站（AIS）的 1/10，这在人口高度集中的大都市和密集的负荷中心，显得更为重要。

②全封闭的电器结构，不受污染、雨雷、尘沙及盐雾等各种恶劣自然环境条件的影响，减少了设备事故的可能性，特别适合工业污染、气候恶劣以及高海拔地区。

③安装方便。因 GIS 已向三相共简化、复合化和智能化方向发展，一般由整件或若干单元组成，可大大缩短安装工期。

20 世纪 50 年代，高压电器的绝缘介质就用 SF_6 气体代替了空气。

20 世纪 60 年代中期，美国制造了第一套 GIS 设备，使高压电器发生了质的飞跃，也给配电装置带来了一次革命。

近 30 年来，GIS 设备发展很快，欧洲、美洲、中东的电力公司都规定配电装置要用 GIS 设备，在亚洲、非洲、澳洲的发达国家也基本上规定要用 GIS 设备，在南非有 800 kV GIS 设备投入运行。

我国 GIS 设备的研制工作起步于 20 世纪 60 年代，与世界其他国家基本同步；1971 年我国首次试制成功 110 kV GIS 设备，并投入运行。

大亚湾、秦山核电站、广州抽水蓄能电站、四川二滩水电站、浙江北仑港、上海石洞口、广东沙角等火电厂，广东江门、云南草铺等变电站，三峡水电站的升压变电站，都采用了 GIS 设备。

自 20 世纪 80 年代开始，国产大型 GIS 设备也投入电网系统运行，共达 407 个间隔，较大的有广西天生桥水电站的 500 kV GIS 设备、渭南变电站的 330 kV GIS 设备、上海杨树浦电厂的 220 kV GIS 设备等。

（2）地铁变电所 GIS 结构

①中压圆筒形 GIS

如图 2.90 所示的 8DA10 型 GIS 是德国西门子公司推出的开关设备，也是西门子公司的第一种将免维护真空开关管封闭在充有 SF$_6$ 绝缘气体的金属外壳内的开关设备。

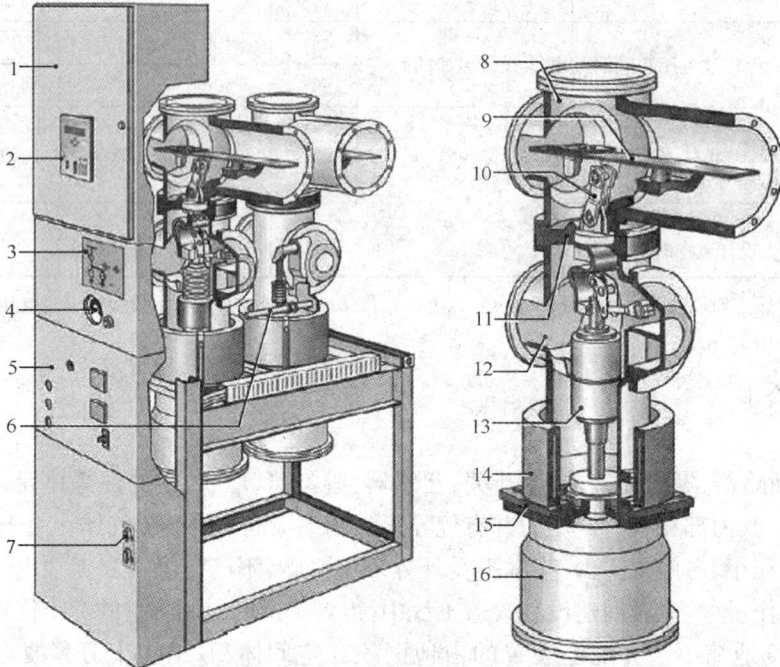

图 2.90　8DA10 型 GIS 开关设备

1—低压室；2—微机保护装置；3—操作机构，三工位开关联锁机构，以及三工位开关和断路器的位置指示器；
4—馈线气室的气压计；5—断路器操作机构；6—真空断路器操作杆；7—电压检测系统；8—母排室；9—母排；
10—三工位隔离开关；11—三工位开关和断路器间的气密室套管；12—断路器室；13—真空断路器；
14—电流互感器；15—模支撑板；16—连接器

该 GIS 每相有两个接地的铸铝圆筒外壳，呈 T 形排列。上部圆筒中装有母线、隔离开关，下部圆筒中装有真空断路器，电流互感器放在圆筒之下，电缆接头由下部引出。采用免维护的真空断路器、紧凑式的三工位隔离开关，断路器操作机构为弹簧储能操作机构。

②中压柜型 GIS

中压柜型 GIS 开关柜，外壳采用优质不锈钢板和覆铝锌钢板材料制成，接地牢固，完全能承受运行中出现的正常和瞬时压力。外壳的制造工艺采用优质不锈钢板、先进的激光焊接技术和对抗老化、耐温升的绝缘材料，保证开关柜气室具有极高的气密性。中压柜型 GIS 开关柜的外形如图 2.91 所示。

采用弹簧储能操作机构的真空断路器，采用复合式电流/电压传感器，而不是传统的电流、电压互感器。

图 2.91　中压柜型 GIS 开关柜外形图

GFC-30 中压柜型 GIS 开关柜结构,如图 2.92 所示。其高压室分为上下两个独立隔离的密封气室,上气室为隔离/接地开关单元和主母线进出端;下气室为断路器单元、电流互感器和电缆进出端。断路器单元和隔离/接地开关单元与主回路为插拔式柔性连接,装配和维护方便。

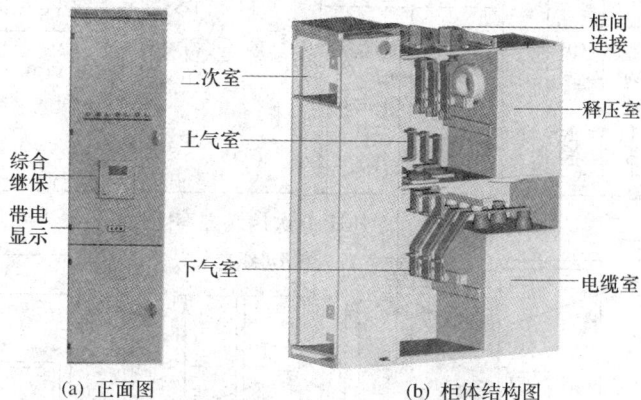

(a) 正面图　　　　　(b) 柜体结构图

图 2.92　GFC-30 中压柜型 GIS 开关柜

开关柜间采用外部母线连接装置,装于柜顶,柜间连接母线采取的是各单元母线分割连接式,不需要现场充气。主母线系统插接方式连接如图 2.93 所示。所有连接件作镀银处理,使用环形镀银弹簧。开关柜内设专用的母线室,三相母线在一个气室内,母线室设有独立的气体监视器,当压力上升或降低时,监视器能发出报警信号或使断路器跳闸。使用的铜母线具有耐火、抗爬电、抗电弧的绝缘措施,柜之间的母线室间用接地金属隔板隔开,母线由绝缘套管中穿过,且其孔口密封。如母线发生事故,不影响邻近的间隔。

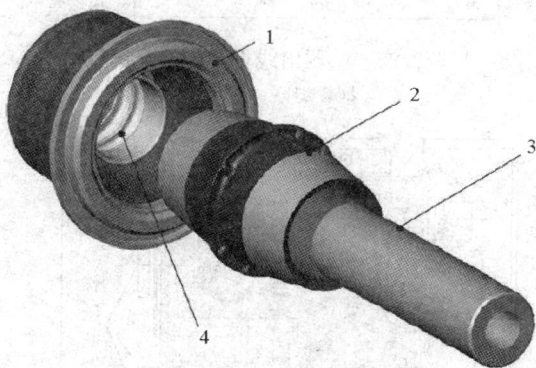

图 2.93　中压柜型 GIS 柜顶插接式母线
1—母线插座;2—硅橡胶绝缘套;3—主导电棒;4—环形弹簧触头

气室的结构采用模块化设计,每个气室都是独立的功能单元,具备安装方便、更换简单的特点。独立气室及气室连接处可靠密封,每个封闭压力系统年漏气率小于 1%,工厂出厂标准为年漏气率小于 0.2%。

中压柜型 GIS 开关柜的一次接线方案,如图 2.94 所示。图 2.95 所示为中压柜型 GIS 出线柜的内部结构示意图,图 2.96 所示为中压柜型 GIS 进线柜的内部结构示意图。

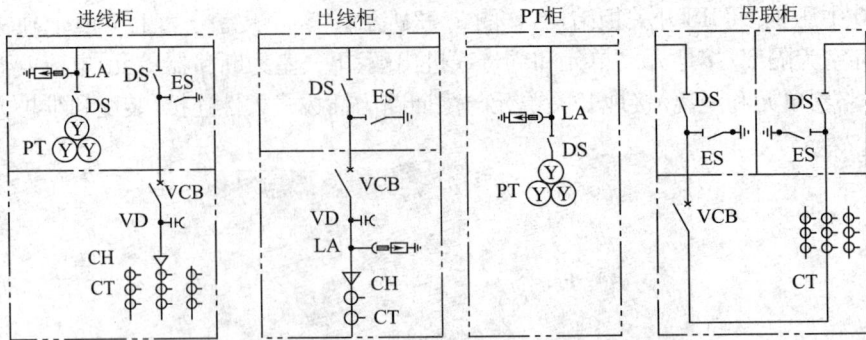

图 2.94　中压柜一次接线方案图

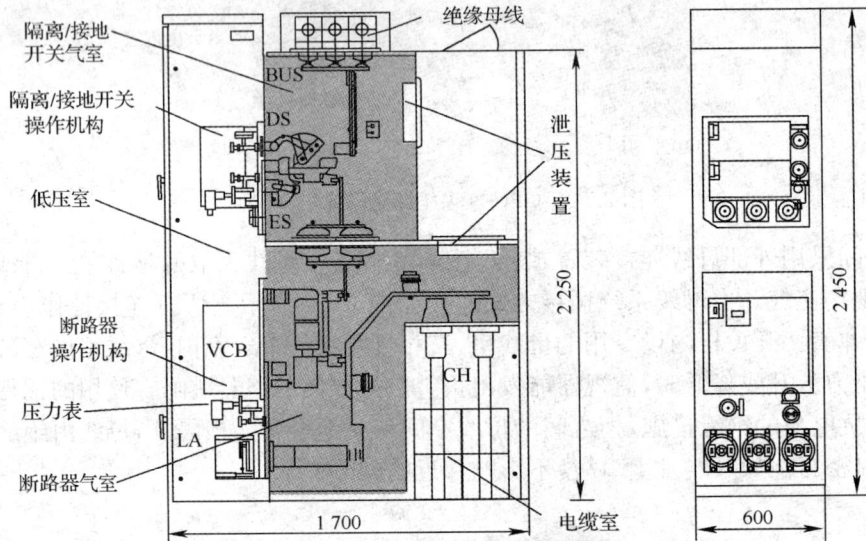

图 2.95　中压出线柜结构示意图(单位:mm)

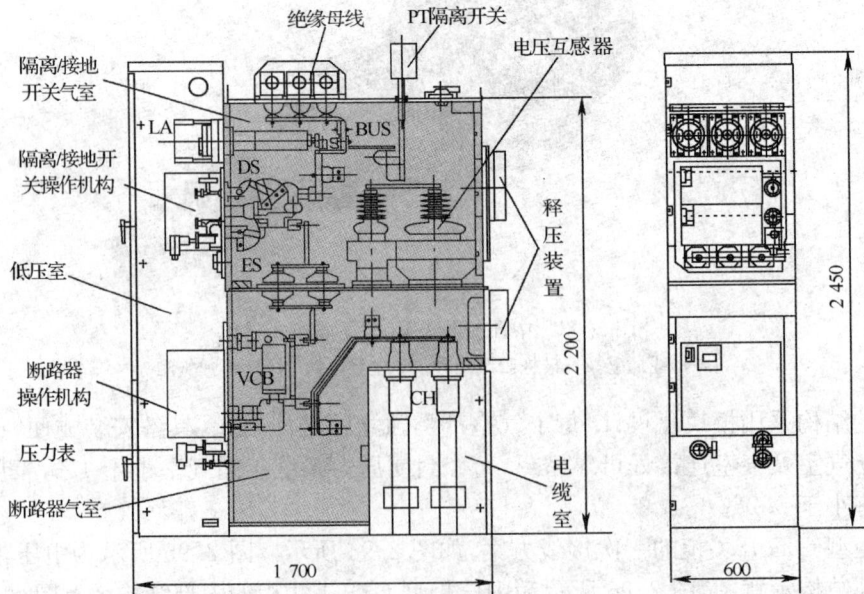

图 2.96　中压进线柜结构示意图(单位:mm)

（3）GIS 开关柜运行管理

①SF$_6$ 气体管理

a. 压力（密度）管理

SF$_6$ 气体压力（密度）是表征 GIS 开关柜性能的宏观标志。必须经常保持在产品技术条件规定的范围内。

b. 水分管理

控制 GIS 水分含量的基本原则是保证所含水蒸气的露点在 -5 ℃以下，使固体绝缘件的沿面闪络电压不致因凝露而降低；保证与电弧分解物作用的生成物很少，不致引起设备损坏或性能下降。

从安全性和经济性两方面综合考虑，对 GIS 开关柜中有电弧分解物隔室，和无电弧分解物隔室制定不同的水分含量管理指标是必要的。GIS 开关柜中 SF$_6$ 气体含水量的要求可参见表 2.7，即 GIS 中 SF$_6$ 气体含水量允许值（20 ℃时）。

表 2.7　GIS 中 SF$_6$ 气体含水量允许值（20 ℃时）

隔　　室	有电弧分解物的隔室	无电弧分解物的隔室
交接验收值	$\leq150\times10^{-6}$	$\leq250\times10^{-6}$
运行值	$\leq300\times10^{-6}$	$\leq500\times10^{-6}$

c. 纯度管理

充入 GIS 的气体应是经过抽样检查，符合新气纯度指标的合格气体。运行一段时间后，随着空气的侵入、电弧或局部放电等现象的出现，会使气体逐渐被污染，纯度降低。试验表明，当 SF$_6$ 气体含量（体积百分数）为 95% 以上时，对绝缘和开断性能影响甚微。

②对开关柜内各主元件，如断路器、负荷开关、熔断器、隔离开关、接地开关、避雷器、互感器等仍需按各自特性进行巡视检查。

③各测控、保护装置除各自运行良好外，还需保证与 SCADA 系统通信正常。

④开关柜巡视的一般检查项目

a. 设备安装牢固，无倾斜、外壳无严重锈蚀、接地良好，基础、支架应无严重破损剥落。

b. 检查各断路器、隔离开关的显示位置是否与实际位置相符。

c. 检查各间隔气室的 SF$_6$ 气压表的显示是否在正常范围。

d. 检查液压操作机构、气动操作机构的压力表的显示是否在正常范围，以判断是否有漏油、漏气现象；弹簧操作机构的储能弹簧是否在储能位置。检查操作机构是否有锈蚀，传动装置是否有脱位、变形现象。

e. 正常运行时，"当地/远方"控制选择应在"远方"位。

f. 正常运行时相关的联锁不应解锁，电磁锁、机械锁、带电显示装置正常。

g. 检查各测控、保护装置运行是否正常，有无异常的信号显示或弹出告警栏。

h. 检查开关柜外壳接地部分是否良好

i. 检查 SF$_6$ 气压防爆装置是否良好，正常巡视时勿在防爆膜附近长时间停留。

j. 检查各类中间继电器、接触器运行是否正常，检查用于防潮、防凝露的加热器工作是否正常。

（4）GIS 开关柜的维修

一般 GIS 的维修方式、维修内容和周期见表 2.8。

表 2.8　GIS 开关柜的维修方式、维修内容和周期

序号	维修方式	设备状态	主要内容	周期
1	巡视检查	正常运行	检查分合闸指示及信号	每天或数天
			记录介质压力、温度	
			检查有无异常声音、臭味或痕迹	
2	一般维修	停运	分合闸操作试验	3～5 年
			操作机构及控制柜外部检查	
			测定绝缘电阻等	
3	全面维修	停运，机构解体	检查操作机构和控制柜内零件，必要时应更换	6～10 年
			操作特性测试	
			密度继电器和压力开关调整	
4	临时检查	停运，是否解体视情况而定	更换磨损件	达到规定操作次数或发现异常时
			进行必要的修理、清理或更换零件	
5	抽样检查	是否停运视项目而定	气体抽检	视抽查项目和运行情况而定
			开关元件抽检，进行必要的检修、清理和更换零件	

3. AIS 组合电器

AIS 组合电器是指以空气绝缘的 3～35 kV 的成套配电装置（或高压开关柜）。发电厂和变电站中常用的高压开关柜有移开式和固定式两种。

（1）固定式高压开关柜

固定式高压开关柜的柜内所有电器部件（包括其主要设备如断路器、互感器和避雷器等）都固定安装在不能移动的台架上。固定式开关柜具有构造简单，制造成本低，安装方便等优点；但内部主要设备发生故障或需要检修时，必须中断供电，直到故障消失或检修结束后才能恢复供电，因此固定式高压开关柜一般用在企业的中小型变配电所和负荷不是很重要的场所。

近年来，我国设计生产了一系列符合 IEC 标准的新型固定式高压开关柜。下面以 HXGN 系列（固定式高压环网柜）、XGN 系列（交流金属箱型固定式封闭高压开关柜）和 KGN 系列（交流金属铠装固定式高压开关柜）为例来介绍固定式高压开关柜的结构与特点。

①HXGN 系列固定式高压环网柜

高压环网柜是为适应高压环形电网的运行要求设计的一种专用开关柜。高压环网柜主要采用负荷开关和断路器的组合方式，正常电路通断操作由负荷开关实现。而短路保护由具有高分断能力的断路器来完成。这种负荷开关加熔断器的组合柜与采用断路器的高压开关柜相比，体积和重量都明显减少，价格也便宜很多。而一般 6～10 kV 的变配电所，负荷的通断操作较频繁，短路故障的发生却是个别的，因此，采用负荷开关—熔断器的环网柜更为经济合理。所以，高压环网柜主要适用于环网供电系统、双电源辐射供电系统或单电源配电系统，可作为变压器、电容器、电缆、架空线等电器设备的控制和保护装置，亦适用箱式变电站，作为高压电器设备。

图 2.97 所示是 HXGN1-10 型高压环网柜的外形图和内部剖面图。它由三个间隔组成：电缆进线间隔、电缆出线间隔、变压器回路间隔。主要电气设备有高压负荷开关、高压熔断器、

高压隔离开关、接地开关、电流和电压互感器、避雷器等。并且具有可靠的防误操作设施,有"五防"功能。在我国城市电网改造和建设中得到广泛的应用。

②XGN系列的箱型固定式金属封闭高压开关柜

金属封闭开关柜是指开关柜内除进出线外,其余完全被接地金属外壳封闭的成套开关设备。XGN系列箱型固定式金属封闭开关柜是我国自行研制开发的新一代产品,该产品采用ZN28、ZN28E、ZN12等多种型号的真空断路器,也可以采用少油断路器。隔离开关采用先进的GN30-10型旋转式隔离开关,技术性能高,设计新颖。柜内仪表室、母线室、断路器室、电缆室用钢板分隔封闭,使之结构更加合理、安全,可靠性高,运行操作及检修维护方便。在柜与柜之间加装了母线隔离套管,避免一个柜子故障时波及邻柜。

图2.98所示为XGN$_2$-10系列开关柜外形和内部结构图。该型号适用于$3\sim10\,kV$单母

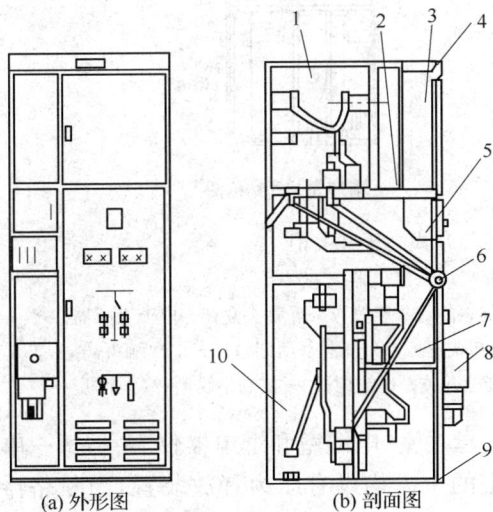

(a) 外形图　　　(b) 剖面图

图2.97 HXGN1-10型高压环网开关柜

1—下门;2—模拟电路;3—显示器;4—观察孔;
5—上门;6—铭牌;7—组合开关;8—母线;9—绝缘子;
10、14—隔板;11—照明灯;12—端子排;13—旋钮;
15—负荷开关;16、24—连杆;17—负荷开关操动机构;
18、22—支架;19—电缆(自备);20—固定电缆支架;
21—电流互感器;23—高压熔断器

线、单母线带旁路系统中作为接受和分配电能的高压成套设备,为金属封闭箱型结构,柜体骨架由角钢焊接而成,柜内有钢板分隔成断路器室、母线室,柜具有较高的绝缘水平和防护等级,内部不采用任何形式的相间和相对地隔板及绝缘气体,二次回路不采用二次插头(即无论在何种状态下,保护和控制回路始终是贯通的),产品的各项技术指标符合《$3\sim35\,kV$交流金属封闭开关设备》(GB 3906—2006)和国家标准及"五防"要求。

③KGN系列的固定式交流金属铠装高压开关柜

所谓金属铠装开关柜是指柜内的主要组成部件(如断路器、互感器、母线等)分别装在接地金属隔板隔开的隔室中的金属封闭开关设备。它具有"五防"功能,其性能符合IEC标准。

(2)手车式(移式)高压开关柜

手车式高压开关柜是将成套高压配电装置中的某些主要电器设备(如高压断路器、电压互感器和避雷器等)固定在可移动的手车上,另一部分电

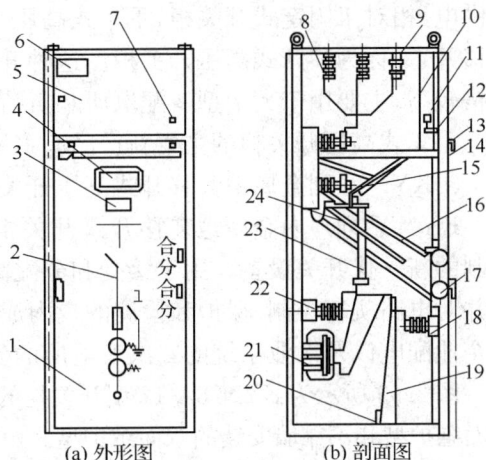

(a) 外形图　　　(b) 剖面图

图2.98 XGN$_2$-10-07D型金属封闭高压开关柜

1—母线室;2—压力释放通道;3—仪表室;
4—二次小母线室;5—组合开关室;
6—手动操动机构及联锁机构;
7—主开关室;8—电磁操动机构;9—接地母线;
10—电缆室

器设备则装置在固定的台架上。当手车上安装的电器部件发生故障或需检修、更换时,可以随

同手车一起移出柜外,再把同类备用手车(与原来的手车同设备、同型号)推入,就可以立即恢复供电,相对于固定式开关柜,手车式高压开关柜的停电时间大大缩短。因为可以把手车从柜内移开,又称为移开式高压开关柜。这种开关柜检修方便安全,恢复供电快,供电可靠性高,但价格较高,主要用于大中型变配电所和负荷较重要、供电可靠性要求较高的场所。

手车式高压开关柜的主要新产品有 KYN 系列、JYN 系列等。

①KYN 系列金属铠装移开式高压开关柜

KYN 系列户内金属铠装移开式开关柜是消化吸收国内外先进技术,根据国内特点设计研制的新一代开关设备。用于接受和分配高压、三相交流 50 Hz 单母线及母线分段系统的电能并对电路实行控制、保护和检测的户内成套配电装置,主要用于发电厂、中小型电机送电、工矿企业配电以及电业系统的二次变电所的受电、送电及大型高压电动机启动及保护等。

图 2.99 所示为 KYN28A-12 型开关柜的外形结构和内部剖面图。该类型可分为靠墙安装的单面维护型和不靠墙安装的双面维护型。由固定的柜体和可抽出部件(手车)两大部分组成。

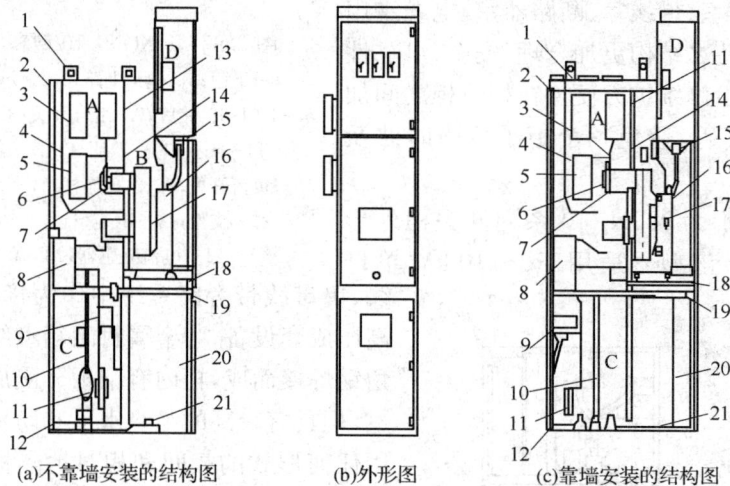

图 2.99 KYN28A-12 型金属铠装移开式高压开关柜

A—母线室;B—断路器手车室;C—电缆室;D—继电器仪表室

1—泄压装置;2—外壳;3—分支母线;4—母线套管;5—主母线;6—静触头装置;7—静触头盒;8—电流互感器;
9—接地开关;10—电缆;11—避雷器;12—接地母线;13—装卸式隔板;14—隔板(活门);15—二次触头;
16—断路器手车;17—加热去湿器;18—可抽出式隔板;19—接地开关操作结构;20—控制小线槽;21—底板

该开关柜完全金属铠装,由金属板分隔成手车室、母线室、电缆室和继电器仪表室,每一单元的金属外壳均独立接地。在手车室、母线室、电缆室的上方均设有压力释放装置,当断路器或母线发生内部故障电弧时,伴随电弧的出现,开关柜内部气压上升达到一定值后,压力释放装置释放压力并排泄气体,以确保操作人员和开关柜的安全。配用真空断路器手车,性能可靠,使用安全,可实现常年免维修。该开关柜也具有"五防"功能。

②JYN 系列户内交流金属封闭移开式高压开关柜

JYN 系列户内交流金属封闭移开式高压开关柜在高压、三相交流 50 Hz 的单母线及单母线分段系统中作为接受和分配电能用的户内成套配电装置。整个柜为间隔型结构,由固定的壳体和可移开的手车组成。柜体用钢板或绝缘板分隔成手车室、母线室、电缆室和继电器仪表室,而且具有良好的接地装置和"五防"功能。

图 2.100 所示为 JYN2A-10 型金属封闭移开式高压开关柜的外形图和剖面图。

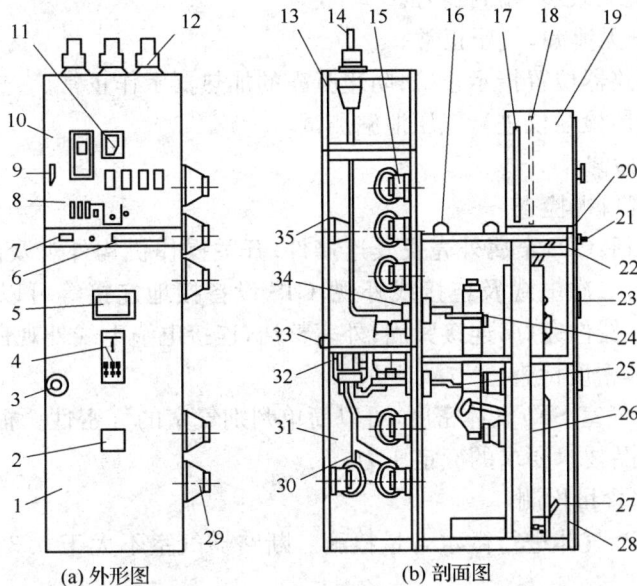

图 2.100 JYN2A-10 型金属封闭移开式高压开关柜

1—手车室门；2—铭牌；3、8—程序锁；4—模拟电路；5—观察孔；6—用途牌；7—厂标牌；9—门锁；
10—仪表室门；11—仪表；12—穿墙套管；13—上进线室；14—母线；15—支持瓷瓶；16—吊环；17—小母线；
18—继电器安装板；19—仪表室；20—减震器；21—紧急分闸装置；22—二次插件；23—分合指示器；
24—油标；25—断路器；26—手车；27——次锁定连锁结构；28—手车室；29—绝缘套筒；
30—支母线；31—互感器室；32—互感器；33—高压指示装置；34——次触头盒；35—母线

（3）开关柜运行的一般要求

①为了保证安全，开关柜一般均有完备的"五防"功能，即防止带负荷分、合隔离开关和隔离插头；防止误分、误合断路器，负荷开关和接触器（允许提示性）；防止接地开关在合闸位置时关合断路器、负荷开关等；防止带电时误合接地开关；防止误入带电间隔。正常运行时，需保证各联锁装置投入使用，电磁锁、机械锁、带电显示装置等防电气误操作的闭锁装置正常。

②对移开式开关柜的运行操作需注意：只有当断路器、负荷开关或接触器处于分闸位置时，隔离插头方可抽出或插入；只有当装有断路器的小车处于确切位置时，断路器、负荷开关或接触器才能进行分合操作；只有当接地开关处于分闸位置时，装有断路器的小车方可推入工作位置；只有当装有断路器的小车向外拉到试验位或随后的其他位置即隔离触头间形成足够大的绝缘间隙后，接地开关方允许合闸。

2.6.3 工作任务

1.GIS 设备保养

（1）GIS 外壳清理、检查。

（2）电气连接部份应连接牢固，接触良好，无发热、松动。

（3）设备的气压正常，无异味。

（4）设备安装牢固，无倾斜、外壳无严重锈蚀、接地良好，基础、支架应无严重破损剥落。

(5)设备无放电声,无电晕现象。

(6)防爆筒检查应无破裂、密封良好。

(7)GIS 连接部分无泄漏,气压正常。

(8)隔离开关,断路器位置指示正确;防止凝露的加热器工作正常。

(9)必要时,用气体检漏仪进行气压泄漏测试。

2.GIS 组合电器检修

(1)GIS 设备外观目视检查

外观目视检查包括:GIS 金属外壳及其连接件;开关操作机构外观及内部元件;现地控制柜外观及内部元器件;二次电缆及连接线外观;GIS 设备接地连接等可以由目视检查出的部分。要求外观完整,元器件完好,连接紧固;外表整洁,连接电缆电线外观良好。

(2)气室 SF_6 气体密度检查

检查 GIS 设备的气室 SF_6 气体密度,可以简单判别气室的气密性。根据温度压力曲线检查气室压力应符合产品技术要求的额定压力。

(3)SF_6 气体微水含量检测

对各个气室的 SF_6 气体进行微水含量检测。断路器气室不大于 0.3‰/其他气室不大于 0.5‰。

(4)GIS 设备回路模拟试验

GIS 设备回路模拟试验即功能试验,包括:隔离接地开关、快速接地开关现地手动/电动分合闸操作;断路器现地电动分合闸操作;开关、断路器的联锁闭锁试验;断路器防跳跃试验;故障报警信号检查;间隔加热器功能检查等。

要求开关、断路器动作正确可靠,位置显示准确灵敏,报警信号正确;各项性能满足设备的运行操作、监控等要求。

(5)SF_6 气体密度继电器校验

密度继电器设有两级报警输出机构,继电器的报警值不可调。使用专用的 SF_6 气体密度继电器校验仪进行校验,其动作值应符合其精度要求(精度 2.5 级)。

(6)断路器机械特性测试

测量断路器的三相分合闸时间及不同期时间。利用 GIS 设备的快速接地开关或套管作为 GIS 设备的三相导体的引出线,进行断路器机械特性测试。

(7)主回路直流电阻测量

GIS 设备是组合电器,在现场正常的维护中不需要对设备进行解体。主回路直流电阻是由一个或多个模块的直流电阻叠加值,利用 GIS 设备的快速接地开关或套管作为主回路导体的引出线进行测量。测量的数据不大于产品的技术参数要求的 1.2 倍。

(8)GIS 设备互感器、避雷器检查

互感器、避雷器的性能应满足其产品技术参数要求。

(9)GIS 设备接地检查

接地线完整、连接牢固等。

(10)GIS 设备一次主回路绝缘交流耐压试验

在 GIS 设备大修或必要时,进行主回路交流耐压试验。试验在 SF_6 气体额定压力下进行,不包括其中的电磁式电压互感器及避雷器。交流耐压的试验电压为出厂试验电压值的 80%。

3.低压开关柜一次设备维护

(1)低压母线的检查维护

绝缘支撑件检查应无裂纹、母线无明显温度及变色现象、母线受力均匀,母线室内无杂物、进线电流互感器外观正常、接线无松动、接地良好。

(2)框架断路器检查维护

从柜体中抽出框架断路器,检查隔离触头光滑、接触良好,触点应无烧损痕迹,无明显发热变色现象;断路器短路跳闸后需检查灭弧罩及触头有无烧损;检查电子脱扣器显示正常,定值正确,电池电量充足,结合预防性试验对个定值进行校验。

(3)塑壳断路器检查维护

从柜体抽屉内取下各抽屉式塑壳断路器,检查隔离触头接触紧密无发热变色现象;检查抽屉内母排与塑壳断路器连接牢固无发热迹象,对松动部分紧固,检查抽屉内互感器、电流表状态正常;检查操作手柄传动正常,机械转动部分酌情加注润滑脂。

(4)电容补偿装置检查维护

检查功率因数自动补偿装置工作应正常,进线刀熔开关、各接触器、熔断器检查正常。

(5)低压馈出电缆检查维护

各馈出回路电缆连接螺栓连接紧固、无发热变色现象,各回路标识牌清晰,对标牌模糊及丢失的重新标记。

2.6.4　分析与思考

1. 什么是变电所的电气主接线?
2. 设计变电所的电气主接线要满足哪些基本要求。
3. 在倒闸作业中必须遵守的基本原则是什么?
4. 列表说明变电所常用的电气主接线型式的特点和适用范围,可以采用的运行方式。
5. 什么叫最小安全净距?
6. 什么是 GIS 组合电器?
7. 举例简述中压筒型、中压柜型、高压柜型 GIS 的基本结构。
8. 简述 GIS 中接地开关的功能与分类?
9. 简述三工位开关的结构与功能。
10. 高压开关柜的"五防"是什么?

模块 7　接地装置的维护与检修

出于电气设备正常工作或者保证人身设备安全的需要,电气设备要与大地做良好的电气连接,完成这个连接的设备包括接地体和接地线,统称为接地装置。本模块的任务就是对接地装置进行维护和检修。

2.7.1　学习目标

1. 掌握电气接地的基本概念;
2. 掌握接地装置敷设的基本方法和要求;
3. 能维护和检修接地装置。

2.7.2 知识准备

2.7.2.1 接 地

1. 接地的概念与分类

（1）接地

供电系统中电气装置或电气设备的某些导电部分与地的电气连接关系称为接地。接地的主要功能是：维护系统和设备运行可靠性、稳定性，保护设备和人身安全，防止雷电危害，抑制电磁干扰等。接地处理的正确与否，尤其对供电系统安全运行、保护设备绝缘免受异常过电压破坏、防止人身遭受电击有重要的作用。

（2）"地"

"地"的概念包括大地，或指范围更加广泛、能用来代替大地的等效导体，比如飞机、轮船的金属外壳等。

在城市轨道交通工程中，关于地的概念也很多，有大地（earth）、结构地（tunnel earth）、牵引系统地（traction system earth）等，其中牵引系统地即为直流牵引供电系统回流用的走行轨（the running rail）。

（3）接地体

埋入地中并直接与大地接触的金属导体，称接地体，或称接地极。专门为接地而人为装设的接地体，称为人工接地体。兼作接地体用的直接与大地接触的各种金属构件、金属管道及建筑物的钢筋混凝土基础等，称为自然接地体。连接于接地体与电气设备接地部分之间的金属导线，称为接地线；接地线与接地体合称为接地装置。由若干接地体在大地中相互用接地线连接起来的一个整体，称为接地网。接地线又分为接地干线和接地支线，接地干线一般应采用不少于两根导体在不同地点与接地网连接，如图 2.101 所示。

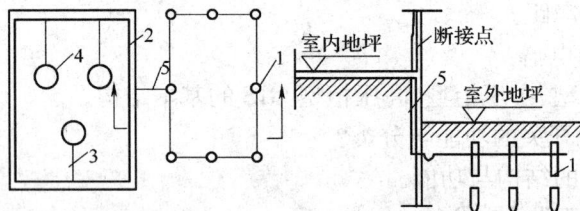

图 2.101　接地装置示意图
1—接地体；2—接地干线；3—接地支线；4—电气设备；5—接地引下线

（4）接地的分类

①不同的分类方式

按照供电系统电流制式和频率可划分为交流供电系统的工频接地、直流牵引供电系统的接地和雷电及过电压的冲击接地。

按照供电系统电压等级可划分为高压系统的接地、中压系统的接地和低压系统的接地。

接地按其作用可分为两类。其一，为功能性接地，这是为了系统正常运行的可靠性及异常情况下保障系统的稳定性而设置的，如工作接地、电磁兼容接地等，主变压器、配电变压器的中性点接地就属于工作接地。其二，为保护性接地，这是以人身和设备安全为目的的，如保护接地、防雷及过电压接地、防静电接地等。

②按其作用进行划分的接地的类型及其概念

接地的分类多按其作用进行划分。

a. 工作接地

为了保证供电系统的正常运行,防止系统振荡,保证继电保护的可靠性而将系统内电源端带电导体进行的接地称为工作接地。如电力系统中性点直接接地方式,可在系统发生地故障时,产生较大的接地故障电流,使继电保护迅速动作,切除故障回路。

b. 电磁兼容接地

为了避免器件、电路、设备或系统在其电磁环境中构成不能承受的电磁干扰,保证其正常工作而进行的接地称为电磁兼容接地。

c. 保护接地

为了防止电气设备绝缘损坏,或产生漏电时,使正常运行不带电的电气设备、外露可导电部分或电气装置外露可导电部分带电而导致电击危险,将电气设备的金属外壳、配电装置的金属构架等进行的可靠接地称为保护接地。保护接地能够在设备绝缘破坏时,降低电气设备外露可导电部分对地的电压,从而降低人身接触该可导电部分对地的接触电压。保护接地还为接地故障电流提供了返回电源的通路,但只有系统接地为直接接地或小电阻接地时,才会形成较大的故障电流,保护装置快速动作切除故障回路。

d. 防雷接地

防雷接地为雷电流提供导入大地的通路,防止或减轻建筑物、构筑物、电气设备等遭受雷电流的破坏,防止人身遭受雷击。防雷接地分直击雷接地和雷击感应过电压保护装置的接地。直击雷通过防雷装置进行防护,由接闪器、防雷引下线和接地极组成,直击雷的接地就是将接闪器引导的雷电流经过防雷引下线引至接地极。对雷电感应过电压应设置避雷器保护,避雷器安装在配电装置(如开关柜)内,避雷器一端与相线连接,另一端接地,当雷电感应过电压超过避雷器的放电值,避雷器被击穿,从而保护电气设备绝缘不被损坏。

e. 内部过电压设备的接地

内部过电压保护设备也是避雷器或阻容吸收装置,是为系统运行产生的异常电磁能量提供向大地释放的通路,避免设备绝缘破坏,装置一端接在相线上,另一端接地,当内部过电压超过避雷器的放电值,避雷器被击穿,从而保护电气设备绝缘不被损坏。

各种接地是彼此关联的,需要共同起作用,完成系统或设备运行的要求,不应将功能性接地、保护性接地中的内容独立对待。

2. 接地电流与接地短路电流

从带电体流入地下的电流即属于接地电流。接地电流有正常接地电流和故障接地电流。正常接地电流指正常工作时通过接地装置流入地下,借大地形成工作回路的电流;故障接地电流指系统发生故障时出现的接地电流。系统一相接地可能导致系统发生短路,这时的接地电流叫做接地短路电流,如接地的380/220 V系统的单相接地短路电流。在高压系统中,接地短路电流可能很大,接地短路电流在200 A及以下的,称小接地短路电流系统;接地短路电流大于500 A的,称大接地短路电流系统。

如图2.102所示,接地电流流入地下以后,就通过接地体向大地作半球形散开,这一接地电流就叫做流散电流。流散电流在

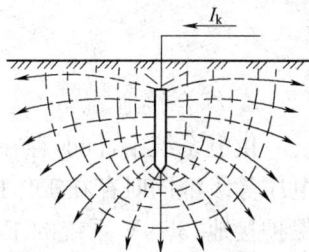

图2.102 流散电阻

土壤中遇到的全部电阻叫做流散电阻。

接地电阻是接地体的流散电阻与接地线的电阻之和。接地线电阻一般很小，可以忽略不计。因此，可以认为流散电阻就是接地电阻。

电流通过接地体向大地作半球形流散。在距接地体越远的地方球面越大，所以流散电阻越小。一般认为在距离接地体 20 m 以上，电压已趋近于零。

电工上通常所说"地"就是这里的地。通常所说的对地电压，即带电体同大地之间的电位差。也是指离接地体 20 m 以外的大地而言的。简单说，对地电压就是带电体与电位为零的大地之间的电位差。显然对地电压等于接地电流与接地电阻的乘积。如果接地体有多根钢管组成，则当电流自接地体流散时，至电位为零处的距离可能超过 20 m。

从以上的讨论可以知道，当电流通过接地体流入大地时，接地体具有最高的电压。离开接地体，电压逐渐下降，并且电压降落的速度逐渐降低。对于简单接地体，至离开接地体 20 m 处，电压将为零。

接触电势是指接地电流自接地体流散，在大地表面形成不同电位时，设备外壳、构架或墙壁与水平距离 0.8 m 处之间的电位差。

接触电压是指设备绝缘损坏时，在身体可同时触及的两部分之间出现的电位差。如人在发生接地故障的设备旁边，手触及设备的金属外壳，则人手与脚之间所呈现的电位差，即为接触电压，接触电压通常按人体离开设备 0.8 m 考虑。如图 2.103 所示，a 的接触电压为 U_c，故障设备对地电压为 U_d。

跨步电势是指地面上水平距离为 0.8 m（人两脚跨开的距离）的两点之间的电位差。跨步电压是指人站立在流过电流的大地上，加于人的两脚之间的电压，如图 2.103 中的 U_{b1}、U_{b2}。在图 2.103 中，紧靠接地体位置，承受的跨步电压最大，离开了接地体，承受的跨步电压小一些，对于垂直埋设的单一接地体，离开接地体 20 m 以外，跨步电压接近于零。考虑人脚底下的流散电阻，实际跨步电压应降低一些。

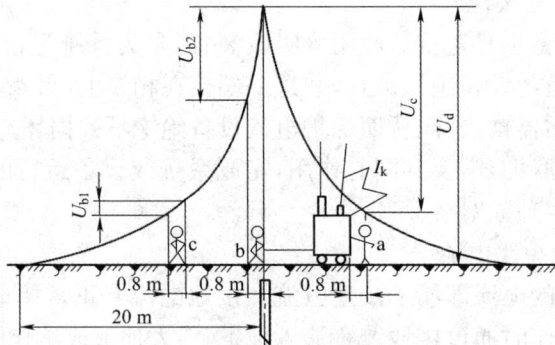

图 2.103　接触电压和跨步电压

3. 综合接地

供电系统中，同时存在多个用于不同目的、不同用途的接地系统，例如在交流系统中任一电压等级都同时存在工作接地和保护接地的问题，110/35 kV 主变电所中存在 110 kV 设备的保护接地、35 kV 系统的工作接地、35 kV 设备的保护接地；车站 35/0.4 kV 降压变电所中存在 35 kV 设备的保护接地、0.4 kV 系统的工作接地、0.4 kV 设备的保护接地。城市轨道交通工程中的通信等其他设备系统也需要设置用于设备正常工作以及设备和人身安全的工作接地、防雷接地和保护接地。

因此,一个车站内要求接地的系统和设备很多。从接地装置的要求上,可以共用接地装置,也可以分设,但分设接地装置时强电和弱电接地装置需要相距 20 m 以上。在分开设置不同的接地装置时,若距离不能满足要求,将导致由于接地装置电位不同所带来的不安全因素,不同接地导体之间的耦合影响也难以避免,会引起相互干扰,因此,目前城市轨道交通工程多采用综合接地系统。

综合接地系统是指供电系统和需要接地的其他设备系统的系统接地、保护接地、电磁兼容接地和防雷接地等采用共同的接地装置,并实施等电位联结措施。各类接地可以采用单独的接地线,但接地极和"等电位面"是共用的,不存在不同接地系统接地导体之间的耦合问题,也避免了采用不同接地导体时产生的电位不同问题。综合接地装置的接地电阻值按照接入设备的要求和人身安全防护的要求等方面综合确定,综合接地装置的接地电阻值必须不大于接入设备所要求的最小接地电阻值。

综合接地系统一般由共用接地极引出两个接地母排,即一个强电接地母排,一个弱电接地母排,分别用于供电系统和通信信号等弱电系统的各类接地,如图 2.104 所示。

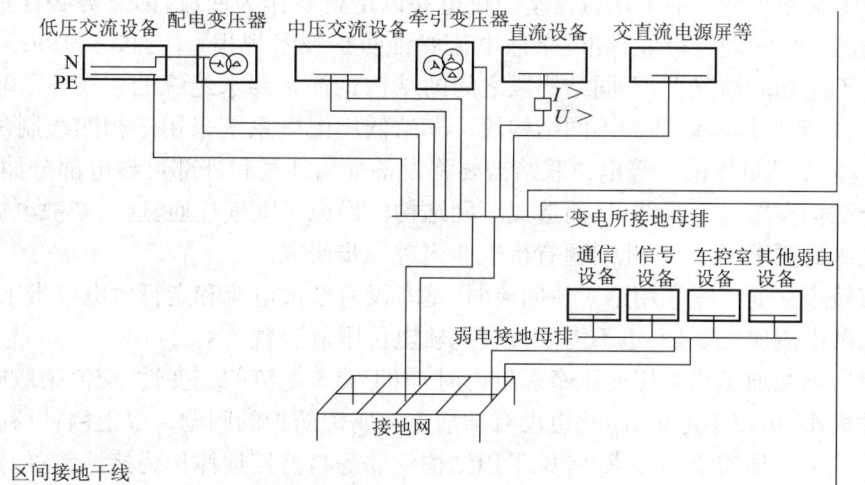

图 2.104　综合接地系统示意图

4. 等电位联结

在电气装置间或某一空间内,将金属可导电部分包括电气装置外露可导电部分和电气装置外部可导电部分,以恰当的方式互相联结,使其电位相等或相近,此类联结称为等电位联结。

对设备和人身安全造成危害的电气问题,都不是因为电位的高或低引起的,人身遭受电击、电气火灾的发生和电子信息设备的损坏,主要原因是由电位差引起的放电造成的。消除或减少电位差,是消除此类电气灾害的有效措施。采用等电位联结可以有效消除或减小各部分之间的电位差,有效防止人身遭受电击、电气火灾等事故的发生。

等电位联结可分为总等电位联结、辅助等电位联结和局部等电位联结。

总等电位联结是将下列可导电部分包括总保护导体、总接地导体或总接地端子,建筑物内的金属管道(通风、空调、水管等)和可利用的建筑物金属部分进行连接,以降低车站、建筑物内间接接触电压和不同金属部件间的电位差,并消除自建筑物外经电气线路和各种结构管道引入危险故障电压的危害。

辅助等电位联结,是将可同时触及的两个或几个可导电部分,进行电气连通,使他们二者之间的故障接触电压小于接触电压安全限值。

局部等电位联结,是在某一个局部电气装置范围内,通过局部等电位联结板,将该范围内电气设备外露可导电部分和外部可导电部分等进行电气连通,使该局部范围内,故障接触电压小于接触电压安全限值。

当变电所中压设备发生漏电,将使共用接地极的电位升高,而且中压接地电流越大,接地装置的电位越高。当低压配电系统接地型式采用 TN 系统,高电位将随 PE 或 PEN 传导到低压配电设备,若没有等电位联结,可能存在人身安全问题。因此在综合接地系统中,等电位联结是非常重要的。

低压配电系统内部发生接地故障,接地故障保护应在规定的时间内切除故障回路,当不能满足切除时间要求时,就需要采用辅助等电位联结。

对于泵房等潮湿场所,需要增加局部等电位联结,消除不同金属导体之间可能出现接触电压。

城市轨道交通工程一般采用直流牵引供电并以走行轨作为回流,因此势必存在杂散电流腐蚀影响问题。按照现行行业标准《杂散电流腐蚀防护技术规程》(CJJ49—1992),在正常运行杂散电流不超标的情况下,不同结构段之间的结构钢筋是要求绝缘的。在地下车站均设置有结构变形缝,变形缝两侧即为不同结构段。车站低压配电系统采用三相四线制配电,PE 或 PEN 线是整个车站贯通的。等电位联结需要将设备金属外壳和外部可导电部分如空调管线、钢筋混凝土结构实施电气联结,从而造成不同结构段形成了电气连通,这与杂散电流规定将不同结构段绝缘的要求不一致,此问题有待于业内进一步研究。

当城市轨道交通工程采用第 4 轨回流时,基本没有杂散电流和走行轨电位带来的问题,可以不考虑杂散电流腐蚀防护,也不需要设置钢轨电位限制装置。

当城市轨道交通工程采用交流牵引供电时,由于交流电流的交变性,交流杂散电流对金属物体的腐蚀极小,可以不考虑,因此也没有杂散电流腐蚀防护的问题。以上两种情况可以按照交流接地系统和接地安全的要求,考虑采用结构钢筋等自然接地体作为接地装置,并实施等电位联结。

2.7.2.2 城轨交通供电系统的接地

城轨交流供电系统的电压等级一般有 110 kV、35 kV、10 kV、0.4 kV 等,其接地内容包括工作接地、电磁兼容接地等功能性接地和电气装置的接地、防雷接地、过电压设备接地等保护性接地。

系统的工作接地包括电源中性点、中性线、保护中性线、电流互感器、电压互感器、三工位负荷开关、接地开关等接地。电源中性点、中性线、保护中性线的接地是指主变压器、配电变压器中性点的接地方式,是与变电所接地母排直接连接关系。电流互感器、电压互感器、三工位负荷开关、接地开关等设备或电气元件均设在成套开关设备中,这些接地不直接与变电所接地母排单独连接,而是先与开关设备中的接地排相连,通过设备的保护接地线与变电所接地母排相连。

电气装置的保护接地为各种电气装置外露可导电部分与变电所接地母排的电气连接,防雷接地指接闪器通过防雷引下线与大地的连接。过电压设备的接地就是为防止过电压击穿设备绝缘而设置的避雷器的接地,避雷器也设在开关设备内,因此避雷器的接地端与开关设备接地排相连接,通过开关设备的保护接地线与变电所接地母排连接,实现接地。

电磁兼容接地就是屏蔽层的接地,它具有两面性。所谓两面性就是针对不同的设备,它体现出的用途不唯一,有功能性接地的成分,也有保护接地的成分。如对于继电保护装置金属外壳作为屏蔽层的接地就属于为设备正常运行而设置;而对于中压开关柜金属外壳的接地,有减小对外电磁干扰的作用,但主要还是保护性的接地;对于电缆屏蔽层的接地主要是减小对外电磁干扰的作用,保证设备正常运行,属于功能性接地。

(1)工作接地

对于不同电压等级的交流供电系统,其工作接地具有其特殊性,而保护性接地的要求和做法是基本相同的。

10 kV 及以上电压等级的工作接地方式,是指系统电源中性点的接地方式,本书已介绍,这里不再重复。

低压系统的工作接地,分为中性点直接接地和不接地两种方式。在具体形式上,我国采用国际电工委员会(IEC)标准,将工作接地和低压电气设备接地进行组合,形成了 TN、TT、IT 三种接地形式。

TN、TT、IT 中的第一个字母表示电源端与地的关系:

T——电源端有一点直接接地,即中性点直接接地。

I——电源端所有带电部分不接地或有一点通过阻抗接地,即中性点不接地。

TN、TT、IT 中的第二个字母表示电气装置的外露可导电部分与地的关系:

T——电气装置的外露可导电部分直接接地,此接地点在电气上独立于电源端的接地点。

N——电气装置的外露可导电部分与电源接地点有直接电气连接。

下面对由 TN、TT、IT 三种接地形式构成的低压配电系统分别进行介绍。

① TN 系统

电源端有一点直接接地,电气装置的外露可导电部分通过中性导体或保护导体连接到此接地点。

根据中性导体和保护导体的组合情况,TN 系统有以下三种形式。

a. TN-S 系统

整个系统的中性导体和保护导体是分开的,如图 2.105 所示。

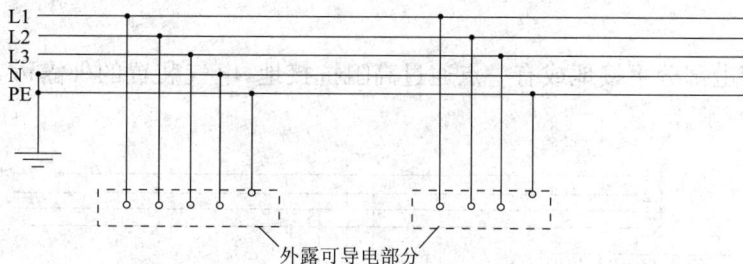

图 2.105　TN-S 系统

b. TN-C 系统

整个系统的中性导体和保护导体是合一的,如图 2.106 所示。

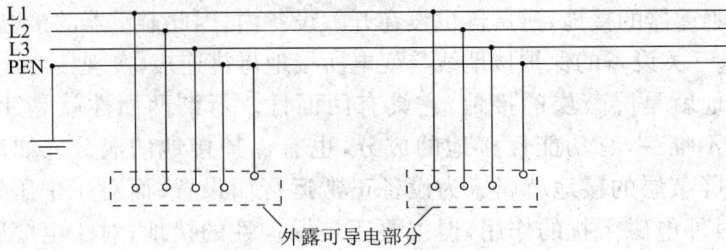

图 2.106　TN-C 系统

c. TN-C-S 系统

系统中一部分线路的中性导体和保护导体是合一的,如图 2.107 所示。

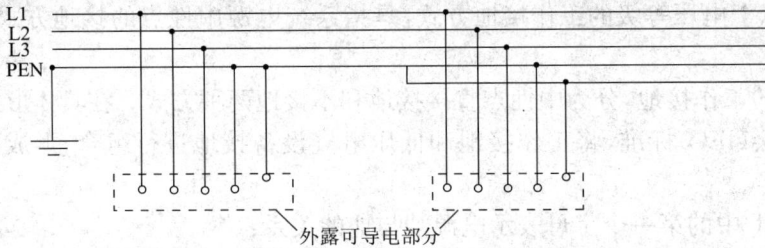

图 2.107　TN-C-S 系统

② TT 系统

电源端有一点直接接地,电气装置的外露可导电部分直接接地,此接地点在电气上独立于电源端的接地点,如图 2.108 所示。

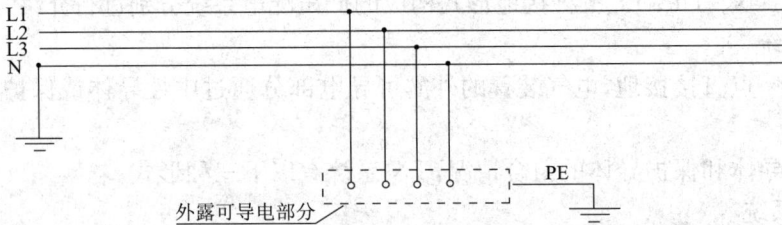

图 2.108　TT 系统

③ IT 系统

电源端的带电部分不接地或有一点通过高阻抗接地,电气装置的外露可导电部分直接接地,如图 2.109 所示。

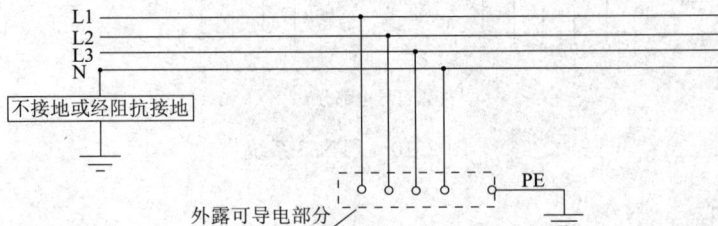

图 2.109　IT 系统

④ 各接地形式的特点

TN-S 系统,PE 线与 N 线分开设置,正常情况下 PE 线不流过电流,电气设备外露可导电部分不带对地电压,但比 TN-C 系统多了 PE 线;PE 线在引入建筑物时,可进行重复接地以减小建筑物内低压系统接地故障时的接触电压;当中压系统发生接地故障情况下,PE 线传导故障电压;若接地故障电流较大,过电流保护在满足切断时间要求时,可兼作接地故障保护。

TN-C 系统,PE 线和 N 线合用,PEN 线兼有两者的作用,节省了 PE 线;PEN 线在引入建筑物时,需要进行重复接地,可减小建筑物内低压系统接地故障时的接触电压;正常情况下 PEN 线通过电流,产生电压降,使设备外露可导电部分对地有电压;当中压系统发生接故障情况下,PEN 线将传导故障电压;若接地故障电流较大,过电流保护在满足切断时间要求时,可兼作接地故障保护。

TT 系统,电源接地点与设备接地点没有电气联系,电气设备外露可导电部分有独立的接地,不会传导系统故障电压;由于配电系统有两个独立接地体,发生接地故障时接地故障电流较小,不能采用过电流保护兼作接地故障保护,而需要采用剩余电流保护器;因采用剩余电流保护器保护线路,双电源转换时需要采用四极开关。

IT 系统(不引出中性线),电源中性点不接地,当电气设备发生第一次接地故障时,接地故障电流仅为非故障相对地的电容电流,其值很小,电气设备外露可导电部分对地电压不超过 50 V,不需要立即切断故障回路,保证供电的连续性;但此时,非故障相的对地电压升高 $\sqrt{3}$ 倍;由于 IT 系统没有引出中性线,为单相 380 V 配电。220 V 负荷需配降压变压器,或由系统外部电源专供。需要安装绝缘监察设备,当发生接地故障时进行警示。

城市轨道交通工程车站低压配电系统的接地型式一般采用 TN-S 系统,在车辆段、停车场可采用 TN-C-S 或 TN-S 系统,也可根据工程实际情况,同时采用局部 TT 系统。

(2)保护接地

交流设备的保护接地就是处理电气装置或电气设备的外露可导电部分,即金属外壳与地的关系。无论系统接地采用什么型式,交流系统电气装置的外露可导电部分均要接地。实施保护接地可以降低预期接触电压,提供接地故障电流回路,为过电压保护装置接地提供条件,实施等电位联结。

对于变电所内的电气设备,接地做法为外露可导电部分直接通过接地线与接地母排进行电气连接。

交流电气设备的接地范围:

① 主变压器、牵引变压器、配电变压器的底座和外壳。

② 交流高压封闭式组合电器(GIS)和箱式变电所的金属箱体。

③ 中压、低压开关设备的金属外壳。

④ 交直流电源屏的金属外壳。

⑤ 电气用各类金属构架、支架。

⑥ 电缆桥架和金属线槽。

⑦ 电力电缆、控制电缆穿线金属管。

2.7.2.3 直流牵引供电系统的接地

城市轨道交通工程的牵引供电制式多采用直流 750 V 或直流 1 500 V,直流牵引供电系统的主要设备有牵引整流器、直流开关设备、上网开关设备、钢轨电位限制装置、接触网、回流轨等。

1. 系统接地方式

城轨直流牵引供电系统的负极相当于交流系统的中性点,直流牵引供电的工作接地就是负极对地关系问题。为减小直流杂散电流对金属结构的腐蚀,直流牵引供电的工作接地采用不接地系统,即正常情况下系统设备的所有正极和负极均与地绝缘。这里的"地"包括大地也包括结构地。

采用走行轨回流,在直流大双边越区供电情况下,走行轨对地电位将高于正常双边供电,有时会超过允许值。另外在运行过程中,走行轨也可能出现不明原因的电位升高。此时为保护乘客及运行人员的安全,可通过钢轨电位限制装置将走行轨与地进行短时电气连接,以钳制走行轨对地电位。

走行轨对地电位超过允许限值时,为避免乘客上下车受到跨步电压的影响,钢轨电位限制装置本应将走行轨与结构地短时连接,但考虑到杂散电流问题,目前做法是将走行轨与电位同结构地基本相当的外引接地装置短时连接。

2. 牵引变电所内直流牵引供电设备的接地

牵引整流器、直流开关设备,包括直流进线柜、直流馈线柜、负母线柜、钢轨电位限制装置,都安装于牵引变电所内,其外露可导电部分即金属外壳不与地直接电气连接,而是通过直流框架泄漏保护装置与地形成单点电气连接。

金属外壳与基础槽钢之间设有硬质绝缘板,设备固定采用绝缘安装方法。当系统标称电压为 750 V 时,绝缘电阻一般不小于 50 kΩ;当标称电压为 1 500 V 时,绝缘电阻一般不小于 100 kΩ。各设备金属外壳之间采用电缆实现电气连接,一般在负母线柜接地端子单点通过电缆与直流框架泄漏保护装置连接后,接至变电所接地母排,实现变电所内直流牵引供电设备单点接地。

3. 区间直流上网开关设备的接地

区间直流上网开关(包括区间检修线隔离开关设备)的接地可以有以下四种方式:

(1)当上网开关设备设在站台的独立设备房间或牵引变电所内时,纳入直流开关柜的框架泄漏保护中,在发生设备外壳漏电时框架保护联跳直流馈出断路器。上网开关设备安装要求与牵引变电所内直流牵引供电设备相同,金属外壳与基础槽钢之间设置硬质绝缘板。这种方式需增加接地电缆。

(2)采用非金属绝缘外壳,当柜内发生直流漏电时,设备外壳不会带直流异常电位,也没有杂散电流泄漏问题。这种方式设备投资较高。

(3)设备外壳与基础槽钢之间设置硬质绝缘板,设备外壳与附近走行轨电气连接,发生直流漏电时会产生系统正负短路,直流馈线保护动作,并切除故障,这种方式要求设备操作维护只能在直流停电后进行,应用受限。

(4)设备金属外壳直接与附近结构钢筋电气连接,相当于交流低压 IT 系统的接地方式,这种方式需要保证并保持正极对外壳的绝缘,使正常泄漏的直流电流不能对结构钢筋产生腐蚀,并需要在正极碰壳发生时能迅速切除故障或进行报警。

4. 车辆段、停车场直流上网开关等设备的接地

车辆段、停车场范围大,直流上网开关设备与检修设备的数量多、分布广,内部金属管线较多。直流上网开关等设备的接地问题可通过柜内设置绝缘护板、绝缘电缆支架或采用非金属绝缘外壳等措施解决。

2.7.2.4 地铁综合接地系统的构成

1. 地下变电所接地装置利用结构钢筋作为自然接地体,地下车站结构钢筋按杂散电流防护的要求,其横向主筋和纵向辅筋进行焊接,形成一个 50 000 m² 等电位法拉第笼,这个等电位法拉第笼深埋于地面 10 m 以下,这就是地铁的地,是地铁这个电磁环境中一切电气设备的地,它的接地电阻小于 0.5 Ω,无需另设接地装置。

2. 地下车站结构钢筋形成一个等电位体,是所有电气设备的综合接地装置,在变电所设综合接地母排与结构钢筋焊接,变电所内所有电气设备的地均接于此。

3. 地上变电所单独设接地装置,其接地电阻小于 0.5 Ω,是所有电气设备的综合接地装置,设综合接地母排。

4. 各地下车站变电所接地网通过接地扁钢连接,形成一个地下综合接地系统。

5. 各地上变电所接地网通过接地扁钢连接,形成一个地上综合接地系统。

6. 地上、地下综合接地系统不进行电气连接。

地铁综合接地系统如图 2.110 所示。

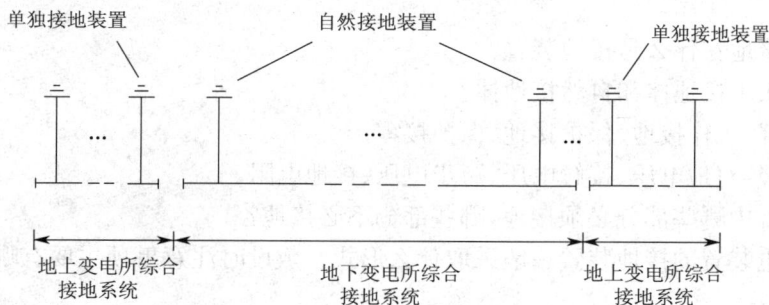

图 2.110 地铁综合接地系统示意图

这个地铁接地系统的构成方式与目前国内通行的做法有差异,差异在于是否把地铁结构钢筋作为自然接地装置。

2.7.3 工作任务

1. 接地装置维护

(1)检查周期

①变(配)电所的接地装置一般每年检查一次。

②根据车间或建筑物的具体情况,对接地线的运行情况一般每年检查 1~2 次。

③各种防雷装置的接地装置每年在雷雨季节前检查一次。

④对有腐蚀性土壤的接地装置,应根据运行情况一般每 3~5 年对地面下接地体检查一次。

⑤手持式、移动式电气设备的接地线应在每次使用前进行检查。

⑥接地装置的接地电阻一般每 1~3 年测量一次。

(2)检查项目

①检查接地装置的各连接点的接触是否良好,有无损伤、折断和腐蚀现象。

②在土壤电阻率最大时(一般为雨季前)测量接地装置的接地电阻,并对测量结果进行分

析比较。

③电气设备检修后,应检查接地线连接情况,是否牢固、可靠。

④检查电气设备与接地线连接、接地线与接地网连接、接地线与接地干线连接是否完好。

2.地铁变电所设备接地安装检查

(1)牵引降压混合变电所、降压变电所和跟随式降压变电所设备房中或电缆夹层内设置设备接地主母排,各接地主母排通过电缆与接地网引出端子连接。

(2)变电所设备用房内沿墙敷设接地体用作接地干线,接地干线过门洞、设备运输通道处应预埋在装修层中。

(3)接地干线与设备基础预埋件间通过支线接地体相互连接,支线接地体预埋在装修层中。

(4)设备保护接地、工作接地通过电缆直接与变电所设备接地主母排连接。

(5)变电所内电缆支架上设接地扁钢,接地扁钢通过电缆与变电所设备接地主母排连接。

2.7.4 分析与思考

1.什么是接地? 什么是接地装置?

2.什么是人工接地体和自然接地体?

3.名词解释:工作接地、保护接地、保护接零。

4.名词解释:对地电压、接触电压、跨步电压、接地电阻。

5.电气装置中哪些部分必须接地,哪些部分不必接地?

6.屋内配电装置的接地装置一般采取什么形式? 敷设时注意事项主要有哪些?

复习思考题

1.气体电弧有什么特征? 对电力系统和电气设备有哪些危害?

2.电弧的游离和去游离方式各有哪些? 影响去游离的因素是什么?

3.交流电弧有什么特征? 熄灭交流电弧的条件是什么?

4.什么是弧隙介质强度和弧隙恢复电压?

5.开关电器中常采用的基本灭弧方法有哪些?

6.高压断路器的作用是什么? 对其有哪些基本要求?

7.高压断路器有哪几类? 其技术参数有哪些?

8.简述高压断路器结构的及各部分功能。

9.简述 SF_6 气体为什么具有优良的灭弧性能和绝缘性能?

10.为什么 SF_6 断路器必须严格控制 SF_6 气体中的水分? 采取了哪些措施?

11.简述单压力 SF_6 断路器的灭弧原理。

12.真空间隙独具的特点是什么? 真空间隙为什么具有优良的灭弧性能和绝缘性能?

13.真空间隙的绝缘强度主要与什么因素有关?

14.真空电弧的本质是什么? 简述真空电弧是怎样形成的?

15.真空电弧熄灭的原理是什么?

16.真空灭弧室主要由几部分组成? 各部分作用是什么?

17. 真空断路器如何检查其真空度？

18. 高压隔离开关在线路中的主要作用是什么？

19. 隔离开关配合断路器进行停、送电操作时，应遵守的安全操作规定是什么？

20. 高压负荷开关、高压熔断器的作用是什么？

21. 操动机构的功能是什么？

22. 弹簧型操作机构的额定操作顺序是什么？

23. 根据设备结构图简述弹簧型操作机构的工作过程。

24. CY3 型操作机构主要有哪几部分组成？各部分主要功能是什么？工作缸的工作原理是什么？

25. 根据设备结构图简述 CY3 型液压操作机构的储能、分闸、合闸工作过程。

26. 根据设备结构图简述弹簧储能液压操作机构的储能、分闸、合闸工作过程。

27. 什么是三工位隔离开关？简述其结构特点及其优势。

28. 简述直流断路器的结构及其灭弧原理。

29. 互感器在电力系统中有什么作用？

30. 什么是互感器的准确度等级？它与容量有什么关系？

31. 互感器使用时要注意什么？为什么运行中电流互感器不允许开路？而电压互感器不允许短路？

32. 电流互感器有哪些接线方式？各种接线方式能测哪些电流？

33. 电压互感器有哪些接线方式？各种接线方式能测哪些电压？

34. 互感器的误差有哪些表现形式？主要受什么因素影响？

35. 简述电容式电压互感器结构原理。

36. 什么是电流互感器的 10% 倍数？10% 倍数曲线有什么作用？

37. 什么是变电所的电气主接线？

38. 设计变电所的电气主接线要满足哪些基本要求？

39. 在倒闸作业中必须遵守的基本原则是什么？

40. 列表说明变电所常用的电气主接线型式的特点和适用范围，可以采用的运行方式。

41. 解释：最小安全净距。

42. 什么是 GIS 组合电器？

43. 高压开关柜的"五防"是什么？

44. 举例简述中压筒型、中压柜型、高压柜型 GIS 的基本结构。

45. 名词解释

接地　　接地装置　　人工接地体　　自然接地体　　工作接地　　保护接地　　对地电压　　接触电压　　跨步电压　　接地电阻　　电磁兼容接地　　综合接地　　等电位联结

46. 电气装置中哪些部分必须接地，哪些部分不必接地？

47. 简述城轨交通供电系统中交流系统接地的主要内容。

48. 简述城轨交通供电系统中直流系统接地的主要内容。

49. 简述城轨交通供电系统综合接地系统的构成原则。

项目3 变电所二次设备维护与检修

一次设备一般都是大容量、高电压的设备,为了实现运行维护人员对一次设备进行监控,就必须配置与一次设备保持电气隔离的低电压、小容量的相应设备,统称这些设备为二次设备。二次设备通过电压互感器和电流互感器与一次设备取得电的联系。二次设备是指对一次设备的工作状态进行控制、保护、监察和测量的一系列低压、弱电设备,又称为辅助设备。包括测量仪表、控制和信号器具、继电保护装置、自动远动装置、操作电源、控制电缆及熔断器等。变电所中的二次设备按一定顺序相互连接而成的电路称为二次电路,也称为二次接线。

项目描述

以变电所二次回路为载体,依据高压电器检修作业标准,在校内铁路综合实训基地和校外地铁实训基地,使用各种通用和专用工器具对高压开关的控制回路、电气设备的信号回路、继电保护装置、所用电系统等二次设备和回路进行维护和检修。

拟实现的学习目标

1. 技能要求
(1)能识读展开式原理图;
(2)能识读二次设备安装接线图;
(3)能对开关设备控制回路进行日常维护和检修;
(4)能对变压器保护装置进行日常维护和检修;
(5)能对整流机组保护装置进行日常维护和检修;
(6)能对交流馈线保护装置进行日常维护和检修;
(7)能对直流馈线保护装置进行日常维护和检修;
(8)能对母联保护装置进行日常维护和检修;
(9)能对自动重合闸装置进行日常维护和检修。
2. 知识要求
(1)掌握二次接线的基本概念;
(2)掌握识读二次回路图的方法;
(3)理解高压开关各控制回路的作用;
(4)理解继电保护的基本概念和要求;
(5)掌握各种常规保护的原理;
(6)掌握各类保护的应用范围和相互配合;
(7)掌握自动装置的原理和特点。

模块 1　高压开关控制回路的维护与检修

变电所的断路器、隔离开关的控制电路一般是由指令单元、闭锁单元、连锁单元、中间传送放大单元、执行单元和连接它们的导线等二次电气设备组成。本模块的任务是学习开关设备控制回路的维护和检修，保证其正常分、合闸。

3.1.1　学习目标

1.掌握二次回路图的类型和特点；
2.掌握识读二次回路图的基本方法；
3.掌握开关设备控制回路的组成；
4.能维护和检修开关设备控制回路；
5.能维护和检修变电所信号装置。

3.1.2　知识准备

3.1.2.1　二次接线概述

1.二次接线的概念、功能与分类

二次设备是指对一次设备的工作状态进行控制、保护、监视和测量的一系列低压、弱电设备，又称为辅助设备。包括测量、控制和信号装置、继电保护装置、自动装置、操作电源、控制电缆及熔断器等。二次设备通过电压互感器和电流互感器与一次设备取得电的联系。变电所中的二次设备按一定顺序相互连接而成的电路称为二次电路，也称为二次接线。

二次接线是供电系统电气接线的重要组成部分，它附属于一定的一次接线或一次设备，二次接线的基本任务是：反映一次设备的工作状况，控制一次设备；当一次设备发生故障时，能将故障部分迅速退出工作，以保持电力系统处在最佳运行状态。

二次接线按电流制分为：直流回路和交流回路。按工作性质分为监视、测量单元，控制单元，信号单元，调节单元，继电保护与自动装置，远动装置以及操作电源系统等几个部分。

（1）监视、测量单元

主要由测量元件及其相关回路组成，其作用是监视、测量一次设备的工作状态，以便运行人员掌握一次设备运行情况，为运行管理、事故分析提供参数。

（2）控制单元

主要由控制开关、相应的控制继电器组成，其作用是对一次高压开关设备进行合、分闸操作。控制回路按自动化程度可分为手动控制和自动控制两种；按控制距离可分为就地控制和距离控制两种；按操作电源性质可分为直流操作和交流操作两种。

（3）信号单元

变电所信号单元主要由开关设备的位置信号、继电保护和自动装置的动作信号和中央信号三部分组成。其主要作用是反映一次设备和二次设备的工作状态。

（4）调节单元

调节单元是指调节型自动装置，主要由测量机构、传送机构、调节器和执行机构组成。其作用是根据一次设备运行参数的变化，实时在线调节一次设备的工作状态，以满足运行要求。

（5）继电保护与自动装置

电力系统发生故障或出现不正常运行状态时，能够自动反应和处理故障。例如，测定故障的参数和位置，切除故障设备，投入备用设备等。这些设备统称为电力系统的继电保护与自动装置，主要由继电保护、自动装置和相应的辅助元件组成。其作用是：自动判别一次设备的工作状态；在事故和不正常运行状态时，继电保护装置能够自动跳开断路器（切除故障）和消除不良状态并发出报警信号；当事故或不正常运行状态消失后，快速投入断路器，恢复系统正常运行。

（6）远动装置

为了完成变电所与调度所之间远距离信息的实时自动传输，必须应用远动技术，采用远动装置。远动技术即调度所与各被控端（包括变电所等）之间实现遥控、遥测、遥信和遥调技术的总称。远动化的主要任务：其一是集中监视，提高安全经济运行水平。正常状态下实现合理的系统运行方式。事故时，及时了解事故的发生和范围，加快事故处理；其二是集中控制，提高劳动生产率。调度人员可以借助远动装置进行遥控或遥调，实现无人化或少人化，并提高运行操作质量，改善运行人员的劳动条件。

变电所中的继电保护和远动装置属于二次接线范畴，但因为它们自成一个完整的体系，将其独立看待，专门研究。此处所讲的二次接线仅为变电所的控制、信号、监测等电路，不包括测控单元、继电保护单元的内部接线和原理。

（7）操作电源系统

操作电源系统主要由电源设备和供电网络组成，它包括直流电源和交流电源系统。其作用是供给上述各单元工作电源。变电所的操作电源多采用直流电源系统，简称为直流系统，部分小型变电所也可采用交流电源或整流电源（如硅整流电容储能或电源变换式直流系统）。

2. 电气图形文字符号

电气图中元件、部件、组件、设备、装置、线路等一般是采用图形符号、文字符号和项目代号来表示。图形符号、文字符号和项目代号可看成是电气工程语言中的"词汇"。阅读电气图，首先要了解和熟悉这些符号的形式、内容、含义以及它们之间的相互关系。

（1）图形符号

通常用于图样或其他文件以表达一个设备或概念的图形、标记或字符，统称为图形符号。电气图中所用的图形符号主要是一般符号和方框符号。

①一般符号。用以表示一类产品和此类产品特征的一种通常很简单的符号。

②方框符号。用以表示元件、设备等的组合及其功能的一种简单图形符号。即不给出元件、设备的细节，也不考虑所有连接，例如，正方形、长方形、圆形图形符号。

根据国家标准《电气图用图形符号》（GB 4728—1985）的规定，将电气图形符号分为 11 类，常用的图形符号参见附录 1。

图形符号均是按无电压、无外力作用的正常状态表示的，所谓正常状态是指电气元件的受电量和非电气元件的受力量均未达到动作值的状态。例如，继电器、接触器的线圈未通电；断路器、隔离开关未合闸；按钮未按下；行程开关未到位等。因此，常开接点是指设备在正常状态时断开着的接点，也称为动合接点或正接点；常闭接点是指设备在正常状态时闭合着的接点，也称为动断接点或反接点。

在选用图形符号时，应尽可能采用优选形；在满足需要的前提下，尽可能采用最简单的形式;在同一图号的图中只能选用同一种图形形式。大多数图形符号的取向是任意的。在不会引起错误理解的情况下,可根据图面布置的需要将符号旋转或取其镜像放置。

（2）文字符号

在电气图中,除了用图形符号来表示各种设备、元件等外,还在图形符号旁标注相应的文字符号,以区分不同的设备、元件,以及同类设备或元件中不同功能的设备或元件。电气常用文字符号参见附录 2。

文字符号分为基本文字符号和辅助文字符号。基本文字符号分为单字母符号和双字母符号。

①单字母符号。单字母符号是用拉丁字母将各种电气设备、装置和元器件划分为 23 大类,每大类用一个专用单字母符号表示。由于拉丁字母"I"和"O"易同阿拉伯数字"1"和"0"混淆,因此不把它们作为单独的文字符号使用。字母"J"也未采用。

②双字母符号。双字母符号是由一个表示种类的单字母符号与另一字母组成,其组合形式是以单字母符号在前,另一字母在后的次序列出。只有当用单字母符号不能满足要求,需要将大类进一步划分时,才采用双字母符号,以便更详细具体地表述电气设备、装置和元器件。

③辅助文字符号。辅助文字符号用以表示电气设备、装置和元器件以及线路的功能、状态和特征,通常是由英文单词的前一两个字母构成。辅助文字符号一般放在基本文字符号的后边,构成组合文字符号,也可单独使用,如"ON"表示接通,"OFF"表示关闭。

文字符号的组合形成一般为:

$$基本符号＋辅助符号＋数字序号$$

如第 3 组熔断器,其符号为 FU3;第 2 个接触器,其符号为 KM2。

3. 二次接线图的类型

用来表明二次设备的配置、相互连接关系和工作原理的电气接线图,称为二次电路图,即二次接线图。按照用途,一般将二次接线图分为归总式原理接线图、展开式原理接线图和安装接线图。

（1）归总式原理接线图

归总式原理接线图简称原理图,是以整体的形式表示各二次设备之间的电气连接及其工作原理的接线图,一般与一次接线中有关部分画在一起。

原理图主要特点有如下几个方面:

①二次接线和一次接线的有关部分画在一起,且电气元件以整体的形式来表示,能表明各二次设备的构成、数量及电气连接情况,图形直观形象,便于设计构思和记忆,并可清晰地表明二次接线对一次接线的辅助作用。

②用统一的图形和文字符号表示,按动作顺序画出,便于分析整套装置的动作原理,能使我们对整套保护装置的工作原理有一个整体概念,是绘制展开式原理接线图等其他工程图的原始依据。

③其缺点是交、直流回路画在一起,连线交叉零乱,又没有元件间的内部连线、端子号码和回路的标号等,对于较复杂的装置很难用原理接线图表现出来,即使画出了图,也很难看清楚,安装接线时容易出差错,不便于现场查找回路及调试,依靠它排除故障较困难。

下面以图 3.1 所示某输电线路过电流保护原理接线图为例,说明接线图的特点。

如图 3.1 所示,过电流保护装置由一个电流继电器 KA、时间继电器 KT、信号继电器 KS 组成,并通过电流互感器 TA 和断路器分闸线圈 YT 与主电路联系在一起。正常时,由于负荷电流经电流互感器变流后流入电流继电器线圈的电流值小于 KA 的动作值,所以导致各继电器均处于正常状态,常开接点断开。断路器处于合闸位置的动作状态,其常开辅助接点闭合。

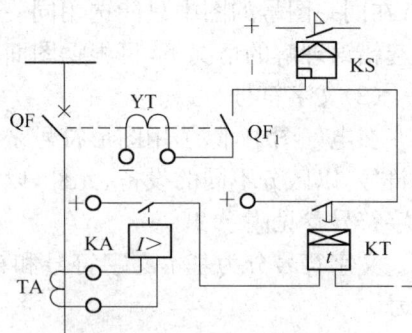

图 3.1 某馈线过电流保护原理图

当一次电路发生短路故障时,馈线电流增大,TA 的二次电流也随之增大。当二次电流增大至 KA 的整定动作值时,KA 动作,其常开接点闭合,接通了 KT 线圈的直流回路,其带时限的常开接点延时闭合,使直流电源的正极经 KT 的常开接点、KS 的线圈、断路器常开辅助接点、分闸线圈与直流电源的负极接通,分闸线圈受电,断路器操作机构动作,使断路器跳闸,自动切除故障线路。同时,信号继电器受电动作,其接点转换,发出分闸信号。

(2)展开式原理图(简称展开图)

展开式原理接线图是将二次设备按其线圈和接点的接线回路展开分别画出,将整体形式的二次电路按其供电电源的性质不同,分解成交流电压、交流电流和直流回路等相对独立的部分,组成多个独立回路,表示二次电路设备配置、连接关系和工作原理的二次接线图。

①展开图结构及特点

展开图的主要特点是以分散的形式表示二次设备之间的电气连接。

a. 按不同电源回路划分成多个独立回路。例如:直流与交流回路分开绘制,直流回路,又分控制回路、测量回路、保护回路和信号回路等;交流回路又分电流回路和电压回路。

b. 同一元件的线圈、接点按其通过电流性质的不同,分别绘入对应的直流回路、交流回路中去。例如:交流电流线圈接入电流回路,交流电压线圈接入电压回路。为了避免看图时产生混淆,属于同一元件的线圈和接点标有相同的文字符号。

图 3.2 是在图 3.1 的基础上绘制的某输电线路电流保护展开式原理图。该馈线过电流保护装置的接线,可用交流电流回路、直流回路两部分图来表示,同样能说明该保护装置的工作原理。

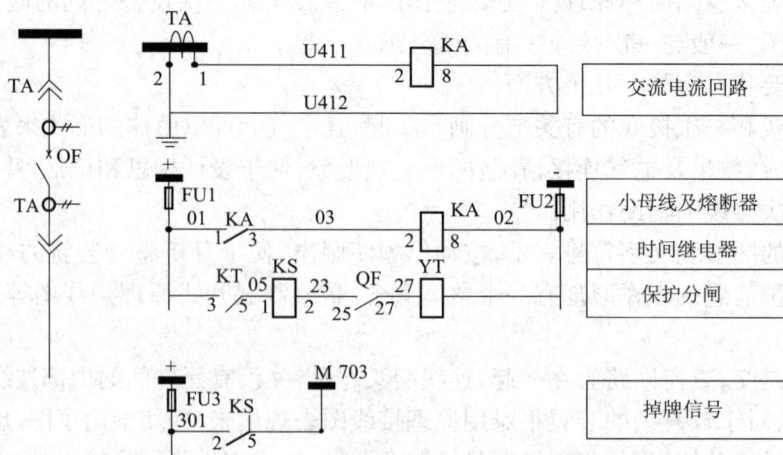

图 3.2 某输电线路过电流保护展开图

　　展开图中,属于同一性质电路内的线圈、接点按电流通过的方向顺序(该顺序应便于接线)连接构成各自的回路。在同一回路里,继电器的线圈、接点及其他二次设备按电流流通的顺序从左至右依次连接,称为展开图的"行"。并在各行的右侧标出回路作用的文字说明。各回路的排列顺序一般是先交流电流回路、交流电压回路,后直流回路。在每个回路当中,对交流回路来说按 U、V、W、N 相序分行排列的;对直流回路则是按各元件动作的先后顺序由上而下逐行垂直排列的。

　　比较图 3.1 和图 3.2 可见,展开图 3.2 接线清楚,全图从左到右,从上到下层次清楚,动作顺序层次分明,便于读图和分析,特别在复杂电路中优点更为突出。

　　②看二次接线图的基本方法

　　二次接线图的逻辑性很强,在绘制时遵循着一定的规律,所以看图时若能抓住规律就很容易看懂。看图的基本方法是:

　　a. 根据展开图右侧的文字说明,了解各回路的性质,然后从上到下逐个回路看通。

　　b. 先交流、后直流;交流看电源,直流找线圈,抓住接点不放松,一个一个全查清。"先交流、后直流"是指先看二次接线图的交流回路,把交流回路看完弄懂后,根据交流回路的电气量以及在系统中发生故障时这些电气量的变化特点,向直流逻辑回路推断,再看直流回路。一般说来,交流回路比较简单,容易看懂。"交流看电源,直流找线圈"是指交流回路要从电源(交流回路的电流互感器和电压互感器的二次绕组)入手。交流回路有交流电流和电压回路两部分,先找出电源来自哪组电流互感器或哪组电压互感器,再由此顺回路接线往后看:交流沿闭合回路依次分析设备的动作;直流从正电源沿接线找到负电源,并联系与交流回路有关的线圈分析各设备的动作。"抓住接点不放松,一个一个全查清"是指继电器线圈找到后,再找出与之相应的接点。根据接点的闭合或开断引起回路的反应情况,再进一步分析,直至查清整个逻辑回路的动作过程。

　　c. 先线圈,后接点。即先查启动元件,后查启动元件的接点通断的电路。因为只有到继电器或装置的线圈通电(并达到其启动值),其相应接点才会动作;由接点的通断引起回路的变化,进一步分析整个回路的动作过程。

　　d. 先上后下、先左后右,盘外设备一个也不漏。"先上后下,先左后右"可理解为:一次接线的母线在上而负荷在下;在二次接线的展开图中,交流回路的互感器二次侧线圈(即电源)在上,其负载线圈在下;直流回路正电源在上,负电源在下,驱动接点在上,被启动的线圈在下;端子排图、盘后接线图一般也是由上而下;单元设备编号,则一般是由左至右的顺序排列的。某一完整功能的实现,要通过若干"行"完成,各"行"可能在不同的图纸上,应找全与该功能相关的所有图纸。

　　由于展开图结构清楚,标号明确,所以其应用较为广泛。它不但便于施工安装接线,也有利于变电所的运行维护、检修调试及故障分析处理。因此,要求从事变电所工作的有关人员都要学会看展开图,并且熟练的掌握。特别是变电所的值班人员,更要加倍熟悉展开图。当变电所内发生故障时,才能做到迅速、正确地判断和处理故障,使之尽快恢复正常运行。

　　展开图是二次接线装置施工、运行维护以及故障分析和处理的重要图纸,也是绘制安装接线图的主要依据。但现场安装施工还需更具体的安装接线图。

　　4. 安装接线图

　　为了安装施工和维修试验的方便,在前述原理接线图、展开接线图的基础上,还需要绘制用于具体安装施工接线用的安装施工图,用来表明二次接线的实际安装情况。

用于表明配电盘的类型,各二次设备在盘上的安装位置以及设备间的尺寸及二次设备接线情况的图叫安装接线图。在安装接线图中,各种仪表、继电器和端子排,都是按国标图形符号绘制的。为了便于安装接线和运行中检查,所有设备的端子和连接导线都加上走向标志。安装接线图一般包括盘面布置图、端子排图和盘后接线图。有时盘后接线图和端子排图画在一起。

安装接线图是生产厂家制造控制盘、保护盘以及现场施工安装接线所依据的主要图纸,也是变电所运行维护等项工作的主要参考图。

(1)盘面布置图

根据配电盘及各二次设备的实际尺寸,按一定比例绘制而成的盘面设备布置图,称为盘面布置图。它表示了配电盘正面各安装单位二次设备的实际安装位置,是主视图,并附有设备明细表,列出盘中各设备的名称、型号、技术数据及数量等,以便制造厂备料和安装加工。

盘面布置总的原则是:应便于监视、操作、检修、试验且保证安全,设备应对称布置、整齐、美观、紧凑,并留有余地,以利扩建。

(2)端子排图

在测控保护屏(盘)的屏后左右两侧侧面,通常垂直布置了接线端子排,也有的端子排采用水平布置方式,安装在盘后的下部。端子排由各种型式的单个接线端子(简称端子)组合而成,是二次接线中各设备间接线的过渡连接设备。表示各接线端子的组合及其与盘内外设备连接情况的图称为端子排图。端子排图是后视图,它反映了配电盘上需要装设的端子数目、类型、排列次序、导线去向以及端子与盘上设备及盘外设备连接情况,是变电所配电盘的生产、安装以及运行维护必不可少的图纸。

三列式端子排图如图3.3所示。与电缆相连接侧的标号,标明所接盘外设备的二次回路标号和所接盘顶设备的名称符号。端子排中间列的编号是表明端子顺序号及端子类型。与盘内设备相连侧的标号是到盘内各设备的编号(或回路标号)。注意:端子排两侧的标记在安装接线中是标在连接导线所套的胶木头或塑料套管上的。端子排的起始、终端端子上,标注端子排所属的回路名称、文字符号及安装单位。同盘内有多个安装单位时,端子排按各安装单位划分成段,并以终端端子分隔。同类安装单位的端子排的结构、接线顺序相同。

一般端子用于连接盘内外导线(电缆)。试验端子用于需要接入试验仪表的电流回路中,可以在不切断二次回路的情况下检校测量表计和继电器,一般交流回路应设置试验端子。连接型试验端子同时具有试验端子和连接端子的作用,用于端子上需要彼此连接的电流试验回路中。连接端子用于同一导线编号的多根分支线连接。此端子的绝缘隔板在正中螺钉处开置一缺口,以便通过连接片将相邻的端子连接起来。终端端子用于固定或分隔不同安装单位的端子排,终端端子不接线,上面打有文字符号,表明端子排的归属。标准端子直接连接盘内外导线用。特殊端子用于需要很方便断开的回路中,如闪光母线、预告音响小母线等回路。隔板在不需要标记的情况下作绝缘隔板,并作增加绝缘强度用。

①端子排的设计及接线原则

端子排的设计应满足运行、检修、调试的要求,并适当与盘内设备的位置对应,一般布置在盘后的两侧。

a.端子排的设置应与盘内设备相对应,如当设备位于盘的上部时,其端子排也最好排于上部;靠近盘左侧的设备接左侧端子排,右侧设备接右侧端子排。盘外引出线接端子排外侧,盘内引出线接端子排内侧。以便节省导线、便于查找和维修。

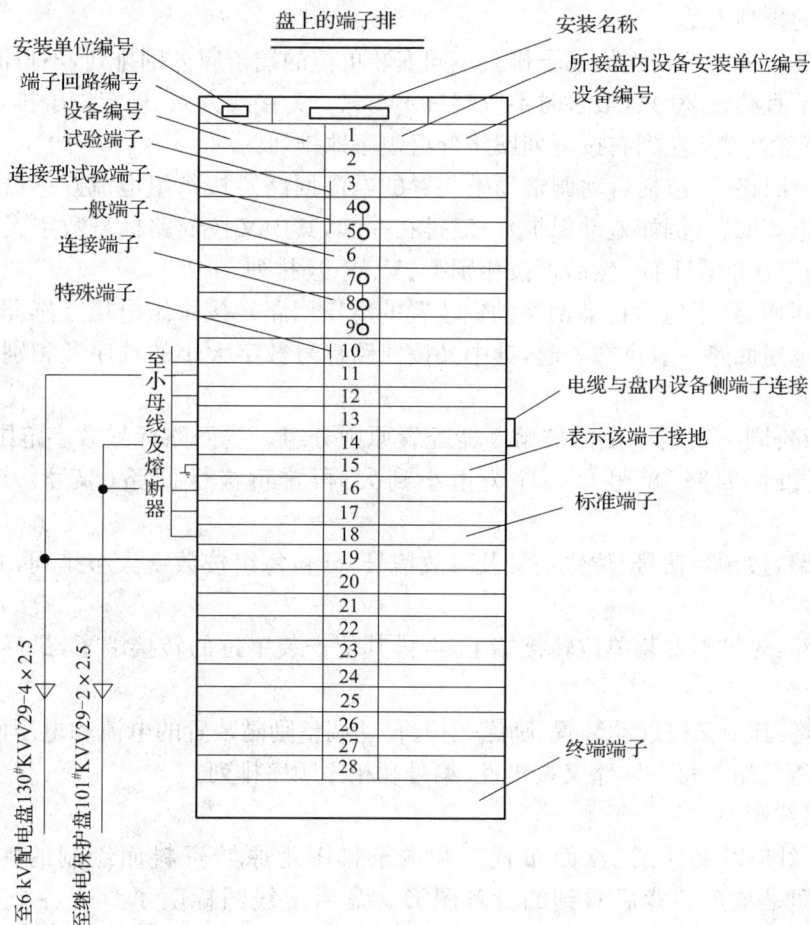

图 3.3　端子排表示方法示意图

b. 同一盘内不同安装单位设备间的连接、盘内设备与盘外设备间的连接以及为节省控制电缆需要经本盘转接的回路(也称过渡回路),需经过端子排。其中交流电流回路应经过试验端子,事故音响信号回路及预告信号回路及其他在运行中需要很方便地断开的回路(例如至闪光小母线的回路)需经过特殊端子或试验端子。

c. 同一盘上相邻设备之间的连接不经过端子排;而两设备相距较远或接线不方便时,需经过端子排。

d. 盘内设备与盘顶设备间的连接需经过端子排。

e. 各安装单位主要保护的正电源一般均由端子排引接。保护的负电源应在盘内设备之间接成环形,环的两端应分别接至端子排。

f. 端子排的上、下两端应装终端端子,且在每一安装单位端子排的最后预留2～5个端子作为备用。当端子排长度许可时,各组端子之间也可适当地留1～2个备用端子。正、负电源之间,经常带电的正电源与合闸或跳闸回路之间的端子应不相邻或者以一个空端子隔开,以免在端子排上造成短路使断路器误动作。

g. 一个端子的每一端一般只接一根导线,在特殊情况下最多接两根。连接导线截面一般不超过 6 mm²。

②端子排的排列方法

每一安装单位都应有独立的端子排。不同安装单位的端子应分别排列,不得混杂在一起,每排端子一般不宜超过 20 只,最多时不应超过 145 只。为接线方便,规定端子排垂直布置时,从上到下,水平布置时从左到右按下列回路分组顺序地排列:

a. 交流电流回路(不包括自动调整励磁装置的电流回路):按每组电流互感器分组。同一保护方式下的电流回路(例如差动保护)一般排在一起,其中又按回路标号数字大小的顺序由上而下排列,数字小的在上面,然后再按相别 U、V、W、N 排列。

b. 交流电压回路(不包括自动调整励磁装置的电压回路):按每组电压互感器分组。同一保护方式下的电压回路一般排在一起,其中又按回路标号数字大小的顺序及相别 U、V、W、N 自上而下排列。

c. 控制回路:同一安装单位内按熔断器配置原则分组。按回路标号数字范围排列,其中每段里先排正极性回路(单号),顺序为由小到大;再排负极性回路(双号),顺序为由大到小。

d. 信号回路:按预告信号、位置信号及事故信号分组,每组按数字大小排列,先排正电源,后排负电源。

e. 转接回路:先排本安装单位转接端子,再排其他安装单位的转接端子,最后排小母线兜接用的转接端子。

f. 其他回路:其中又按远动装置、励磁保护、自动调整励磁装置的电流和电压回路、远方调整及联琐回路等分组。每一回路又按极性、编号和相序顺序排列。

(3)盘后接线图

盘后接线图是以展开图、盘面布置图和端子排图为原始资料而绘制的实际接线图。它是后视图,即是从盘的背后看到的设备图形。盘后接线图标明了盘上各个设备引出端子之间的连接情况,以及设备与端子排之间的连接情况,是制造厂生产盘过程中配线的依据,也是施工和运行的重要参考图纸,它由制造厂的设计部门绘制并随产品一起提供给用户。

①盘后接线图的布置

图 3.4 是常见的盘后接线图的布置形式,对安装在盘正面的设备,在盘后看不见设备轮廓者以虚线表示;在盘后看得见设备轮廓者以实线表示。由于盘后接线图为后视图,看图者相当于站在盘后,所以左右方向正好与盘面布置图相反。安装于盘后上部的设备,如熔断器、小刀闸、电铃、蜂鸣器等在盘后接线图中也画在上部,但对这些设备来说,相当于板前接线,应画成主视图。盘后的左、右端子排画在盘的左右两边,端子排上面画小母线。

画盘后接线图时,应先根据盘面布置图,按在盘上的实际安装位置把各设备的后视图画出来。设备形状应尽量与实际情况相符。因盘上设备的相对位置尺寸已在盘面布置图中确定,所以盘后接线图不要求按比例尺绘制,但要保证设备间相对位置的准确。盘后接线图设备图形内有设备内部接线和接线柱的实际安装位置和顺序编号。成套装置和仪表可以只画出外部接线端子的实际排列顺序。

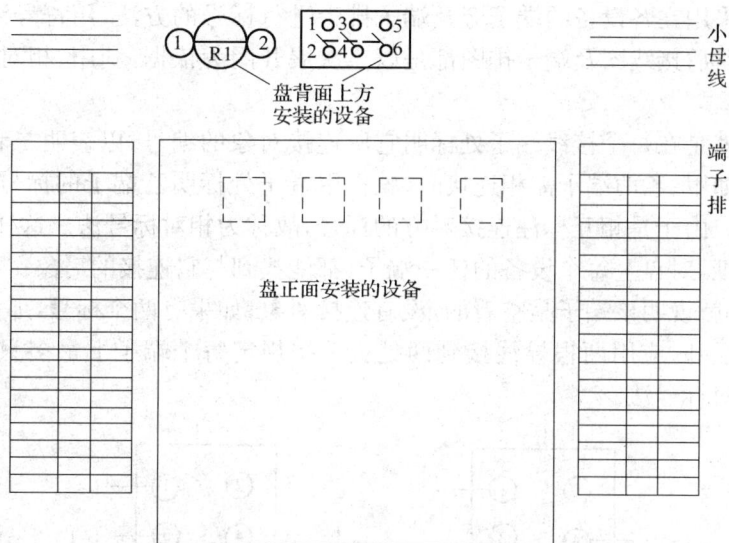

图 3.4　盘后接线图的布置

②设备图形的标示

盘后接线图中在各个设备图形的上方应加以标号。如图 3.5 中所示,标号的内容有:

a.与盘面布置图相一致的安装单位编号及设备顺序号,如 I_1、I_2、I_3 等,其中罗马数字 I 表示安装单位代号,阿拉伯数字脚注 1、2、3 表示设备安装顺序。

b.与展开图相一致的该设备的文字符号和同类设备编号,如 A 表示电流表,A 后面的 1 表示第一块电流表。

c.与设备表相一致的设备型号。

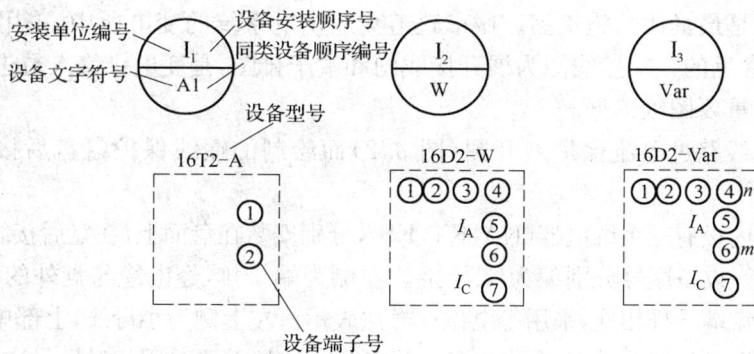

图 3.5　盘后接线图中设备图形标志法

③接线端子的编号

将盘上安装的各设备图形画好之后,下一步是根据订货单位提供的端子排图绘制端子排图。将其布置在盘上的一侧或两侧,给端子加以编号,并根据订货单位提供的小母线布置图,在端子排的上部,标出盘顶的小母线,并标出每根小母线的名称。最后,根据展开图对应盘上各设备之间的连接线及盘上设备至端子排间的连接线进行标号。

在变电所中,二次设备是十分复杂的,其接线数目很多,如采用对每个连接线都从起点到终点用线条直接连起来的画法,不但制图很费时间,而且在配线时也很难分辨清楚,极易造成错误。所以普遍采用在各设备的端子旁及端子排旁进行标号的方法,用符号注明该端子应该连接到哪里去。盘后接线图及端子排图都是以二次展开图为依据,利用"相对标号法"对应标号画出的。

相对标号法就是在每个接线端子处标明它所连接对象的编号,以表明二者间相互连接关系的一种方法。如甲、乙两端子需相连接时,就在甲端子处标明乙端子的标号,在乙端子处标明甲端子的标号。由于是相互标注连接对方的标号,故称为相对标号法。这样,在接线和维修时就可以根据图纸,对盘上每个设备的任一端子,都能找到与它连接的对象。如果在某个端子旁边没有标号,那就说明该端子是空着的,没有连接对象;如果有两个标号,那就说明该端子有两个连接对象,配线时应用两根导线接到两处去。按规定每个端子上最多只能接两根导线。图 3.6 所示为相对标号法。

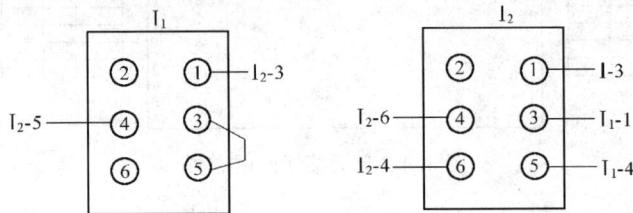

图 3.6　相对标号法接线

相对标号法标记符号含义如图 3.7 所示。

相对标号法具有表示简单、清晰,查线方便等优点,当二次接线复杂时尤为突出。因此,目前广泛采用相对标号法。

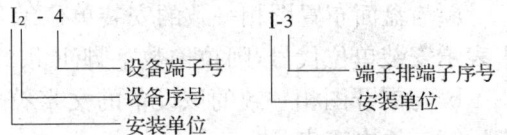

图 3.7　标记符号含义

（4）安装接线图举例

安装接线图是最具体的施工图。城市轨道交通供电系统的变电所中,采用了微机型成套测控保护单元,常见的二次接线图为展开接线图和端子排图,是变电维修人员进行日常维护与故障查找排除的重要图纸依据。

根据某输电线路过电流保护展开图（图 3.2）而绘制的馈线保护盘盘后接线图如图 3.8所示。

本安装单位内设有三个继电器（KA、KT、KS）,分别安装在盘面上,在盘后接线图中布置在中间相对应的位置。设备序号分别编为 I_1、I_2、I_3。左侧为端子排,经电缆与盘外的电流互感器、断路器及馈线控制盘端子排相连,采用等电位标号法表示。左上侧为小母线,上部中间为盘顶设备（如电阻）。盘内设备与端子排间、盘内设备与设备间的连接关系采用相对标号法表示。

图 3.2 中交流电流回路中,电流互感器 TA 二次侧端子 TA-1 和 TA-2 经试验端子与电流继电器线圈 KA 相连,即电流继电器 KA 的端子②通过端子排的端子 1 与 TA-1 相连,KA 的端子⑧通过端子排的端子 2 与 TA-2 相连。图 3.8 用相对标号法表示为在端子排的端子 1 内侧标 I_1-2,电流继电器端子②处标记 I-1,这表明了二者的相互连接关系。同理,在端子排的端子 2 内侧标 I_1-8,电流继电器端子②处标记 I-2,这也表明了二者的相互连接关系。而在端子排的外侧,端子 1 和端子 2 都连接到电流互感器上。

控制回路和信号回路的直流正、负电源由馈线控制盘引来,经端子排分别与相应的设备连接。例如控制回路正电源由端子排的端子 4 与电流继电器的端子①相连,并经端子①转接至时间继电器的端子③,满足了二次回路中正电源与设备的相互连接关系。其他接线的连接原理同上,如图 3.8 所示。

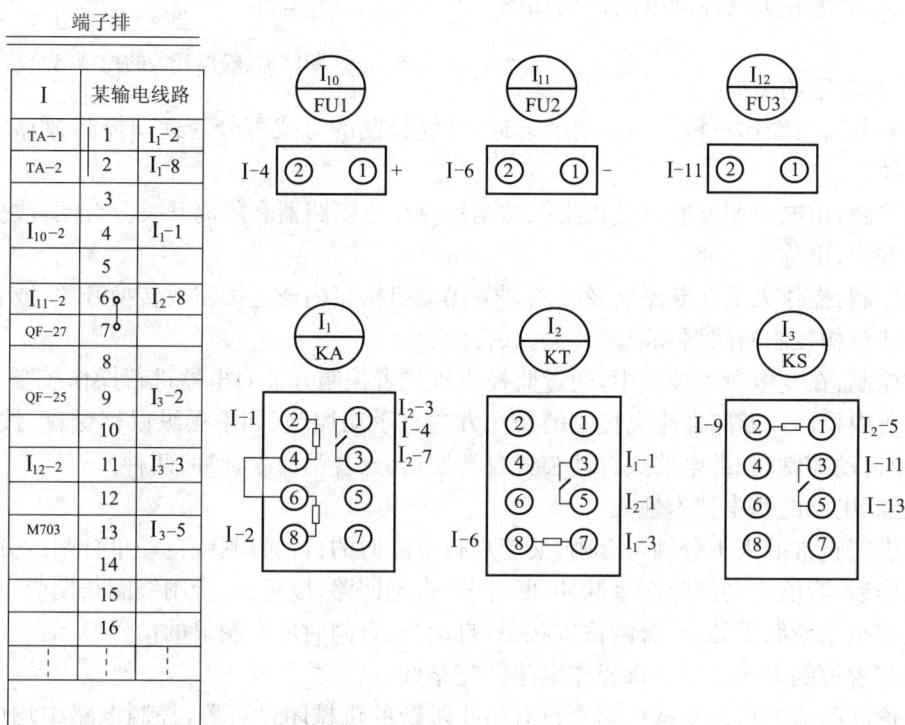

图 3.8　某输电线路过电流保护接线图

同设备端子相连的电流继电器端子④和⑥因回路简单,且两端子相邻,故采用线段直接连接的方法,这能清晰地表达连接关系。

3.1.2.2　高压开关的控制信号电路

1.控制信号电路概述

（1）控制电路的基本构成

变电所的断路器、隔离开关的控制电路一般是由指令单元、闭锁单元、联锁单元、中间传送放大单元、执行单元和连接它们的导线等二次电气设备组成。

指令单元一般由控制开关、转换开关、按钮、保护出口继电器和自动装置等构成,其作用是发出断路器、隔离开关分、合闸命令脉冲。

闭锁单元一般是由闭锁继电器接点、断路器的辅助接点组成,其作用是当一次设备发生故障时,闭锁接点打开,切断分合闸回路,避免断路器重合闸于故障设备,防止事故范围进一步扩大。例如,当主变压器发生重瓦斯保护动作时,闭锁继电器的接点打开,闭锁断路器的人工合闸或自动合闸回路。

断路器、隔离开关实行联动操作时,通常在控制回路中设置联锁单元,有效地保证断路器、隔离开关操作顺序的正确性。

中间传送、放大单元是由继电器、接触器及其接点组成,其作用是将指令单元发出的命令脉冲放大,并按一定程序送给执行机构。

执行单元是断路器、隔离开关的操动机构，其作用是按命令驱使断路器分合闸。

断路器、隔离开关的控制电路结构如图3.9所示。

图3.9 断路器、隔离开关的控制电路结构框图

（2）控制电路的类型

按指令电器与操作机构之间距离的远近，电气控制的方式可分为远动控制、距离控制、就地控制三种。

远动控制：由电力调度通过微机集中控制操纵高压断路器和隔离开关分合闸，改变各变电所的运行方式，也称为遥控。

就地控制：操作人员在断路器及隔离开关操动机构箱内通过按钮或转换开关，或者用手直接操作手动机构控制断路器和隔离开关分、合闸。

距离控制：在变电所主控室中，通过监控主机或者控制开关对电器进行操作控制。故距离控制又称所内控制。断路器距离控制的操作方法有手动控制（如手操纵鼠标键盘、按钮、控制开关等）和自动控制（如继电器或自动装置自动发出分、合闸命令脉冲）两种。

（3）控制电路的基本技术性能

①能进行正常的人工分闸与合闸，又能进行故障时的自动分闸或自动重合闸。分、合闸操作执行完毕后，应能自动解除命令脉冲，断开分、合闸回路，以免分、合闸线圈长期受电而烧毁。

②能够指示断路器的分、合闸位置状态，自动分、合闸时应有明显的信号显示。

③能监视控制电源及下一次操作电路的完整性。

④无论断路器的操动机构中是否设有防止跳跃的机械闭锁装置，控制电路中均应设防止跳跃的电气闭锁装置。

⑤对于采用气动、弹簧、液压操动机构的断路器，其控制电路中应设相应的气压、弹簧（压力）、液压闭锁装置。

⑥当隔离开关采用电动操作时，断路器与隔离开关控制电路中设置相应的联锁措施，保证其联动操作顺序的正确性。

⑦接线应力求简单，可靠，联系电缆的条数、芯数应尽量减少。

2. 采用弹簧操动机构的断路器控制、信号电路

在城轨交通供电系统中，中压（35 kV或者10 kV）系统断路器一般采用真空断路器，配用弹簧储能操动机构，变电所综合自动化系统中的测控单元（Computer measurement and control unit）承担对该断路器的测量、控制、功能，电缆光纤纵联差动保护（Fiber longitudinal differential protection unit）监测电缆故障并作用于断路器跳闸。

（1）电路结构要点

图3.10是应用弹簧储能操动机构的断路器的测控装置原理图。该电路图特点是：

①合闸电流小，合闸线圈直接串接于合闸回路中，故采用弹簧储能操动机构的断路器所配备的蓄电池容量很小。

②控制电路中设了一套电动机储能控制回路。

③断路器合闸回路中串入储能电机控制继电器 KC 常闭接点 KC_1（该接点在弹簧压紧时是闭合的），以确保只有在弹簧储能完毕并压紧的情况下才允许合闸。

④电路中设置二极管，其中正向二极管（如 VD2、VD6 等）起到单向导通的作用；与线圈并

联的反向二极管(如 VD4、VD5 等)一方面为突然失电的线圈提供放电回路,另一方面当出现过电压时首先造成二极管的反向击穿引起直流电源空气开关跳闸,起到保护线圈的作用。与触点的并联电容 C1、C2 是为了熄灭触点在通断电流时产生的电弧。

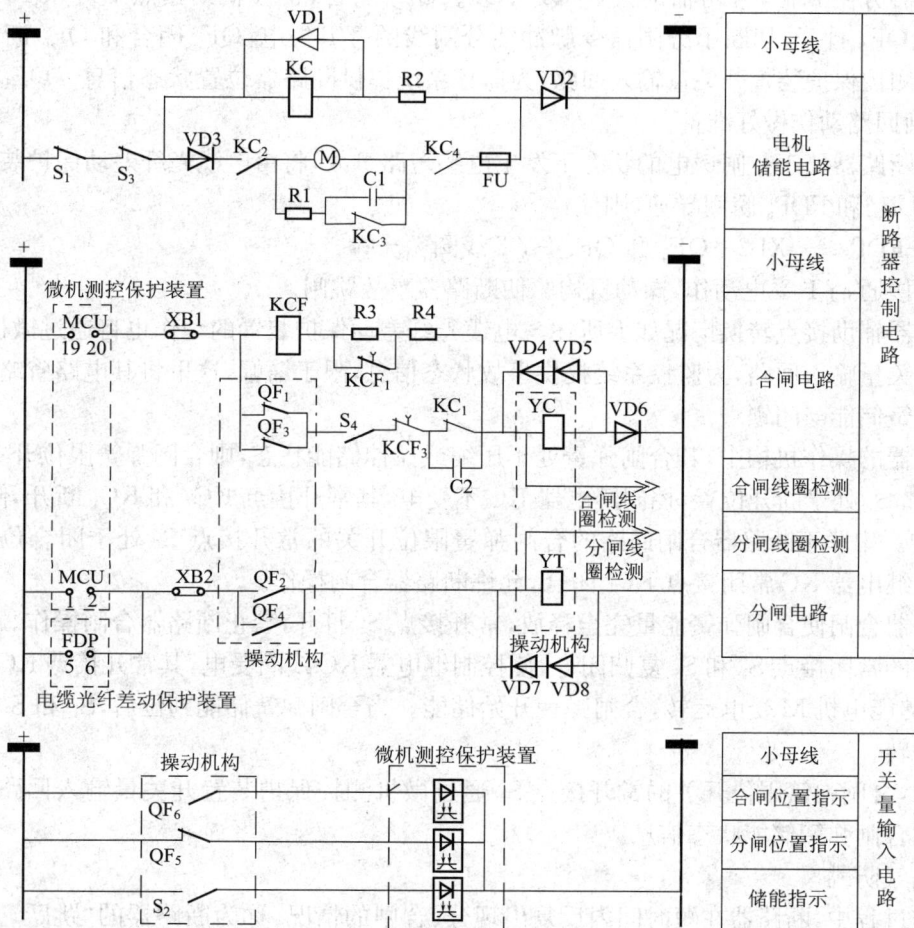

图 3.10 应用弹簧储能操动机构的降压所真空断路器控制原理图

(2)电路原理分析

①合闸操作

电力调度中心传送远方合闸命令,或者由值班员在当地监控单元发出合闸命令,都可以使微机测控保护装置输出端子 MCU_{19} 和 MCU_{20} 瞬间导通,若合闸弹簧已储能完毕,则使:

+ —MCU_{19-20}—XB1—QF_1 和 QF_3—S_4—KCF_3—KC_1—YC 线圈—VD6 —;

电路接通,合闸线圈 YC 受电,操动机构驱使断路器合闸。

断路器合闸完毕,常闭辅助接点 QF_1、QF_3、QF_5 断开,常开辅助接点 QF_2、QF_4、QF_6 闭合。QF_1、QF_3 打开,切断了合闸命令脉冲使合闸线圈 YC 失电,QF_5 断开和 QF_6 闭合,分别通过微机测控保护装置开关量输入回路,为监控系统提供断路器位置状态信息。QF_2、QF_4 闭合,为分闸回路动作做好准备。

②分闸操作

电力调度中心传送远方分闸命令,或者由值班员在当地监控单元发出分闸命令,都可以使

微机测控保护装置输出端子 MCU_1 和 MCU_2 瞬间导通,则使:

$+ —MCU_{1-2}—XB2—QF_2$ 和 $QF_4—YT$ 线圈——;

电路接通,YT 受电动作,操动机构驱使断路器分闸。

断路器分闸到位,常闭辅助接点 QF_1、QF_3、QF_5 闭合,常开辅助接点 QF_2、QF_4、QF_6 打开。QF_2、QF_4 打开,切断了分闸命令脉冲使分闸线圈 YT 失电,QF_5 闭合和 QF_6 断开,分别通过微机测控保护装置开关量输入回路,为监控系统提供断路器位置状态信息。QF_1、QF_3 闭合,为合闸回路动作做好准备。

若在断路器处于合闸送电的状态下发生电缆短路事故,将由电缆光纤差动保护装置动作,其端子 FDP_5 和 FDP_6 瞬间导通,则使:

$+ —FDP_{5-6}—XB2—QF_2$ 和 $QF_4—YT$ 线圈——;

电路接通,YT 受电动作,操动机构驱使断路器事故跳闸。

断路器辅助接点转换情况如上所述。电缆光纤差动保护装置的动作也将通过微机测控保护装置开关量输入回路,为监控系统提供事故状态信息,限于篇幅,这里将其电路省略。

③弹簧储能与闭锁

断路器的操作机构中,若合闸弹簧处于压缩或拉伸储能状态,则合闸弹簧限位开关的常闭接点 S_1 和 S_3 处于断开位置,控制继电器 KC 不受电,其常开接点 KC_2 和 KC_4 断开,储能电机 M 不运转。串联于断路器合闸回路的合闸弹簧限位开关的常开接点 S_4 处于闭合位置,储能电机控制继电器 KC 常闭接点 KC_1 闭合,允许断路器合闸操作。

断路器合闸使合闸弹簧能量完全释放,常开接点 S_4 打开,禁止断路器合闸操作。同时,其限位开关的常闭接点 S_1 和 S_3 复归闭合,使控制继电器 KC 线圈受电,其常开接点 KC_1 和 KC_2 闭合,使储能电机 M 受电运转,合闸弹簧开始储能。当合闸弹簧储能到位后,S_1 和 S_3 断开,储能电机停转。

此外,合闸弹簧限位开关的常开接点 S_2 通过微机测控保护装置开关量输入回路,为监控系统提供合闸弹簧储能状态信息。

④电气防跳

操作过程中,断路器在短时间内反复出现分、合闸的情况,称为断路器的"跳跃"。多次频繁跳跃不仅会使断路器损坏,而且还将扩大事故范围。为此,必须采取防跳措施,通常在控制回路中设置电气防跳措施。

断路器的跳跃现象一般发生在其继电保护的保护范围内存在永久性短路故障而且合闸回路断不开的情况下。当断路器合闸送电至故障线路或设备后,继电保护装置动作使断路器跳闸,若微机测控保护装置的输出端子(如图 3.10 中的 MCU_{19} 和 MCU_{20})由于故障依然处于接通状态时,断路器将再次合闸,保护又将使断路器跳闸,如此反复分、合动作,即发生跳跃现象。

设置防跳继电器 KCF,其线圈串联于合闸回路中,延时打开的常闭接点 KCF_1 与 3.4 $k\Omega$ 的高阻电阻 R3 并联,延时打开的常闭接点 KCF_3 串联于合闸线圈 YC 的回路。

防跳继电器 KCF 线圈电阻极小,对合闸回路影响甚微,防跳继电器接点 KCF_1 处于闭合状态时(电阻 R3 被短接)KCF 与 YC 可以同时受电动作。

在图 3.10 所示控制回路中,当断路器合闸于永久性故障点时,合闸过程中,KCF 与 YC 同时受电动作,但延时打开的常闭接点 KCF_1 和 KCF_3 均未达到延时时间仍处于闭合状态。断路器动静触头接近并预击穿后,电缆光纤差动保护装置动作,其端子 FDP_5 和 FDP_6 瞬间导通,断路器跳闸,若在此过程中微机测控保护装置的输出端子(如图 3.10 中的 MCU_{19} 和 MCU_{20})由于故障始终处于接通状态,则延时打开的常闭接点 KCF_1 和 KCF_3 均达到延时时间而断开,KCF_3 打开使合闸线圈 YC 无法直接受电,KCF_1 打开使 3.4 kΩ 的高阻电阻 R3 串入电路,分压后使合闸线圈 YC 达不到动作电压,有效避免了再次合闸。

只有当微机测控保护装置的输出端子(如图 3.10 中的 MCU_{19} 和 MCU_{20})解除故障导通后,防跳继电器线圈断电返回。电路才能恢复合闸功能。

3.采用弹簧储能液压机构的断路器控制、信号电路

本节选用某高压开关厂生产的 110 kV SF_6 组合电器(GIS)中的 SF_6 断路器(配用弹簧储能液压操动机构)控制信号电路,电路图如图 3.11 所示。

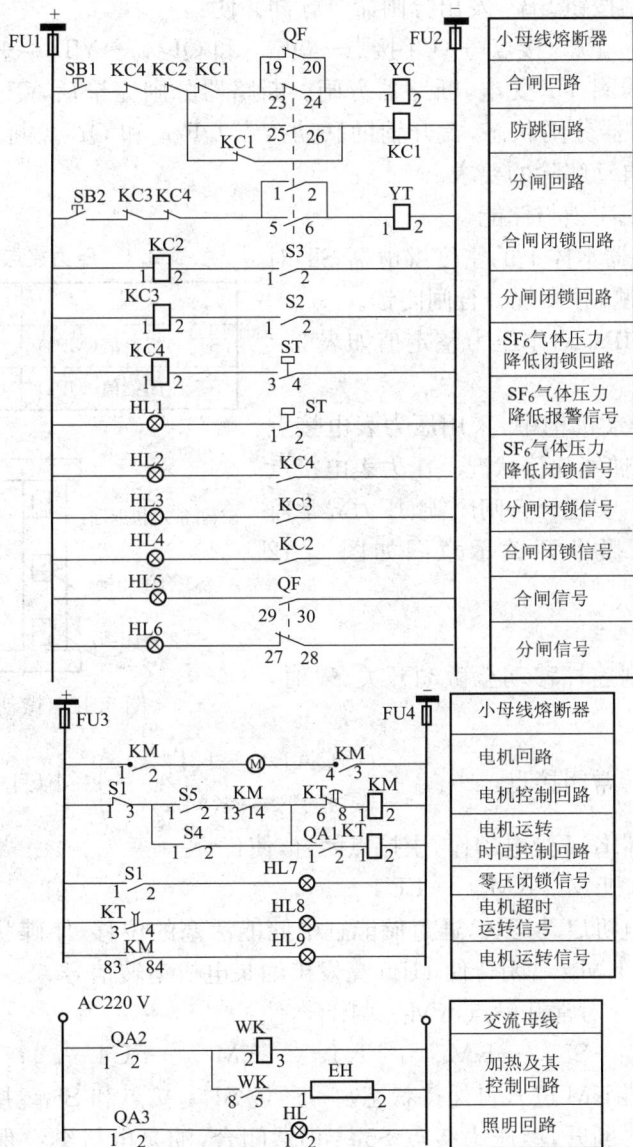

图 3.11　采用弹簧储能液压机构的断路器控制和信号回路展开图

（1）断路器的手动控制

①手动操作合闸

合闸前，断路器在分闸位置；断路器联动辅助常闭接点 QF_{19-20} 和 QF_{23-24} 闭合。

合闸时，按下合闸控制按钮 SB1，发出合闸命令脉冲。使：

＋—FU1—SB1—KC4 接点—KC2 接点—KC1 接点—QF_{19-20} 和 QF_{23-24}—YC_{1-2}—FU2 —；

电路接通，合闸线圈 YC 受电，操动机构驱动断路器合闸。断路器合闸完毕，QF_{29-30} 闭合，合闸位置信号灯 HL5 亮，指示断路器合闸状态，辅助联动接点 QF_{19-20} 和 QF_{23-24} 断开，合闸线圈失电复归。QF_{1-2} 和 QF_{5-6} 闭合，为下一步分闸操作做好准备。

②手动操作分闸

分闸时，按下控制按钮 SB2，发出分闸命令脉冲。使：

＋—FU1—SB2—KC3 接点—KC4 接点—QF_{1-2} 和 QF_{5-6}—YT_{1-2}—FU2 —；

电路接通，分闸线圈 YT 受电，断路器分闸。断路器分闸完毕后，QF_{27-28} 闭合，位置信号灯 HL6 亮，指示断路器分闸状态，常开辅助联动接点 QF_{1-2} 和 QF_{5-6} 断开，切断分闸线圈回路，达到了命令脉冲自动解除的要求。

（2）断路器的监视闭锁与储能

安装在 SF_6 断路器本体上的密度继电器 ST 对 SF_6 气体压力实时监测，并实现分合闸闭锁。

额定气压 0.64 MPa，动作压力整定值如表 3.1 所示。

弹簧储能液压操动机构中，采用压力表电接点监视液压系统压力及储能弹簧状况。压力表电接点中设置系列微动开关，实现分合闸闭锁、压力异常监视、自动储能控制。微动开关示意图如图 3.12 所示。

①储能与控制

当油压降低，控制连杆移动至微动开关 S4 时，S4 闭合，使：

表 3.1 压力接点的动作整定值表

	动作值	返回值
ST_{1-2} 报警值（MPa）	$0.59\pm_{0.02}$	≤0.62
ST_{3-4} 闭锁值（MPa）	$0.54\pm_{0.02}$	≤0.57

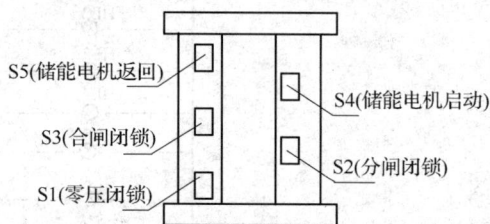

图 3.12 微动开关示意图

S5（储能电机返回）
S4（储能电机启动）
S3（合闸闭锁）
S2（分闸闭锁）
S1（零压闭锁）

$$＋—FU3—S1_{1-3} \text{常闭接点}—S4_{1-2} \begin{cases} —QA1_{1-2}—KT_{1-2}— \\ —KT_{6-8}—KM_{1-2}— \end{cases} —FU4— —;$$

电路接通，接触器 KM 受电动作，主接点闭合，使：

＋—KM_{1-2}—电机 M—KM_{4-3}—FU4— —；

电路接通，油泵电机启动运转，通过储能缸中储能活塞的位移，使碟状合闸弹簧组压缩储能。接触器常开触点 KM_{83-84} 闭合使 HL9 亮发出油泵电机运转信号。

同时接触器的另一对常开触点 KM_{13-14} 闭合，使：

＋—FU3—$S1_{1-3}$—$S5_{1-2}$—KM_{13-14}—KT_{6-8}—KM_{1-2}—FU4— —；

电路接通，接触器 KM 进入自保持状态。＋通过 $S1_{1-3}$ 接点和 $S5_{1-2}$ 接点向接触器线圈供电。当油压升高 $S4_{1-2}$ 断开，但压力接点 $S5_{1-2}$ 仍然闭合，油泵电机继续保持运转。油压继续升高，$S5_{1-2}$ 断开后，接触器 KM 失电返回，油泵电机停止工作。当因机械故障经过一段时间仍不能使合闸弹簧储能到位时，由时间继电器 KT 的延时打开的常闭接点 KT_{6-8} 动作使电动机停转,并通过信号灯 HL8 发出电机超时运转信号。

因油路泄漏等原因,造成油压异常下降使微动开关 S1 动作,其常闭接点 $S1_{1-3}$ 打开,闭锁储能回路,同时,由信号灯 HL7 发出零压闭锁信号。

②分合闸闭锁与监视

液压系统的油压过低,会对操作产生不良影响,如合闸时会因功率不够而造成慢合现象,这是不允许的。

在合闸回路中串入合闸闭锁继电器 KC2 常闭接点,当液压系统压力降低,控制连杆移动,使微动开关 S3 的常开接点 $S3_{1-2}$ 闭合,KC2 动作,KC2 常闭接点打开,闭锁合闸回路,禁止合闸。同时,信号灯 HL4 亮,指示合闸闭锁状态。

在分闸回路中串入分闸闭锁继电器 KC3 常闭接点,当液压系统压力降低,控制连杆移动,使微动开关 S2 的常开接点 $S2_{1-2}$ 闭合,KC3 动作,KC3 常闭接点打开,闭锁分闸回路,禁止分闸。同时,信号灯 HL3 亮,指示分闸闭锁状态。

SF_6 气体压力下降,SF_6 气体压力降低至 0.54 MPa 时,ST_{3-4} 闭合,KC4 动作,KC4 常闭接点打开,同时闭锁分、合闸回路,禁止分、合闸。信号灯 HL2 亮,指示 SF_6 气体压力降低闭锁状态。

SF_6 气体压力降低至 0.59 MPa 时,ST_{1-2} 闭合,信号灯 HL1 亮,指示 SF_6 气体压力降低报警状态。

(3)加热与照明

为确保操动机构工作在合适的环境温度,设立温湿度控制仪 WK,闭合空气开关 QA2 可投入此项功能,并由加热器 EH 实现自动加温。

闭合空气开关 QA3,可以实现操动机构箱局部照明。

(4)电气防跳

由继电器 KC1 实现,原理不再详述。

4.电动操作隔离开关与接地开关的控制、信号电路

城市轨道交通供电系统中,中压(35 kV 或者 10 kV)的进线或出线间隔一般采用如图 3.13 所示的主接线,高压开关采用断路器、隔离开关、接地开关,当然,也可以使用三工位开关(即开关具有分闸、合闸、接地三个工作位置)替代隔离开关与接地开关。本节介绍这种配用电动机操动机构的隔离开关与接地开关的控制与信号电路。

(1)隔离开关与接地开关控制电路构成原则

图 3.14 所示为隔离开关与接地开关控制回路图。隔离开关与接地开关各自有一套相互独立的电动机型操动机构,但其操动机构控制回路结构与原理完全相同,因此,这里仅给出一套电路,如图 3.15 所示,为隔离开关(接地开关)控制原理图。图 3.16 所示为隔离开关与接地开关的开关量输入原理图。

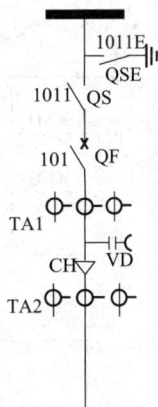

图 3.13 降压变电所中压开关柜主接线图

①由于隔离开关、接地开关没有灭弧机构,不允许用来切断和接通负载电流,因此控制回路必须受相应断路器的闭锁,以保证断路器在合闸状态下,不能操作隔离开关。如图 3.14 所示,由断路器操动机构中的常闭接点 QF_7 串入隔离开关的控制电路,常闭接点 QF_{11} 串入接地开关的控制电路,当断路器在合闸状态时其常闭接点 QF_7、QF_{11} 断开,隔离开关控制电路、接地开关控制电路均处于闭锁状态。

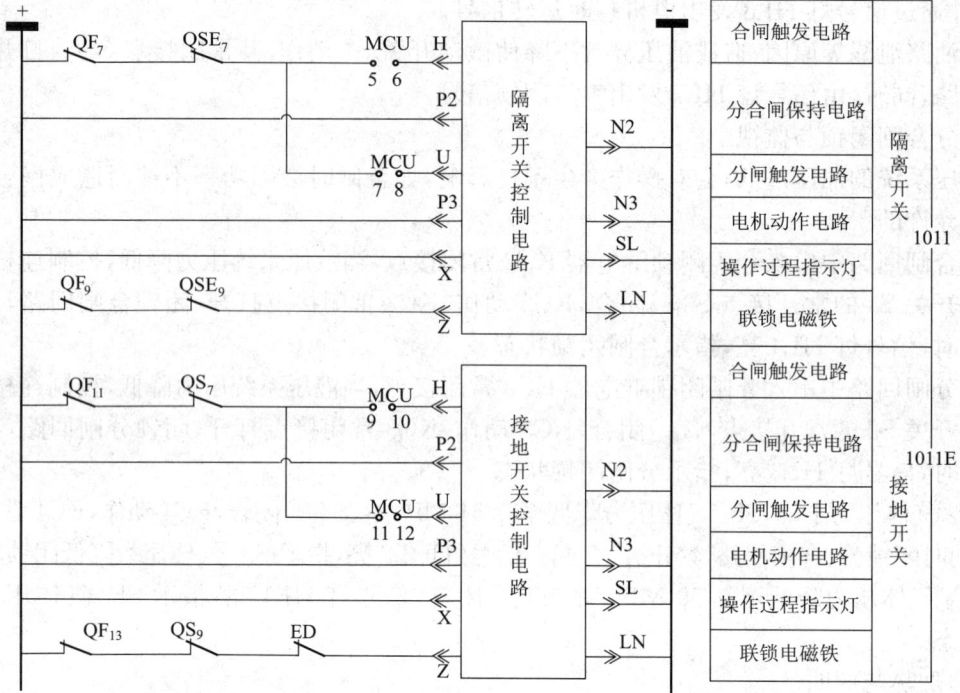

图 3.14　应用电动操动机构的隔离开关与接地开关控制回路图

②依靠隔离开关控制回路中控制继电器的主触点切换，来改变直流串激式电动机励磁绕组的受电极性，使电动机改变转向而达到分、合闸目的，如图 3.15 所示。

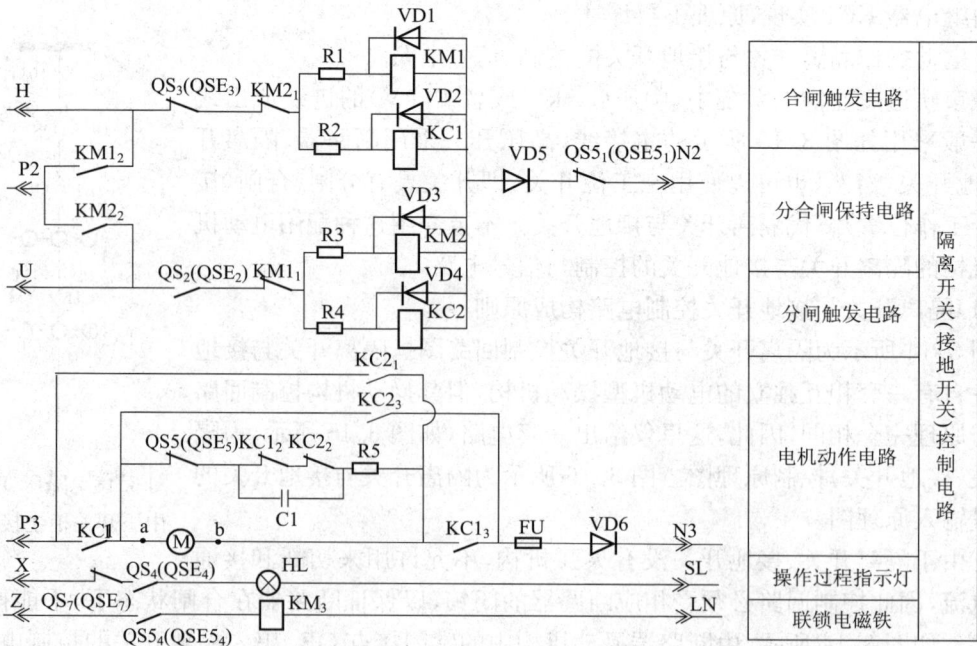

图 3.15　应用电动操动机构的隔离开关（接地开关）控制原理图

③QS5(QSE5)是隔离开关(接地开关)的手动/电动操作转换行程开关,它受手摇分合闸操作挡板控制。正常时,挡板处于电动位置,QS5(QSE5)不受挡板抵压,QS51(QSE51)闭合,隔离(接地)开关能进行电动操作分合闸。当电气控制回路故障或检修时,把挡板转换至手动操作位,挡板抵压 QS5(QSE5),常闭接点 QS51(QSE51)断开,切断电动操作分合闸回路。此时,隔离(接地)开关通过机械手柄能进行当地手摇分合闸操作,而不能进行电动操作;常开接点 QS54(QSE54)闭合,为联锁电磁铁 KM3 提供受电通路。

④分、合闸操作脉冲是暂时的,操作完毕后,能自动解除。图 3.15 所示电路通过控制继电器接点转换,实现上述功能。

⑤隔离(接地)开关应有所处状态的位置信号,通过微机测控保护装置开关量输入回路,为监控系统提供状态信息,如图 3.16 所示。

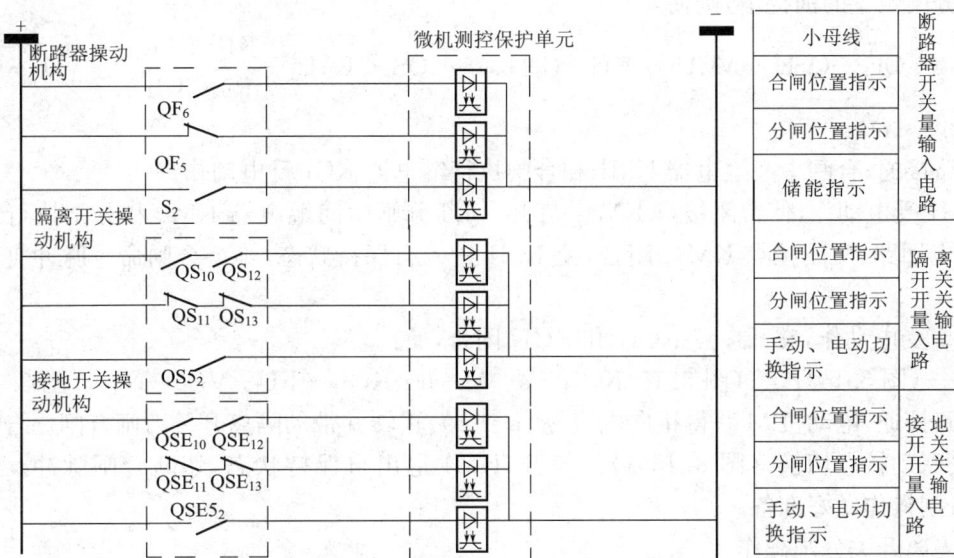

图 3.16　应用电动操动机构的隔离开关(接地开关)的开关量输入原理图

⑥隔离开关与接地开关的操作应当相互闭锁。如图 3.14 所示,由隔离开关的常闭接点 QS7 串入接地开关的控制电路,接地开关的常闭接点 QSE7 串入隔离开关的控制电路,确保断电时先分隔离开关后合接地开关,送电时先分接地开关后合隔离开关。

(2)电路工作原理

①接地开关分闸操作

如图 3.14 所示,电力调度中心传送远方分闸命令,或者由值班员在当地监控单元发出分闸命令,都可以使微机测控保护装置输出端子 MCU_{11} 和 MCU_{12} 瞬间导通,在断路器、隔离开关均处于分闸位置的前提下,则使:

$$+ —QF_{11}—QS_7—MCU_{11-12}—U—(图 3.15)QSE_2—KM1_1—\frac{R3—KM2}{R4—KC2}—VD5—QSE5_1—$$

$N2—(图 3.14)—;$

电路接通,分闸中间继电器 KM2 和分闸执行继电器 KC2 受电动作。

KM2 受电动作,使常闭接点 $KM2_1$ 打开,切断合闸中间继电器 KM1 和合闸执行继电器

KC1 受电回路；常开接点 $KM2_2$ 闭合，使 KM2 进入自保持状态，维持分闸命令脉冲直到分闸成功。

KC2 受电动作，常开接点 $KC2_1$ 和 $KC2_3$ 闭合，使：

＋ —（图 3.14）P3—（图 3.15）$KC2_1$—b—M—a—$KC2_3$—FU—VD6—N3—（图 3.14）—；

电路接通，电动机 M 获得反向电流（从 b 到 a），反转并带动接地开关刀闸分闸。分闸到位后，辅助联动接点切换，（图 3.15）QSE_2 打开，KM2 退出自保持状态，切断合闸脉冲。QSE_3 闭合，为分闸操作做好准备。

②隔离开关合闸操作

如图 3.14 所示。电力调度中心传送远方合闸命令，或者由值班员在当地监控单元发出合闸命令，都可以使微机测控保护装置输出端子 MCU_5 和 MCU_6 瞬间导通，在断路器、接地开关均处于分闸位置的前提下，则使：

$$＋ \quad —QF_7—QSE_7—MCU_{5-6}—H—（图 3.15）\; QS_3—KM2_1 \genfrac{}{}{0pt}{}{R1—KM1}{R2—KC1} —VD5—QS5_1$$

N2—（图 3.14）—；

电路接通，合闸中间继电器 KM1 和合闸执行继电器 KC1 受电动作。

KM1 受电动作，使常闭接点 $KM1_1$ 打开，切断分闸中间继电器 KM2 和分闸执行继电器 KC2 受电回路；常闭接点 $KM1_2$ 闭合，使 KM1 进入自保持状态，维持合闸命令脉冲直到合闸成功。

KC1 受电动作，常开接点 $KC1_1$ 和 $KC1_3$ 闭合，使：

＋ —（图 3.14）P3—（图 3.15）$KC1_1$—a—M—b—$KC1_3$—FU—VD6—N3—（图 3.14）—；

电路接通，电动机 M 获得正向电流（从 a 到 b），正转并带动隔离开关刀闸合闸。合闸到位后，辅助联动接点切换，（图 3.15）QS_3 打开，KM1 退出自保持状态，切断合闸脉冲。QS_2 闭合，为分闸操作做好准备。

③隔离开关分闸操作

如图 3.14 所示。电力调度中心传送远方分闸命令，或者由值班员在当地监控单元发出分闸命令，都可以使微机测控保护装置输出端子 MCU_7 和 MCU_8 瞬间导通，在断路器、接地开关均处于分闸位置的前提下，则使：

$$＋ \quad —QF_7—QSE_7—MCU_{7-8}—U—（图 3.15）\; QS_2—KM1_1 \genfrac{}{}{0pt}{}{R3—KM2}{R4—KC2} —VD5—QS5_1$$

N2—（图 3.14）—；

电路接通，分闸中间继电器 KM2 和分闸执行继电器 KC2 受电动作。

KM2 受电动作，使常闭接点 $KM2_1$ 打开，切断合闸中间继电器 KM1 和合闸执行继电器 KC1 受电回路；常开接点 $KM2_2$ 闭合，使 KM2 进入自保持状态，维持分闸命令脉冲直到分闸成功。

KC2 受电动作，常开接点 $KC2_1$ 和 $KC2_3$ 闭合，使：

＋ —（图 3.14）P3—（图 3.15）$KC2_1$—b—M—a—$KC2_3$—FU—VD6—N3—（图 3.14）—；

电路接通，电动机 M 获得反向电流（从 b 到 a），反转并带动隔离开关刀闸分闸。分闸到位后，辅助联动接点切换，（图 3.15）QS_2 打开，KM2 退出自保持状态，切断合闸脉冲。QS_3 闭合，为分闸操作做好准备。

④接地开关合闸操作

如图 3.14 所示,电力调度中心传送远方合闸命令,或者由值班员在当地监控单元发出合闸命令,都可以使微机测控保护装置输出端子 MCU_9 和 MCU_{10} 瞬间导通,在断路器、隔离开关均处于分闸位置的前提下,则使:

$$+ \quad -QF_{11}-QS_7-MCU_{9-10}-H-(图 3.15)\ QSE_3-KM2_1-\frac{R1-KM1}{R2-KC1}-VD5-QSE5_1-$$

$N2-(图 3.14)-$;

电路接通,合闸中间继电器 KM1 和合闸执行继电器 KC1 受电动作。

KM1 受电动作,使常闭接点 $KM1_1$ 打开,切断分闸中间继电器 KM2 和分闸执行继电器 KC2 受电回路;常闭接点 $KM1_2$ 闭合,使 KM1 进入自保持状态,维持合闸命令脉冲直到合闸成功。

KC1 受电动作,常开接点 $KC1_1$ 和 $KC1_3$ 闭合,使:

$$+ \quad -(图 3.14)P3-(图 3.15)KC1_1-a-M-b-KC1_3-FU-VD6-N3-(图 3.14)\ -$$;

电路接通,电动机 M 获得正向电流(从 a 到 b),正转并带动接地开关刀闸合闸。合闸到位后,辅助联动接点切换,(图 3.15)QSE_3 打开,KM1 退出自保持状态,切断合闸脉冲。QSE_2 闭合,为分闸操作做好准备。

⑤联锁与指示

当选择手动操作模式时,图 3.15 中 $QS5_4$($QSE5_4$)闭合,为联锁电磁铁 KM3 提供受电通路。图 3.14 所示,当满足断路器和接地开关均处于分闸位时,允许手动操作隔离开关;当满足断路器和隔离开关均处于分闸位且带电显示装置(ED)监测无电时,允许手动操作接地开关。

图 3.16 所示,断路器、隔离开关、接地开关的操动机构中的接点分别通过微机测控保护装置开关量输入回路,为监控系统提供断路器、隔离开关、接地开关的位置状态信息。

图 3.15 中接点 QS_7(QSE_7)在隔离开关(接地开关)完全合闸时打开,操作途中和完全分闸时闭合;接点 QS_4(QSE_4)在隔离开关(接地开关)完全分闸时打开,操作途中和完全合闸时闭合。这样,无论是分闸操作还是合闸操作,在其操作途中,QS_7(QSE_7)、QS_4(QSE_4)同时闭合,HL 受电点亮,指示操作过程正在进行。

3.1.2.3　变电所信号装置

变电所中,运行人员为了及时发现与分析故障,迅速消除和处理事故,统一调度和协调生产,除了依靠测量仪表或监视系统监视设备运行外,还必须借助灯光和音响信号装置反映设备正常和非正常的运行状态。

1. 信号装置的分类

变电所中的信号装置按其用途不同,一般有下列三种:

(1)位置信号

它主要指示开关电器的位置状态。一般由亮平光的红、绿信号灯组成,位置信号安装在相应的控制盘上。

(2)继电保护和自动装置动作信号

它主要指示故障对象和故障性质,一般由信号继电器和告警文字组成。

（3）中央信号

变电所运行中,除了正常运行状态外,还有故障状态和不正常运行状态。故障状态是指电路发生短路故障,并导致断路器自动跳闸而中断供电的情况。例如当电气设备和线路发生短路故障引起断路器自动跳闸。断路器自动跳闸时,应发出事故音响信号和说明事故性质的告警文字信号。此外,已跳闸断路器的绿色信号灯(图标)闪光,表示出事故发生的对象。不正常运行状态是指主电路、二次电路发生故障,但未引起断路器自动跳闸的运行状况,如主变压器油温过高、过负荷、直流系统接地等。变电所运行中发生不正常运行状态时,应发出电铃音响信号,同时相应的告警文字有灯光显示,表明其性质和不正常运行设备的所在。事故音响信号、预告音响信号、全所共用的告警文字信号等合称为中央信号。

装置按发出信号的性质分为事故信号和预告信号。故障状态时中央信号装置发出的相应信号称为事故信号。事故信号分为事故音响信号(蜂鸣器)事故灯光信号及告警文字信号。

不正常运行状态时中央信号装置发出的相应称为预告信号。预告信号一般由电铃音响信号、掉牌信号和告警文字信号组成。

预告信号分为瞬时预告信号和延时预告信号。

①瞬时预告信号

某些不正常运行状态一经出现,就立即发出的信号称为瞬时预告信号。如主变压器轻瓦斯动作,主变油温过高、主变通风故障、操动机构的油气压力降低、直流电压异常、操作熔断器动作等不正常运行状态,均发出瞬时预告信号。

②延时预告信号

某些不正常运行状态出现后,需经一定的延时,经确认后,再发出的信号称为延时预告信号。如主变过负荷、压互二次断线、直流控制回路断线、交流回路绝缘损坏等不正常运行状态,均发出延时预告信号。

因为当主电路发生短路故障时,将同时引起某些不正常的运行状态的出现,事故信号和预告信号将同时发出,不便于工作人员判断故障性质。若这类预告信号延时发出,延时时间大于外部短路的最大切除时间,则当外部短路故障切除后,这类不正常运行状态也随之消失,与事故信号同时启动的预告信号将自动返回,这样可以避免误发预告信号,便于工作人员分析处理事故。

2. 信号装置的功能

（1）事故信号装置功能

事故信号是变电所发生事故时断路器的跳闸信号,引起断路器事故跳闸的原因如下:

①线路或电气设备发生故障,由继电保护装置动作跳闸。

②继电保护或自动装置误动作跳闸。

③控制回路故障误跳闸。

无论何种原因引起的事故跳闸,事故信号装置均应满足:

①当断路器事故跳闸时,无延时发出事故音响信号,并使相应断路器的位置信号灯闪光或亮白灯,监控主机主接线画面中相应断路器图标闪烁。

②事故时应立即启动远动装置,发出遥信。

③事故音响信号应能手动复归或自动复归。

音响信号的复归方式可分为就地复归、中央复归、手动复归、自动延时复归等方式。

a. 就地复归：在电气设备安装所在地进行个别信号单独复归。

b. 中央复归：在主控制室内监控主机上集中复归。

c. 手动复归：值班人员在相应配电盘上进行复归。

d. 自动延时复归：信号发出后，经一定时间的延时，电路自动复归有关信号。

④事故时应有指明继电保护和自动装置动作情况的光信号和其他形式信号。

⑤能自动记录发生事故的时间。

⑥事故时，应能启动计算机监控系统。

⑦事故音响、灯光信号装置应能进行完好性检查试验。

（2）预告信号装置的功能

预告信号是变电所中电路或电气设备出现不正常运行状态的信号，包括以下内容：

①各种电气设备的过负荷。

②各种带油设备的油温升高超过极限。

③交流小电流系统接地故障。

④各种电压等级的直流系统接地。

⑤各种液压或气压机构压力异常、弹簧机构的弹簧未拉紧。

⑥用 SF_6 气体绝缘设备的 SF_6 气体密度或压力异常。

⑦各种继电保护和自动装置的交、直流电源断线。

⑧断路器的控制回路断线。

⑨电流互感器和电压互感器的二次回路断线。

⑩继电保护和自动装置的信号继电器动作未复归。

⑪其他一些值班员需要了解的运行状态也可发出预告信号。

当变电所中电路或电气设备出现不正常运行状态时，值班人员通过预告信号装置应立即知道，并及时记录与处理，防止事故发生。因此，对预告信号装置提出以下要求：

①预告信号出现时，应能瞬时或延时发出与事故信号有区别的音响信号，同时有灯光信号指出不正常运行内容。

②能手动复归或自动复归音响信号，显示故障性质的灯光信号应保留，直至故障排除。

③预告信号装置应具有重复动作的功能。

所谓重复动作，主要是对音响信号而言，能重复动作是指当第一个故障出现时的音响信号解除之后，灯光信号未复归之前，也就是第一个故障未排除前，如果又出现不正常工作状态，中央信号装置仍能按要求发出音响及灯光信号。若在上述时间范围内不能连续发出若干音响信号，而只有当前一个故障排除后，才能发出后续故障的音响信号时，称为不重复动作。

④预告音响、灯光信号装置应能进行完好性检查试验。

3.1.3　工作任务

1. 电能表的电流、电压回路接线

（1）完成电流互感器接线

选择准确度级别为 0.2 级的电流互感器，接成两相不完全星形。

（2）完成电压互感器接线

选择准确度级别为 0.2 级的电压互感器，电压互感器采用三相五柱式。

（3）完成电能表接线

电能表采用三相三线式，引 A 相、C 相电流进电能表，引 AB、BC 电压进电能表。

2.隔离开关二次回路检查

（1）检查电源开关是否处于接通位置。

（2）将切换开关置于就地位置。

（3）按下合闸按钮，检查交流接触器是否动作，能否自保持。

（4）检查电动机旋转方向，限位开关是否动作。

（5）检查交流接触器 1 带电情况，并观察隔离开关是否合闸到位。

（6）按下分闸按钮，检查交流接触器是否动作，能否自保持。

（7）检查电动机旋转方向，限位开关是否动作。

（8）检查交流接触器带电情况，并观察隔离开关是否分闸到位。

3.线路测控装置接线

（1）从高压开关柜端子排引接 4 根电流线，U 相、V 相、W 相、N 相，采用 4×2.5 mm 控制电缆。

（2）从高压开关柜端子排引接 5 根电压线，U、V、W、N、L，采用 7×1.5 mm 控制电缆。

（3）在测控装置侧确认每一根线，并套上号码管。

（4）根据图纸，接入测控装置。

（5）保证接线工艺美观。

3.1.4 分析与思考

1.断路器、隔离开关控制电路的结构包括哪几部分？

2.断路器的控制信号回路应满足哪些要求？

3.断路器控制回路为什么要设置电气防跳措施？防跳原理是什么？

4.断路器分、合闸控制回路为什么要用其操动机构中辅助接点？

5.分析弹簧操动机构断路器控制信号电路分合闸操作工作原理。

6.分析液压操动机构断路器控制信号电路分合闸操作工作原理。

7.分析液压弹簧操动机构断路器控制信号电路分合闸操作工作原理。

8.分析电动隔离开关控制信号电路分合闸操作工作原理。

9.分析弹簧操动机构断路器控制信号电路中储能电机工作过程。

10.分析液压操动机构断路器控制信号电路中液压监视、闭锁与储能原理。

11.分析弹簧储能液压操动机构断路器控制信号电路中液压监视、闭锁与储能原理。

12.中央信号装置包括哪几部分？各部分作用是什么？

13.变电所一般装设哪些信号系统？各起什么作用？

模块2 继电保护装置的维护与检修

电力系统是一个整体，电能的生产、传输、分配和使用是同时实现，各设备之间又都有电或磁的联系，所以当某一设备或线路发生短路故障时，在很短的时间内就影响到整个电力系统的其他部分。为此要求切除故障设备或输电线路的时间必须很短，通常切除故障的时间小到十分之几秒到百分之几秒。显然要在这样短的时间内由运行人员及时发现并手动将故障切除是绝对不可能的,只有借助于装设在每个电气设备或线路上的自动装置,即继电保护装置才能实现。继电保护装置就是指能反应电力系统中电气元件发生故障或不正常的运行状态,并动作于断路器跳闸或发出信号的一种自动装置。本模块的任务就是对继电保护装置进行维护和检修。

3.2.1 学习目标

1. 理解继电保护的概念和作用;
2. 掌握各类型继电保护的原理;
3. 掌握电气设备继电保护的配置;
4. 能维护和检修保护装置二次回路;
5. 能对微机保护装置进行功能校验。

3.2.2 知识准备

3.2.2.1 继电保护概述

电力系统在运行中可能发生各种故障和不正常运行状态,最常见也是最危险的故障是各种类型的短路。发生短路时可能产生以下后果:

(1)通过故障点的短路电流和所燃起的电弧使故障设备或线路损坏。

(2)短路电流通过非故障设备时,由于发热和电动力的作用,引起电气设备损伤或损坏,导致使用寿命大大缩减。

(3)电力系统中部分地区的电压大大降低,破坏用户工作的稳定性或影响产品的质量。

(4)破坏电力系统并列运行的稳定性,引起系统振荡,甚至导致整个系统瓦解。

电力系统中最常见的不正常运行情况是过负荷。长时间过负荷使电气设备的载流部分和绝缘材料过度发热,从而使绝缘加速老化,甚至破坏,引起故障。此外,系统中出现功率缺额而引起的频率降低,发电机突然甩负荷而产生的过电压等,都属于不正常运行状态。

电力系统中发生故障和出现不正常运行情况时,可能引起系统全部或部分正常运行遭到破坏,电能质量变到不能容许的程度,以致造成对用户停止供电或少供电,甚至造成人身伤亡和设备损坏,这种情况就称为发生了"事故"。为了避免或减少事故发生,提高电力系统运行的可靠性,必须改进设备的设计制造,保证设计安装和检修的质量,提高运行管理水平,采取预防事故的措施,尽可能消除发生事故的可能性。在电气设备或输电线路一旦发生故障时,就必须采取措施,尽快地将故障设备或线路从系统中切除,保证非故障部分继续安全运行,避免二次事故的发生或缩小事故的范围和影响。

由于电力系统是一个整体,电能的生产、传输、分配和使用同时实现,各设备之间又都有电或磁的联系,所以,当某一设备或线路发生短路故障时,在很短的时间内就影响到整个电力系统。为此要求切除故障设备或输电线路的时间必须很短,通常切除故障的时间小到十分之几秒到百分之几秒。显然要在这样短的时间内由运行人员及时发现并手动将故障切除是绝对不可能的,只有借助于装设在每个电气设备或线路上的自动装置,即继电保护装置才能实现。这种装置到目前为止,有一部分仍然由单个继电器或继电器与其附属设备的组合电力系统继电保护构成,故称为继电保护装置。在电子式静态保护装置和数字式保护装置出现以后,虽然继电器多已被电子元件或计算机取代,但仍沿用此名称。在电业部门常常用"继电保护"一词泛指继电保护技术或由各种继电保护装置组成的继电保护系统。"继电保护装置"一词则指各种具体的装置。

1. 继电保护的定义及其任务

继电保护装置就是指能反应电力系统中电气元件发生故障或不正常的运行状态,并动作于断路器跳闸或发出信号的一种自动装置。它的基本任务是:

(1)自动、迅速和有选择地将故障元件从电力系统中切除,使故障元件免于继续遭到破坏,保证其他无故障部分迅速恢复正常运行。

(2)反应电气元件的不正常运行状态,并根据运行维护的条件(如有无经常值班人员)而动作于信号,以便值班员及时处理,或由装置自动进行调整,或将那些继续运行就会引起损坏或发展成为事故的电气设备切除。此时一般不要求保护动作迅速,而是根据对电力系统及其元件的危害程度规定一定的延时,以免不必要的动作和由于干扰而引起的误动作。

由此可见,继电保护在电力系统中的主要作用是通过预防事故或缩小事故范围来提高系统运行的可靠性,最大限度地保证向用户安全连续供电。因此,继电保护是电力系统的重要组成部分,是保证电力系统安全可靠运行的必不可少的技术措施。在现代的电力系统中,如果没有专门的继电保护装置,要想维持系统的正常运行是根本不可能的。

2. 继电保护装置的基本要求

继电保护在设计、生产、施工、运行等过程中,技术上应该满足:选择性、速动性、灵敏性、可靠性等4个方面的基本要求。

(1)选择性

继电保护的选择性是指电力系统中某电器设备产生短路故障时,应该有选择地使继电保护装置动作并切除故障设备,使停电范围最小。

电力系统中装备有许许多多不同原理和功能的继电保护装置,用来对不同的电器设备建立保护,甚至,有些电器设备会同时运用多种继电保护装置。所以,考虑继电保护装置动作的选择性是非常必须的。选择性由合理地采用继电保护方式与正确地整定计算、调试、运行维护来保证。

(2)速动性

继电保护的速动性是指当电力系统中的电器设备发生短路故障时,继电保护应当尽快地动作,及时将故障设备切除。考虑继电保护的速动性,其主要目的是:

① 缩短用户在电压降低的情况下工作的时间;

② 减轻电气设备可能受损坏的程度;

③ 防止故障扩展;

④ 有利于提高电力系统并列运行的稳定性。

对发生不正常运行状态时只需要发出信号的继电保护装置,一般不要求迅速动作,而是按照选择性的要求发出信号。

(3)灵敏性

继电保护的灵敏性(也叫灵敏度)是指在它的保护范围内的电器设备发生短路或不正常状态时,保护装置应该具有足够灵敏的反应能力。

继电保护装置的灵敏性一般用灵敏系数(K_{sen})来衡量。

① 对于反应短路时参数量增加的继电保护装置灵敏系数的定义为:

$$灵敏系数 = \frac{保护区末端金属性短路时短路参数的最小计算值}{保护装置的动作参数整定值}$$

例如，过电流保护装置的灵敏系数为 $K_{sen} = I_{k \cdot min}/I_{ACT}$。

② 对于反应短路时参数量降低的继电保护装置灵敏系数的定义为：

$$灵敏系数 = \frac{保护装置动作参数的整定值}{保护区末端金属性短路时短路参数的最大计算值}$$

例如，低电压保护装置的灵敏系数为 $K_{sen} = U_{ACT}/U_{k \cdot max}$。

(4)可靠性

继电保护的可靠性是指装置自身要求处于良好的工作状态，工作可靠，不应该出现拒动或误动现象。

拒动现象是指在它的保护范围内发生属于它应该动作的短路时，由于它本身有缺陷而拒绝动作；误动现象是指当发生任何不应该由它动作的短路时或者没有发生短路时，由于它本身有缺陷而误动作。

提高继电保护的可靠性应该做到：

① 设计时应科学、合理地选择保护装置，采用的继电器及触点应尽可能少，选择的继电器和其他元件应当质量高、动作可靠，并且正确地整定计算。

② 装配、施工时，应正确无误，保证质量。

③ 合理调整试验，加强运行维护管理。

3.继电保护的构成及工作原理

(1)基本构成

继电保护的基本构成包括：变换电路、测量比较元件和执行操作电路。

① 变换电路：将电流互感器、电压互感器二次侧的电流、电压变换为测量比较元件所需要的输入量。

② 测量比较元件：完成电器设备运行参数的检测与比较判定。如电流继电器、阻抗继电器等，当被测量符合整定值条件时，测量比较元件动作。

③ 执行操作电路：完成继电保护动作命令的执行，是一种实现一定控制要求的直流电路，经过它去接通所需要的跳闸电路和信号。

(2)工作原理

图 3.17 所示为最简单的电流保护工作原理示意图。

当保护范围内发生短路时，电流互感器 TA 的一次电流 I_1 增大，因而二次侧流入继电器 K 中的电流 I_2 也增大，如果超过给定值(在继电保护中叫做整定值)，则继电器 K 的衔铁动作，触点闭合，使断路器跳闸线圈 YT 受电，铁芯被向上吸动，顶开脱扣机构，使断路器跳闸。断路器跳闸后，它的辅助触点 QF 断开，YT 断电。在正常运行时，I_2 小于整定值，继电器不动作。

可见这种继电保护的核心是电流继电器，它通过电流互感器受电，经常测量电流值，并与整定值进行比较，一旦超过整定值就动作，向断路器跳闸机构送出跳闸命令。

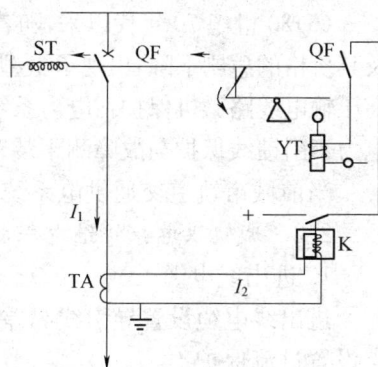

图 3.17　电流保护作用示意图
QF—断路器；ST—分闸弹簧；
YT—跳闸线圈；K—继电器；
TA—电流互感器

4. 继电保护装置的分类

继电保护装置一般按照保护装置反应的电参数、保护装置的构成元件、保护的设备对象、保护的主备位置等进行分类。

(1)按保护装置反应的参数分类

按参数分类可分为电流保护、低电压保护、距离保护、差动保护等。

(2)按保护装置的构成元件分类

按构成元件分类可分为电磁型保护、感应型保护、整流型保护、晶体管型保护、集成电路型保护、微型计算机保护等。

(3)按被保护设备对象分类

按被保护设备对象可分为线路保护、母线保护、变压器保护、牵引网保护等。

(4)按保护的设备位置分类

按保护的设备位置可分为主保护、后备保护、辅助保护等。

5. 继电保护的发展概况

(1)最简单的电器保护装置是熔断器,可称为最早的过电流保护。

(2)20世纪初,为提高保护的性能,继电器开始广泛应用于电力系统的保护。1901年出现了用感应型电流继电器构成的电流保护;1908年,提出了电流差动保护;1910年,开始采用电流方向保护,应用了感应型功率方向继电器;1920年,应用了感应型阻抗继电器构成的距离保护;1927年以后,开始应用输电线路的高频保护,应用了电子管构成的高频发送与接收电路。

(3)20世纪60年代后期,随着半导体技术的迅速发展,应用半导体器件的整流型保护装置和晶体管型保护装置逐渐受到重视,并推广应用。晶体管型继电保护的优点是:动作迅速、灵敏度高、体积小、重量轻、功率消耗少、无触点、无机械磨损等。其缺点是:离散性大、抗干扰能力较差、工作可靠性较低。20世纪70年代是晶体管型和整流型继电保护装置在我国被大量采用的时期,满足了当时电力系统向超高压、大容量方向发展的需要。

(4)20世纪80年代后期,随着电子技术的发展,出现了体积更小、工作更可靠的集成运算放大器和其他集成电路。促使静态继电保护装置向集成电路化方向发展,是继电保护装置从第一代(晶体管型)向第二代(集成电路型)过渡和发展的时期。

(5)20世纪70年代以来,随着电子计算技术的迅速发展,特别是微处理器技术的迅速发展及其价格的急剧下降,出现了微型计算机型继电保护装置(简称微机保护)。1984年,我国第一套高压输电线路微机保护在电力系统投入试运行;在我国电气化铁路方面,第一套 WXB-61 型微机电力牵引馈线保护与故障测距装置,于1992年通过部级鉴定。

当前城市轨道交通供电系统已广泛采用微机保护装置。

3.2.2.2 城轨供电系统继电保护装置配置情况

1. 进出线电缆

进出线电缆设置导引线纵差保护作为主保护。后备保护则根据环网系统的情况在不同地点设置过流保护。

2. 整流机组

目前,在建和已建地铁的每座牵引变电所都设两套整流设备(也称为整流机组)。由于地铁的直流牵引电压比较高(北京、武汉采用750 V电压,其他城市都采用1 500 V电压),所以整流设备几乎都是采用桥式整流电路。为了减少地铁谐波电流对城市电网的污染,除北京部分地铁线路采用三相桥式六脉波整流电路外,新建的地铁线路都采用三相桥式并联的 12 脉波整流电路(简称双桥并联整流电路)。采用两台阀侧电压相位差 30° 的双绕组整流变压器与两台三相桥式整流器构成的等效 12 脉波整流电路;用一台三绕组或四绕组整流变压器,阀侧电压相位差同样为 30°,与一台双三相桥式整流器构成一套 12 脉波整流机组。两套 12 脉波整流机组并联工作并不会改变整流脉波数,只有当两套机组的整流变压器阀侧绕组分别移相 +7.5°、−7.5° 并联工作时,才形成等效 24 脉波整流。

整流器本体设置了如下一些保护:

(1)内部过电压保护;

(2)外部过电压限制;

(3)内部短路保护;

(4)电源保护;

(5)温度保护。

3.400 V 低压主开关

400 V 低压主开关的作用为过负荷保护、短延时过负荷保护、接地保护。

4. 直流牵引供电系统保护

地铁直流牵引供电系统是一个复杂系统,其核心技术是直流供电控制与保护。直流保护装置必须在机车电路发生故障时快速准确地检测出故障,及时地切断故障,同时要避免机车起动时的大电流和运行时的电气参数变化而引发的误跳闸。保护系统应满足如下要求:

(1)能适用于所有线路供电方案,如单边供电、同一变电所内几个整流器并列供电、相邻变电所整流器并列双边供电等。

(2)能区分牵引电流和故障电流、基本保护和后备保护。

(3)动作迅速。保护系统包括两种保护装置:一种是直接装在断路器操作机构中的保护元件(如各种脱扣器);另一种是继电保护装置,属于间接保护。在地铁牵引供电系统中有以下几种主要的直流馈线保护方式:电流类保护(大电流脱扣保护、$\mathrm{d}i/\mathrm{d}t$ 电流上升率保护及 ΔI 电流增量保护、过流保护);电压类保护(低电压保护、电压降保护、ΔU 保护、轨道带电保护)、框架类保护(轨道过压保护、正极接地保护);其他保护(接触网热过负荷保护等保护方式)。牵引供电系统可能发生各种故障和不正常运行状态。最常见最危险的故障就是发生各种形式的短路。当被保护线路上发生短路故障时,其主要特征就是电流增加和电压降低。利用这两个特征,可以构成电流和电压的保护。从检测方法上,分别通过测量电流、电压和阻抗的参数实现对线路的保护。

3.2.2.3　整流机组继电保护

1. 干式变压器继电保护设置

(1)电量保护

和采用熔断器保护相比较,采用断路器保护虽然成本相对高于熔断器保护,但它具有整定简单灵活、动作安全可靠性高、运行维护方便等优点,所以,在城轨供电系统中被广泛使用,在很多场合容量低于 400 kV·A 的变压器仍然采用断路器作为中压侧保护设备。

①电流速断保护

在常见的变压器接线中,一般采用瞬时电流速断保护作为电流保护的第一段,其保护的范围按躲过配电变压器低压侧可能产生的三相最大短路电流来整定。

②过电流保护

过电流保护的整定原则,是按照躲过变压器可能出现的最大负荷电流来考虑的。也就是只有

在被保护变压器故障时才启动,而在最大负荷电流出现时不应动作。为此必须满足以下两个条件:

　　a. 在正常情况下,出现最大负荷电流时不应动作。

　　b. 保护装置在外部故障切除后应能可靠地返回。因为短路电流消失后,保护装置有可能出现最大负荷电流,为保证选择性,已动作的电流继电器在这时应当返回。

　　③过负荷保护

　　过负荷保护是用来保护变压器的过负荷,保护装置的动作电流,应躲过变压器额定电流。

　　(2)温度保护

　　干式变压器的安全运行和使用寿命,很大程度上取决于变压器绕组绝缘的安全可靠。绕组温度超过绝缘耐受温度使绝缘破坏,是导致变压器不能正常工作的主要原因之一。因此,对变压器的运行温度的监测及其报警控制是十分重要的。

　　超温报警、跳闸:通过预埋在低压绕组中的非线性热敏测温电阻采集绕组或铁芯温度信号,可直接显示各相绕组温度包括三相巡检及最大值显示,并可记录历史最高温度,可将相应的温度以模拟量或数字量的形式输出至变电所自动化系统。当变压器绕组温度升高,一般达到温度报警限值时,输出超温报警信号;若温度继续上升至温度跳闸限值时,变压器已不能继续运行,须向二次保护回路输送超温跳闸信号,使变压器迅速退出运行。

　　2. 整流机组继电保护

　　(1)内部过电压(换相过电压)保护

　　当二极管通过正向电流时,正电荷及负电荷的载流子向 PN 结方向扩散,于是正电荷载流子(空穴)就在 P 区与 N 区的交接面附近聚积起来。由于这些载流子的聚积,在二极管正向电流过零时,二极管不能立即恢复反向截止能力,这时,会在二极管中开始出现类似于短路电流的反向电流,逆向电流也或快或慢地突然消失。电流的突然中断引起整流电路中的感性负载产生感应电压,该电压叠加于正常反向电压之上形成内部过电压。

　　为避免内部过电压将二极管反向击穿,可在每个二极管上并联 RC 过电压限制回路,如图 3.18 所示。

　　(2)直流侧过电压保护

　　为限制直流侧或整流器交流进线侧可能出现的过电压,例如开关操作过电压或大气过电压,在整流器直流输出端并联 RC 和压敏电阻 R_Y 过电压限制回路。RC 电路由串联阻尼电阻 R_1 和电容 C_1 组成。另外,在整流器的直流输出端还并联起稳压作用的电阻 R_2,用于限制整流器的空载电压。

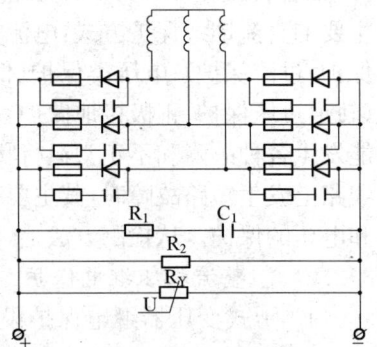

图 3.18　整流桥示意图

　　(3)整流器内部短路保护

　　当某个二极管失去反向截止能力,即造成整流器交流进线相间短路,我们称这种情况为整流器内部短路。针对整流器内部短路故障,可在整流器设置快速熔断器和逆流监视。

　　(4)快速熔断器

　　在每个二极管支路上串联一个快速熔断器,其作用是在整流器发生内部短路故障时,有选择地隔离故障二极管,避免故障二极管内部因过热而爆裂。

　　快速熔断器主要是针对整流器内部短路故障,所以在选择熔断器的额定电流时,必须考虑躲开负荷电流及外部短路电流,同时,需要使用厂家提供的安-秒特性曲线,即在规定的条件下,熔断器的预期开断电流与弧前时间的对应关系曲线。在安-秒特性曲线的基础上,根据相应标准(如 IEC 146-6),可得到熔断器的过载能力曲线。根据这条过载能力曲线,可校验熔断器是否满足过载能力要求。

(5)整流臂逆流监视单元

对于内部短路故障,可在整流器上设置逆流保护,该逆流保护由逆流电流互感器和逆流保护单元组成。在整流器的每一个整流桥臂上都装有一个穿心式电流互感器,这种电流互感器的铁芯由高等级的镍铁合金组成,具有近似于矩形的磁滞回线。

如果整流桥臂内的某个二极管反向击穿,则在这个二极管支路上的熔断器开始熔断的弧前时间和燃弧时间内,将有故障电流流过这个桥臂,而接在电流互感器二次侧的逆流保护单元就有信号输出,该输出信号可用作熔断器熔断指示信号。

(6)电流保护

整流机组应设以下电流保护:

①过载保护;

②过流保护;

③电流速断保护。

整流机组由整流变压器和整流器组成,它们有一根电流—时间过载合成曲线。整流机组的工作范围被划定在电流-时间过载合成曲线下方,为此,上述保护合成后的包络线必须在上述曲线下方。上述两根曲线称为保护配合曲线,由成套供应商提供。

(7)整流机组温度保护

整流机组温度保护有变压器温度保护和整流器温度保护两个部分。

这里所述的整流变压器都是指干式变压器。变压器三相绕组设温度保护。温度传感器被安置在绕组温度最高部位,也称为热点。温度传感器的信号送到温控仪,温控仪上可设定两个温度,一个是报警温度,另一个是跳闸温度,两个定值可以调整。温控仪的报警、跳闸信号通过无源接点或通信口送出。

整流器内部设两种温度保护,一种是母线温度保护;另一种是二极管温度保护。温度传感器是分别安装在整流器最热部位的母线和二极管散热器上。母线及二极管温度保护分别各设两个定值,一个是报警温度,另一个是跳闸温度。

3.2.2.4 直流牵引供电的继电保护与自动装置

轨道交通采用直流供电。直流供电系统包括直流开关柜、控制和保护系统、直流电缆、接触网等。国内外城轨交通系统运行统计数据表明,60%的轨道交通火灾事故起因是电气故障。可见,直流牵引供电系统的控制和保护系统对确保轨道交通的安全、可靠运行,具有举足轻重的作用。

地铁直流牵引供电系统的保护,可以分为两部分:牵引整流机组保护和直流馈线保护。牵引供电系统保护的最大特点就是系统的"多电源"和保护的"多死区"。所谓"多电源",即当牵引网发生短路时,并非仅双边供电两侧的牵引变电所向短路点供电,而是全线的牵引变电所皆通过牵引网向短路点供电。所谓"多死区",是因牵引供电系统本身构成的特点和保护对象的特殊性而形成保护上的"死区"。任何保护的最基本要求,就是当发生短路故障时,首先要迅速"切断电源"、"消除死区"。针对这两点,牵引供电系统除交流系统常用的保护外,还设置了牵引变电所内部联跳、牵引网双边联跳、电流上升率 $\mathrm{d}i/\mathrm{d}t$、电流增量 ΔI 等特殊保护措施,这就可以完全满足上述要求。

对任何供电系统的继电保护而言，可靠性总是第一位的，而对直流牵引供电系统，速动性是可以看成和可靠性同等重要的，所以直流侧保护皆采用毫秒级的电器保护设备，如直流快速断路器、di/dt 及 ΔI 保护等，目的就是在直流短路电流上升过程中将其遮断，不允许短路电流到达稳态值。至于选择性，在直流牵引供电系统中则处于次要位置，其保护的设置应是"宁可误动作，不可不动作"。误动作可以用自动重合闸进行矫正；不动作则很可怕，因为牵引供电系统短路时产生的直流电弧，如不迅速切断电源，就可以长时间维持燃烧而不熄灭。而交流电弧不同，其电压可以过零而自动熄灭。

1. 直流开关柜内的直流保护系统配置

常见的牵引变电所主接线如图 3.19 所示。通常，牵引变电所内的各种直流保护装置安装于开关柜中，直流保护装置的安装示意图如图 3.20 所示。

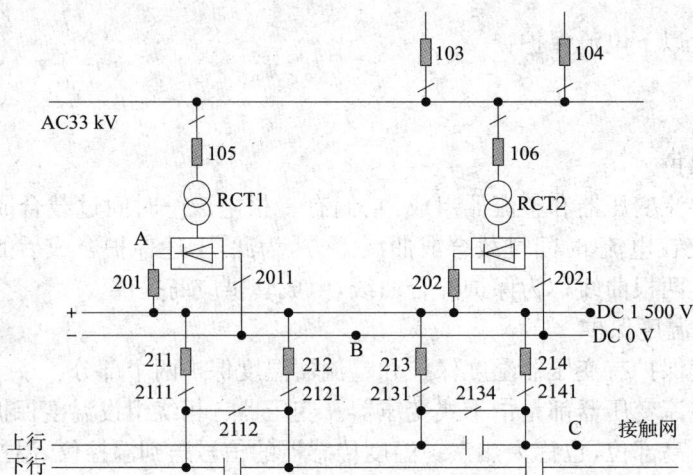

图 3.19　典型牵引变电所主接线图

注：图中 3 位数字表示的器件为断路器，如 101；4 位数字表示的器件为隔离开关，如 2111

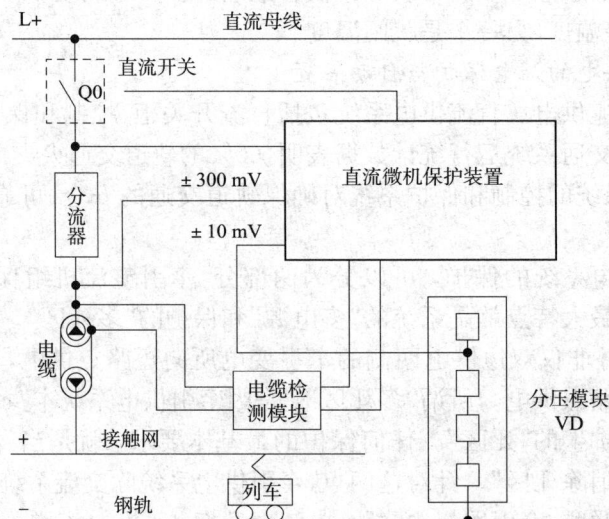

图 3.20　直流保护装置的安装示意图

各种开关柜常见的直流保护与控制功能配置如下：

(1)馈线柜(图 3.19 中对应 211,212,213,214 开关柜)

馈线柜安装于正极母线和接触馈出电缆之间,其内配置正极母线、直流快速断路器及相关控制、保护设备,提供多种馈线保护和控制,在馈出接线铜排旁设有避雷器,这是地铁供电保护系统中最主要的保护设备。馈线柜内装设的手车式直流快速断路器,其手车能方便地拉出和推入。所有二次保护控制测量元件均安装于标准的安装导轨上,卡插式安装固定,方便更换,其安装接线方式均能满足运行维护过程可靠、方便、快捷的要求。馈线柜可能配置的保护和控制功能有:大电流脱扣保护、DDL 保护(电流上升率保护和电流增量保护)、定时限过流保护、低电压保护、接触网热过负荷保护、双边联跳保护、自动重合闸。

(2)进线柜(图 3.19 中对应 201,202 开关柜)

进线柜(也称正极柜),作为整流器和直流快速断路器之间隔离之用,柜内主要由电动隔离开关(或直流快速断路器)、分流器、避雷器、测量与控制单元组成。进线柜配置的保护有:大电流脱扣保护、逆流保护。

(3)负极柜(在图 3.19 中对应 B)

负极柜采用固定式安装方式,由加强型钢板和高强铝合金骨架组装而成,柜内装有手动(或电动)隔离开关,设置一套框架泄漏保护装置,用于实现进线柜、负极柜的控制、闭锁、测量、通信等单元也安装于负极柜低压室内。

(4)轨道电压限制装置

轨道电压限制装置是用于限制钢轨和地面之间产生较高的电压差,这种电压差是由于钢轨与地之间泄漏电阻的存在,使列车钢轨与地的电位升高而引起的。钢轨电位限制装置的电压检测及接触器主触点均接于钢轨(负极)和地之间。

2. 直流馈线继电保护系统

(1)大电流脱扣保护

大电流脱扣保护是一种直流断路器本身装设的基于电流幅值的保护。它采用电磁脱扣原理,是接触网近端短路故障的主保护。

如瑞士 Sécheron(赛雪龙)公司的直流断路器,在其内设有一个跳闸装置(由一个钢片层压的固定引铁和一个可移动引铁组成),可移动引铁与一弹簧微调螺钉相连接,用于调节跳闸动作值,另外还有一个动铁芯用于触发跳闸。在过流(短路或过载)的情况下,主回路中的绕组在固定引铁内产生一个磁场,动铁芯受这个磁场的作用,通过一个杠杆推动棘爪,从而释放动触头,使断路器跳闸。

大电流脱扣保护应躲过机车正常启动时的最大电流。跳闸动作值可以通过改变磁路的位置,也就是空气气隙的大小而改变。

当直流短路电流上升率达 5×10^6 A/s,时,直流快速断路器跳闸动作固有时间仅为 2～3 ms。一旦检测到瞬时电流超过动作电流时,立即跳闸。所以大电流脱扣保护非常灵敏,尤其是电流上升非常快的近端短路,往往先于电流上升率及电流增量保护动作。

(2)DDL 保护(电流上升率 $\mathrm{d}i/\mathrm{d}t$ 及电流增量 ΔI 保护)

① DDL 保护的提出

我国早期的城市轨道交通直流牵引供电系统中,通常采用大电流脱扣和过电流保护相互配合实现对牵引网的保护,如早期的北京地铁、天津地铁等。大电流脱扣属于断路器的本体装置,短路点距变电所越近,短路电流的上升率越大,电磁脱扣跳闸时间也将越短,因而大电流脱扣主要用于近端短路保护。而对于短路点在远端的情况下,由于短路电流相对较小,大电流脱扣的时间也较长,甚至于不能有效保护,过流保护虽能有效地保护到线路的末端,但其延时较长,保护速动性有所降低。

随着近几年我国城市轨道交通的迅速发展,一种反应电流变化趋势的保护,即 DDL 保护,又称电流变化率(di/dt)和电流增量(ΔI)保护,逐渐成为直流牵引网末端短路的主保护。

DDL 保护既能切除近端短路电流,也能切除大电流脱扣保护不能切除的故障电流和较小的远端短路故障,既避免了单独的 di/dt 保护受干扰而误动,又克服了 ΔI 保护存在拒动现象的缺点,它避免对绝对电流的检测,从而有效区分机车启动电流和短路电流。DDL 保护成为地铁馈线保护的主保护。

图 3.21 是远/近端短路电流特性示意图。

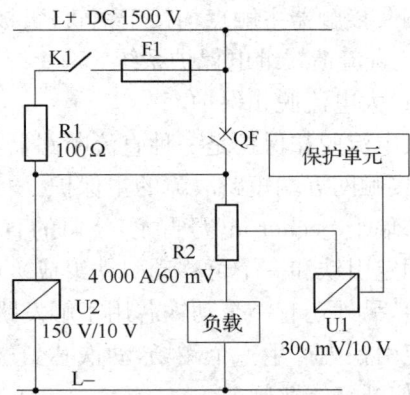

在直流牵引供电系统中,电流上升率 di/dt 和电流增量 ΔI 这两种保护是通过专用的保护继电器实现的。图 3.22 是其保护原理图。直流馈线电流的测量是通过分流器 R2 和变送器 U1 来实现的。电流在分流器 R2 上的压降通过变送器 U1 隔离、放大后,转换成标准信号,进入保护单元。直流牵引的正常电流与故障电流在特征上有比较明显的区别。例如:假设列车的最大工作电流为 4 kA,列车启动时电流从零增长到最大值需要 8 s,那么一列列车正常的启动电流上升率仅为 0.5 kA/s。而故障电流的上升率可达到单列列车启动电流的几十甚至上百倍。di/dt 和 ΔI 保护就是根据故障电流和正常工作电流在上升率这一特征上的不同来实现保护功能的。

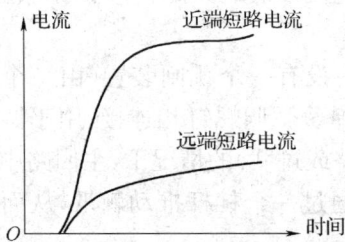

图 3.21　远/近端短路电流示意图

图 3.22　DDL 保护原理图

② DDL 保护原理

电流上升率 di/dt 保护有两个定值:启动值 E 和返回值 F(E>F)。在运行当中,保护装置不断地连续检测馈线电流及其电流变化率 di/dt,并将 di/dt 与设定值 E 和 F 比较。当电流上升率高于保护设定的电流上升率 E 时,di/dt 保护启动,进入延时阶段。若在整个延时阶段 T 电流的上升率都高于保护的整定值,则保护动作,若在延时的阶段电流上升率回落到保护整定值 F 之下,则保护返回。

图 3.23 表示了一个电流波形在两种保护整定值下的动作情况。在图中分别用"(1)"和"(2)"来代表这两种情况。图 3.23 中,在点 a 由于电流上升率高于 di/dt 保护整定值,保护启

动。在 b 点,对于情况(1)来说保护延时达到 di/dt 保护延时整定值,且在 ab 间电流上升率始终高于 di/dt 保护整定值,保护动作。对于情况(2),在 c 点,电流上升率回落到保护整定值以下,而此时保护延时整定值尚未达到,保护返回。

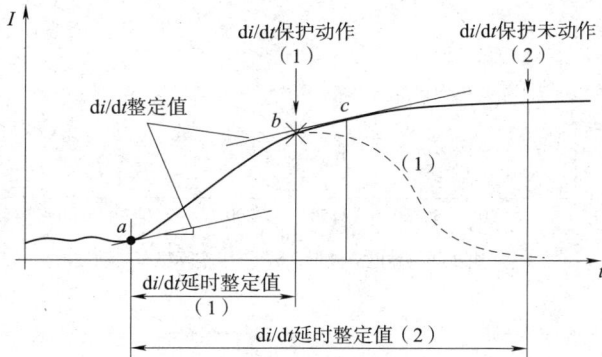

图 3.23　di/dt 保护典型动作特性

　　某地铁的一组实际故障电流数据和一组实际机车启动电流数据[电流波形如图 3.24(a)所示,对这两组电流数据进行微分计算结果如图 3.24(b)所示]。由图 3.24(b)可以看出,故障电流变化率变化相对缓慢,而机车启动电流变化率变化较大,基于电流变化率的 di/dt 保护方法就是通过测量馈电电流的变化率 di/dt 并与设定值 E、F 比较,配合时间定值确定是否发出跳闸信号的。di/dt 保护一般有两个幅值设定值 E 和 $F(E>F)$,一个时间定值 T,当保护装置内部计算结果发现 $di/dt>E$ 时,保护模块启动并继续检测 di/dt,如果满足条件:$t<$ 设定时间定值 T 时 $di/dt<F$,则判定为机车启动或者干扰;否则,判定为远端短路故障。观察图 3.24(b),对于远端短路故障电流,保护装置检测到 $di/dt>E$ 后启动,当 $t \geqslant T$ 时仍然有 $di/dt>F$,因此,保护装置可以判断此电流为故障电流;对于机车启动电流,保护装置检测到 $di/dt>E$ 后启动,当 $t \geqslant t_1$ 时($t_1<T$),$di/dt<F$ 的情况出现,保护因此而复归,认为此电流不是故障电流。对于机车启动时另外一个电流突变点亦是如此。

　　在 di/dt 保护启动的同时,ΔI 保护也启动进入保护延时阶段。从 ΔI 保护启动的时刻开始,继电器以启动时刻的电流作为基准点计算相对电流增量 ΔI 和时间 t。若电流上升率一直维持在 di/dt 保护整定值 E 之上,当 $\Delta I>\Delta I_{max}$ 设定值,经一段时间 $t_{\Delta I max}$ 延时后 ΔI 保护出口,并使开关跳闸;当 $t>T$ 设定值,且 $\Delta I>\Delta I_{min}$ 设定值,则 di/dt 保护出口,并使开关跳闸;如果在检测到 ΔI_{min} 设定值或 T 前,$di/dt<F$ 并保持 $t_{\Delta I max}$ 时间,则测量值 ΔI 和 t 归零,DDL 保护返回。

　　在计算电流增量的过程中允许电流上升率在相对较短的时间内回落到 di/dt 保护整定值之下。只要这段时间不超过 di/dt 返回延时整定值,则保护不返回,反之保护返回。图 3.25 是保护的动作特性。图 3.25 中 E 为 di/dt 的整定值,在 A 点曲线电流上升率超过 E,故障时的最小电流增量 ΔI_{min},记为 K,当检测到的电流增量小于 K 时,可以肯定不是故障情况;若大于 K 则有可能是故障情况,需检测其他参数(时间 t 或 I 来进一步判断)。

　　对图 3.25 中各曲线的分析如下:

　　曲线 1 的电流增量小于 K,肯定不是故障情况。该电流曲线实际表示机车在距离牵引变电所很远处启动时的机车启动电流。

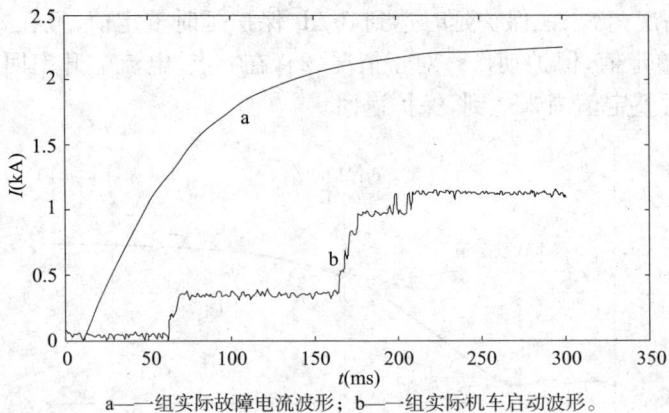

a——组实际故障电流波形；b——组实际机车启动波形。

(a)

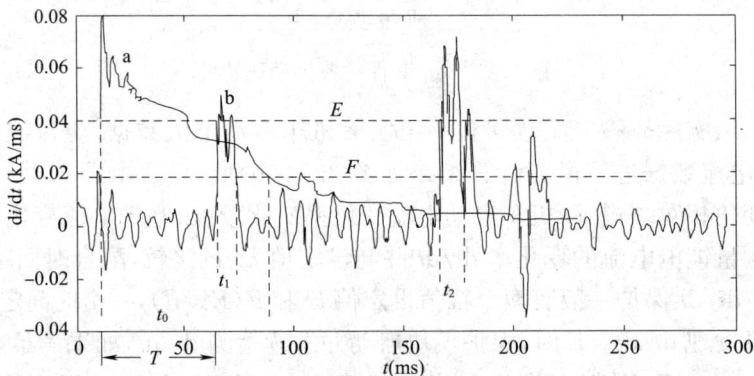

a——故障电流变化率曲线；b——机车启动电流变化率曲线；E、F— di/dt保护定值。

(b)

图 3.24　某地铁的一组实际故障电流数据和一组实际机车启动电流数据

曲线 2 的电流增量小于 K，也肯定不是故障情况。

曲线 3 的电流增量虽然超过 ΔI 整定值，但电流变化率的延时时间不足，在这一段时间内不作判断，经过几毫秒的延时后电流就开始下降，故不是故障情况。该曲线实际表示列车的受电弓与接触导线接触或者电容器充电的线路电流曲线。

曲线 4 的电流增量超过 ΔI 整定值，延时时间也满足，故可以肯定是故障情况。

曲线 5 的电流增量超过 K，有可能是故障情况，再检测电流上升持续时间，发现其值超过了 di/dt 延时整定值，则肯定是故障情况。如果此时没能通过检测时间 t 参数来激活电流变化率 di/dt 保护，则电流增量保护动作使直流馈线断路器跳闸清除故障。

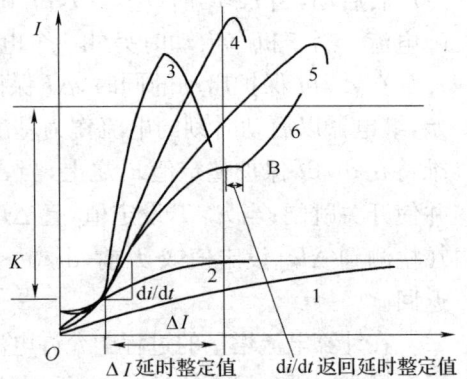

图 3.25　ΔI 保护动作特性

曲线 6 的电流增量超过 K，有可能是故障情况。在电流上升的过程中，电流上升率回落到 di/dt 整定值以下且超过了 di/dt 返回延时值，因此保护返回。在 B 点保护重新启动，并以 B 点作为新基准点。该曲线是列车驶进车站的电流变化曲线。对于远端故障电流由于其上升的速率比近端的慢,峰值也小很多,通常与列车启动或通过接触网分段时的电流瞬时峰值相近,甚至小于该电流,所以远端故障电流与列车启动电流的区分是变电所直流保护的难点。

综上所述,电流上升率 $\mathrm{d}i/\mathrm{d}t$ 保护和电流增量 ΔI 这两种保护的启动条件通常都是同一个预定的电流上升率。在启动后,两种保护进入各自的延时阶段,互不影响,哪个保护先达到动作条件就由它来动作。一般情况下,$\mathrm{d}i/\mathrm{d}t$ 保护主要针对中远距离的非金属性短路故障,ΔI 主要针对中近距离的非金属性短路故障(金属性直接短路故障由断路器自身的大电流脱扣保护装置来跳闸)。

③ DDL 保护参数的整定

该保护需整定的参数为以下 6 个,即保护装置起始门限 E、保护装置复位门限 F、最大电流增量 $\Delta I_{\max}$,最大电流增量延时 $t_{\Delta I\max}$,最小电流增量 $\Delta I_{\min}$,最小电流增量延时 T。

④ DDL 保护的处理流程

电流上升率保护的处理流程如图 3.26 所示。电流增量保护的处理流程如图 3.27所示。

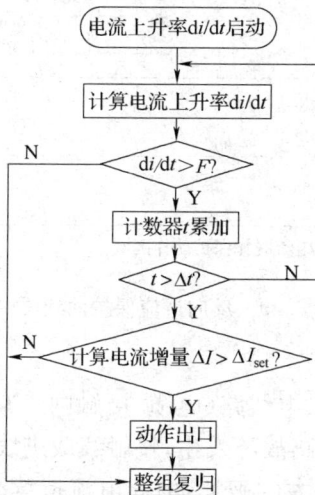

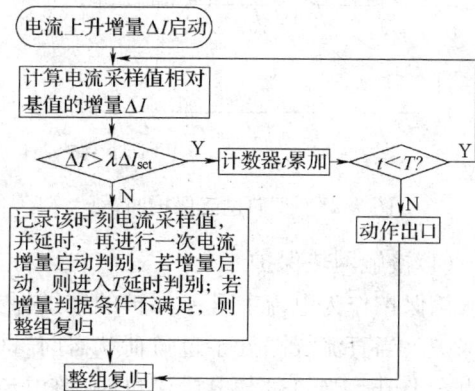

图 3.26　电流上升率保护的处理流程图　　图 3.27　电流增量保护的处理流程图

（3）定时限过流保护

定时限过流保护也是一种基于电流幅值的保护。和前面所介绍的大电流脱扣保护相比,大电流脱扣保护应躲过机车正常启动时的最大电流,而定时限过流保护电流整定值较低,但时限较长,其启动时不需躲过机车启动的最大电流,而是靠延时来区分故障电流和机车启动电流。其动作时限一般为十几秒到几十秒之间。其缺点是不能快速切断故障电流,因而作为一种后备保护。

其动作原理是:在保护控制单元预先整定电流 $I_{\max}$ 和时间 T 值,当通过直流馈线断路器的电流值在预先设定的时间 T 内超过 $I_{\max}$ 值时,过流保护装置动作使直流馈线断路器跳闸来清除故障。对于 $I_{\max}$ 值的设定,可分别设定正反方向的 $I_{\max+}$ 值和 $I_{\max-}$ 值。显然,$I_{\max}$ 值应小于大电流脱扣保护装置动作值 I_{dz}。

①正向过流保护

图 3.28 所示为正向过流保护曲线图,曲线 I_{t1} 的电流两次超过 $I_{\max+}$ 值,但持续时间都小于

T_+ 值,所以不被视为故障情况,这种短时间的大电流可能是由于多台机车在某一时刻同时加速而产生的,在曲线 I_{t2} 中的电流超过了 I_{max+} 值,且持续时间大于 T_+ 值,因此被视为故障情况,正向过流保护将动作,向直流馈线断路器发出跳闸信号。

这是基于电流幅值的判别方法,当馈电电流超过设定电流值 I_{max+} 或 I_{max-} 值,则启动保护,同时定时器计时,当延时达到 t_{set},断路器跳闸。这是针对电流较小的短路故障设置的后备保护。

②反向过流保护

当机车处于再生状态或当地牵引变电所整流机组退出运行,所内直流馈线被用于直流越区供电回路时,如果线路发生故障,会有反向电流通过直流馈线断路器,反向过流保护用于检测并清除该故障。图 3.29 所示为反向过流保护曲线图。

图中曲线 I_{t3},电流超过 I_{max-} 值,且持续时间大于 T_- 值,因此被视为故障情况,反向过流保护将动作,向直流馈线断路器发出跳闸信号。

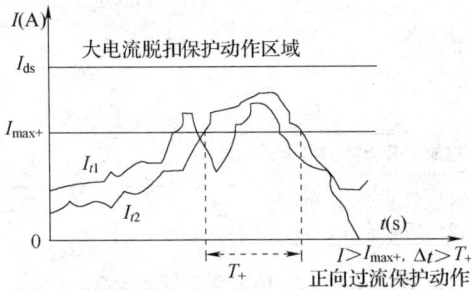

图 3.28　正向过流保护曲线

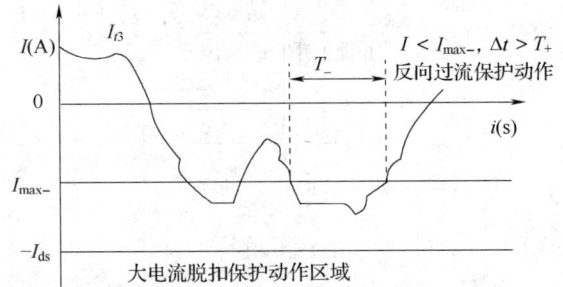

图 3.29　反向过流保护曲线图

(4)接触网热保护

该保护作为电流上升率保护的辅助保护,对断路器、供电线路(电缆、接触网)等提供热过载保护。当直流线路处于过负荷状态时,即使没有任何短路故障发生,接触线或进线电缆的温度也会上升。当热过载电流流过时,该电流虽不至引起巨大的破坏,但此电流持续时间长了,其产生的热量会超过某些薄弱设备所允许的发热量,从而可能导致供电导体尤其是接触网变软,引起这些设备不同程度的损坏。

在保护动作原理上,以接触网热过载保护为例,主要是根据接触网的电阻率、电阻率修正系数、长度、横截面积、电流等,从而计算出接触网的发热量。再根据接触网和空气的比热等热负荷特性及通风量等环境条件,由经验公式给出接触网的电缆温度。当测量的电缆温度超过 T_{alarm} 给出报警,超过 T_{trip} 则跳开给该接触网供电的直流开关。开关跳开后,电缆逐渐冷却,当温度进一步下降,低于 $T_{reclose}$ 则重新合上直流开关。图 3.30 给出了接触网热过负荷保护动作的时序图。可以由公式(3.1)计算热载 θ_t, θ_t 为被保护装置的额定电流 I_n 和时间常数 τ 的函数。热载计算公式为

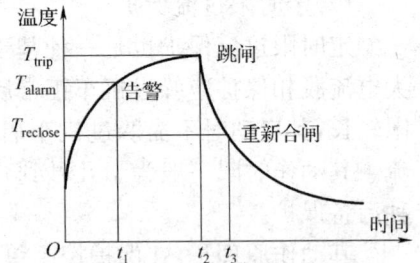

图 3.30　接触网热过负荷保护动作时序图

$$\theta_t = (1 - e^{-t/\tau})(I/I_n)^2 \tag{3.1}$$

θ_t 的初值 $\theta_{t0}=98\%\theta_A$，θ_A 为设置的报警值，当所测热载温度达到 θ_A，则发出报警信号；当 $\theta_t>101\%\theta_A$，则断路器分闸，并发出闭锁信号。当只 $\theta_t<\theta_A$ 时，断路器才能重合闸。

当然这种温升算法较为复杂，简单的做法是采用反时限过负荷保护，即电流过载倍数越大，允许持续的时间越短。对于给定的额定电流，过载倍数与跳闸延迟时间的关系如图 3.31 所示，当然，这也是由经验公式推算的结果。该保护的对象是接触网。接触线有其自身固有的热特性，是一条以电流为变量的反时限曲线。这就要求保护装置整定的曲线与接触线的固有曲线进行配合。同时，保护装置的整定曲线还应与馈线的电流保护进行配合。配合整定曲线如图 3.32 所示：曲线 1 为接触线热特性曲线；曲线 2 为热过负荷保护整定的保护曲线。

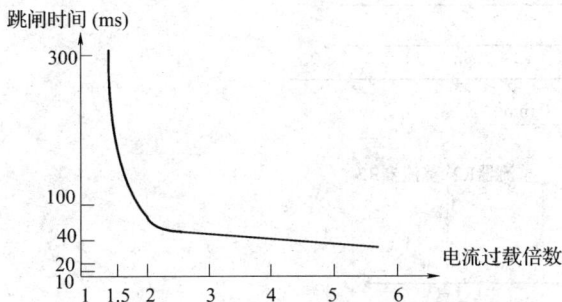

图 3.31 接触网反时限过负荷保护   图 3.32 接触网过负荷保护整定曲线

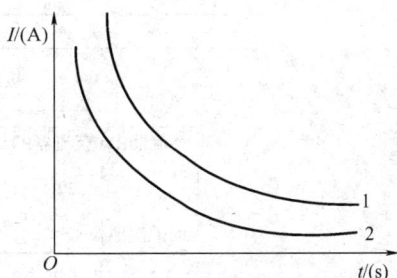

3. 框架保护与轨道电位限制装置（过电压保护）

(1)框架保护

直流牵引供电系统的接触网为正极，走行轨为负极。如果负极接地，因牵引负荷的回流除由走行轨返回外，还可以从地返回，但这样会使杂散电流增大，为减少杂散电流进入地铁主体结构、设备及与其相关的设施，地铁直流供电系统设计为不接地系统，直流供电设备采用绝缘安装。钢轨通过绝缘垫与地绝缘，故正常情况下钢轨对地之间存在着很大的泄漏电阻。

为了设备和人身的安全，各个地铁车站均设置一个综合接地装置。架空地线和各车站接地装置通过接地扁钢和电缆金属铠装等接在一起而形成地铁全线统一的综合接地网。在一个变电所内，所有设备的"接地"均接于变电所综合接地装置上。

如果发生正极接地（或正极与接地的柜体之间绝缘下降），在牵引变电所中，可能将故障扩大为 1500 V 正极通过设备外壳对负极间的短路事故，短路电流达到几十千安，也可造成工作人员触电事故。而在地铁车站，在钢轨电位限制器 GDX（即轨道过压保护装置）不动作并且负极对地有一定绝缘电阻的情况下，虽然对车辆运行并不影响，但是对车辆停靠站上下的旅客来说有严重的人身威胁。这是因为车身外壳是负极，上下车旅客脚站在带正极的地，若手碰车身就会触电。

框架保护是实时监视对地绝缘的直流供电设备正极与接地的柜体之间的绝缘状况，在其绝缘严重下降甚至短路时作用于与之相关的直流断路器全部跳闸的一种保护设备。

框架保护包含以下两个部分：反映直流泄漏电流的过电流保护、反映接触电压的过电压保护。牵引直流系统正常运行情下，设备绝缘系统良好，电流检测回路电流为零，装置不动作。设备绝缘发生泄漏/正极对外壳短路时，电流路径为：正极→框架保护电流元件→接地网→钢轨→负极。当电流达到整定值时,框架保护的电流元件动作,向交直流断路器发出跳闸指令,同时联跳相邻牵引变电所向本区段并联供电的断路器。由于电流流经的通路电阻的不确定性(主要是钢轨对地绝缘电阻随着绝缘材料的性能而变化),可能会造成框架保护电流元件检测值达不到整定值的要求,框架保护电流元件不动作。为了弥补此缺陷,在框架保护内增加了设备外壳对负极的电压检测元件,电压元件通过小电阻→接地网→钢轨对地电阻检测设备外壳对负极电压。当检测电压达到整定值后发出报警或向交直流断路器发出跳闸指令,同时联跳相邻牵引变电所向本区段并联供电的断路器。框架保护装置安装示意图如图 3.33 所示。

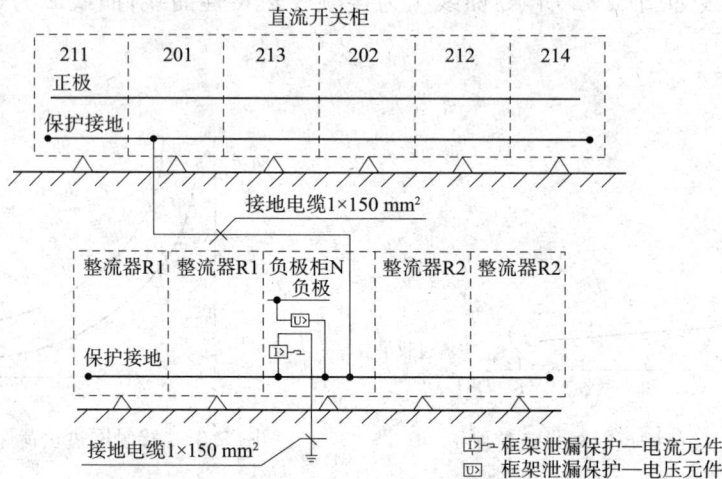

图 3.33　框架保护装置安装示意图

图 3.34 所示为带框架泄露保护的正极接地保护接线示意图。其中电流检测元件 K_i 及电压检测元件 K_u 组成了框架泄露保护单元,K_2 点表示正极接地,GDX 为电位限制器,PL 为排流柜,HSCB 为直流馈线快速断路器,R 为走行轨对地的泄露电阻。

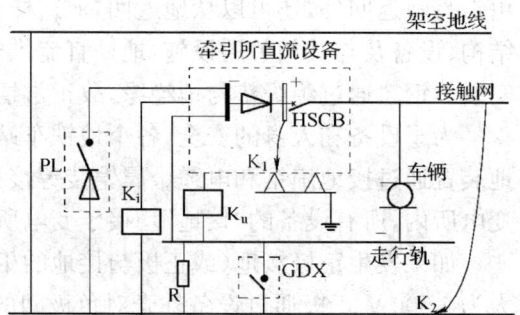

图 3.34　正极接地保护接线示意图接线示意图

正常情况下,框架泄露保护 K_i 中没有电流通过。当牵引供电系统中任意一个直流设备内的正极对外壳短路时(即图 3.34 中的 K_1 点),接地电流通过 K_i 流入地网,再经过 R 回到走行轨(负极)。当接地电流达到 K_i 整定值时,K_i 就动作,使快速直流断路器 HSCB 跳闸,并联跳相邻变电所的 HSCB。

若忽略 K_i 低阻抗,K_u 检测的电压就是正极与负极之间的电压。所以,在发生 K_i 的现象时,除了 K_i 要动作外,K_u 也要动作。

若在图 3.34 中的 K_2 点发生正极接地时,在有 GDX 和排流柜 PL 的情况下,通过它们的动作为正极接地提供了短路电流通路,从而可以使快速直流断路器 HSCB 跳闸,实现对正极接地的保护作用。

框架泄漏保护动作将直接导致大面积停电,且恢复送电的时间过程长,对列车运营造成极大的影响。

(2)钢轨电位限制装置

钢轨电位限制装置又称为过电压保护装置(Over-Voltage Protection Device),简称OVPD。在利用钢轨回流的直流牵引供电系统中(钢轨对地为绝缘安装),当供电区域没有车辆,牵引直流系统正常运行情况下,钢轨对地电位应为零。当供电区域有车辆运行或发生接触网短路故障时,由于钢轨对地泄漏电阻的存在,钢轨对地电位快速升高。在钢轨与保护地之间安装了钢轨电位限制装置,其功能是不断地检测钢轨与保护地之间的电位差,按人体耐受电压-时间特性曲线(EN 50122-1:12.97标准规定)进行钢轨电位限制装置的整定,当钢轨电位限制装置检测到钢轨对地电压高于整定值时而动作,将钢轨与接地网短接,降低钢轨电位,从而保护人身安全。

图3.35所示为两个牵引变电所之间有列车启动或运行时,走行轨的对地电位分布图。

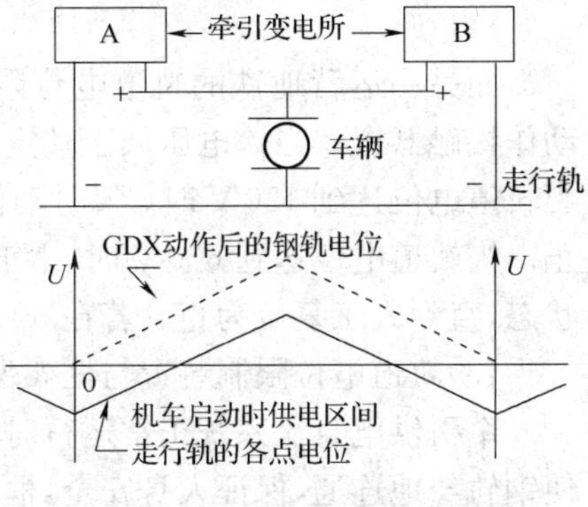

过电压保护装置原理图如图3.36所示。过电压保护装置主要由晶闸管、接触器、避雷器、电压探测装置、电流探测装置、控制单元、指示回路、电源回路和动作计数单元等构成。

某地铁公司的轨道电位限制装置控制框图如图3.37所示,其中CC为接触器控制开关,TCL为晶闸管控制锁。延时启动电压整定可在±(40~120)V之间,并通过面板上相应的选择键调整,延时时间整定可

图3.35 走行轨对地电位分布图

在0.01~5 s之间,并通过面板上相应的选择键调整,复归电流整定可在±(10~50)A之间,并通过面板上相应的选择键调整。整定完成后,以上预设值可通过选择键在一个分为两行/十六位的液晶显示屏上读出。

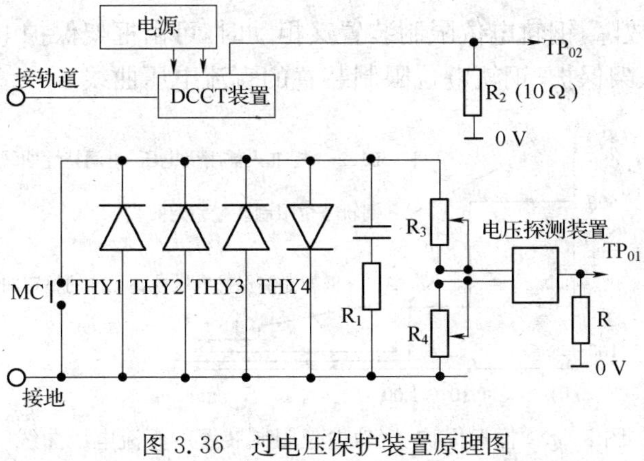

图3.36 过电压保护装置原理图

当TP$_{01}$接收到电压探测装置给出的电压量,在经过过滤和模数转换后,由电位开关选择启动±120 V或是±(40~120)V开关,当启动±120 V的电位开关时,由电位开关启动TCL和CC,TCL启动脉冲变压器,由脉冲变压器给出晶闸管的动作指令,CC启动接触器;当接通

±(40～120)V 的电位开关时,由电位开关启动延时开关,延时开关启动 CC,CC 启动接触器。当 TP$_{02}$ 接收到由 DCCT 的电流量转化而来的电压量时,经过过滤和模数转换后启动 ±(10～50)A 开关,由开关启动复位指令,装置复归。

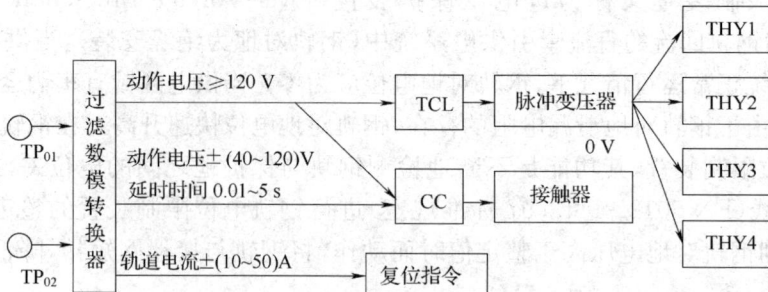

图 3.37　过电压保护装置的控制框图

而另一运营地铁的轨道电位限制装置整定如下:当轨道电位达到 90 V 时,持续 800 ms 动作接触器合。当该电压低于整定值时,OVPD 延时 10 s 将自动复位,断开钢轨与地的连接。当轨道电位达到 150 V 时,瞬时动作接触器合,接触器将处于永久合闸状态,直到人工复位为止。当轨道电位达到 600 V 时,瞬时动作晶闸管导通同时接触器合。接触器将处于永久合闸状态,直到人工复位为止。若在 60 s 内动作三次,将处于恒定合闸状态。

(3)轨道电位限制装置与框架保护装置的关系

牵引供电直流系统正常运行时,若发生钢轨对地电位升高,应由钢轨电位限制装置动作,使钢轨与地连通,保证人身安全,框架保护电压元件不应动作,整定时间应大于钢轨电位限制装置整定时间。

牵引供电直流系统发生泄漏时,当达到框架保护电流元件整定值时,框架保护动作于跳闸;若泄漏电流较小,可由钢轨电位限制装置和框架保护电压元件保护。由于钢轨电位限制装置动作时间快,为泄漏电流提供了通路,泄漏电流增大,达到框架保护电流元件整定值时,框架保护动作于跳闸。

若发生绝缘泄漏故障,钢轨电位限制装置又拒动时,可由框架保护电压元件保护。

图 3.38 所示为框架保护、钢轨电位限制装置的直流电压曲线。

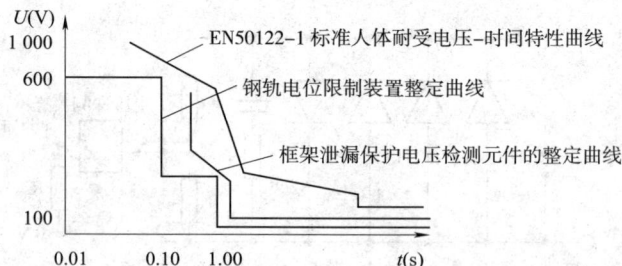

图 3.38　框架保护、钢轨电位限制装置的直流电压曲线

4. 直流馈线控制系统

直流馈线控制系统包括了分合闸操作、联跳、自动重合闸、防跳、线路测试等。其中,分合闸是对断路器的操作;联跳是针对双边供电,保护设备间的相互动作;重合闸与防跳、线路测试

间是相互关联,共同形成对断路器的控制策略。

(1) 分合闸操作

保护装置的输出,实质是为了动作断路器等电气设备。分合闸操作可分为对电保持型断路器和对磁保持型断路器的操作,并包括对合闸线圈通电时间的控制。

电保持型断路器的合闸线圈为长期通电型,其合闸程序为:保护装置输出 1 s 脉冲,使合闸线圈得电,然后通过减少流过合闸线圈的电流(保持电流)使断路器保持在合闸位置。其分闸程序为:输入 1 s 脉冲,分闸线圈得电,断路器分闸,分闸后分闸线圈减少流过其电流,保持断路器位置。

磁保持型断路器的合闸线圈为短时通电型,其合闸程序为:保护装置输出 1 s 脉冲,合闸线圈得电,断路器合闸,合闸后合闸线圈失电;其分闸程序为:输入 1 s 脉冲,分闸线圈得电,断路器分闸,分闸后分闸线圈失电。

(2)联跳

① 相邻变电所的联跳

相邻变电所的联跳就是相邻的两个牵引变电所内对同一段接触网供电的两个馈线断路器间的相互动作保护。

当本变电所的断路器跳闸时,同时要联跳相邻变电所内的同一个区间供电的断路器;本所的断路器也要由相邻变电所控制跳闸。联跳功能是通过联跳电缆及两侧变电所直流开关柜中的联跳继电器来实现。开关柜中的保护装置一般集成有独立的联跳接收与发送回路。其功能具体实现是由联跳发送回路发出联跳信号,经过联跳继电器及相邻变电所之间的联跳电缆,将此联跳信号发送到相邻变电所的相关馈线柜,相邻变电所的馈线柜接收到联跳信号后,同样需经过继电器,进入联跳信号接收回路,从而通知保护装置来控制实现各种联跳动作反应。其区间分布如图 3.39 所示。

对应同一段接触网的 QF_1 断路器和

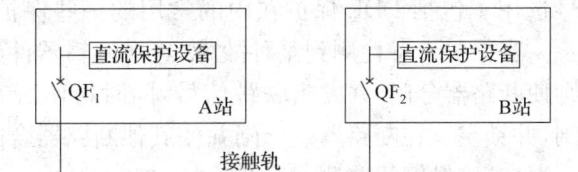

图 3.39　区间联跳分布示意图

QF_2 断路器分别位于 A 站和 B 站,QF_1 断路器柜和 QF_2 断路器柜上都装有直流保护设备,QF_1 断路器与 QF_2 断路器通过继电器、联跳电缆实现相互保护动作。在正常运行情况下,若 QF_1 的保护设备检测到故障并发出指令跳闸后,同时会通过联跳出继电器、联跳电缆向 QF_2 发出联跳信号,QF_2 的联跳继电器接到联跳信号后,由联跳入继电器传给本柜的保护装置,保护装置检测到联跳信号后发出指令,QF_2 断路器跟随跳闸;若 QF_1 的保护装置检测到的故障在设定的时间内消除,则发出指令重合闸,同时发出信号给 QF_2,QF_2 的保护装置接到信号后也发出指令重合闸;若该故障未及时消除,则 QF_1 和 QF_2 的两个直流保护装置均显示故障,不能合闸,反之亦然。

当相邻两个变电所中的两面馈线柜同时向一条馈线区间供电时,发生以下两种情况下需要启动双边联跳功能:此馈线区间发生短路或过流,则两个变电所内相关的馈线柜要实现双边联跳;如果一个变电所发生框架故障,则相邻变电所内的所有可能向此变电所供电的馈线都要被联动跳闸,即不能启动线路测试及重合闸,必须等故障解决后才能解锁。

②越区供电时三个变电所间的联跳转换

当中间一个变电所解列运行时,越区隔离开关进行越区供电时,其相邻的两个变电所馈线断路器间可以进行联跳转换。联跳转换功能只与本所馈线柜之间的接线有关,不依赖于任何外界接线。具体实现方式可在每面馈线柜中安装辅助继电器,并将同一个变电所相关馈线柜的辅助继电器接点相连即可实现联跳转换。

正常供电时,此辅助继电器不动作,同一变电所内的两个馈线柜双边联跳回路不会连通。一旦变电所运行时,合闸越区供电时,辅助继电器动作,将两面馈线柜内的联跳回路连通,从而实现联跳转换。

③框架故障动作时的联跳闭锁

当跳闸是由于框架保护动作引起时,保护装置可以将其识别出来,除了控制跳闸并闭锁本所的所有馈线断路器外,还要联跳并闭锁相邻变电所相关的断路器。此功能是由保护装置内部识别框架保护动作,并发出相应的联跳闭锁信号实现的,无需增加任何额外接线。

双边联跳信息可以上传至所内的自动化系统及远动系统。保护装置的双边联跳功能可通过参数整定来"投入"或"运行"。而一旦馈线断路器由于相邻变电所的联跳被启动后,保护装置外接的触摸屏显示器可以显示联跳信息。

④联跳的控制逻辑

以上就是针对双端供电模式,由先检测出故障一侧的保护装置切断本侧断路器,同时向为该区段供电的邻站发出联跳信号,使其迅速跳闸,并进入锁定状态。在断路器重合闸成功后,取消联跳信号。通过联跳提高了保护系统的及时性和可靠性。图 3.40 描述了保护功能触发与联跳的控制逻辑。其中输入的各种保护触发信号,先是由采集得到的模拟量经 A/D 转换,再由保护装置中微处理器运算处理后进入数字逻辑器件的。图 3.40 中的保护触发信号选用了包括 DDL 保护在内的常用的一些保护功能。

当保护设备检测到某种故障,经过逻辑器件发出保护触发信号,联跳接受器接受该信号,则使断路器分闸,并发出联跳信号,同时将使所有的给该线段或该网络供电的其他断路器跳闸,并锁定。在断路器重合闸并使其他断路器合闸后,保护设备取消联跳信号。

(3)接触网线路测试系统

线路测试系统(EDL)用于直流馈线断路器。每个馈线柜中都有线路检测装置,在合闸前,对线路段进行测试,以防止断路器与其近端短路故障点连通,图 3.41 所示为线路测试的典型线路图。

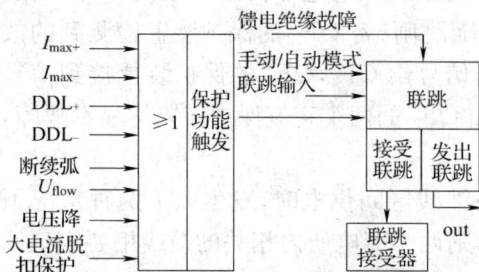

图 3.40　保护功能触发与联跳的控制逻辑

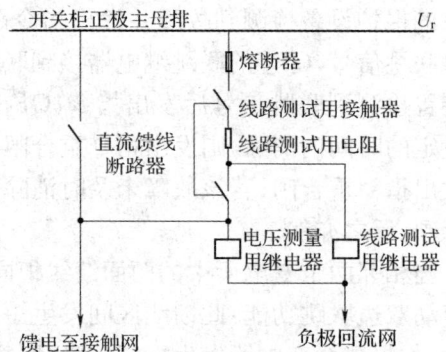

图 3.41　线路测试的典型线路图

在开关柜主母线和接触网之间增加线路测试用电阻和线路测试用接触器,通过测量馈电线(接触网)与回流网之间的电压 U_f 以及回路电阻 R,并将馈电电压 U_f 与最低工作电压 U_{flow} 以及接触网的空载电压U_{fr}比较,将回路电阻R与接触网最小绝缘电阻R_{min}比较,确定是否可以合闸。一般来说,1 500 kV架空接触网的整定参数为:$U_{flow} = 750$ V,$U_{fr} = 500$ V,$R_{min} = 2.5\ \Omega$。

具体方法如下:

①$U_f > U_{flow}$。说明即将采用的是双边供电,该段接触网线路已经由相邻牵引变电所馈线断路器合闸供电,该段接触网线路绝缘良好,断路器可以合闸。

②$U_{fr} < U_f < U_{flow}$。说明即将采用的是双边供电,该段接触网线路已经由相邻牵引变电所馈线断路器合闸供电,但恰逢多台机车同时启动等状况,线路过载,不能合闸。可采用以下措施:若目前的控制方式为本地(LOCAL)模式,则测试停止,指示"闭锁";若目前的控制方式为远程(REMOTE)模式,则每隔D(s)测量一次,重复测N次,如仍未成功,则测试停止,指示"闭锁"。

③$U_f < U_{fr}$。说明该段接触网线路尚未送电,无法确认绝缘是否良好,接通线路测试用接触器,开关柜正极主母排通过高阻抗的线路测试用电阻向接触网试送电,并测量线路电阻R。如$R > R_{min}$,说明该段接触网线路绝缘良好,断路器可以合闸。如$R < R_{min}$,可采用以下措施:若目前的控制方式为本地(LOCAL)模式,则测试停止,指示"闭锁";若目前的控制方式为远程(REMOTE)模式,则每隔D(s)测量一次,重复测N次,如仍未成功,则测试停止,指示"闭锁"。

图3.42所示为线路测试功能的控制逻辑。图中回流网电压和馈线电压与电流为经检测后输入保护装置的模拟信号。线路测试电路与重合闸、闭锁之间是紧密结合的,重合闸信号的输出不能直接启动直流馈线断路器的闭合,而是必须经过线路测试,判断能否合闸,并由线路测试来确定断路器闭合与断开的命令信号。线路测试的测试次数可调,每次测试时间和两次测试间隔也可调。

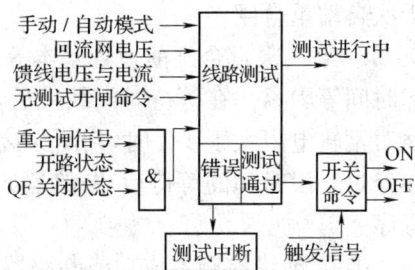

图3.42 线路测试功能的控制逻辑

(4)自动重合闸

牵引供电系统故障可分为以下两种类型。

瞬时性故障:在接触网线路被继电保护迅速断开后,电弧即行熄灭,当故障点的绝缘强度重新恢复,此时,如果把断开的线路断路器再合上,就能恢复正常的供电,因此称这类故障为"瞬时性故障"。常见的瞬时性故障有列车逆变器换向故障、雷击过电压引起绝缘子表面闪络或角隙避雷器放电、大风时的短时碰线等。

永久性故障:在线路被断开以后,故障仍然存在,这时即使再合上电源,由于故障仍然存在,线路还要被继电保护再次断开,因而就不能恢复正常的供电。此类故障称为"永久性故障"。

在直流馈线断路器柜中设置了自动重合闸功能,通过线路测试回路,计算线路残余电阻来判别故障性质,决定是否进行自动重合闸。

①自动重合闸的原则

正常操作断路器合闸时,对线路进行多次测试(一般设定为三次),通过电流和电压的测量,计算线路残余电阻。线路正常则允许合闸,如线路存在持续性故障,则闭锁合闸。

当接触网发生故障时,断路器分闸,启动线路测试,并根据测试结果判别故障性质,如故障是瞬时性的,自动重合闸将使断路器重新合闸;如故障是永久性的,直流断路器不进行重合闸。框架保护不启动线路测试及重合闸。

②自动重合闸条件

馈线断路器控制单元是否处于"自动模式"。所谓"自动模式"是指馈线断路器柜控制单元在无保护装置动作及故障跳闸的前提下,从接到合闸指令开始,进入的运行模式。是否处于自动模式,决定断路器跳闸后是否进行重合闸。

当接到分闸指令或框架保护动作或接到框架保护联跳信号,或开关柜内部故障(断路器跳闸、断路器故障、断路器小车故障)信号时,控制单元退出自动模式,不进行重合闸操作。

a.馈线断路器处于分闸状态。

b.无接触网过负荷跳闸信号。

c.无联跳信号。

③重合闸过程

直流馈线断路器的自动重合闸动作过程是通过控制单元内部程序来控制的,结合图3.43说明时间控制流程如下:

a.断路器跳闸后,在符合自动重合闸条件的前提下,进入自动重合闸程序。

b.重合闸程序设置重合闸总时间,约为85 s,在总时间内根据线路绝缘检测情况进行若干次自动重合闸。

c.第一次重合闸前设置基本等待时间,约为5 s,主要考虑绝缘恢复时间及断路器触头冷却时间等因素。在等待时间结束后,进行2~5 s的线路绝缘检测,考虑到列车负载阻抗,当线路对钢轨电阻大于1 Ω时,判断为接触网无金属性短路故障。等待3 s后将断路器自动合上。在经过一段时间的等待后,断路器如果仍未跳闸,则控制单元判断为重合闸成功,退出重合闸程序。

d.当绝缘检测不成功或断路器合闸后在短时间内再次跳闸,则控制单元判断为重合闸不成功,进入下一重合闸循环。等待15 s后重新进行绝缘检测。

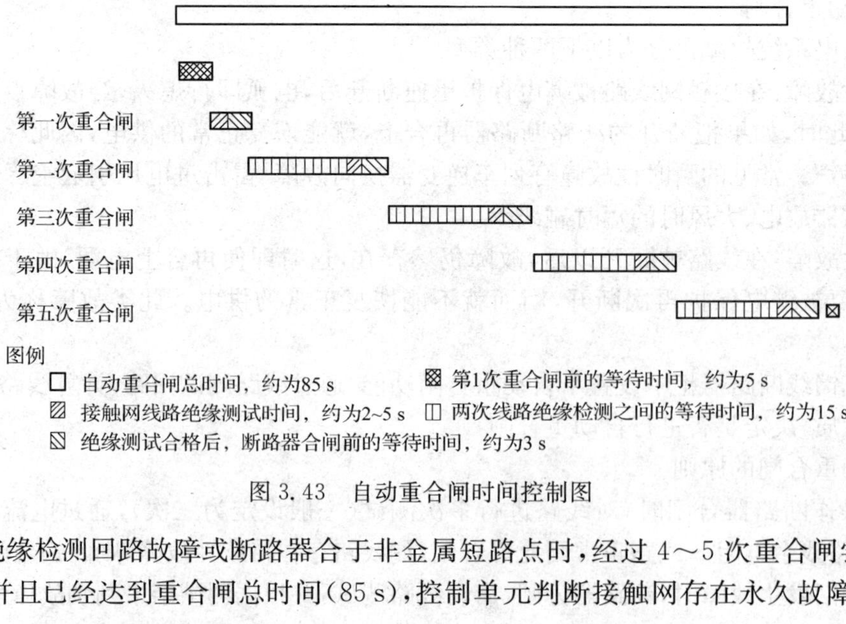

图3.43 自动重合闸时间控制图

e.当绝缘检测回路故障或断路器合于非金属短路点时,经过4~5次重合闸尝试仍无法取得成功,并且已经达到重合闸总时间(85 s),控制单元判断接触网存在永久故障,退出重合闸程序,并将断路器操作闭锁。

3.2.3　工作任务

1.电流型保护校验

(1)外观及接线检查

①安全措施做完后,首先对保护装置和二次回路进行全面清扫、紧固。核对设备接线与图样一致无误、线头标号字迹清楚;各连接片、把手按钮及小开关名称清楚整洁;二次回路各端子压接紧固牢靠;各电缆头、各回路绝缘层良好无破损;各端子的线头裸露部分不得过长;各端子排完好无破损且端子之间绝缘良好。

②检查装置插件完好无损,各部件固定良好,无松动;各插件和底座之间定位良好,插入深度合适;装置后端子接线可靠,无断裂,无松动,绝缘良好;检查背板上各元件的焊接、连线连接均符合要求;检查各插件芯片、集成电路芯片应插紧,连接线(连片)连接情况符合设计和整定要求,插件中各元件完好无损、无虚焊。

③检查装置及保护屏接地端子接地情况,应与接地铜网连接可靠;检查保护装置内所有电缆的屏蔽层的接地线应可靠接地;屏上各切换开关、连接片、按钮等部件应完好、操作灵活。

④用万用表检查各回路应无短路现象。

⑤保护屏与户外之间的电流互感器、控制回路、电压互感器电缆两端屏蔽层应可靠接地。

(2)通电检验

①给装置通电,观察电源指示灯、各运行指示灯均指示正常,液晶屏显示正确。

②依照装置使用说明书,进入相应菜单校对并记录保护软件的版本号。

③依照说明书进入相应菜单进行时钟整定及校核。

(3)定值整定

①定值修改闭锁功能校验

保护装置送电按装置使用说明书进行,进行修改定值不输入密码或输入错误时,应不允许修改。整定后的定值报告应与修改操作前相同。密码输入正确时,应等显示屏反映可以修改后方能修改定值。定值修改后,应将定值及时保存,整定后的定值应是修改的定值。

②整定值输入

依照装置说明书将定值整定通知单上的整定值输入保护装置,然后再将整定后的定值与定值单进行核对,确认定值整定无误。

(4)定值与功能核验

按照定值单,对保护功能进行逐条试验。要求保护出口指示灯亮,显示保护动作报告均正确。电气量只能从端子排处加入,采用电压、电流突然变化的方法使保护动作。要求保护出口指示灯显示出正确的保护动作指示,中央信号或监控计算机保护动作报文(对综合自动化变电站)均应正确。断路器可以用专用模拟断路器来代替,以减少断路器分合次数。

2.直流断路器大电流脱扣值的整定

(1)直接脱扣

根据脱扣装置的技术规格,它可能配置也可能不配置可移动铁芯,是否配置铁芯取决于跳闸电流的范围。

当铁芯被移动时,请将其置于卡槽内。

（2）设定步骤

①移动螺帽。

②松动锁定螺母。

③紧固或松动整定螺母来改变指示器达到整定值。

④旋紧锁定螺母且复位螺帽。

当脱扣装置有铁芯时：将铁芯插入脱扣装置的设定范围在 2 000～4 600 A 之间，相应刻度为 1.3 至 4.8。铁芯从脱扣装置中移出的设定值为 4 300～8 000 A，相应刻度 1.0 至4.9。

a.铁芯在脱扣装置内（根据刻度的起点、中间、终点指示电流值）。

b.铁芯从脱扣装置中移出（根据刻度的起点、中间、终点指示电流值）。

3.2.4 分析与思考

1.简述继电保护装置的概念及其任务、技术要求。

2.简述城轨供电系统继电保护装置的配置情况。

3.简述整流机组继电保护的配置情况及其基本原理。

4.简述电流上升率及电流增量保护（DDL 保护）的概念、原理、保护范围。

5.简述低电压 Uflow 保护的概念、原理、保护范围。

6.简述电压降保护的概念、原理、保护范围。

7.简述轨道过电压保护（OVP）的概念、原理、保护范围。

8.简述接触网热保护的概念、原理、保护范围。

9.简述直流保护装置的控制系统。

10.简述直流馈线断路器在不同情况下的联跳措施。

11.简述直流馈线智能重合闸过程。

12.简述线路测试系统（EDL）的结构、功能与原理。

模块 3 变电所用电设备的维护与检修

在变电所中，为了保证供电装置的正常操作和安全运行，需要确保开关电器的距离控制、信号、继电保护、自动装置以及事故照明等二次设备的直流用电，变压器冷却风扇、设备加热、室内外照明、设备检修、蓄电池组的充电等设备的交流用电。通常装设专用供电系统，为上述设备及操作供电，称为自用电系统。本模块的任务是对自用电系统进行维护和检修。

3.3.1 学习目标

1.掌握交流自用电系统的组成和要求；

2.掌握自流自用电系统的组成和要求；

3.掌握高压熔断器的作用、结构、型号含义；

4.能维护和检修交直流屏；

5.能维护蓄电池。

3.3.2　知识准备

变电所设备及附属设备的正常运行需要低压电源,这些设备的用电称为变电所自用电。变电所自用电的可靠性直接影响变电所的可靠运行。

变电所自用电设备分为交流用电设备和直流用电设备,供电电压等级为 220 V 及以下。

变电所照明、通风设备、开关设备电加热、开关设备内部照明等需要交流电源;变电所内开关设备操作机构、继电保护设备、变电所自动化设备等一般需要直流电源。

变电所自用电系统由交直流电源屏等设备构成。交流电源屏提供交流电源,直流电源屏提供直流电源。

在城市轨道交通供电系统中,有主变电所、牵引变电所和降压变电所。变电所位置的不同使自用电内容和供电要求略有差别。变电所自用电的配置要满足各级负荷的供电要求,满足负荷所需电流制式、电压等级要求,满足负荷对电源切换时间的要求,满足负荷容量的要求,满足负荷所需供电时间的要求。主变电所和独立牵引变电所,所内设有配电变压器及其低压配电设备,自用电系统需要设置所用变压器,以得到低压交流电源;牵引降压混合变电所或降压变电所的所用低压交流电源可由所内低压配电设备提供。低压电源均引至交流电源屏。

交流电源屏的主接线一般为单母线接线,通过电源自动转换装置引入低压电源。直流电源屏由整流设备和蓄电池组成,整流设备以往采用三相桥式整流设备,目前一般采用整流模块,并采用 $N+1$ 冗余配置。直流电源屏的交流输入电源一般引自交流电源屏。

应急照明是在正常照明因故熄灭的情况下,供暂时继续工作、保障安全或人员疏散用的照明,包括疏散照明、备用照明等。疏散照明用于正常电源失电时,为乘客安全撤离出车站提供条件,另外当发生火灾时,保障乘客及管理人员安全撤离。变电所、通信和信号机房内的应急照明属于备用照明,用于在正常电源故障时,进行故障检修或灾害情况下维持机房设备继续运行。

应急照明是一级负荷中特别重要的负荷,除要求正常双路电源外,还需要有独立于正常电源的备用电源。备用电源根据不同的负荷性质、负荷容量和电源切换时间的要求,可采用独立于正常电源的其他交流电源、蓄电池或发电机组等。

应急照明的正常电源引自车站低压配电系统,备用电源可引自相邻车站的低压配电系统或采用蓄电池供电。采用蓄电池供电时,蓄电池的安装形式可分为分散式安装和集中式安装。分散式安装即应急照明灯具自带蓄电池;集中式安装即将蓄电池集中设置,构成应急照明电源系统,分别为各应急照明回路提供电源。

变电所自用电系统中开关设备的控制、信号、保护等电源采用直流供电,负荷等级为一级负荷中的特别重要负荷,备用电源多采用蓄电池组。因直流操作电源和集中式应急照明电源的备用电源均可采用蓄电池组,从设备资源共享的角度出发,变电所自用电直流电源屏和集中式应急照明电源存在整合的条件,可将整流和蓄电池部分进行共享设置,馈出部分各自独立。若实现交流供电应急照明回路需要设置逆变器。

3.3.2.1　主变电所自用电配置

地面或地下城轨主变电所,这两种情况下其自用电设备内容有所不同,主要差异在于地下变电所设置有气体灭火系统。

主变电所电气设备主要有:高压交流开关设备、中压交流开关设备、有载调压主变压器、接地变压器等。自用电的服务对象为主变电所操作电源、检修电源、照明、通风系统、主变电所综合自动化系统等。

1. 自用电设备

主变电所自用电设备包括：变电所的照明，变电所的通风设备，变电所的空调，变电所的检修设备，开关设备柜内的照明及电加热器，主变压器温控器，开关设备的操作与继电保护，综合自动化设备，火灾报警设备，气体灭火及排气设备（仅地下主变电所设置）。

2. 自用电设备负荷分级和供电制式

照明包括正常照明和应急照明（备用照明），采用交流供电，其中地面主变电所正常照明为二级负荷，地下主变电所正常照明为一级负荷。应急照明为一级负荷中特别重要负荷。应急照明在正常照明失效时应能保证主变电所正常运行和设备检修所需要的照度要求。

通风设备为二级负荷，采用交流供电，正常的通风条件可保证主变电所电气设备正常运行的温度、湿度环境要求。

空调为二级负荷，采用交流供电。空调一般设于值班控制室和蓄电池室，用于保障运行人员的工作环境条件，保持蓄电池室适宜的环境温度，维持蓄电池的正常使用寿命。

检修设备为二级负荷，采用交流供电，当电气设备出现故障时，为维护、检修提供电源，及时解决电气设备的故障，保证电气设备运行的冗余度。

开关柜内部照明及电加热器为二级负荷，采用交流供电，为设备维护检查、查找故障隐患提供视觉条件，电加热器用于开关设备除湿，保障设备正常运行。

温控器为一级负荷，属于继电保护的基础设备，采用交流供电，为变压器的温度保护提供报警和跳闸信号。

开关设备的操作和继电保护的电源，属于一级负荷中特别重要的负荷，采用直流供电。具体设备有高压和中压开关设备的电动操作机构，微机综合保护装置，各种信号指示等。

综合自动化设备为一级负荷，采用交流供电，为远方电力调度中心的控制、监视以及故障的判断处理提供条件。

火灾报警设备为一级负荷中特别重要负荷，属于消防设备，正常采用交流供电，报警主机设有直流备用电源。用于发生火灾时及时报警和控制火情，为避免或减少生命与财产损失创造条件。

气体灭火及排气设备为一级负荷，属于消防设备，采用交流供电。用于电气设备发生火灾时的灭火和火灾后灭火气体的排出。

3. 自用电设备的供电

自用电设备均为低压供电，交流供电设备的负荷等级为一级负荷，因此需要两路低压电源。由于主变电所没有低压开关设备，自用电所需要的交流低压电源需要设置所用变压器。

因自用电中有一级用电负荷，这对电源可靠性的要求很高，因而主变电所设置两台所用变压器。两台所用变压器分接在中压配电系统的不同母线上，变压器中性点直接接地。所用变压器低压侧接至交流电源屏，作为两路交流进线电源。

根据主变电所自用电设备中存在消防负荷的情况，低压交流接线一般采用单母线分段设分段开关方式。每段母线为消防负荷提供一路电源，消防末级配电设备实施双电源切换。

自用电各设备的馈出回路独立设置，为三相四线制放射式配电。进线开关与各馈出开关具备馈出回路过负荷和短路情况下的全选择性。低压配电接地型式采用 TN-S。

为消防设备配电的馈出开关,过负荷保护动作于报警,而不动作于跳闸。

对于一级负荷中的特别重要负荷,增设蓄电池作为备用电源,如开关设备所需的直流操作电源、继电保护装置电源,由设置的直流电源屏提供。

交流电源屏为直流电源屏提供交流电源,直流电源屏采用高频开关电源模块将交流电源整流为所需直流电源,增设的蓄电池组正常处于在线浮充状态,待交流电源全部失电时,蓄电池放电实现不间断供电。

交流电源全部失电,蓄电池容量应满足规定时间内全所直流设备运行的容量要求,且应满足在蓄电池放电末期最大冲击负荷容量的要求。按照《35～110 kV 变电所设计规范》(GB 50059—1992)的要求,蓄电池容量满足全所事故停电的时间为 1 h。

主变电所自用电接线如图 3.44 所示。

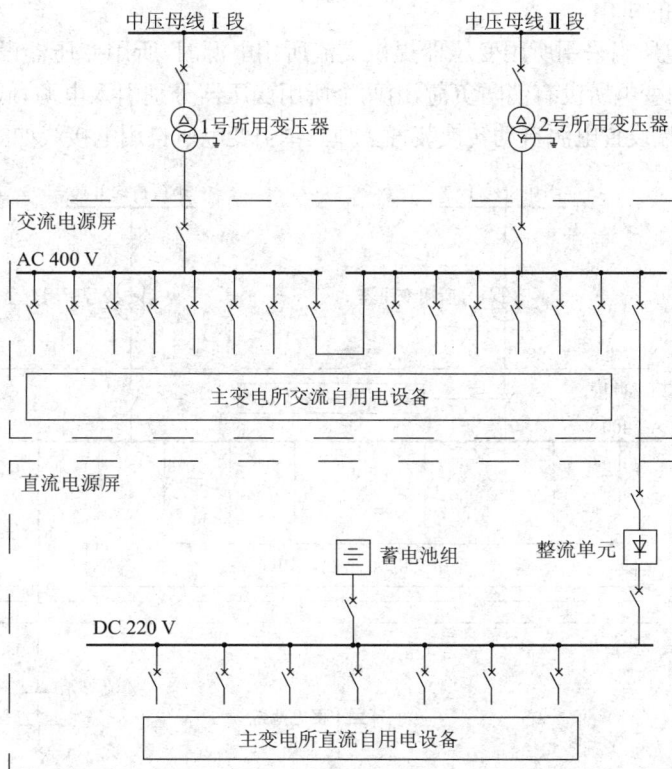

图 3.44 主变电所自用电接线示意图

3.3.2.2 牵引变电所自用电配置

牵引变电所可独立设置或与车站、车辆段、停车场降压变电所合建为牵引降压混合变电所,牵引变电所既可设于地面也可设于地下。地面牵引变电所可独立设置或采用箱式牵引变电所。不同的设置方式,自用电的内容也不同。

牵引变电所主要电气设备有:中压交流开关设备、牵引变压器、整流器、直流开关设备。若合建为牵引降压混合变电所,电气设备还有配电变压器和低压开关设备。

自用电的服务对象为牵引变电所操作电源、检修电源、牵引变电所综合自动化系统等。

1. 自用电设备

牵引变电所自用电设备包括：变电所的照明，变电所的通风设备（仅独立牵引变电所设置），变电所的空调（仅独立牵引变电所设置），变电所的检修设备，开关设备柜内的照明及电加热器，牵引变压器温控器，整流器温控设备，配电变压器温控器（仅牵引降压混合变电所设置），中压、直流开关设备的操作与继电保护，低压开关设备的操作（仅牵引降压混合变电所设置），变电所综合自动化设备，气体灭火及排气设备（仅地下牵引变电所设置）。

2. 自用电设备负荷分级和供电制式

与主变电所相比较，牵引变电所或牵引降压混合变电所的自用电设备，没有火灾自动报警设备，其余的负荷种类是相同的，只是有些设备的名称不同，如温控设备，在主变电所中为主变压器温控器，牵引变电所中为牵引变压器、整流器和配电变压器的温控设备。同类负荷的负荷等级和供电制式与主变电所的相同。

3. 自用电设备的供电

独立的牵引变电所当采用所用变压器提供交流所用电源时，所用变压器设置情况与主变电所相同。由于地面牵引变电所没有消防负荷，由两个所用变压器分别引入电源，低压接线一般采用单母线接线方式，引入端设置电源自动转换装置。独立牵引变电所自用电接线如图 3.45 所示。

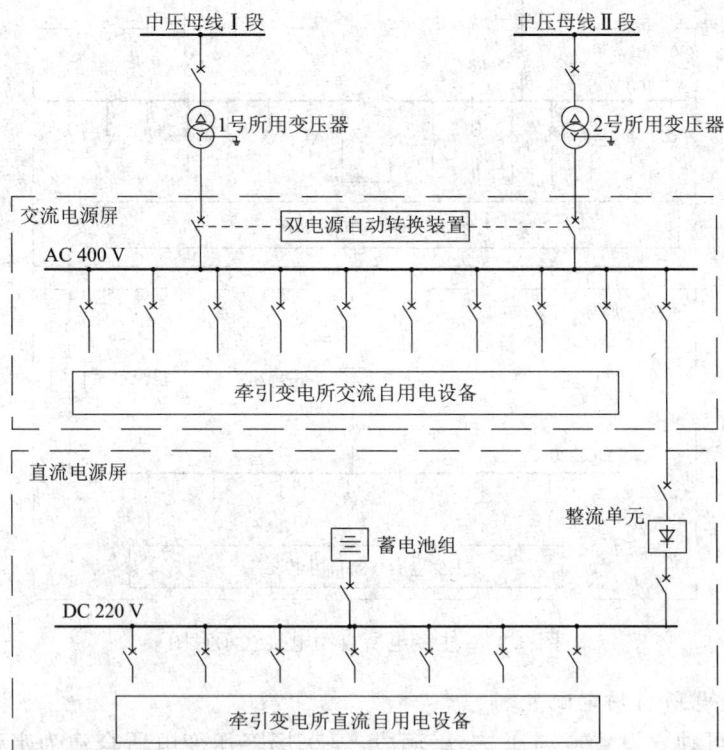

图 3.45　独立牵引变电所自用电接线示意图

牵引降压混合变电所自用电的交流电源引自所内低压开关设备的不同母线，一般采用单母线接线方式，引入端设置电源自动转换装置。牵引降压混合变电所自用电接线如图 3.46 所示。其余内容同主变电所。

3.3.2.3　降压变电所自用电配置

城市轨道交通工程降压变电所的土建工程一般不独立建设,而设于车站内和车辆段、停车场的某个建筑物内。

降压变电所电气设备主要有中压、低压交流开关设备,配电变压器等。

自用电的服务对象为变电所操作电源、变电所综合自动化系统等。

1. 自用电设备

降压变电所自用电设备包括:变电所的检修设备,开关设备柜内的照明及电加热器,配电变压器温控器,中压开关设备的操作与继电保护(采用断路器),变电所综合自动化设备,气体灭火及排气设备(仅地下变电所设置)。

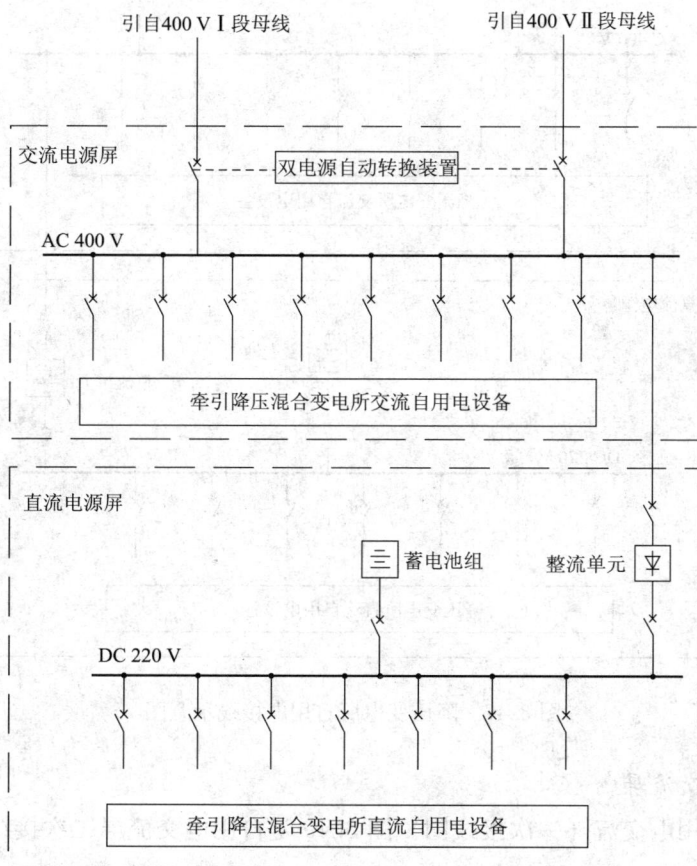

图 3.46　牵引降压混合变电所自用电接线示意图

2. 自用电设备负荷分级和供电制式

与主变电所相比较,降压变电所的自用电设备减少了火灾报警系统、变电所照明、通风和空调设备等。中压开关设备采用断路器作为分断设备时,其操作和继电保护的电源属于一级负荷中特别重要的负荷,采用直流供电。若采用电动隔离开关,其操作电源为一级负荷,可采用交流供电。其余的负荷种类是相同的。同类负荷的负荷等级和供电制式与主变电所的相同。

3. 自用电设备的供电

交流电源屏的两路交流进线电源由低压开关设备的不同母线提供,交流电源屏低压接线采用单母线接线形式,在电源进线处设置电源自动转换装置。其余相关内容与主变电所相同。

降压变电所自用电接线如图 3.47 所示。

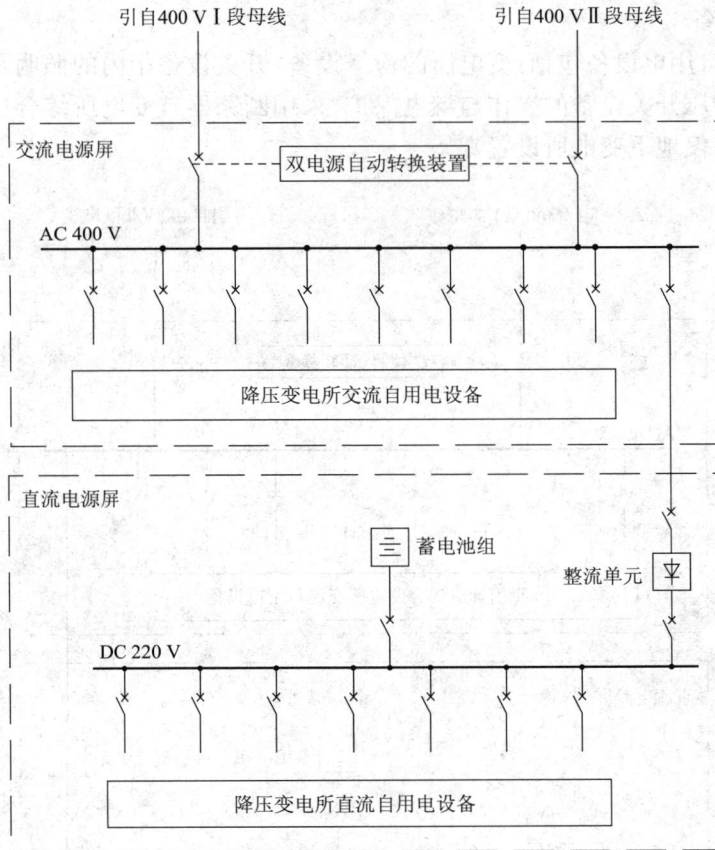

引自400 V I 段母线　　引自400 V II 段母线

交流电源屏　双电源自动转换装置

AC 400 V

降压变电所交流自用电设备

直流电源屏　蓄电池组　整流单元

DC 220 V

降压变电所直流自用电设备

图 3.47　降压变电所自用电接线示意图

3.3.2.4　自用电交流屏

图 3.48 是自用电交流屏一次接线图。图 3.49 是自用电交流屏二次接线图。下面阐述其工作原理。

1. 互投操作

将图 3.48 中互投/同投转换开关 SA1、SA2 置于上侧"互投"位置。合上开关 QK1,则接触器 KM1 受电,动合触点 $KM1_1$ 闭合,交流电源通过动合触点 $KM1_1$ 送一路电源至母线。动断触点 $KM1_2$ 断开,闭锁接触器 KM2 不能受电。同时,图 3.49 中的动合触点 $KM1_3$ 闭合,交流电源信号灯 HL1 亮红灯,指示 1 号自用电变压器运行。

合上开关 QK2,接触器 KM2 由于 $KM1_2$ 断开而不能受电,动合触点 $KM2_1$ 断开,二号交流电源不能送至交流母线,处于热备用状态。

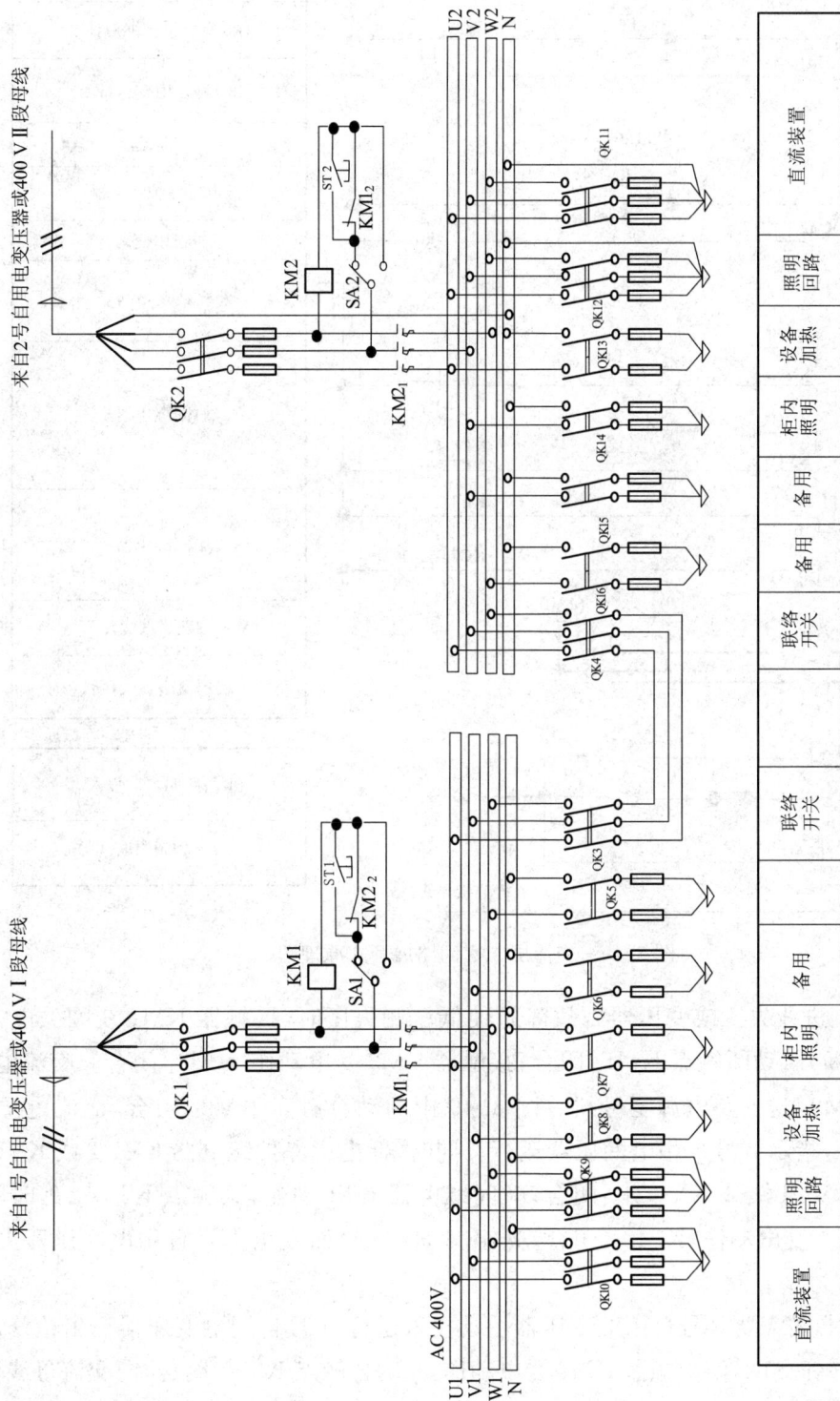

图3.48　交流屏一次接线图

SA1、SA2—同投/互投转换开关；SST1、SST2—电源启动按钮；QK1～QK16—刀开关。

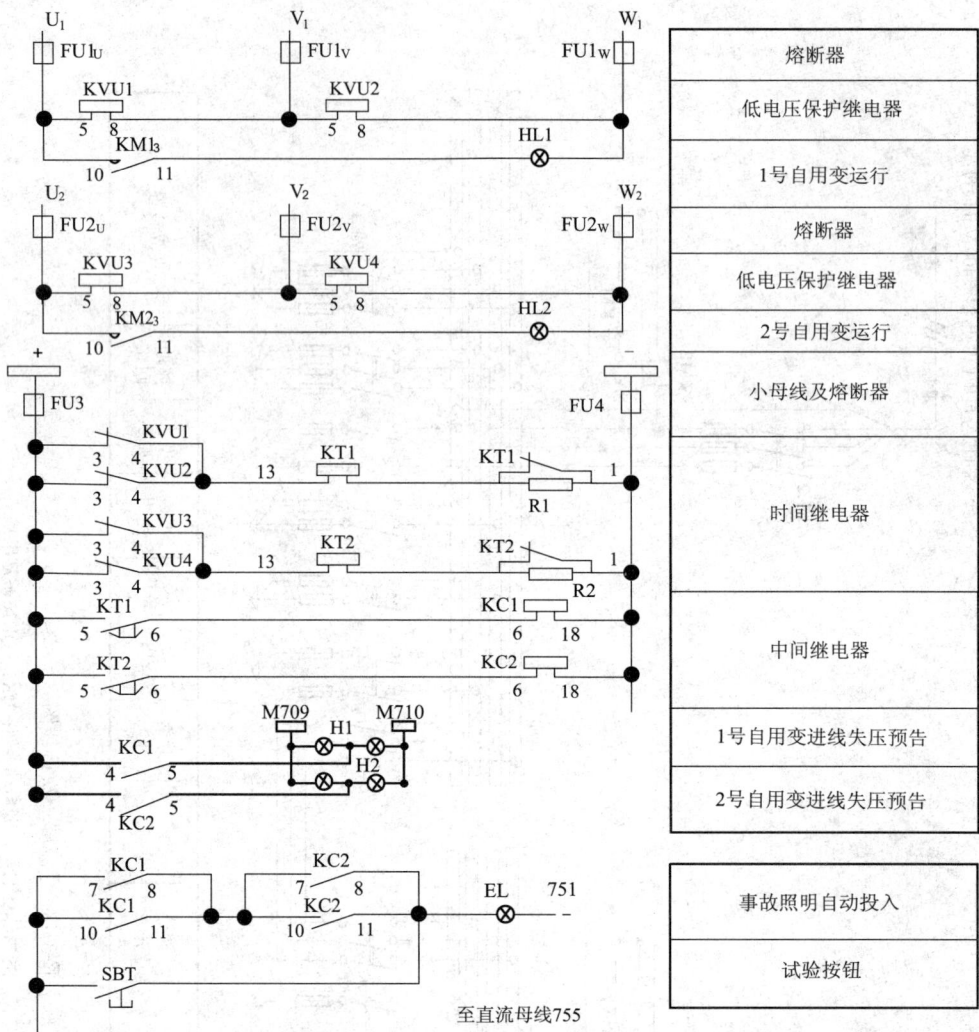

图 3.49　交流屏二次回路展开式原理图

1号自用变进线失压或变压器因故障致使低压侧失压时，接触器 KM1 线圈失电，其动合触点 KM1₁ 断开，动断触点 KM1₂ 闭合；接触器 KM2 受电动作，KM2₁ 闭合。交流电源通过动合触点 KM2₁ 送一路电源至母线。图 3.49 中的动合触点 KM2₃ 闭合，交流电源信号灯 HL2 亮红灯，指示 2 号自用电变压器运行。同时，低电压保护继电器 KVU1 或 KVU2 失压，动断触点 KVU1$_{3-4}$ 或 KVU2$_{3-4}$ 闭合；时间继电器 KT1 动作，其触点 KT1$_{5-6}$ 延时闭合，中间继电器 KC1 受电动作，KC1$_{4-5}$ 闭合，光字牌 H1 亮灯而发出 1 号自用电变压器失压预告信号。

正常运行时，若需要 2 号自用电变压器手动投入运行，1 号自用电变压器退出检修，只要按下电源启动按钮 ST2，使接触器 KM2 受电动作，其动合触点 KM2₁ 闭合，向交流母线供电。同时，接触器 KM1 因 KM2₂ 断开而失电，其动合触点 KM1₁ 断开，1 号自用电变压器停止向交流母线供电。

2. 同投操作

当变电所交流自用电系统负荷增加而导致 1 台自用电变压器运行容量不足时,两台自用电变压器可以同时投入运行。送电时,先将互投/同投选择开关 SA1、SA2 置于下侧"同投"位置,合上开关 QK1、QK2,则接触器 KM1、KM2 受电动作,动合触点 $KM1_1$、$KM2_1$ 闭合,两台自用电变压器同时向交流母线供电。两台自用电变压器并联供电时,通常将交流母线联络开关 QK3、QK4 断开,此时在交流馈线发生短路故障时,可缩小事故范围。

值得注意的是,当交流自用电来自两个不同的电源时,两台自用电变压器电压相位的不同,则不允许两台自用电变压器并列运行,故自用电系统不能进行同投操作。若必须进行同投操作,则在同投操作前应先断开母线联络开关 QK3、QK4,然后才能进行同投操作。

3. 全所失压

当变电所全所停电时,低压继电器 KVU1、KVU2、KVU3、KVU4 失压,它们的动断触点闭合,时间继电器 KT1、KT2 受电动作,动合触点 $KT1_{5-6}$、$KT2_{5-6}$ 延时闭合,中间继电器 KC1、KC2 受电动作,$KC1_{4-5}$、$KC2_{4-5}$ 闭合使光字牌 H1、H2 亮灯,发出自用电变压器进线失压信号。同时,动合触点 $KC1_{7-8}$、$KC1_{10-11}$ 与 $KC2_{7-8}$、$KC2_{10-11}$ 闭合,使:

$$+ -\begin{cases} KC1_{7-8} \\ KC1_{10-11} \end{cases} - \begin{cases} KC2_{7-8} \\ KC2_{10-11} \end{cases} - \text{事故照明灯 EL} - \ -;$$

电路接通,事故照明灯 EL 亮。

在变电所运行中,需要试验事故照明回路完好性时,按下试验按钮 SBT 即可。若事故照明灯 EL 亮,说明事故照明回路完好。事故照明灯 EL 不亮,则说明事故照明灯烧毁或其二次回路故障,值班人员应进行故障查找及处理。

3.3.2.5 阀控式密封铅酸蓄电池(VRLA 蓄电池)

铅酸蓄电池在蓄电池家族中历史最悠久。1859 年由法国普兰特发明,至今已有 150 年历史。150 年来,铅酸蓄电池的制造工艺、结构、生产、性能和应用都在不断发展,主要标志是 20 世纪 70 年代发展起来的阀控式密封铅酸蓄电池,简称 VRLA(Valve Regulated Lead Acid)蓄电池。VRLA 蓄电池能量高、成本低、寿命长(10 年)、容量更大(是普通铅酸蓄电池的两倍)、不漏液、不污染、可回收、免维护。

1. VRLA 蓄电池的工作原理

VRLA 蓄电池的基本结构如图 3.50 所示。它由正负极板、隔板、电解液、安全阀、气塞、外壳等部分组成。充电后的正极板上有效物质是二氧化铅(PbO_2),负极板上有效物质是海绵状纯铅(Pb),电解液由蒸馏水和纯硫酸按一定比例配置而成。

VRLA 蓄电池的工作原理如图 3.51 所示,与普通铅酸蓄电池的工作原理基本没有什么变化。其正常充放电的化学反应式为:

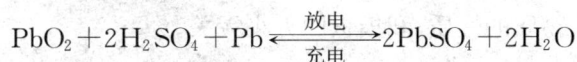

$$PbO_2 + 2H_2SO_4 + Pb \underset{\text{充电}}{\overset{\text{放电}}{\rightleftarrows}} 2PbSO_4 + 2H_2O$$

在充电时,正极由硫酸铅($PbSO_4$)转化为二氧化铅(PbO_2)后,将电能转化为化学能存在正极板中,负极由硫酸铅($PbSO_4$)转化为海绵状铅(Pb)后将电能转化为化学能存在正极板中;在放电时,正极由二氧化铅(PbO_2)转化为硫酸铅($PbSO_4$)后,将化学能转化为电能向负载供电,负极由海绵状铅(Pb)转化为硫酸铅($PbSO_4$)后,将化学能转化为电能向负载供电。

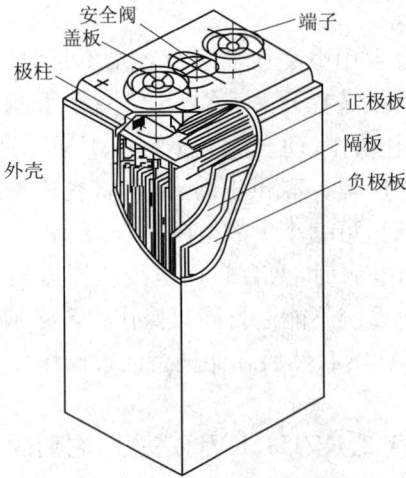

图 3.50 VRLA 蓄电池基本结构

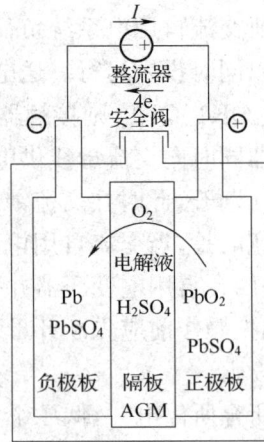

图 3.51 VRLA 蓄电池工作原理示意图

普通铅酸蓄电池的难点就是充电时水的电解。当充电达到一定电压时(一般在2.30 V/单体以上)在蓄电池正极上放出氧气,负极上放出氢气。一方面释放气体带出酸雾污染环境,另一方面电解液中水分减少,必须隔一段时间进行补加水维护。

VRLA 蓄电池从结构上克服了以上缺点。其一,阀控式铅酸蓄电池的极栅主要采用铅钙合金,以提高其正负极析气(H_2 和 O_2)过电位,达到减少其充电过程中析气量的目的。同时,让负极有比正极多10%的容量,正极板在充电时氧气的析出先于负极板充电时氢气的析出。其二,极板之间采用超细玻璃纤维(或硅胶)取代普通隔板,吸储电解液,同时为正极上析出的氧气向负极扩散提供通道,其孔率由普通隔板的 50% 提高到 90% 以上,从而使氧气利于流通到负极。这样,氧气一旦扩散到负极上,立即为负极吸收,重新生成水,从而抑制了负极上氢气的产生,导致浮充电过程中产生的气体 90% 以上被消除(少量气体通过安全阀排放出去)。氧气为负极吸收所重新生成的水在蓄电池密封的情况下不能溢出,因而 VRLA 蓄电池可免除补加水维护,这也是 VRLA 蓄电池称为"免维护"蓄电池的由来。其三,采用密封式阀控滤酸结构,电解液不会泄漏,使酸雾不能溢出;壳体上装有安全气阀,当 VRLA 蓄电池内部压力超过阀值时自动开启,达到安全、环保的目的。

2. VRLA 蓄电池的主要技术指标

VRLA 蓄电池的主要技术指标包括 VRLA 蓄电池的额定容量和额定电压、终止电压等。常见单体 VRLA 蓄电池的额定电压为 2 V。具体参数可阅读有关产品说明书。

(1)蓄电池的电势

不同导电材料制成的正负极放入同一电解液中时,由于有效物质的电化次序不同,极板上将产生不同电位,正负极板在外电路断开时的电位差就是蓄电池的电势。蓄电池电势的大小主要决定于极板上有效物质的性质,和极板的大小无关。

(2)额定容量

额定容量是指将充满电的蓄电池按规定的放电电流,在正常放电时间内连续放电到规定的终止电压时止,所放出的电量。其单位是安培小时,以 A·h 表示。当放电电流恒定时,其额定容量为

$$Q_N = I_f t_f$$

式中　　Q_N——额定蓄电池容量,A·h;

　　　　I_f——恒定放电电流,A;

　　　　t_f——持续放电时间,h。

蓄电池容量的大小,主要决定于参加化学反应的活性物质的种类及数量,并且与许多因素有关,例如,极板的类型、面积的大小和数量,放电电流的大小,放电终止电压的高低,电解液的密度和数量以及环境温度。

(3)额定电压

蓄电池在正常放电过程中正负极板间应保持的电压值为额定电压,按国际标准规定单体酸性蓄电池的额定电压为 2 V。

(4)终止电压

终止电压是为防止蓄电池出现过放电现象以致造成极板损伤,所规定的放电最低电压值。蓄电池以不同的放电倍率放电时,终止电压略有不同,采用小电流放电时,终止电压定的高,采用大电流放电时,终止电压定的低。电池放电电压低于终止电压时,将影响蓄电池的寿命。

3. VRLA 蓄电池的特性

(1)充电特性

蓄电池的充电过程,就是电能转换为化学能的过程,也是电池正负极板的有效物质还原的过程。

所谓充电率,就是蓄电池在某种充电情况下所充入的电量和充电电流的比值。若以蓄电池的充入电量为额定容量计时,其充电率为

$$f_c = \frac{Q_N}{I_c}$$

式中　　f_c——充电率;

　　　　Q_N——蓄电池额定容量,A·h;

　　　　I_c——充电电流,A。

由上式可见,充电率的实质就是用电流充电至蓄电池额定容量时,所需要的时间。当容量一定时,充电率越大,充电电流就越小,充电特性曲线变化缓慢。充电率越小,充电电流就越大,充电特性曲线变化急剧。

VRLA 蓄电池常见的充电方式包括浮充电和均充电。

① 浮充电

电源系统采用整流设备和 VRLA 蓄电池组并联冗余供电方式,VRLA 蓄电池组作为备用电源。直流系统的开关电源提供的浮充电流对阀控式蓄电池而言有三个作用:供日常性负载电流、补充蓄电池自放电的损失、维持蓄电池内氧循环。对于单体电池来说,温度每上升 1℃,其所要求的浮充电压下降约 4 mV。同时,当环境温度一定时,如果实际浮充电压比要求的电压高 100 mV,充电电流将增大数倍,导致 VRLA 蓄电池热失控和过充损坏;浮充电压比要求的电压低 100 mV,又将引起电池充电不足。因此,浮充电流与浮充电压直接影响蓄电池的工作性能与使用寿命。除了按照说明书要求准确选择浮充电压(如单体 2 V 的 VRLA 蓄电池浮充电压为 2.25 V)以外,直流系统还应采用浮充电流与浮充电压可实时调节的智能型充电方式。

② 均充电

所谓均充电,是把每个单体 VRLA 蓄电池单元并联起来,用统一的充电电压充电。均充

电一般在两种情况下进行：蓄电池组在浮充过程中存在落后的蓄电池（单体电压低于额定值），或者浮充三个月后。在均充过程中，均充电压一般高于浮充电压，如单体 2 V 的 VRLA 蓄电池均充电压为 2.35 V，均充电流一般选额定容量的 0.3 倍或 0.3 倍以下，均充时间 6～8 h，然后调回到浮充电压，若均充过程中充电电流 3 h 保持不变，应立即转入浮充电状态，否则将造成过充电。

均充电完毕后，应观察落后电池电压状况，若电压仍未到位，相隔两周后再均充电一次。

（2）放电特性

充满电的蓄电池放电至终止电压的快慢叫蓄电池的放电率。放电率用放电时间的长短表示时叫小时率。一般采用 1、3、5、8、10、20 小时率。放电率用放电电流表示叫时安率，放电率不同时，蓄电池的放电终止电压数值不同。

变电所中，VRLA 蓄电池作为备用电源使用，要求在全所停电时能够立即转入放电状态，以保证电源不间断。其放电时需要注意的是 VRLA 蓄电池的放电速率和放电终止电压。尤其是不同环境温度下放电速率和放电终止电压的设定。

此外，蓄电池运行半年或一年后，为了检查 VRLA 蓄电池容量是否正常，应做一次核对性充放电循环。试验放电一般采用 10 h 速率放电，可以采取断开直流系统，由蓄电池单独供电的方式进行，放电深度一般控制在 30%～50% 为宜，每小时监测一次单体 VRLA 蓄电池电压，通过计算放出 VRLA 蓄电池容量，对照表 3.2 的电压值，判断 VRLA 蓄电池是否正常。若容量不满足要求，反复循环充放电，直至蓄电池容量合格，核对性放电结束。

表 3.2 VRLA 蓄电池放出容量的标准电压值（10 小时率）

放出容量	10%	20%	30%	40%	50%	60%	70%	80%	90%	100%
支持时间（h）	10	20	30	40	50	60	70	80	90	100
单体 VRLA 蓄电池电压（V）	2.05	2.04	2.03	2.01	1.99	1.97	1.95	1.93	1.88	1.80

VRLA 蓄电池放出容量为电流乘以时间。在相应放出容量下，测出的单体 VRLA 蓄电池电压值应等于或大于相应电压值，则 VRLA 蓄电池容量正常，反之即为容量不足。

（3）自放电特性

蓄电池的自放电是电池在无外接负载而静止时的内部自行放电。其产生的主要原因是极板间隔材料有杂质，电解液不纯，充电完毕后部分活性物质不稳定等。如极板上含有杂质，将在极板上形成局部小电池，小电池两极短路，产生短路电流引起蓄电池自放电，电解液中若混进杂质，如铁、铜及其他金属杂质，使自放电量增大。

（4）影响阀控式蓄电池使用寿命的主要因素

在放电终止电压下蓄电池组能放出的最少电量是衡量蓄电池寿命的主要指标，而与蓄电池容量有关的因素较多，如设计不周密、制造不精良、安装不正确、维护不完善等均对蓄电池的使用寿命有一定的影响。下面主要从使用维护的角度分析影响阀控式蓄电池使用寿命的主要因素。

① 温度

VRLA 蓄电池充电时其内部气体复合本身就是放热反应，使电池温度升高，电池本身"贫液"、装配紧密，内部散热困难，如不及时排除热量，将造成热失控。

环境温度过高对蓄电池使用寿命的影响很大，温度升高时，蓄电池的极板腐蚀将加剧，同时将消耗更多的水,从而使电池寿命缩短。蓄电池在 25 ℃的环境下可获得较长的寿命,长期运行温度若升高 10 ℃,使用寿命约降低一半。

② 过充电

长期过充电状态下,正极因析氧反应,水被消耗,H^+ 增加,从而导致正极附近酸度增加,板栅腐蚀加速,使板栅变薄加速电池的腐蚀,使电池容量降低;同时因水损耗加剧,将使蓄电池有干涸的危险,从而影响蓄电池的寿命。

③ 过放电

蓄电池过度放电主要发生在交流电源停电后,蓄电池长时间为负载供电。当蓄电池被过度放电到其电压过低甚至为零时,会导致电池内部有大量的硫酸铅被吸附到蓄电池的阴极表面,在电池的阴极造成"硫酸盐化"。因硫酸铅是一种绝缘体,它的形成必将对蓄电池的充、放电性能产生很大的负面影响,因此在阴极上形成的硫酸盐越多,蓄电池的内阻越大,电池的充、放电性能就越差,蓄电池的使用寿命就越短。

④ 长期浮充电

若蓄电池在长期浮充电状态下,只充电而不放电,势必会造成蓄电池的阳极极板钝化,使蓄电池内阻增大,容量大幅下降,从而造成蓄电池使用寿命下降。

综合分析表明,各种晶闸管整流型、变压器降压整流型电源对 VRLA 蓄电池以恒压或恒流方式进行充电,缺少温度补偿、充放电的智能监控,是无法满足 VRLA 蓄电池的严格技术要求,势必直接影响其使用寿命。

4. VRLA 蓄电池的技术维护

VRLA 蓄电池俗称为"免维护电池","免维护"只是运行中不需补加水维护,使用期间仍需维护。

VRLA 蓄电池近几年来在电力部门得到广泛的应用,但由于不了解阀控式密封铅酸蓄电池的特性,往往几年就报废了,给企业造成极大的损失。在使用阀控式密封铅酸蓄电池时,需要注意以下几点。

(1)日常维护

① 阀控式密封铅酸蓄电池由于结构特殊,对周围环境和温度较为敏感,如果电池长期在高温条件下运行,其使用寿命将会减短。所以机房温度应控制在至少 25 ℃以下,正确的维护使用,可以使电池的使用寿命长达 10~15 年。在使用中应注意观察电池的温度情况,随时注意观察浮充电压,若充电设备没有补偿温度的功能,就应按温度每上升 1 ℃,每个单体电池浮充电压下降 3 mV 进行修正。

② 平时保持电源室和电池本身的卫生,清洁工作应用湿布进行,若用干燥的东西擦拭,容易产生静电,而静电电压有时会高达数千至上万伏,有引发爆炸的危险。

③ VRLA 蓄电池的日常维护中需经常检查的项目有:

a. 检测 VRLA 蓄电池两端电压;

b. 检测 VRLA 蓄电池的工作温度;

c. 检测 VRLA 蓄电池连接处有无松动、腐蚀现象,检测连接条的压降;

d. 检测 VRLA 蓄电池外观是否完好,有无外壳变形和渗漏;

e. 极柱、安全阀附近有无酸雾析出;

f. 安装好的 VRLA 蓄电池极柱应涂上中性凡士林,防止腐蚀极柱,定期清洁,以防止

VRLA蓄电池绝缘降低；

g. 平时每组 VRLA 蓄电池至少应选择几只电池作标示，作为了解全 VRLA 蓄电池组工作情况的参考，对标示 VRLA 蓄电池应定期测量并作好记录；

h. 当在 VRLA 蓄电池组中发现电压反极性、压降大、压差大和酸雾渗漏现象的 VRLA 蓄电池时，应及时采用相应的方法恢复或修复，对不能恢复或修复的要更换，对寿命已过期的 VRLA 蓄电池组要及时更换。

（2）定期检查

① 月度检查和维护项目：保持 VRLA 蓄电池房的卫生清洁，测量和记录 VRLA 蓄电池房内环境温度；逐个检查 VRLA 蓄电池的清洁度、端子的损伤痕迹、外壳及壳盖的损坏或过热痕迹；检查壳盖、极柱、安全阀周围是否有渗液和酸雾析出；VRLA 蓄电池外壳和极柱温度；单体和 VRLA 蓄电池组的浮充电压，VRLA 蓄电池组的浮充电流。

② 每半年检查一次 VRLA 蓄电池组中各 VRLA 蓄电池的端电压和内阻，若单个 VRLA 蓄电池的端电压低于其最低临界电压或 VRLA 蓄电池内阻大于 $80\,m\Omega$ 时，应及时更换或进行均衡充电。同时应检查 VRLA 蓄电池连线牢固程度，主要防止由于VRLA蓄电池充放电过程中的温度变化导致连线处松动或接触电阻过大。

③ 每年以实际负荷作一次核对性放电，放出额定容量的 30%～40%，并作均充；每三年作一次容量试验放电深度为额定容量的 80%，若该组 VRLA 蓄电池实放容量低于额定容量的 80%，则认为该 VRLA 蓄电池组寿命终止。

（3）三防、一及时

①防高温。在没有空调的环境里，要设置换气通道并安装防尘和防雨罩。安装在机柜内的 VRLA 蓄电池组在夏季可卸掉机柜侧面板，VRLA 蓄电池单体之间避免紧密排列，以增加空气的流动。

②防过充电。VRLA 蓄电池生产厂家通常在使用手册中给出浮充电压值，要按照说明要求来设定。阀控式密封铅酸蓄电池的单只电池电压正常为 $2.23\sim2.25\,V$，多数厂家的推荐值为 $2.25\,V$。浮充电压高低的选择是使用电池的关键所在，因为电池的自放电系数极小，所以不需要太高的电压。如果浮充电压过高，不仅会使浮充电流偏大，增加能耗，还会加速正极板栅腐蚀，使电池寿命缩短。但如果浮充电压过低，则会使电池因充电不足，处在亏电的状态而导致电池加速报废。用户可以结合自己的实际情况对浮充电压进行调整，使之工作在最佳状态。

③防过放电。过放电电压的设定：对于 VRLA 蓄电池组的放电时限为 $10\,h$，为了避免 VRLA 蓄电池深度放电，设定欠压告警门限为 $1.9\,V$ 单体。

④及时充电。在 VRLA 蓄电池放电后必须尽快充电，在充电过程中充电电流 2～3 h不变化可认为充电完毕，充入的电量应是放出容量的 1.2 倍左右（放出容量可由放电时间和放电电流进行估算），充电未结束或充电过程中不要停止充电。禁止 VRLA 蓄电池组在深放电后长时间不充电（特殊情况下不超过 24 h），否则将会严重降低VRLA蓄电池的容量和寿命。

（4）对于容量不同，新旧不同，厂家不同，规格不同的蓄电池，由于其特性值有差异，不能混合连接使用。

（5）由于新电池在运输存放的过程中因自放电难免损失部分能量，所以安装后不宜立即投入运行，应当在使用前进行必要的充电以恢复电池的能量。

（6）对于闲置长期不使用的电池，每半年要对其进行一次充电，不能放任自放电，最终会因丧失能量而损坏。

（7）由于观察不到阀控式密封铅酸蓄电池内部的情况，因此在使用中应定期对其进行放电试验，以检测蓄电池容量，避免因其容量下降而起不到备用电源的作用。需要注意的是蓄电池在放电时不要过放电，放电后必须在 1 h 内补充电，否则将造成蓄电池的永久损坏。

VRLA 蓄电池常见故障和处理方法见表 3.3。

表 3.3　VRLA 蓄电池常见故障处理方法

故　障	原　因	处理方法
漏液	阀失控，电解液过量；VRLA 蓄电池外壳变形，温度过高，VRLA 蓄电池极柱密封不严	与供应商联系更换处理
酸雾严重	阀失控，过滤片质量不佳或堵塞，充电电流过大或过充，外壳破裂	与供应商联系处理
浮充电压不均匀	VRLA 蓄电池内阻不均匀，极柱与连接条接触不良，新 VRLA 蓄电池运行 3～6 个月内有不均匀现象	均衡充电 12～24 h 后，拧紧
单体浮充电压偏低	VRLA 蓄电池内部有微短路现象	均衡充电 12～24 h
容量不足	失水严重，内部干涸，内部有微短路现象，极柱与连接条接触不良，长期欠充，早期容量损失等	均衡充电 12～24 h 后，均衡充电后若不行应更换或补充电解液处理
VRLA 蓄电池极柱或外壳温度过高	螺丝松动或浮充电压过高	检查螺丝，检查充电设备和充电方法
VRLA 蓄电池浮充电压忽高忽低	螺丝松动	拧紧螺丝
VRLA 蓄电池组接地	VRLA 蓄电池上部有灰尘或 VRLA 蓄电池漏液残留物导电	清洁 VRLA 蓄电池组，VRLA 蓄电池组地面加绝缘垫
VRLA 蓄电池鼓胀	气体复合效率差，阀失控，室温高，充电电流大或过充，外壳材质耐温差	与供应商联系处理
极板腐蚀	电解液浓度大，电解液层化，电解液杂质多，过充电，极板太薄或铸造不良	与供应商联系处理

3.3.2.6　高频开关直流操作电源系统

发电厂和变电站中，为控制、信号、保护和自动装置（统称为控制负荷）以及断路器电磁合闸、直流电动机、交流不停电电源、事故照明（统称为动力负荷）等供电的直流电源系统，通称为直流操作电源。直流操作电源与直流自用电负荷馈线连接构成直流系统。

变电所直流系统按获得直流电能方式的不同，一般有下面两种类型。

● 整流式直流系统

整流式直流操作电源分为相控整流和高频开关整流两种。前者依靠改变晶闸管的导通相位来控制整流器输出电压。后者采用功率半导体器件，通过周期性通断开关、控制开关元件的占空比来调整输出电压。整流式直流操作电源，维修工作量小，容量大，使用寿命长、造价低。但整流装置受交流系统运行情况影响大，供电可靠性不强。

● 蓄电池组直流系统

变电所的直流系统是一个不间断的直流电源，要求配置蓄电池系统。蓄电池组是一种独立的电源，不受交流电源的影响，因而整流系统交流失电或发生故障时，蓄电池继续给控制、信号、继电保护和自动装置供电，同时还可以保证事故照明用电。由于蓄电池电压平稳、容量大，既适合于各种较复杂的继电保护和自动装置，也适合于对各类型断路器的操作控制。

1. 直流系统的构成

高频开关直流操作电源系统由交流配电单元、高频开关整流模块、蓄电池组、硅堆降压单元、电池巡检装置、绝缘监测装置、充电监控单元、配电监控单元和集中监控模块等部分组成。其系统原理图如图 3.52 所示。

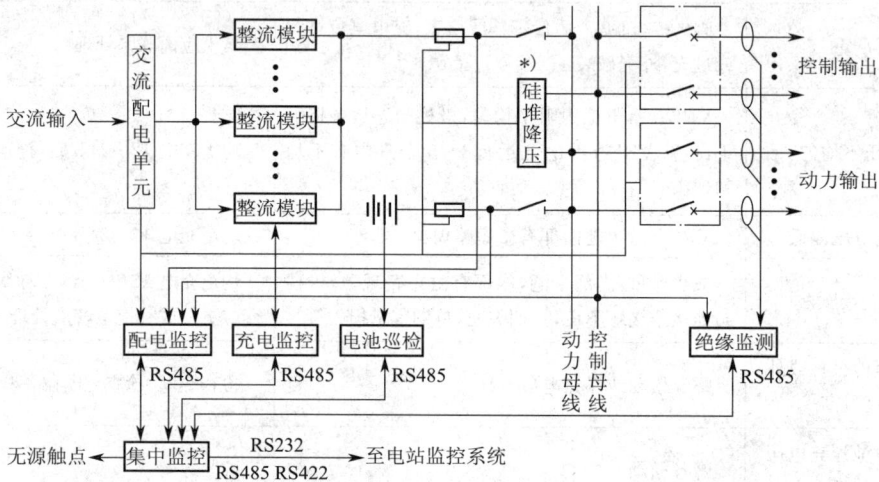

图 3.52　直流系统原理图

2. 直流系统的工作过程分析

(1)交流正常工作状态

系统的交流输入正常供电时，通过交流配电单元给各个整流模块供电。高频整流模块将交流电变换为直流电，然后经保护电器(熔断器或断路器)输出，一方面给蓄电池组充电，另一方面经直流配电馈电单元给直流负载提供正常工作电源。

交流配电单元：将交流输入电源分配给各个整流模块，并装设 C 级和 D 级防雷模块，能有效吸收电网浪涌电压，将雷电感应和线路操作产生的过电压危害降至最小，保障整流模块安全工作。对具备两路交流输入电源的系统，可实现两路电源的自动转换。

高频整流模块：将交流输入电源变换为直流电输出，正常受监控装置的控制，实现对蓄电池组的恒压限流充电和自动均充／浮充转换等操作。当集中监控装置故障退出时，充电模块自动进入安全模式，按预设的浮充电压值继续运行。

硅堆降压单元：根据蓄电池组输出电压的变化自动调节串入降压硅堆的数量，使直流控制母线的电压稳定在规定的范围内。当提高蓄电池的容量，减少整组串联的个数时，可以取消硅堆降压单元，达到简化系统接线、提高可靠性的目的。

绝缘监测装置：实时在线监测直流母线的正负极对地的绝缘水平，当接地电阻下降到设定的告警电阻值时,发出接地告警信号。对于带支路巡检功能的绝缘监测装置,还可以定位接地故障点发生在哪一条馈电支路中。

电池巡检装置:实时在线监测蓄电池组的单节电压和内阻,当单体电池出现开路时,发出单体异常告警信号。通过该装置可以使维护人员随时了解蓄电池组的运行状况,提高蓄电池运行管理的自动化水平。

配电监测单元:采用数字变送测量仪表实时采集系统中的交流配电回路,充电装置、蓄电池组和直流配电回路的运行参数(模拟量);采用开入模块采集各配电回路设备的状态和告警触点信号(开关量)。数据上传到监控装置进行显示、告警等处理。

电源监控模块:采用集散方式对电源系统进行监测和控制。通过 RS485 串口分别与系统各配电回路的智能设备(高频整流模块、绝缘监测装置、电池巡检装置、数字变送仪表和开关量采集模块)连接,接收处理上传信息,通过 LCD 实时显示系统中各设备的运行状态、运行参数、告警信息等内容,系统运行的相关参数可通过 LCD 进行设置和维护。同时监控模块可通过 RS485 串口、光纤或以太网接入电站自动化系统,实现对电源系统的远程监控,满足"四遥"和无人值守的要求。

此外,监控装置具备完善的智能电池管理功能,它能对电池的端电压、充放电电流、电池房环境温度等参数作实时的在线监测,可准确地根据电池的充放电情况估算电池容量的变化,还能在电池放电后按用户事先设置的条件和运行参数,通过调节整流器的输出电流和电压,自动完成电池的限流充电和均浮充转换,并可以自动完成电池的定时均充维护和均/浮充电压温度补偿工作,实现了全智能化,不需要任何人工干预,保证蓄电池组能正常工作,最大限度地延长电池的使用寿命。

(2)交流失电工作状态

系统交流输入故障停电时,充电模块停止工作,由蓄电池组不间断地给直流负载供电。微机监控装置时实监测蓄电池组的放电电压和电流,当电池放电至设定的终止电压时,监控装置告警。

(3)系统工作能量流向

系统工作时的能量流向如图 3.53 所示。

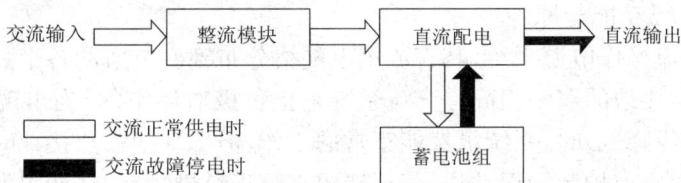

图 3.53　直流系统能量流向图

3. 高频开关整流模块工作原理

高频开关型整流器原理框图如图 3.54 所示,三相交流电输入后,先整流成高压直流电,再逆变为 40 kHz 的可调脉宽的脉冲电压波,经滤波后输出 220 V 的直流电。CPU 部分完成与外部数据通信、参数的设定及运行状态的控制。脉宽调制控制部分根据 CPU 的指令控制主回路输出指定的电压和电流值。

4. 硅堆降压单元功能

对于蓄电池组的个数选择大于 104 只(110 V 系统大于 52 只)的阀控式铅酸直流系统,由于整流器在对蓄电池进行充电时,与蓄电池并联的直流母线电压超出控制直流负荷电压不大于＋10％的要求,因此需要这样一个降压装置把直流母线的电压调节到控制直流负荷要求的范围内。二极管硅堆可自动或手动调节电压降,从而使控制直流母线的电压稳定在规定的范围内。

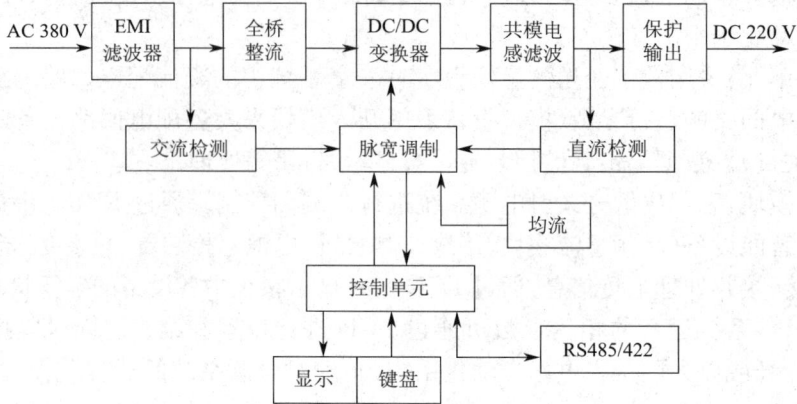

图 3.54　高频开关型整流器原理框图

降压硅堆是由多只大功率硅整流二极管串接而成,利用 PN 结基本恒定的正向压降作为调整电压,通过改变串入线路的硅管数量获得适当的压降,达到电压调节的目的。相比于其他形式的电压调节方式,采用硅堆调压具有抗电流冲击性好、安全、可靠的优点。

降压硅堆均分为 4 节串联而成,在每节硅堆两端并联调压执行继电器的常闭触点,若驱动执行继电器动作,令其触点断开,使得该节硅堆被串入线路,降压单元的压降增大;反之,若执行继电器返回,其触点闭合,使得串入线路中的硅堆数量减少,降压单元的压降减小。

硅堆降压装置的控制单元采用单片机控制,通过检测控制直流母线的电压,与给定的继电器动作电压比较,经放大驱动继电器的动作,使控制直流母线的电压保持在一定的范围内;硅堆监视电路实时监测各节硅堆的电压降,如果串入线路中的某节硅堆出现开路的情况,控制单元自动闭锁与该节硅堆并联的继电器,使该节硅堆被短接旁路,实现控制母线不间断供电。

5. 绝缘监测单元功能与原理

变电所内的直流操作电源系统,其直流供电网络分布到变电所的各个一次和二次设备处,支路纵横交错,发生接地的概率很高。直流系统是正负极对浮空的,当出现一点接地(正负极直接接地或对地绝缘降低)时,系统虽然能正常的工作,但出现第二点接地时,则可能造成信号装置、控制回路和继电保护装置误动作,甚至造成直流正负极短路,从而引发严重的电力事故。因此直流系统对地应有良好的绝缘,必须对其进行实时的在线监测,当某一点出现接地故障时,立即发出告警信号,提醒运行人员查找并排除接地故障,从而杜绝直流系统接地故障可能引发的电力事故。

直流系统的绝缘监测装置由母线绝缘检测和支路绝缘检测两部分组成。

(1)母线绝缘检测原理

如图 3.55 所示,母线绝缘检测采用不平衡电桥检测

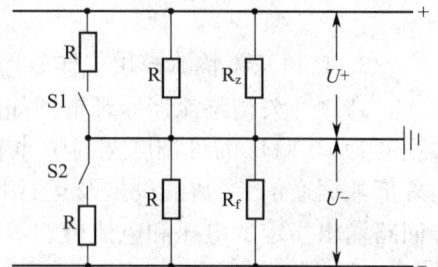

图 3.55　母线绝缘监测原理图

电路,由微处理器控制电桥开关 S1 和 S2 轮流导通,分别测得两组直流母线正负极对地的电压值,然后通过方程式计算出直流母线正负极对地的绝缘电阻值。

根据欧姆定律在开关 S1 和 S2 全部断开时得到方程式一

$$U_z(R+R_z)/RR_z=U_f(R+R_f)/RR_f \tag{1}$$

在开关 S1 闭合,S2 断开时得到方程式二

$$U_{z1}(R+2R_z)/RR_z=U_{f1}(R+R_f)/RR_f \tag{2}$$

在开关 S2 闭合,S1 断开时得到方程式三

$$U_{z2}(R+R_z)/RR_z=U_{f2}(R+2R_f)/RR_f \tag{3}$$

式中　U_z、U_f——开关 S1 和 S2 全部断开时电阻 R_z、R_f 两端的电压;

U_{z1}、U_{f1}——开关 S1 闭合 S2 断开时电阻 R_z、R_f 两端的电压;

U_{z2}、U_{f2}——开关 S1 断开 S2 闭合时电阻 R_z、R_f 两端的电压。

已知电压 U_z、U_f、U_{z1}、U_{f1}、U_{z2}、U_{f2} 的测量值和电阻 R 的值,联立解方程组(1)和(2)或(1)和(3),可以求出直流母线正负极对地的绝缘电阻 R_z 和 R_f 的值。这一技术的母线对地电压检测精度直接影响绝缘电阻的计算结果,而且电桥开关在切换过程中,母线正负极对地分布电容的充放电过程会直接影响对地电压的采样值,因此应针对不同容量的电源系统设置不同的检测速度,以保证绝缘监测的精度。另外,采用这种电桥测量技术虽然可以准确地计算出直流系统正负极对地总的绝缘电阻值,但由于电桥电路在直流正负极与地之间人为接入了一定值的接地电阻,必然会对直流系统的绝缘水平产生一定的影响,因此,在保证一定测量精度的前提下,电桥电路中 R 的取值应尽可能大,而电桥电路在切换时自动选择正负极对地电压较大一侧的开关闭合;同时采用实时比较正负极对地电压变化量的方法,结合定时处理,减少电桥开关切换的次数,大大降低电桥电路对直流系统的影响。

(2)支路绝缘检测原理

以上母线绝缘检测技术虽然可以测量出直流系统正负极对地总的绝缘电阻,但不能确定直流系统各供电支路(直流馈电输出)的正负极对地的绝缘电阻值。如果直流系统出现接地故障时,对接地故障点的查找只能采用逐路断开馈电支路开关,顺着支路逐级查找以确定接地故障点。这种方法既费时又费力,而且断开支路上的各种装置要暂时退出工作,存在引起电力事故的危险。

对直流系统各馈电支路正负极对地绝缘电阻的检测,是在各馈电支路回路安装电流互感器,采用低频叠加或直流漏电流的检测原理,计算出各馈电支路正负极对地的绝缘电阻值。这两种原理各有自己的优缺点,分别说明如下:

① 低频叠加原理:由低频信号源产生的超低频信号通过隔直电容对地耦合到直流正负母线,采用无源交流小电流传感器,感应流过各馈电支路中接地电阻和接地电容的超低频信号电流,其大小直接反映出支路接地电阻的变化。感应电流信号经过放大、相位比较、滤波和 A/D 转换后,进行数据处理并计算出相应的接地电阻值,判断出直流馈电支路的接地故障。这一技术的电流传感器不受一次侧电流和温度变化的影响,缺点是检测精度受分布电容和低频信号衰减的影响较大。当然可以采用信号相位比较技术进行超前校正及跟踪,消除馈电支路的分布电容对绝缘电阻测量精度的影响,同时过滤直流母线上非同步交流信号的干扰,解决支路误报和漏报现象。

② 直流漏电流原理:采用磁调制有源直流小电流传感器,馈电支路正负极穿过传感器的

正常负荷电流大小相等、方向相反,在传感器中的合成直流电磁场为零,其二次输出也为零;当支路回路的正负极存在接地电阻时,就会感应产生漏电流,并且在传感器中合成漏电流磁场,其二次输出就直接反映接地漏电流的大小,结合母线绝缘检测不平衡电桥电路的对地电压测量数据,可以计算出支路对地的绝缘电阻值,从而判断出直流馈电支路的接地故障。这一技术无需在直流母线上叠加任何信号,对直流系统不会产生任何不良影响,检测精度不受直流系统对地分布电容的影响,且灵敏度高,巡检速度快。缺点是有源直流传感器的二次接线复杂,且其中的电子电路容易受温度变化和直流回路大电流冲击的影响产生零点漂移,影响测量精度。当然,可以采取校正技术,消除零点漂移,保证检测精度。另外,支路漏电流参数的变化量,也可以作为母线绝缘电桥检测电路的启动条件。

6. 蓄电池组的充放电运行管理

蓄电池组是直流系统中重要的组成部分,对蓄电池组良好的维护和监测显得尤其重要。智能高频开关直流系统具有先进的电池管理功能,可以严格按照电池的充放电曲线对电池进行管理。整流监控严格按照电池的充放电曲线对电池进行充放电,具有实时性、准确性、快速性的特点。

阀式密封铅酸蓄电池运行如图 3.56 所示。VRLA 蓄电池开始用 $0.1Q_{10}$ A(Q_{10} 为 10 h 放电率的蓄电池容量)恒流充电(可设置),当电压达到 $n(2.30\sim2.40)$ V(n 为单体电池数)时,自动(或手动)转入恒压充电。充电电流开始逐渐减小,减小至 $0.01Q_{10}$ A(可设置)时开始计时,3 h 后,微机自动控制充电浮电装置转入浮充电运行。正常运行浮充 1~3 个月,微机自动控制充电浮电装置转入恒流充电运行,按 VRLA 蓄电池正常充电程序运行。

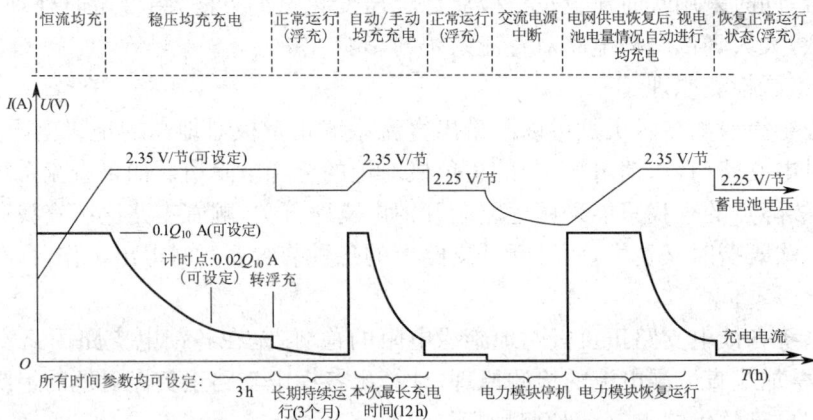

图 3.56 阀式密封铅酸蓄电池运行示意图

当因为电网事故等原因发生交流电源中断时,停止充电浮充电装置,蓄电池通过降压模块不间断向二次控制母线供电。当蓄电池电压低于设定值时发出声光报警,恢复交流供电后按 VRLA 蓄电池正常充电程序运行。

7. 高频开关电源系统运行维护常识

高频开关电源在正常使用情况下,主机的维护工作量很少,主要是防尘和定期除尘。特别是气候干燥的地区,空气中的灰尘颗粒较多,灰尘将在机内(主要在整流模块内)沉积,当遇空气潮湿时会引起主机控制紊乱造成主机工作失常,并发出不准确告警,另外大量灰尘也会造成器件散热不好。

一般每季度应彻底清洁一次,同时在除尘时检查各连接件和插接件有无松动和接触不良的情况。定期核实智能高频开关电源系统的参数有无变化,防止人为或无意中改变所设置的参数。每半年应对智能高频开关电源系统的运行方式进行实验检查,以防止均充状态与浮充状态不能及时转换而造成对蓄电池的损坏。检查主机设备是否正常,保证直流母线经常保持合格的电压和电池的放电容量;对主机出现击穿、熔断熔断器或烧毁器件的故障,一定要查明原因并排除故障后才能重新启动,否则会造成更严重的故障。

当智能高频开关电源系统出现故障时,应先查明原因,分清故障部分是负载还是电源系统,是主机还是电池组。虽然开关电源系统主机有故障自检功能,但它对面而不对点,更换配件很方便,但要维修故障点,仍须做大量的分析、检测工作。如果自检部分发生故障,显示的故障内容也可能有误。

3.3.2.7　应急照明电源

顾名思义,应急照明电源是为应急照明服务的设备,一般特指在正常电源失去后,为应急照明提供的备用电源。

1. 应急电源的种类

(1)独立于正常电源的发电机组

提供交流应急电源,包括应急燃气轮机发电机组、应急柴油发电机组。快速自启动的发电机组适用于允许中断供电时间为 30 s 以内的负荷。

发电机组由于其动力来源都是可燃性物质,并为了满足规定时间内的供电需要应储存一定的数量,而城轨车站规模相对于大型民用建筑工程要小得多,人员密集程度高,对城轨工程尤其是地下消防安全不利。快速自启动的发电机需要 30 s 以内的时间,如果应用于应急照明电源,还需要和其他电源系统配合使用。虽然国外城轨工程中有采用,但目前国内城轨工程尚没有采用发电机组用作应急电源的实例,也没有单独用作应急照明电源。

(2)UPS(Uninterruptable Power Supply)

即不间断电源,保护意外断电数据丢失的一种备用电源设备,可以在交流电断开的情况下,保证短时间的工作。适用于允许中断供电时间为毫秒级的负荷,以蓄电池和逆变器作为备用电源。

UPS 一般用于精密仪器负载(如电脑、服务器等负载)等要求供电质量较高的场合,强调逆变切换时间短、输出电压及频率稳定、输出波形的纯正、无各种干扰等。城轨工程控制调度相关系统和自动清分结算系统等采用计算机设备的重要系统,一般采用 UPS 不间断电源。而应急照明电源一般不采用 UPS 装置。

(3)EPS(Emergency Power Supply)

即应急电源装置,提供交流应急电源,以蓄电池和逆变器作为备用电源,多用于允许中断供电时间为 0.25 s 以上的负荷。

EPS 装置多用于应急照明电源,也可用于消防用电设备,如应急照明灯、标志灯、消防电梯、消防水泵、防火卷帘、防火门、排烟风机等或其他供电质量相对要求不高的用电设备,强调能持续供电这一功能。但不可用于计算机、交换机、服务器等精密仪器负载,以免出现数据丢失的情况。

(4)带有自动投入装置而有效独立于正常电源的专用馈电回路

适用于允许供电中断时间 1.5 s 以上的负荷。可用于应急照明电源,目前北京地铁某些既有线路使用这种方式。

(5)蓄电池

适用于容量不大的特别重要负荷,并要求采用直流电源,如变电所直流操作电源。由于蓄电池直接接在直流母线上,交流电源正常时为浮充状态,因此由交流电源经高频开关装置供电转为蓄电池直接供电没有转换时间。也可采用正常由高频开关供电,在有冲击负荷时由蓄电池放电。在直流操作电源屏的输出回路增设逆变器可用于提供应急照明电源。在应急照明灯具内也可直接设置蓄电池,作为备用电源。

按照现行国家标准《地下铁道照明标准》(GB/T 16275—1996)的要求,城市轨道交通工程应急照明由正常电源切换到应急电源的允许时间不大于5 s。

2.典型应急照明电源装置

(1)EPS应急电源

①EPS的工作原理

EPS应急电源由充电器、逆变器、蓄电池、隔离变压器、切换开关、监控器、保护装置等和机箱组成。相对于UPS来讲,EPS均为离线式。由于采用不同形式的切换开关,EPS的切换时间是不同的,切换开关可采用接触器、静态旁路开关等。

当交流电源正常时,由电源经过EPS装置的交流旁路给重要负载供电,同时进行电源检测及蓄电池充电管理,然后再由电池组向逆变器提供直流能源。在此,充电器是一个仅需向蓄电池组提供相当于10%蓄电池组容量(A·h)的充电电流的小功率直流电源,它并不具备直接向逆变器提供直流电源的能力。此时,交流电源经由EPS的交流旁路和转换开关所组成的应急电源系统向用户的各种应急负载供电。同时,在EPS的逻辑控制板的调控下,逆变器停止工作处于自动关机状态。用户负载实际使用的电源是来自电网的交流电,EPS应急电源也是通常说的一直工作在睡眠状态,可以有效地达到节能的效果。

当交流电源供电中断或电压超限(如±15%或±20%的额定输入电压)时,切换开关将投切至逆变器供电,在蓄电池所提供的直流能源的支持下,用户负载所使用的电源是通过EPS的逆变器转换的交流电源。

当交流电源电压恢复正常工作时,EPS的监控装置发出信号对逆变器执行自动关机操作,同时还通过它的切换开关执行从逆变器供电向交流旁路供电的切换操作。EPS在经交流旁路供电通路向负载提供交流电源的同时,还通过充电器向电池组充电。

EPS工作原理如图3.57所示。

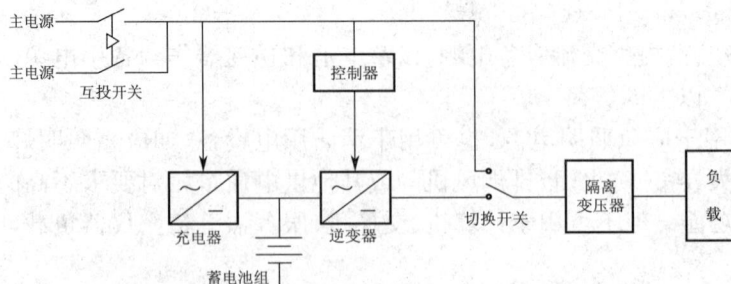

图3.57 EPS工作原理框图

EPS 装置多用于应急照明电源也可作为消防动力的电源。不同的供电对象,对 EPS 装置的要求也有不同。下面对 EPS 作为应急照明电源的一般要求进行说明。

a. 向应急照明灯供电的 EPS,供电中断时间小于 5 s。

b. 为尽可能地利用正常交流电源,减少 EPS 的能耗,当交流电源电压在 187～242 V（220^{+22}_{-33} V）的范围内,EPS 允许仍为交流旁路供电,而不采用逆变器供电。

c. EPS 配置蓄电池的容量,应满足在交流电源供电中断时,保证应急照明的供电时间要求。对于地下车站和控制中心不小于 60 min,对于地面车站等建筑物,不小于 30 min。

②EPS 的容量及选择

在交流供电正常时,EPS 是通过交流旁路向负载供电。原则上,它可以带具有各种不同功率因数的负载,但在交流供电中断或电压或频率超限时,则是由 EPS 中的逆变器来供电的。因此,EPS 的承载能力不仅要考虑逆变器在不同功率因数值负载时的降额度输出特性,而且还要根据所使用的应急照明灯具的不同来选配 EPS 的输出功率和机型。

a. 应急照明灯具光源为白炽灯。由于应急照明的功耗是用有功功率 P(kW) 来标注的,而 EPS 逆变器的输出功率是用功率因数 $\cos\psi = 0.8$（滞后）时的视在功率 S(kV·A) 来标注的,实际选用 EPS 的满载输出功率应为 $S = P/0.8$。

b. 应急照明灯具光源为荧光灯。由于荧光灯启动时存在较大的"启动浪涌"电流,EPS 满载输出功率应为 $S = (1.3～1.5)P/0.8$。

c. 应急照明灯具的光源也可采用高压气体灯,但城轨工程目前尚未使用。此时宜选用切换时间小于 20 ms 的 EPS 设备。因为,如果对高压气体灯的供电中断时间超过 20 ms 时,就有可能致使气体灯中的放电电弧"熄灭或中断"。一旦发生放电电弧中断现象,即使马上恢复供电也可能导致长达数分钟的黑灯现象,因为需要足够长时间来重新预热高压气体灯中的灯丝。

（2）电源自动转换装置

所谓电源自动转换装置（ATSE）,是由两个或几个转换开关电器和其他必需的联锁、控制设备组成,用于监视电源,并在特定条件下,将负载设备从一个电源自动转换到另一个电源的电器设备。它主要由开关转换电器、联锁设备和转换控制电器组成。

根据 IEC-60947-6 国际标准规定,自动转换装置可分为 PC 级或 CB 级两个级别。根据采用转换开关电器的不同可分为 4 种,接触器式、断路器式、负荷开关式、专用转换开关式。按照转换控制电器的不同分为电磁继电器和数字控制器。

PC 级指能够接通、承载,但不用于分断短路电流的自动转换装置。CB 级指采用断路器并配备过电流脱扣器的自动转换装置,它的主触头能够接通并用于分断短路电流。因此,只有转换开关电器采用了断路器,能够在短路情况下分断短路电流,才称为 CB 级自动转换装置,其余不采用断路器不能分断短路电流的都称为 PC 级。

因此采用负荷开关、接触器和专用转换开关的 ATSE 都属于 PC 级,本体只能作为自动转换开关使用,不具备过载、短路以及其他保护功能。

电源自动转换装置由开关电器本体和转换控制器组成。开关电器采用断路器时,即为 CB 级,由两台或以上断路器和机械联锁机构组成,具有过载、短路保护功能,体积较大,切换时间一般为 1.5 s 以上。PC 级开关电器为一体式结构（二进一出）,体积小,转换速度较快,一般在 0.2～1.3 s 之间。

由传统的电磁式继电器构成的转换控制器,优点是成本低,但存在性能单一、体积大的缺点。数字电子式转换控制器,可根据用户要求设定产品参数,具有精度高、体积小、使用方便的特点。

3. 应急照明电源方案

在城轨工程中,应急照明电源方案可能是一种形式,也可能是几种形式的组合。如地下车站的应急照明电源采用 EPS 应急电源系统,而在地面独立设置的变电所,其应急照明电源也可采用分散式安装的蓄电池。

(1)独立设置的变电所

对于主变电所及独立设置牵引变电所,其应急照明电源是独立考虑的,与城轨车站的应急照明电源没有联系。它有三种方案可供选择。

方案一:考虑到应急照明灯具数量不多,容量不大,可以将分散设置于应急照明灯具的蓄电池作为应急电源。应急照明灯具采用三线制,当正常电源失电时,由灯具自带的蓄电池继续供电,供电时间不小于 60 min。应急照明灯具的交流电源引自变电所交流电源屏,馈出回路与正常照明分开,避免正常照明回路故障对应急照明供电造成影响。为保证应急照明灯具可靠工作,需对蓄电池进行维护。由于蓄电池分散布置,其维护工作量比蓄电池集中设置或采用 EPS 应急电源略大。

方案二:在变电所中设置较小容量的 EPS 应急电源,应急电源的交流电源引自变电所交流电源屏,为单独馈出回路。EPS 的馈出回路接至应急照明灯具。EPS 应急电源的供电时间不小于 60 min。此方案造价较高。

方案三:在变电所直流操作电源屏的馈出回路中加装逆变器,为应急照明提供交流电源。正常交流电源失电,由蓄电池放电后继续供电,供电时间不小于 60 min。这需要加大操作电源屏的高频开关电源及蓄电池的容量。

(2)车站内牵引变电所、降压变电所

由于变电所处于车站内,变电所与车站的应急照明电源应统一考虑。主要有以下三个方案。

方案一:在车站配电室设置 EPS 应急电源。应急电源的交流输入电源引自车站消防配电系统。EPS 引出若干回路为变电所应急照明提供电源,应急照明的供电时间不小于 60 min。

方案二:采用独立于正常电源的第三路电源作为应急电源。在变电所内设置应急照明电源柜,由变电所交流电源屏提供正常双路电源,应急的第三路电源由相邻车站引入,并向另一相邻车站提供备用电源。应急照明电源柜提供若干馈出回路分别引至变电所、车站应急照明设备。当本车站变电所双路低压电源失电,自动切换至应急电源后继续供电。本方案的优点在于应急电源的供电时间不受限制。

方案三:在变电所直流操作电源屏的馈出回路中加装逆变器,为应急照明提供交流电源。其他同独立设置的变电所中的方案三。

(3)车辆段、停车场内的牵引变电所、降压变电所

当降压变电所独立设置或与之合建的建筑物没有应急照明时,应急照明电源方案同独立设置的变电所。合建建筑物设置应急照明时,可有以下两个方案。

方案一:在建筑物内配电室设置 EPS 应急电源。应急电源的交流输入电源引自建筑物消防配电系统或照明配电系统独立馈出回路。EPS 引出若干回路为变电所应急照明提供电源。应急照明的供电时间不小于 60 min。

方案二：在变电所直流操作电源屏的馈出回路中加装逆变器，为应急照明提供交流电源。正常交流电源失电，由蓄电池放电后继续供电，供电时间不小于 60 min。

3.3.3 工作任务

1. 铅酸阀控蓄电池的维护

（1）蓄电池、蓄电池容器要经常保持清洁和干燥；

（2）注意电池电压异常，定期对电池做容量考核试验；

（3）阀控蓄电池组的恒流限压充电电流和恒流放电电流均为 10 A，额定电压为 2 V 的蓄电池，放电终止电压为 1.8 V；额定电压为 6 V 的组合式电池，放电终止电压为 5.25 V；额定电压为 12 V 的组合蓄电池，放电终止电压为 10.5 V。只要其中一个蓄电池放到了终止电压，应停止放电。在三次充放电循环之内，若达不到额定容量值的 100%，此组蓄电池为不合格。

2. 直流屏的日常维护

（1）检查各信号灯工作是否正常；

（2）保持蓄电池外部清洁；

（3）蓄电池组运行状态检查：

①若发现蓄电池漏液应立即查出原因予以处理，以免影响整组蓄电池的绝缘。

②运行温升：蓄电池在浮充状态时不发热，若发现个别电池有发热现象应立即检查原因，及时处理，若发现整组电池发热，首先应检查电池的运行状态（强充或放电均有一定的温升），是否浮充电流过大或电池组发生外部微短路等现象，发现问题应及时处理。蓄电池常见故障请参照蓄电池部分。

③检查蓄电池组的连接点，接触是否严密，有无氧化，并涂以凡士林油。

3. 直流屏进线电源失电的处理

（1）交流进线电源失电，将会产生进线开关、高频开关电源同时发出失电信号，待电源恢复正常后，自然消除。

（2）高频开关电源直流输出端快熔熔断，或直流输出端空气开关脱扣，发单一信号，更换同规格的快熔或合上空气开关，故障消除。

（3）交流电源缺相，直流输出电压只能达到额定值的 60%～70%，用万用表测输入端三相电压即可，查出失相原因，处理后即可恢复正常。

4. 充电模块通电调试

（1）通电的模块"启动"开关（或三相空气开关）应处于关断；"开关机"按钮、"均浮充"按钮处于松开状态；并检查后面板熔断器是否拧紧、风扇电源插头是否插好；限流挡位应设置在"Ⅳ"挡。

（2）接插交流输入航空插头。插入前用万用表测量交流电源的电压，包括线电压和相电压，注意插头第四脚应为零线；交流电压应在输入许可范围内（额定值的 ±20%），如超出范围或三相不稳定甚至缺相则不应接入模块，而应先检查交流电源进线回路。

（3）打开启动开关（或三相空气开关）。

（4）开关合上后即应有蜂鸣报警音响，此时前面板无任何显示，约 3 s 后，告警消失，同时输入绿色发光二极管指示灯亮，表示交流输入电源正常。显示电压、电流为零，限流挡位指示灯Ⅳ点亮，模块直流输出表计交替显示电压、电流。如若不亮则应检查交流电源熔断器或交流开关是否可靠合上。

（5）手按"开/关"按钮，模块开始工作，输出状态指示"正常"灯亮并闪烁；表计显示有电压，风扇开始启动。如若"故障"灯亮并音响报警，则可检查系统电源调节电位器是否顺时针调节得过大，将其沿逆时针方向调整后重新启动。

（6）按下"均/浮充"按钮，"均充"指示灯亮，通过"均充电压"、"电位器"可调节均充电压整定值。松开按钮也能回到"浮充状态"。

（7）模块并联运行时，应注意均浮充状态，限流标志应与其他模块一致，与监控通信地址区别顺序设置。

3.3.4　分析与思考

1. 列举牵引变电所中由交、直流自用电系统供电的主要设备名称。
2. 分析交流自用电系统互投操作、同投操作的工作过程。
3. 分析阀控式密封铅酸蓄电池在结构、原理、充放电特性，运行维护常识。
4. 分析高频开关直流系统在结构、原理、工作特性、运行维护等方面的区别。
5. 为什么直流系统要装设绝缘监察装置（画图说明）？直流系统绝缘监察装置应满足哪些要求？

复习思考题

1. 断路器、隔离开关控制电路的结构包括哪几部分？
2. 断路器的控制信号回路应满足哪些要求？
3. 断路器控制回路为什么要设置电气防跳措施？防跳原理是什么？
4. 断路器分、合闸控制回路为什么要用其操动机构中辅助接点？
5. 继电器线圈并联反向二极管的目的是什么？
6. 分析弹簧操动机构断路器控制信号电路分合闸操作工作原理。
7. 分析弹簧操动机构断路器控制信号电路中储能电机工作过程。
8. 分析弹簧储能液压操动机构断路器控制信号电路分合闸操作工作原理。
9. 分析弹簧储能液压机构断路器控制信号电路中液压监视、闭锁与储能原理。
10. 分析隔离开关、接地开关控制信号电路分合闸操作工作原理。
11. 分析液压操动机构断路器控制信号电路分合闸操作工作原理。
12. 分析液压操动机构断路器控制信号电路中液压监视、闭锁与储能原理。
13. 变电所常见预告信号有哪些？哪些预告信号延时发出？哪些预告信号瞬时发出？为什么？
14. 变电所一般装设哪些信号系统？各起什么作用？
15. 简述继电保护装置的概念及其任务、技术要求。
16. 简述城轨供电系统继电保护装置的配置情况。
17. 简述整流机组继电保护的配置情况及其基本原理。
18. 简述电流上升率及电流增量保护（DDL 保护）的概念、原理、保护范围。
19. 简述低电压 U_{flow} 保护的概念、原理、保护范围。

20. 简述电压降保护的概念、原理、保护范围。

21. 简述轨道过电压保护(OVP)的概念、原理、保护范围。

22. 简述接触网热保护的概念、原理、保护范围。

23. 简述直流保护装置的控制系统的组成。

24. 简述直流馈线断路器在不同情况下的联跳措施。

25. 简述直流馈线智能重合闸过程。

26. 简述线路测试系统(EDL)的结构、功能与原理。

27. 列举城轨供电系统中各种类型变电所的自用电设备、负荷分级和供电制式以及电源供电方案。

28. 分析自用电交流屏互投操作、同投操作的工作过程。

29. 分析阀控式密封铅酸蓄电池在结构、原理、充放电特性、运行维护常识。

30. 分析高频开关直流系统在结构、原理、工作特性、运行维护等方面的区别。

31. 简述城轨工程中应急照明电源方案。

项目 4 接触网检修与维护

接触网是电力牵引系统的重要组成部分,架设在轨道的上方(或边上),是一种特殊的输电线。机车通过受电弓(或集电靴)从接触网中得到电能。所以,接触网受流质量的好坏,对机车运行起着重要的作用。

在城市轨道交通和地铁系统中,接触网的主要形式有三种:柔性接触网、刚性接触网和第三轨。

项目描述

以城市轨道交通接触网设备为载体,依据接触网检修作业标准,在校内铁路综合实训基地和校外地铁公司实训基地,使用专用仪器对接触网设备进行检调并分析、上报相关资料。

拟实现的学习目标

1. 技能要求

(1)会进行接触网参数测量及结果分析;

(2)会进行定位装置检调;

(3)会进行支持装置检调;

(4)会进行接触悬挂检调;

(5)会进行支柱和基础检调;

(6)会进行线岔检调;

(7)会进行锚段关节检调;

(8)会进行分段绝缘器检调;

(9)会进行隔离开关检调。

2. 知识要求

(1)掌握接触网参数及容许偏差;

(2)熟悉常见接触网支柱类型;

(3)掌握接触网支柱作用、结构及技术要求;

(4)掌握基础的分类及施工方法;

(5)掌握腕臂的作用、结构及技术要求;

(6)掌握腕臂装配要求;

(7)掌握侧面限界、结构高度和导高的调整方法;

(8)掌握常见接触线的作用、结构及技术要求;

(9)掌握常见承力索的作用、结构及技术要求;

(10)掌握定位装置的作用、结构及技术要求；

(11)熟悉绝缘子电气性能；

(12)掌握锚段的作用、结构及技术要求；

(13)掌握锚段关节作用、结构及技术要求；

(14)掌握补偿器作用、结构及技术要求；

(15)掌握补偿器 a、b 值的含义；

(16)熟悉中心锚结的作用、结构及技术要求；

(17)掌握吊弦的作用、组成及技术要求；

(18)掌握线岔的作用、结构及技术要求；

(19)掌握分段绝缘装置作用、结构及技术要求；

(20)掌握隔离开关作用、结构及技术要求；

(21)熟悉电连接的作用、结构及技术要求。

模块 1　柔性接触网检修与维护

柔性接触网是城市轨道交通接触网的核心组成部分，其学习目标和典型工作任务是柔性接触网维护与检修，和其他模块共同组成接触网的日常维护与检修工作。

4.1.1　学习内容

1.掌握柔性接触网设备的作用、结构及技术要求；

2.能对柔性接触网常用参数进行测量并分析测量结果；

3.能对柔性接触网设备进行检调。

4.1.2　知识准备

1.接触网的组成

牵引网是包括了接触网、钢轨回路(包括大地)、馈电线和回流线的一个大范畴，它是轨道交通供电系统中向电动车组供电的直接环节。

接触网是一种悬挂在轨道上方沿轨道敷设的和铁路轨顶保持一定距离的输电网。通过电动车组的受流装置(受电弓或集电靴)和接触网的滑动接触，牵引电能就由接触网进入电动车组，驱动牵引电动机使列车运行。

馈电线是连接牵引变电所和接触网的导线，它把经牵引变电所变换成合乎牵引制式用的电能馈送给接触网。

轨道在非电牵引情形下只作为列车的走行轨。在电力牵引时，轨道除仍具有走行轨功能外，还需要完成导通回流的任务，因此，电力牵引的轨道还需要具有畅通导电的性能，称为"回流轨"。

回流线是连接轨道和牵引变电所的导线，通过回流线把轨道中的回路电流导入牵引变电所。

接触网占牵引网的绝大部分，因而在牵引网的讨论中，主要是针对接触网而言的。

2.接触网的工作特点

(1)没有备用

牵引负荷是重要的一级负荷，向牵引变电所供电的电源线均设置两个回路，牵引变电所内主变压器及其他重要设备也在设计中考虑了备用措施,一旦主电源、主要设备故障时,备用电源、备用设备可及时(自动)投入运行,以保证对接触网的不间断供电。但接触网由于与电动车组在空间上的关系,和轨道一样无法采取备用措施。所以,一旦接触网故障,整个供电区间即全部停电,在其间运行的电动车组失去电能供应,列车停运。

(2)经常处在动态运行中

和一般的电力线路只在两点间固定传输电能的作用不同,在接触网下沿线有许多电动车组高速运动取流。电动车组受流装置(受电弓或集电靴)以对接触网一定的压力和速度下与接触网接触摩擦运行,通过接触网的电流很大。运行中不可避免地会产生受电弓离线而引起电弧,再加上在露天区段还要承受风、雾、雨、雪及大气污染的作用,使接触网昼夜不停地处在振动、摩擦、电弧、污染、伸缩的动态运行状态之中。这些因素对接触网各种线索、零件都产生恶劣影响,故接触网发生故障的可能性较一般电力线路的概率要大得多。

(3)结构复杂,技术要求高

接触网的运行环境和运行特点决定了接触网的结构较一般电力线路有很大的不同。为了保证电动车组安全、可靠、质量良好地从接触网取流,接触网的结构比较复杂,技术要求也较高,如对接触网导线的高度、拉出值,定位器的坡度,接触网的弹性、均匀度等都有定量的要求。

3.对接触网的基本要求

接触网的工作状态主要是指接触线和电动车组受电弓(或受流器)滑板的接触和导电情况。从电路要求上,为保证良好的导电状况,滑板与接触线的接触应保持一定的接触压力。在电动车组静止时,接触压力可以保持不变。当电动车组运行时,滑板跟着运动,与接触网形成滑动摩擦接触。这时,如能继续保持一定的接触压力,不间断地向电动车组供电,接触网才处于良好的工作状态。

实际上,上述要求是不容易做到的。由于电动车组引起的振动和接触线高度变化等因素,往往造成滑板和接触线间的压力变化很大,有时甚至产生脱离现象,致使滑板和接触线之间的脱离处发生电弧。如果接触线本身不平直而出现小弯或是悬挂零件不符合要求超出接触面时,滑板滑到此处将发生严重冲击或电弧,这是很不利的,这种情况叫接触线有硬点。因为冲击和电弧会造成接触网和受电弓的机械损伤和烧伤,严重者将造成断线事故,而且取流不良对电动车组上的电机和电器会产生不利的影响,所以应该尽量避免。因此,为了尽量保证对电动车组良好的供电,对接触网有以下基本要求。

①接触网悬挂应弹性均匀、高度一致,在高速行车和恶劣的气象条件下,能保证正常取流。
②接触网结构应力求简单,并保证在施工和运营检修方面具有充分的可靠性和灵活性。
③接触网的寿命应尽量长,具有足够的耐磨性和抗腐蚀能力。
④接触网的建设应注意节约有色金属及其他贵重材料,以降低成本。

4.接触网的分类

接触网分为架空式接触网和接触轨式接触网。架空式接触网用于城市地面或地下、铁路干线、工矿的电力牵引线路。接触轨式接触网一般仅用于净空受限的地下电力牵引。我国在地铁轨道系统中,架空式和接触轨式的接触网均有采用。

架空式接触网的悬挂类型大致为三种:简单悬挂、链形悬挂、刚性悬挂。不同的类型其电线粗细、条数、张力都不一样。架空接触网的悬挂方式,要根据架线区的列车速度、电流容量等输送条件以及架设环境进行综合勘察来决定要采取什么方式。

接触轨式接触网是沿轨道线路敷设的附加接触轨,从电动客车转向架伸出的受流器通过滑靴与第三轨接触而取得电能。接触轨可以有三种方式,即上接触式、下接触式和侧接触式。

一般牵引网电压等级较高时,为了安全和保证一定的绝缘距离,宜采用架空式接触网。在净空受限的线路和电压等级较低时多采用接触轨式接触网。北京地铁采用的是接触轨式接触网,上海和广州地铁均采用了架空式接触网。

5.接触网的供电方式

随着技术的发展,电客车的运行速度不断提高。为了适应这种形势的需要,世界各国对接触网技术发展的研究也日趋重视。在改善接触悬挂的运营质量方面都作了很大努力,采用了相应的技术措施,以满足运行速度日益提高的需要。从发展方向上看,可归纳为下述几个方面。

(1)改善接触悬挂的弹性性能

改善接触悬挂的弹性性能,重点在于提高悬挂点处的弹性性能,尽量使悬挂点处的弹性与跨距中部的弹性相一致。除可采用弹性双链形接触悬挂以外,还有的采用带空气－弹簧阻尼器的双链形接触悬挂。在靠近悬挂点的两个长吊弦内加装空气－弹簧阻尼器。其作用有两个,即提高接触悬挂在支柱附近的弹性和减少接触线在受电弓通过时的振动。

值得注意的一个动向是为适应速度提高而改进链形悬挂的结构和受流性能的同时,为了进一步降低接触网造价,一些国家对弹性简单接触悬挂也进行了较为广泛的试验。英国、法国、苏联等国的试验表明,在试验速度为 90 km/h、130 km/h 的情况下,取得了很好的效果。

(2)改善张力的自动补偿装置

在结构上随着双链形悬挂及多链形悬挂的采用,接触线、承力索包括辅助索在内的各导线中均加装了张力自动调整装置,以保证各线索的恒定张力。为了减少温度对张力的影响,除了采用一般的滑轮组式坠铊补偿装置外,有的国家还采用弹簧式补偿装置以及随温度变化的液压张力补偿装置等。液压补偿装置如图 4.1 所示。由于张力变化对线索弛度的影响很大,特别是在高速运行情况下,

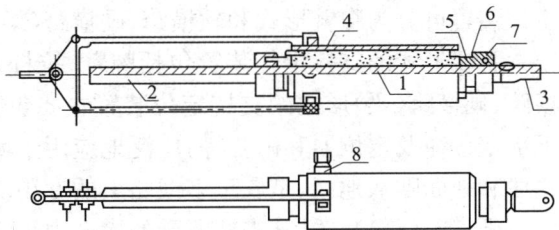

图 4.1　液压补偿装置
1—油;2—动作轴;3—衔接零件;4—外筒;
5—活塞;6—垫;7—滑阀;8—注油孔

不利于受电弓的良好取流,因而世界各国对于研制新型的补偿装置都很重视。

(3)提高接触悬挂的稳定性

接触悬挂能使弓网之间可靠接触,保证良好取流。提高稳定性的措施有:采用高强度的镉铜合金线。提高接触线或辅助索的张力以均匀地增加接触悬挂的质量。当前提高稳定性的主要措施之一是加大承力索或辅助索的张力。实践证明:在提高了承力索或辅助索的张力以后,振动稳定性得到提高,受流特性得以改善。

(4)减轻接触悬挂的集中重量

减轻接触悬挂(特别是接触线)上的集中重量,是改善取流值状况的重要措施。目前较广泛地用塑料、玻璃钢来代替铜、钢及铸铁等零部件,如定位器、定位管、吊弦线夹、分段绝缘器等。同时,不少国家还使用了轻型的铝镁合金材料,这对于改善接触悬挂的动态特性具有重要

的意义。

(5)采用定型化、标准化零部件

接触网上部结构的零部件种类繁多,结构复杂。为了促进电力牵引的发展,各国对接触网零部件的研究与改进都作了很多工作。现在普遍的意向是使接触网的零部件向定型化、规格化、标准化及结构简单,安装方便的方向发展。与此同时,为了便于维修和更换,还较普遍地采用了无螺栓的接触网零件。

6.柔性接触网的主要组成部分

柔性接触网由接触悬挂、支持定位装置、支柱与基础等几部分组成。

(1)支柱和基础

支柱和基础用以承受接触悬挂、支持和定位装置的全部负荷,并将接触悬挂固定在规定的位置和高度上。我国接触网中主要采用预应力钢筋混凝土支柱和钢柱。钢支柱又有普通桁架结构式钢柱、整体型材"H"形钢柱和圆形钢柱。

基础承受支柱所传递的力矩并传给土体,起支持作用。对于混凝土支柱一般采用直埋式基础,它的地下部分代替了基础的作用,钢支柱的基础有混凝土浇注预制而成,预留钢支柱安装的地脚螺栓。隧道内的支撑部件由埋入杆件和倒立柱等组成,如图 4.2所示。

(2)支持定位装置

支持定位装置是用来支持接触悬挂,对接触线进行水平定位,保证接触悬挂高度并将悬挂的负荷传递给支柱的装置。支持定位装置可分为腕臂形式和软横跨、硬横跨(梁)形式。

腕臂形式的支持定位装置包括腕臂、拉杆及定位装置等;软横跨、硬横跨(梁)形式的支持定位装置主要包括横向承力索、上下部定位绳及定位器和吊弦等,广泛地应用于城市轨道交通的车辆段和地面咽喉地区,是属于多线路上的专用支持定位装置。

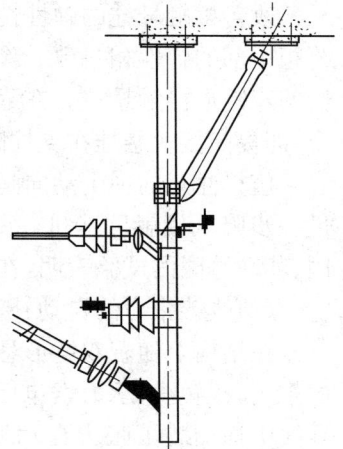

图 4.2　倒立柱

硬横梁(跨)装置,其支柱所受的横向力矩小,比较稳定,且便于机械化施工,多在 3~4 股道上采用,如图 4.3 所示。

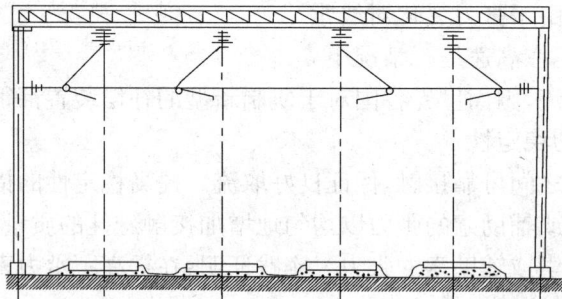

图 4.3　硬横跨

(3)接触悬挂

接触悬挂包括接触线、吊弦、承力索和补偿装置及连接零件。接触悬挂通过支持装置架设在支柱上,其作用是将从整流所获得的电能输送给电动车组。电动车组运行时,受电弓顶部的滑板紧贴接触线摩擦滑行得到电能(简称"取流")。

①接触悬挂根据结构分类

a. 简单悬挂

简单接触悬挂,即是由一根或几根互相平行的直接固定在支持装置上的接触线所组成的悬挂,如图 4.4 所示。一般用于车速较低的线路上,如次等站线、库线和净空受限的人工建筑物内,以及城市电车和矿山运输线等,在城市轨道交通中主要用于车辆段,也有用于正线的情况,如上海城市轨道交通 1 号线。

简单悬挂结构简单,要求支柱高度较低,因此建设投资低,施工和检修方便。其缺点是导线的张力和弛度随气温的变化较大,接触线在悬挂点受力集中形成硬点,弹性不均匀,不利于电力机车高速运行时取流。

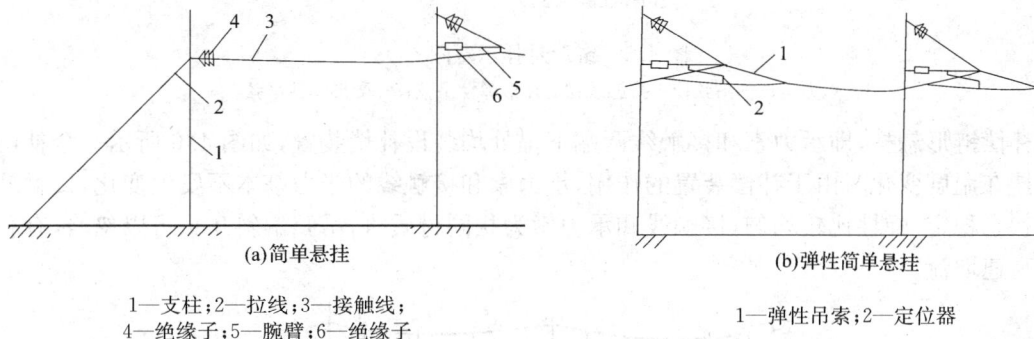

(a)简单悬挂

1—支柱;2—拉线;3—接触线;
4—绝缘子;5—腕臂;6—绝缘子

(b)弹性简单悬挂

1—弹性吊索;2—定位器

图 4.4　简单悬挂和弹性简单悬挂

为了改善简单悬挂的弹性不均匀程度,在悬挂点处加装弹性吊索,这种带弹性吊索的简单悬挂称为弹性简单接触悬挂。这种悬挂的优点是在悬挂点处加了一个 8~16 m 长的弹性吊索,从而改善了悬挂点处的弹性。根据我国的试验,这种弹性简单接触悬挂可以在速度不超过90 km/h 的线路上采用。由于弹性简单接触悬挂具有结构简单、支柱高度低、支柱负荷小、建造费用低及施工维修方便等优点,城市轨道交通车辆段一般采用这种形式的悬挂,如广州城市轨道交通 1 号线车辆段接触网。

b. 链形悬挂

链形悬挂是一种运行性能较好的悬挂形式。它的结构特点是接触线通过吊弦悬挂在承力索上,承力索通过钩头鞍子、承力索座或悬吊滑轮悬挂在支持装置的腕臂上。使接触线在不增加支柱的情况下增加了悬挂点,通过调节吊弦长度使接触线在整个跨距中对轨面的高度基本保持一致。减小了接触线在跨中的弛度,改善了接触线弹性,增加了接触悬挂的重量,提高了稳定性。可满足高速运行时取流的要求。在地铁和城市轨道交通中,最常见的链形悬挂形式是简单链形悬挂,如图 4.5 所示。

②按照下锚方式分类

接触悬挂线索在终端支柱上的固定方式称为下锚方式,主要有未补偿下锚(硬锚)和补偿下锚两种。

承力索和接触线两端无补偿装置,称为未补偿下锚(硬锚)。在大气温度变化时,因为承力索和接触线的热胀冷缩,承力索和接触线的张力、弛度变化较大,造成受流状态恶化,一般不采用。

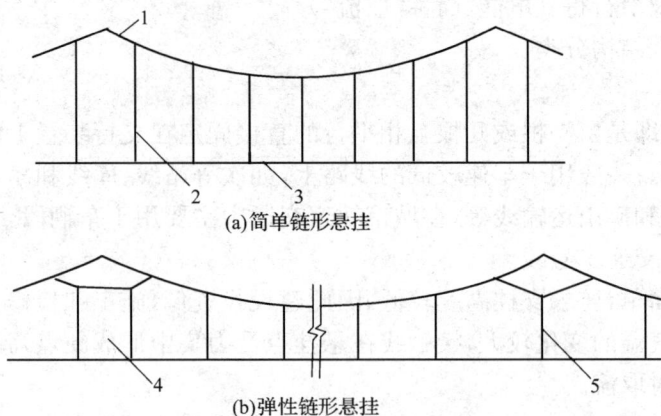

图 4.5　链形悬挂示意图
1—承力索；2—吊弦；3—接触线；4—Ⅱ形弹性吊弦；5—Y形弹性吊弦

全补偿链形悬挂，即承力索和接触线两端下锚处均装设补偿装置，如图 4.6 所示。全补偿链形悬挂在温度变化时由于补偿装置的作用，承力索和接触线的张力基本不发生变化，接触悬挂技术状态稳定，弹性比较均匀，接触线和承力索为相同材质时，吊弦偏斜几乎可以忽略，有利于机车高速取流。

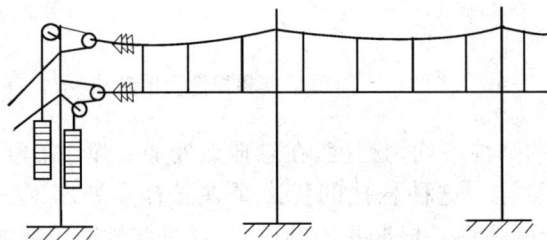

图 4.6　全补偿链形悬挂示意图

③链形悬挂按其承力索和接触线的相对位置不同分类

a. 直链形悬挂

直链形悬挂是承力索和接触线布置在同一垂直平面内，它们在轨平面上的投影是一条直线。直链形悬挂的风稳定性较差（和半斜链形悬挂相比），在大风作用下接触线易产生横向摆动，造成接触线与受电弓脱离而发生事故（简称脱弓事故）。采用直链形悬挂时，可使接触线、承力索在一个平面内，便于吊弦长度计算（采用整体吊弦后，吊弦长度计算非常重要），并可以提高施工精度，避免接触线在吊弦存在纵向倾斜时出现的接触线偏磨甚至是线夹与受电弓的碰撞。我国基本采用直链形悬挂。

b. 半斜链形悬挂

在半斜链形悬挂中，承力索沿线路中心线布置，接触线在每一支柱定位点处，通过定位装置被布置成"之"字形，承力索与接触线不在同一垂直平面内，它们在水平面上的投影有一个较小的偏移，风稳定性好。

c. 斜链形悬挂

斜链形悬挂是指接触线和承力索均布置成方向相反"之"字形，接触线和承力索在水平面上的投影有一个较大的偏移。在曲线区段,承力索对线路中心线向外侧有一个较大的偏移,吊弦的倾斜角较大。这种悬挂的优点是风稳定性好,但其结构复杂,设计计算繁琐,施工和检修困难,造价较高。

7. 接触网供电方式

牵引所向接触网(或接触轨)供电方式有两种,即单边供电和双边供电。城市轨道交通接触网(或接触轨)在每个牵引变电所附近由电分段进行电气隔离,分成两个供电分区,每个供电分区也称为一个供电臂。如列车只从所在供电臂上的一个牵引变电所获得电能,这种供电方式称为单边供电;如一个供电臂同时从相邻两个牵引变电所获得电能,则称为双边供电。

一般来说,车辆段内采用单边供电方式,正线采用双边供电方式。在采用双边供电时,当某一牵引变电所因故障退出运行时,该段接触网就成为单边供电。正常运行时,列车从 B 牵引变电所和 C 牵引变电所以双边供电方式获得电能,越区隔离开关 QS_2 断开。当 B 牵引变电所因故障退出运行时,合上越区隔离开关 QS_2,通过越区隔离开关由 A 牵引变电所和 C 牵引变电所进行大双边供电。正线上任何牵引变电所因故障退出运行时,均由相邻牵引变电所越区供电。在越区供电方式下,供电末端的接触网(或接触轨)电压较低,电能损耗较大,因此,视情况要适当减少同时处在该供电区段的列车数目。另外,直流馈线保护整定时还需考虑大双边供电方式下的灵敏度。因此,越区供电只是在事故状态下,短时采用的一种运行方式。

8. 接触悬挂线索

地铁接触网是一个大电流牵引系统,接触悬挂要求有较大的载流量。正线通常采用双接触线全补偿简单链形悬挂方式。载流截面由两根 120 mm^2 铜合金电车线和 4 根 TJ150 硬铜绞线(载流承力索和辅助馈线)共 6 根线组成,再加上一根贯通的架空地线,每条正线通常需架设 7 根导线。

(1)接触线

接触线是接触网中直接和受电弓滑板摩擦接触取流的部分,电力机车从接触线上取得电能。接触线的材质、工艺及性能对接触网起着重要作用,要求它具有较小的电阻率、较大的导电能力;要有良好的抗磨损性能,具有较长的使用寿命;要有高强度的机械性,具有较强的抗张能力。

接触线制成上部带沟槽的圆柱状,沟槽是为了便于安装紧固接触线的线夹,同时又不影响受电弓取流。接触线底面与受电弓接触的部分呈圆弧状,如图 4.7 所示。接触线的主要材质是金属铜,常见的有纯铜、青铜、银铜合金、锡铜合金、镁铜合金导线等。

地铁中接触线常采用 120 mm^2 银铜合金电车线(Ris120),银铜合金线具有较好的机械强度和耐磨性。

运行中的接触线可能因为磨耗、损伤和断线而使锚段中的接头数量增加,为了保证整个接触网线路质量,一个锚段内的接触线和承力索接头、补强和断股的总数应符合如下规定:锚段长度在 800 m 及以下时不超过 4 个,锚段长度在 800 m 以上时,接头数目不超过 8 个。

接触线在运行中,受电弓和接触线的摩擦会造成接触线截面积减小,称为接触线磨耗。接触线的磨耗使接触线截面积减小,会影响到接触线的强度安全系数。运营中,要求每年至少进行一次接触线磨耗测量,当接触线磨耗达到一定限度时应局部补强或更换。如发现全锚段接触线平均磨耗超过该型接触线截面积的 20% 时,应全部更换。局部磨耗超过 30% 时可进行补强。当局部磨耗达到 40% 时应切换接触线。

接触线磨耗测量一般一年一次,测量点通常选在定位点、电连接线、导线接头、中心锚结、电分相、电分段、锚段关节、跨距中间等处。测量磨耗要利用游标卡尺,测量磨耗后接触线的直径残存高度。根据直径残存高度可以计算得到接触网线的磨耗截面积,然后根据图 4.8 判断其磨耗是否超标。随着接触线磨耗面积加大,为了改善其运行条件,应通过坠砣的减少逐渐减少其实际张力,使其接触线内的实际张力保持在100 N/mm²。

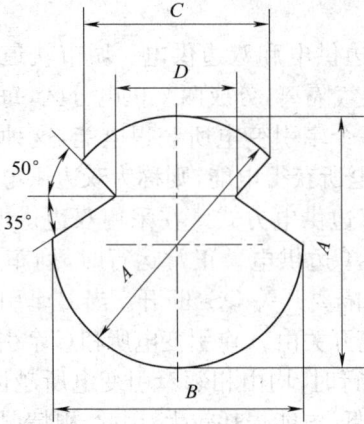

图 4.7　接触线

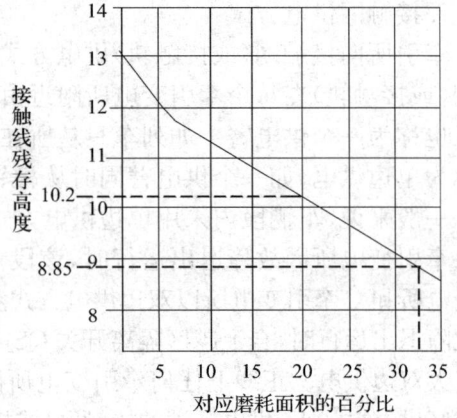

图 4.8　接触线磨耗曲线

(2)承力索

承力索的作用是通过吊弦将接触线悬挂起来。要求承力索能够承受较大的张力,具有抗腐蚀能力,并且在温度变化时弛度变化较小。同时,在城市轨道交通中,承力索往往还是牵引电流的一个重要通道,称为载流承力索。一般采用截面积为120~150 mm²的19 股铜绞线(比如:TJ-150),铜承力索导电性能好,可做牵引电流的通道之一,和接触线并联供电降低压损和能耗,且抗腐蚀性能高。

(3)其他线索

即使采用了双接触线、双承力索的系统,也不能够满足地铁大牵引电流需要,所以和接触线承力索平行架设多根辅助馈线。辅助馈线一般采用 150 mm² 硬铜绞线(TJ-150),根据需要设置多根(3~4 根)。

为了防止绝缘子泄漏电流的弥散,保证设备人身安全,地铁中设置了和接触悬挂平行的架空地线,架空地线多采用 120 mm² 硬铜绞线(TJ-120)。

9.定位装置

定位装置是接触网结构中的主要组成部分,它是在定位点处实现接触线相对于线路中心进行横向定位的装置。也就是说,定位装置的作用就是根据技术要求,把接触线进行横向定位保证接触线始终在受电弓滑板的工作范围内,保证良好受流;在直线区段,相对于线路中心把接触线拉成"之"字形状;在曲线区段,相对于受电弓中心轨迹则拉成切线或割线。使受电弓滑板磨耗均匀;同时,定位装置要承担接触线水平负载,并将其传递给腕臂。

定位装置是由定位管、定位器、定位线夹及连接零件组成的。根据支柱所在位置不同及受力情况,定位装置采用不同形式,一般有正定位装置、反定位装置、软定位装置、双定位装置等。

(1)定位方式

正定位用于将接触线拉向线路的支柱侧,在直线区段或大曲线半径区段,采用这种正定位方式。该定位装置由直管定位器和定位管组成。定位器的一端利用定位线夹固定接触线;另一端通过定位环与定位管衔接,定位管又通过定位环固定在腕臂上,如图 4.9(a)所示。

反定位一般用于曲线内侧支柱或直线区段"之"字值方向与支柱位置相反的地方。定位器附挂在较长的定位管上,如图 4.9(b)所示。

软定位方式只能承受拉力,而不能承受压力,因而它用于小曲线半径的区段,在曲线力抵消反方向的风力之后,拉力需保持一定值时方能使用这种方式,如图 4.9(c)所示。

组合定位装置是用在锚段关节的转换支柱、中心支柱及站场线岔处的定位,这些地方均有两组悬挂在同一支柱处,分别固定在所要求的位置上,如图 4.9(d)所示。

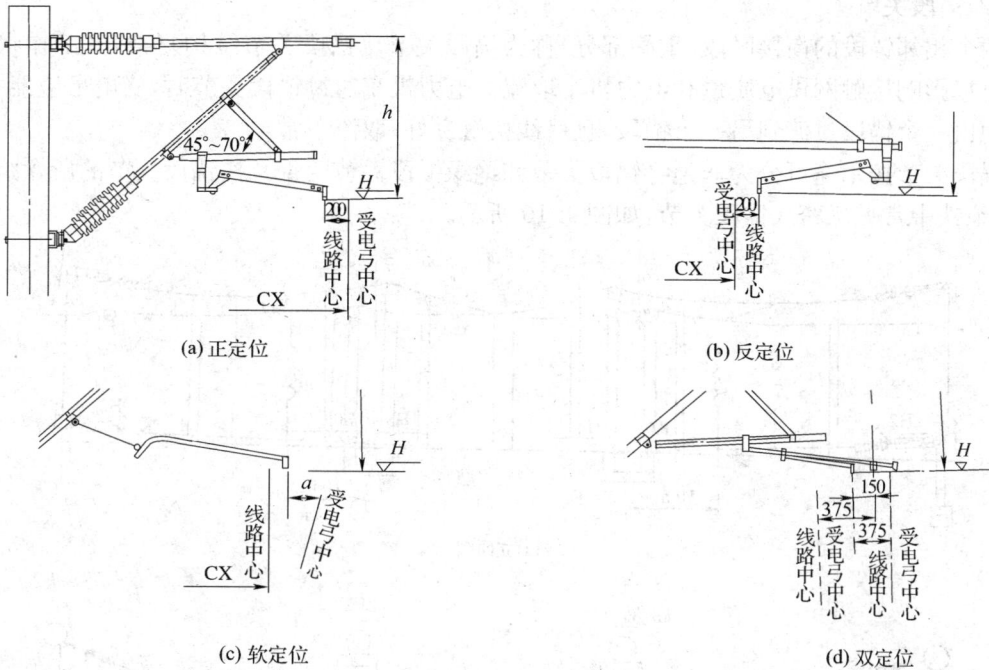

图 4.9 定位方式(单位:mm)

(2)定位坡度

在机车运行过程中,受电弓始终给接触线施加抬升力,以保证接触线与受电弓之间的可靠接触,机车能良好地取流,但受电弓的抬升力对接触悬挂产生的机械作用,不仅使接触线抬高,而且通过定位点时,定位器也随之被抬高。为了避免定位器撞弓,一般要求定位器安装有一倾斜度,我国规定为 1:10 至 1:5 之间,定位器向上抬升应该不小于 150 mm。

(3)拉出值

接触线直接与电力机车受电弓接触且发生摩擦,为了保证受电弓和接触线可靠接触、不脱线和保证受电弓磨耗均匀,要求接触线在线路上按技术要求固定位置,即在定位点处保证接触线与电力机车受电弓滑板中心有一定距离,这个距离在直线区段叫做接触线的"之"字值,在曲线区段称拉出值,一般用符号"a"表示。

接触线的"之"字值或拉出值可以使在运行中的电力机车受电弓滑板工作面与接触线摩擦均匀(否则会使滑板工作面某些部分磨出沟槽,降低受电弓使用寿命),保证接触线与受电弓接触,不发生脱弓,避免因脱弓造成的弓网事故。一般在 200～300 mm 左右,不能大于受电弓的允许工作范围,并要留有一定的裕度。

10.锚段与锚段关节

(1)锚段

为满足供电和机械受力方面的需要,将接触网分成若干一定长度且相互独立的分段,这种独立的分段称为锚段。

设立锚段可以限制事故范围。当发生断线或支柱折断等事故时,由于各锚段间在机械受力上是独立的,不影响其他锚段的接触悬挂,使事故限制在一个锚段内,缩小了事故范围;便于在接触线和承力索两端设置补偿装置,以调整线索的弛度与张力;有利于供电分段,配合开关设备,满足供电方式的需要。

(2)锚段关节

两个相邻锚段的衔接区段(重叠部分)称为锚段关节。锚段关节结构复杂,其工作状态的好坏直接影响接触网供电质量和电力机车取流。电力机车通过锚段关节时,受电弓应能平滑、安全地由一个锚段过渡到另一个锚段,且弓线接触良好,取流正常。

锚段关节按用途可分为非绝缘锚段关节和绝缘锚段关节两种。按锚段关节的所含跨距数来分,地铁中常见三跨式锚段关节,如图 4.10 所示。

(a)立面图

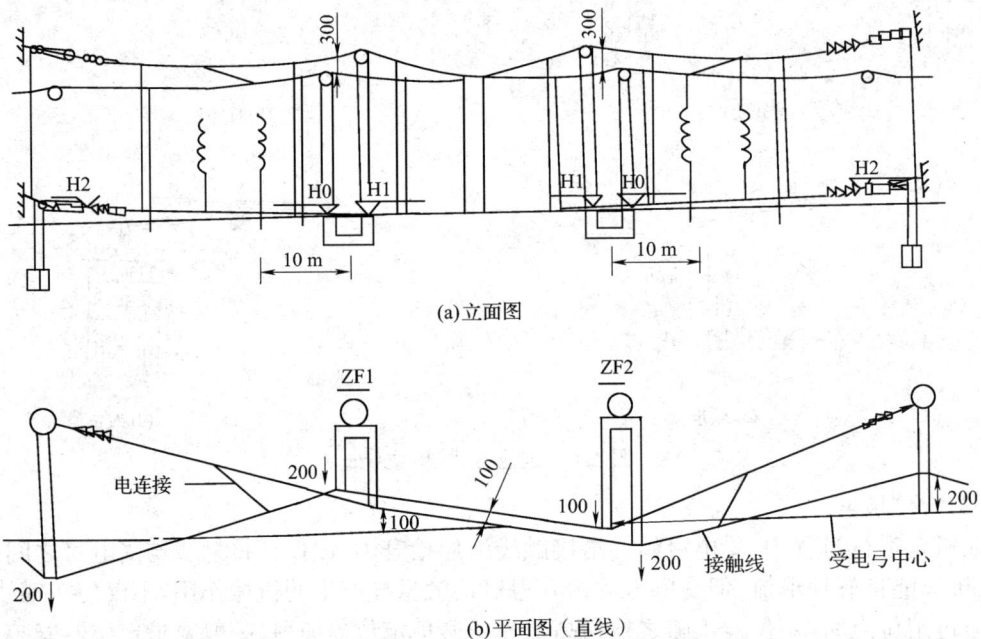

(b)平面图(直线)

图 4.10　三跨式锚段关节(单位:mm)

三跨式非绝缘锚段关节技术要求:

①两支接触线在两转换柱之间的垂直面上应平行设置,两接触线的线间距离及其误差应符合规定。

②转换柱非工作支接触线距轨面高度比工作支抬高 150～200 mm。下锚处,非工作支接触线比工作支接触线抬高 500 mm。

③锚段关节内两接触线的立体交叉点(距轨面等高处)应位于两转换柱之间的跨距中心处。

④在转换柱与锚柱间,距转换柱 5～10 m 处分别加设一组电连接。

⑤下锚处接触线在水平面内改变方向时,其偏角一般不应大于 6°,困难情况下不得超过 12°。

三跨式绝缘锚段关节技术要求:

①两根转换柱之间两支接触悬挂应在垂直面上保持平行,两支悬挂的线间距不小于 150 mm。

②转换柱处非工作支接触线应比工作支接触线抬高不小于 150 mm，非工作支接触线的分段绝缘棒应比工作支接触线高 25 mm 以上。

③非工作支接触线和下锚支承力索在转换柱内侧加设绝缘棒，并用电连接将锚段最后一跨的线索与相邻锚段线索连接起来。电连接设在锚柱与转换柱间距转换柱 5～10 m 的地方。

④下锚处接触线在水平面内改变方向时，其偏角不应大于 6°，困难情况下不应大于 12°。

⑤锚段关节不得有卡滞现象。

11. 接触网补偿装置

接触网补偿装置，又称张力自动补偿器，它安装在锚段的两端，并且串接在接触线承力索内，它的作用是补偿线索内的张力变化，使张力保持恒定。

接触网补偿装置有许多种类，有滑轮式、棘轮式、鼓轮式、液压式及弹簧式等。常用的是带断线制动功能的棘轮补偿下锚装置。

棘轮补偿装置，外形及结构如图 4.11 所示。棘轮装置的棘轮与其他工作轮共为一体，没有连接复杂的滑轮组，安装空间比铝合金滑轮补偿装置小很多，可以解决空间受限时的补偿问题。棘轮本体大轮直径为 519 mm，小轮直径为 170 mm，传动比为 1:3。补偿绳为柔性不锈钢丝绳，主要优点是具有断线制动功能，正常工作状态下，棘齿与制动卡块之间有一定间隙，棘轮可以自由转动；当线索断裂后，棘轮和坠砣在重力作用下下落，棘齿卡在制动卡块上，从而可以有效地缩小事故范围、防止坠砣下落侵入限界。

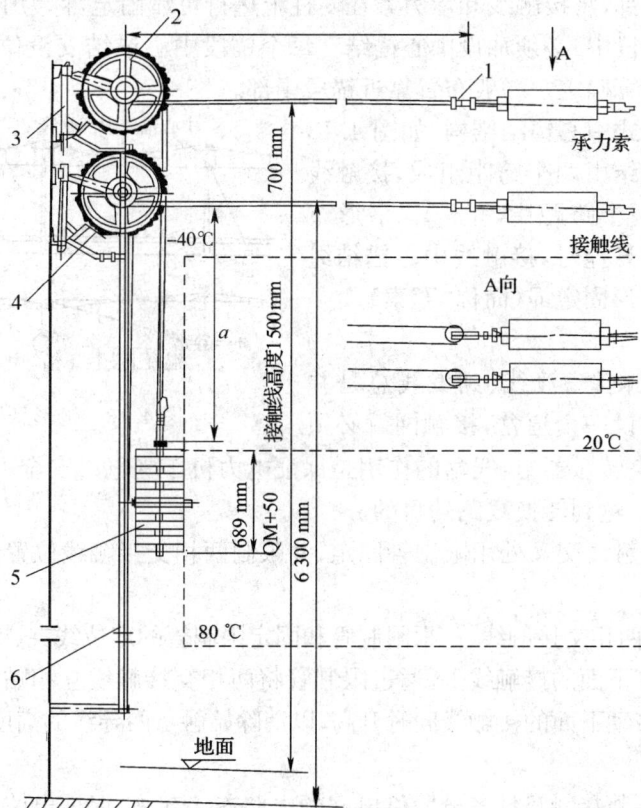

图 4.11　棘轮补偿装置

1—平衡轮；2—棘轮本体；3—固体框架；4—制动卡块；5—坠砣；6—坠砣限制导管

如图 4.12 所示的棘轮补偿安装曲线,安装曲线下面标注的是半个锚段的长度(中心锚结到补偿器距离),右侧数字从上到下是对应温度下坠砣的安装高度。

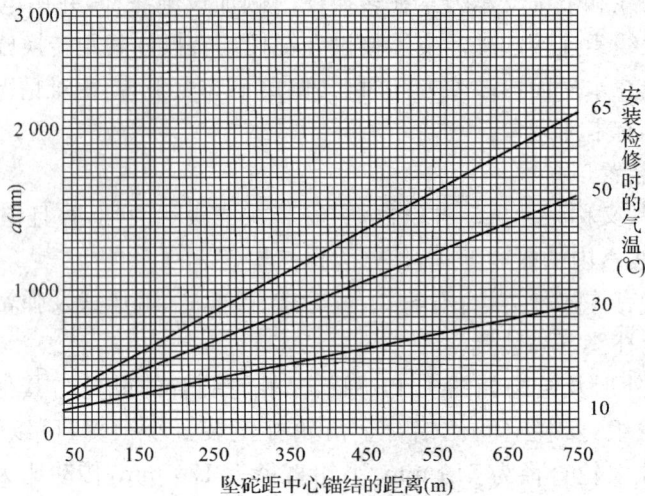

图 4.12　补偿装置安装曲线

12. 中心锚结

在接触悬挂的中部,将接触线和承力索在支柱上进行可靠固定,称为中心锚结。在两端装设补偿器的接触网锚段中,必须加设中心锚结。每个锚段中心锚结安设位置应根据线路情况和线索的张力增量计算确定。一般布置靠近锚段中部。

链形悬挂的两跨式中心锚结结构,如图 4.13 所示。承力索中心锚结由两个跨距组成,接触线中心锚结绳分别在两个跨距中,呈"人"字形布置。在采用弹性链型悬挂时,接触线中心锚结绳在跨中布置,称为"Z"形固定绳(简称"Z"索)。

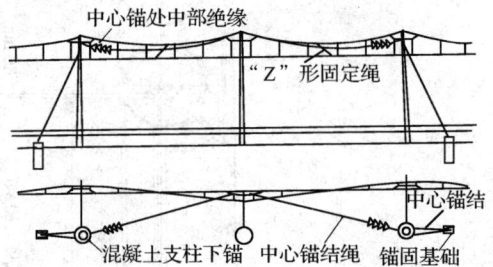

图 4.13　链形悬挂中心锚结

13. 线岔

在站场上,站线、侧线、渡线、到发线总是并入正线的。如果线路设一个道岔,接触网就必须设一个线岔(也称架空转辙器)。线岔的作用是保证电力机车受电弓安全平滑地由一条接触线过渡至另一条接触线,达到转换线路的目的。

交叉线岔在两接触线交叉处用限制管固定,并限制两相交接触线位置的设备,称为接触网线岔。

接触网线岔是由两相交接触线、一根限制管和固定限制管的定位线夹、螺栓组成。限制管两端,用定位线夹固定在下面的接触线上,通过限制管将两相交接触线互相贴近,当上面接触线升高时,可利用限制管带动下面的接触线同时升高,以消除始触点两导线的高度差,如图 4.14 所示。

14. 电连接线

电连接的作用是,将接触悬挂各分段供电间的电路连接起来,保证电路的畅通,通过电连接可实现并联供电,减少电能损耗,提高供电质量。在电气设备与接触网之间,用电连接线进行可靠的连接,使设备充分发挥作用,避免出现烧损事故。

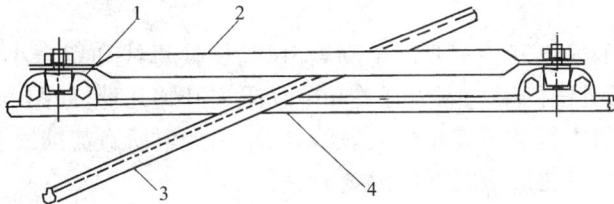

图 4.14　线岔

1—定位线夹；2—限制管；3—侧线接触线；4—正线接触线

电连接按其使用位置不同，分为横向电连接和纵向电连接。

(1)横向电连接

横向电连接的主要作用是实现并联供电，比如并联馈线、承力索和接触线间。满足站场上电力机车启动时所需的大电流，在各股道间安装股道电连接线。

(2)纵向电连接

纵向电连接的作用是，使供电分段或机械分段处两侧接触悬挂实现电的连通，在检修和事故处理时，可通过隔离开关达到电分段的目的，如绝缘锚段关节和非绝缘锚段关节，转换柱靠锚柱侧安装的电连接线，电分段处隔离开关与接触悬挂间的电连接线，线岔处的电连接线等，都称为纵向电连接。

15.分段绝缘器

分段绝缘器又称分区绝缘器，是接触网电气分段的常用设备。它安装在各车站车辆段等处。在正常情况下，电动车组受电弓带电滑行通过。当某一侧接触网发生故障或因检修需要停电时，可打开分段绝缘器处的隔离开关，将该部分接触网断电，而其他部分接触网仍能正常供电，从而提高了接触网运行的可靠性和灵活性。

16.避雷器

地铁架空接触网上避雷器一般采用直流金属氧化锌避雷器。避雷器一般设置在牵引变压所馈线上网处、隧道入口和车站端头。

接触网支柱上的架空地线一般每隔 500 m 通过一个火花间隙接地来实现对架空地线的防雷保护，如图 4.15 所示。

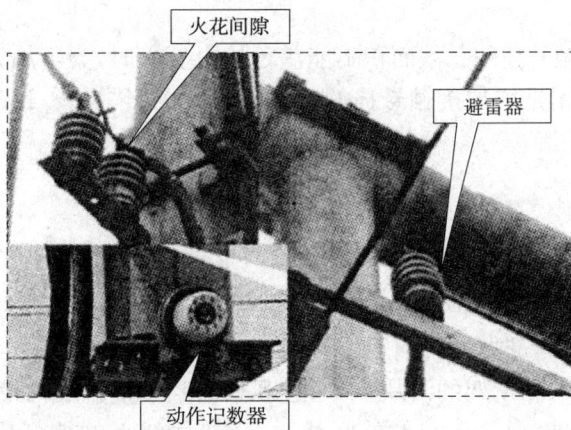

图 4.15　避雷器和火花间隙

17. 隔离开关

接触网上所使用的隔离开关主要用于隔离电源、倒换母线和切合小电流线路。它主要有手动隔离开关、带接地刀闸的手动隔离开关和电动隔离开关几种,如图 4.16 所示。

电动隔离开关一般安装在正线和出入段线处、牵引变电所直流馈线上网处。

停车场不同供电分区之间设置联络隔离开关。

正线折返线、区间存车线以及车库线一般也设置隔离开关。

18. 附加导线

附加导线一般分为架空地线和辅助馈线,如图 4.17 所示。

图 4.16　隔离开关

图 4.17　附加导线

（1）架空地线

架空地线的作用是在接触网部件发生闪烁时,提供故障电流的有效可靠通道,从而促使保护装置可靠动作,迅速切断故障电流并有效地抑制闪烁引起的各接地体对地电位的升高;同时也具备一定的防雷功能。架空地线一般架设在接触悬挂的上方。

（2）辅助馈线

辅助馈线是指在接触悬挂的总截面积不能满足输电要求时,为了加大导线总截面积而架设的平行输电导线。其作用是增加接触悬挂的载流量,一般每隔 60～100 m 通过电连接线与承力索、接触线进行电气连接。

4.1.3　工作任务

1. 柔性接触网基本参数测量

（1）导高测量

①拉伸测量架,使两测量脚紧靠钢轨内侧,旋紧紧固旋钮。

②将主机固定轴插入测量架的滑块上,通过观察窗瞄准接触线的投影,左右移动滑块和前后移动测量架,使接触线投影与十字丝的竖线重合,接触线上的被测量点投影与十字丝中心重合。

③按下主机上的测量按钮，即可在主机液晶屏上读出导高。

（2）拉出值测量

①拉伸测量架，使两测量脚紧靠钢轨内侧，旋紧紧固旋钮。

②将主机固定轴插入测量架的滑块上，通过观察窗瞄准接触线的投影，左右移动滑块和前后移动测量架，使接触线投影与十字丝的竖线重合，接触线上的被测量点投影与十字丝中心重合。

③当接触线上的被测量点投影与十字丝中心严格重合时，滑块上的指针与拉出值读数尺相交处的刻度即为拉出值。

（3）侧面限界测量

①拉伸测量架，使两测量脚紧靠钢轨内侧，旋紧紧固旋钮，主机侧放。

②打开超高尺，旋动超高尺手轮，调整水平，使气泡居中，旋紧紧固旋钮。

③移动滑块至靠近支柱侧的测量架拉出值刻度尺标记红点处，按长光按钮，使激光束垂直打在支柱上，按测量按钮，读数即为侧面限界的数值。

（4）结构高度测量

①拉伸测量架，使两测量脚紧靠钢轨内侧，旋紧紧固旋钮。

②瞄准定位点处承力索，按下测量按钮测出承力索高度后再按下"－"键。

③瞄准定位点处接触线，按下测量按钮测出接触线高度后再按下"确认"键，此时液晶屏上显示的数值即为结构高度。

2. 柔性接触网支持定位装置检修维护

（1）查看腕臂是否有锈蚀、永久性弯曲变形等情况。

（2）检查管帽是否齐全，露头过长对线路是否产生影响。

（3）无温度变化时腕臂是否垂直于线路，水平腕臂仰高不能超过 50 mm。

（4）腕臂绝缘子无破损和严重放电痕迹，绝缘子瓷釉剥落面积不能超过 300 mm。

（5）周围非带电部分物体对腕臂的绝缘距离是否符合标准。

（6）腕臂与底座以及各个连接部分的螺栓紧固情况，各个连接部分不能有松动。

（7）定位装置的结构及安装状态应保持定位点处接触线的弹性符合规定。当温度变化时，接触线能自由伸缩，使受电弓有良好的受流状态。

（8）定位器必须保证接触线"之"字值、拉出值的正确性，保证接触线工作面平行于轨面。

（9）定位器应处于受拉状态，支持器安装方向要正确，附有防水管帽；无烧伤、腐蚀，无松动，紧固件完好。

（10）定位器的偏移程度，定位管是否水平，各零部件受力状态是否良好，有无破损及裂纹，定位器的坡度是否符合要求。

（11）螺栓是否涂油。检查定位线夹安装牢固，并涂有导电介质。有无松动和脱落的可能。

3. 柔性接触网接触线接头制作

（1）一个锚段内接触线接头和补强线段的总数以及承力索接头、补强、断股的总数均不得超过：锚段长度在 800 m 及以下时为 4 个；锚段长度超过 800 m 时为 8 个。

（2）用钢锯截下磨耗超限的接触线，对两个端头打磨后紧线至两接触线头对接做接头。

（3）接头线夹螺栓力矩为 50 N·m。螺栓紧固顺序按先内后外，按左内—右内—左外—右外顺序紧固，是先紧固螺栓，再紧固螺母。

（4）检查接触线接头安装牢固可靠后，缓慢松开手扳葫芦，确认接触线接头牢靠后，拆除手扳葫芦。

（5）接头完成后，检查两侧吊弦偏移，不符合要求时要按标准进行适当调整。

4. 柔性接触网线岔检修维护

（1）测量线岔技术参数是否符合技术要求。

（2）对定位点拉出值和该定位相邻两跨距的跨中接触线偏移进行检测，达到设计要求。

（3）调整两交叉接触线相距 500 mm 处两工作支水平和工作支抬高。方法是：在保证正线接触线高度的情况下，调整邻近吊弦的长度直至达到要求为止。

（4）限制管安装位置不符合要求时，根据实测偏移及计算出的调整温度下应偏移数值和方向进行调整。

（5）交叉点处两支接触线间活动间隙不符合要求时，则调整限制管，直至活动间隙符合要求。必要时，更换限制管。

4.1.4　分析与思考

该任务主要是柔性接触网检修维护，看似简单的日常工作任务，但关系到接触网的结构和技术标准要求，因此，如何保证检修的正确至关重要。而在实际工作中容易出现以下问题，请进行思考和分析：

1. 由于野外作业受天气影响较大，测量不方便容易造成误差，如何消除测量误差？

2. 如何判断接触网各连接零件接触良好，无发热现象？

3. 为尽量减小接触网的弹性不均匀度，一般可采取哪些技术措施？

模块 2　刚性接触网检修与维护

刚性接触网是城市轨道交通接触网的核心组成部分，其学习目标和典型工作任务是刚性接触网维护与检修，和其他模块共同组成接触网的日常维护与检修工作。

4.2.1　学习目标

1. 掌握刚性接触网设备的作用、结构及技术要求；

2. 能对刚性接触网常用参数进行测量并分析测量结果；

3. 能对刚性接触网设备进行检调。

4.2.2　知识准备

刚性悬挂是和弹性悬挂相对应的一种接触悬挂方式，所谓刚性悬挂就是要考虑整个悬挂导体的刚度。架空刚性悬挂是刚性悬挂的一种，一般采用具有相应刚度的导电轨或具有相应刚度的汇流排与接触线组成。

架空刚性接触网主要用于地下铁道，至今有一百多年的历史了。1895 年，架空刚性悬挂首次在美国巴尔的摩第一条电气化铁路中应用。1961 年，作为架空刚性悬挂主要型式的"T"形刚性悬挂在日本营团城市轨道日比谷线投入使用；1983 年，作为架空刚性悬挂另一主要形式的"Π"形刚性悬挂在法国巴黎 RATPA 线投入使用。

架空刚性接触网有两种典型代表(以汇流排的形状分),即以日本为代表的"T"形结构和以法国、瑞士等国为代表的"Π"形结构,如图 4.18 所示。目前,国外架空刚性悬挂已得到广泛应用,如法国、瑞士、西班牙、日本、韩国等国家。

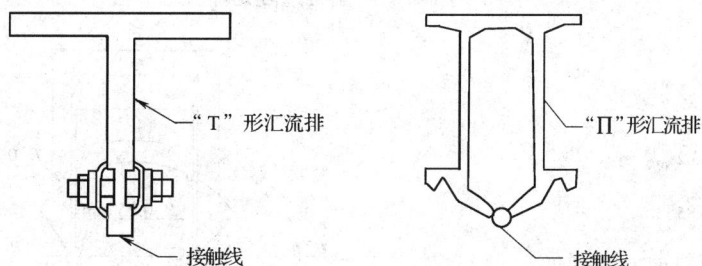

图 4.18　刚性接触网汇流排

国内第一条架空刚性悬挂于 2003 年 6 月 28 日在广州建成(即广州地铁 2 号线,三元里—琶洲,长约 18.4 km),采用了 PAC110 型单"Π"形汇流排结构。

1.刚性接触网的结构

(1)接触悬挂

架空刚性悬挂的"Π"形结构和"T"形结构,均可分为单接触线式和双接触线式,本书以单接触线式"Π"形结构为主要对象进行描述。

架空刚性悬挂主要由汇流排、接触导线、伸缩部件、中心锚结等组成。接触悬挂通过支持与定位装置安装于隧道顶或隧道壁上,如图 4.19 所示。

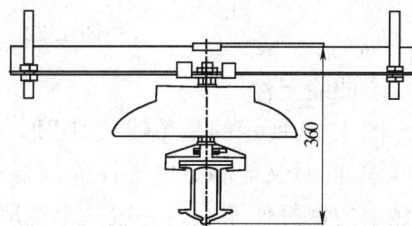

图 4.19　Π 形刚性悬挂安装图(单位:mm)

①汇流排和接触线

汇流排一般用铝合金材料制成,其形状一般做成"T"形和"Π"形。"Π"形结构汇流排包括标准型汇流排、汇流排终端及刚柔过渡元件。标准型汇流排一般有 PAC110 和 PAC80 两种,是刚性接触悬挂的主要组成部分,其长度一般被制成 10 m 或 12 m;汇流排终端用于锚段关节、线岔及刚柔过渡处,如图 4.20 所示,其作用是保证关节、线岔和刚柔过渡的平滑、顺畅过渡,其长度一般做成 7.5 m。

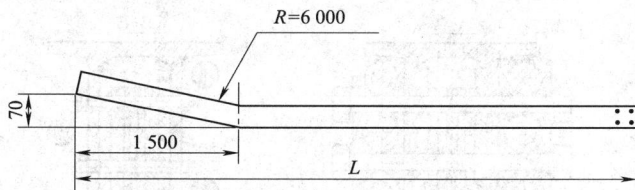

图 4.20　汇流排终端(单位:mm)

刚柔过渡元件如图 4.21 所示,用于刚性悬挂与柔性悬挂过渡处,其作用是保证两种悬挂方式的平滑、顺畅过渡。

接触导线一般采用银铜导线,与柔性接触悬挂所采用的接触导线相同或相似,如图4.22所示,其截面积一般为 120 mm² 或 150 mm²。接触导线通过特殊的机械镶嵌于"Π"形汇流排上,或通过专用线夹固定于"T"形汇流排上,与汇流排一起组成接触悬挂。

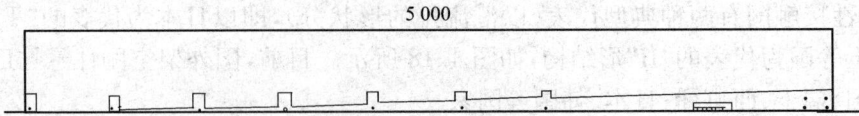

图 4.21　刚柔过渡元件

$A=13.2^{+0.13}_{-0.26}$ mm

$B=13.2^{+0.13}_{-0.26}$ mm

$C=6.85$ mm

$D=7.27$ mm±0.15 mm

$E=9.75$ mm±0.2 mm

$F=2.29$

$G=27°\pm2°$

$H=51°\pm2°$

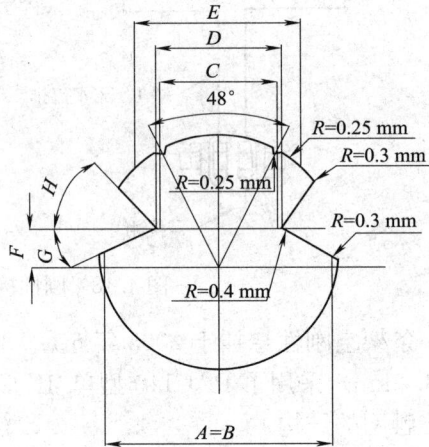

图 4.22　接触线断面图（120 mm² 银铜线）

②伸缩元件

图 4.23 所示的是单线式"Π"形结构汇流排伸缩部件的结构,其功能是能在一定范围内自由伸缩,同时又能满足电气性能的要求,既能保证电气上的良好接触和导电的需要,又能保证机械上的良好伸缩性。一般一个锚段安装一个膨胀元件,其作用是补偿铝合金汇流排与银铜接触线因热胀系数不同而产生的热膨胀误差。根据计算,半个锚段汇流排与接触线的热胀差值大概是 70 mm。

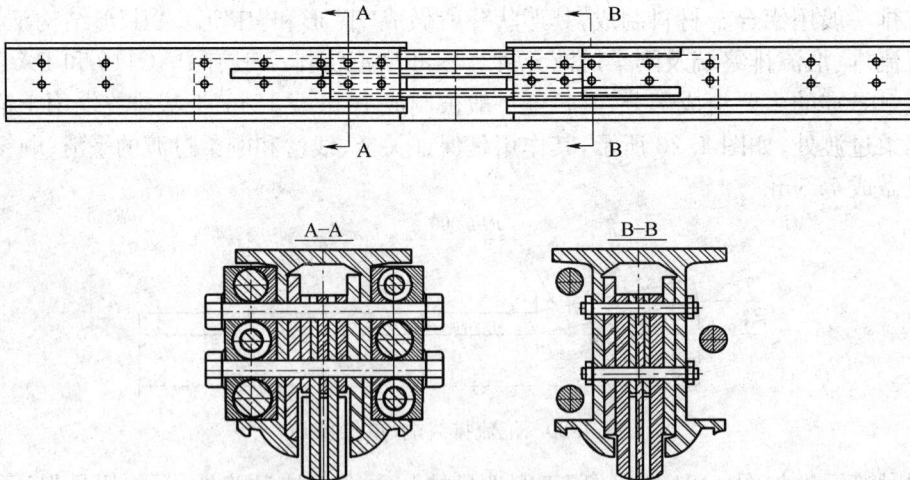

图 4.23　膨胀元件

③接头

图 4.24 所示是单接触线式"Π"形汇流排接头的结构,主要由汇流排接头连接板和螺栓组成,用于连接两根汇流排。其要求是既要保证被连接的两根汇流排机械上良好对接,又要有足

够大的接触面积,确保导电性能良好。

图 4.24　汇流排接头

④中心锚结

图 4.25 是单接触线式"Ⅱ"形结构架空刚性接触悬挂中心锚结的结构,主要由中心锚结线夹、绝缘线索、调节螺栓及固定底座组成。其作用是防止接触悬挂窜动。

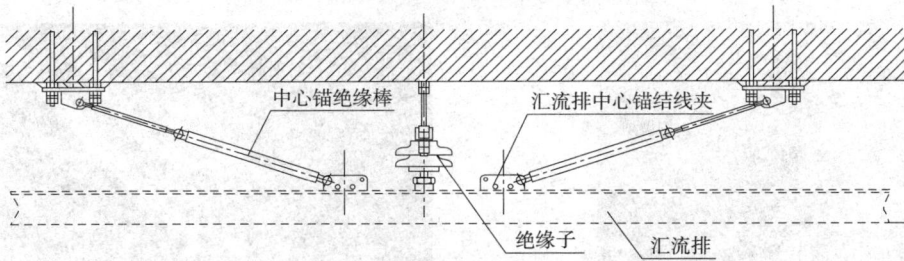

(a)中心锚节示意图

(b)中心锚节实物图

图 4.25　中心锚结

(2)支持和定位装置

架空刚性接触网的支持和定位装置主要有以下两种结构。

①腕臂结构

如图 4.26 所示,主要由可调节式绝缘腕臂、汇流排线夹、腕臂底座、倒立柱或支柱等组成,其特点是调节灵活、外形美观,但结构复杂,成本高。此种结构主要用于隧道净空较高或地面的线路。

②门形结构

如图 4.27 所示,由悬吊螺栓、横担槽钢、绝缘子及汇流排线夹等组成。其特点是结构简单、可靠,但调节较困难。此种结构大量用于隧道内。

图4.26 刚性悬挂腕臂式安装

图4.27 刚性悬挂门形架式安装

（3）锚段关节

刚性接触网中锚段和锚段关节与柔性接触网中锚段和锚段关节的功能类似，作为锚段关节也一样需要实现锚段间的平稳过渡，从功能上也同样可以分为非绝缘锚段关节和绝缘锚段关节两种。图4.28所示分别为非绝缘锚段关节和绝缘锚段关节。

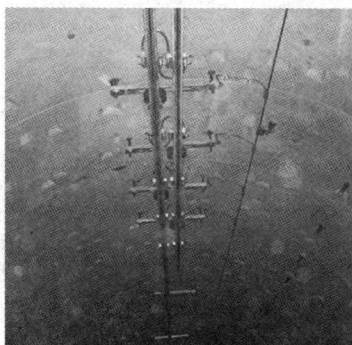
（a）非绝缘锚段关节

（b）绝缘锚段关节

图4.28 锚段关节

锚段关节在受电弓可能同时接触工作支和非工作支范围内的两接触线应该等高；在受电弓始触点处，非工作支应该比工作支高出0～4 mm；在受电弓双向通过时应平滑无撞击并不得出现固定拉弧点。

非绝缘锚段关节两支悬挂的拉出值一般为±100 mm，两支悬挂的中心线之间距离为200 mm，允许误差为±20 mm。

绝缘锚段关节两支悬挂的拉出值一般为±150 mm，两支悬挂的中心线之间距离为300 mm，允许误差为±20 mm。

（4）线岔

刚性接触网中线岔与柔性接触网中线岔的功能类似，其结构如图4.29所示。

线岔在受电弓可能同时接触工作支和非工作支范围内的两接触线应该等高；在受电弓始触点处，非工作支应该比工作支高出0～4 mm；在受电弓通过时应平滑无撞击并不得出现固定拉弧点。

单开道岔处的线岔悬挂点的拉出值距离正线汇流排中心线一般为200 mm，允许误差为±20 mm。

图 4.29　线岔

交叉渡线道岔处的线岔,在交叉渡线两线路中心的交叉点处,两支悬挂的汇流排中心线分别距离交叉点 100 mm,允许误差为±20 mm。

(5)电连接

在刚性接触网中,把接触网不同带电设备之间相互连通的提供电流通路的设备称为电连接。电连接按安装位置的不同分为锚段关节、线岔电连接,如图 4.30 所示。

(6)分段绝缘器

刚性接触网中分段绝缘器的功能与柔性接触网的分段绝缘器一样,主要用于将相邻的接触网供电分区分开,以实现电分段,一般设置在渡线处,如图 4.31 所示。

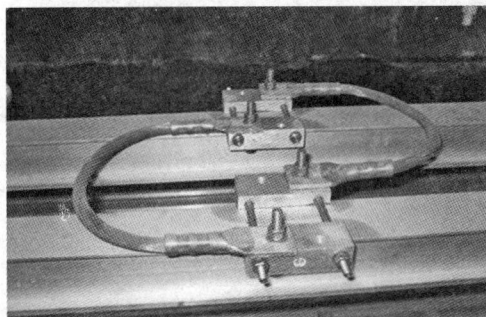

图 4.30　电连接

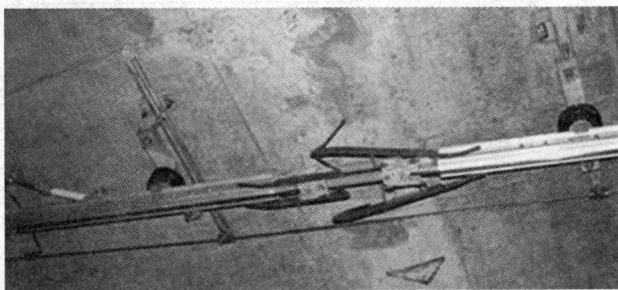

图 4.31　分段绝缘器

分段绝缘器上两极靴之间的距离应为100 mm,允许误差为+5 mm;分段绝缘器中点偏离线路中心线不应大于 50 mm。分段绝缘器导流板与接触线连接处应平滑,与受电弓接触部分应与轨面连线平行,车辆双向行驶均不应打弓。

(7)刚柔过渡

刚性架空接触网适用于地下隧道,柔性悬挂适用于地面及高架。当刚性悬挂出隧道时需要与隧道外的柔性悬挂进行衔接,两种悬挂必然存在刚柔过渡问题。刚柔过渡的方式主要有以下两种。

①关节式刚柔过渡

这种刚柔过渡措施适用于较低速度(80 km/h),锚段关节采用刚性悬挂。广州地铁 1 号线采用此种刚柔过渡的方式,其结构如图 4.32 所示。

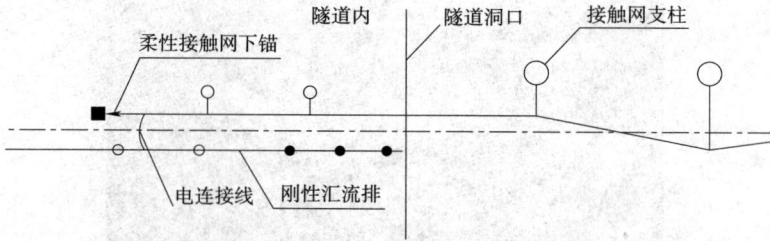

图 4.32 关节式刚柔过渡示意图

关节式刚柔过渡处刚性悬挂接触线应该比柔性悬挂接触线高 20~50 mm。在柔性悬挂升高下锚处,绝缘子边缘距受电弓包络线不得小于 75 mm;刚性悬挂带电体距离柔性悬挂下锚底座、下锚支悬挂等接地体不得小于 150 mm。受电弓距离柔性悬挂下锚底座、下锚支悬挂等接地体不得小于 1 500 mm。

在受电弓通过时应平滑无撞击并不得出现固定拉弧点。

②贯通式刚柔过渡

贯通式刚柔过渡,柔性架空接触网的承力索在隧道洞门拱圈上下锚,接触线嵌入 12 m 切槽式刚性渐变汇流排和 12 m 加强夹紧力汇流排,在加强夹紧力汇流排上安装了下锚装置,使刚性架空接触网不受接触线张力的影响。当速度高于 100 km/h,宜采用贯通式刚柔过渡措施,如图 4.33 所示。

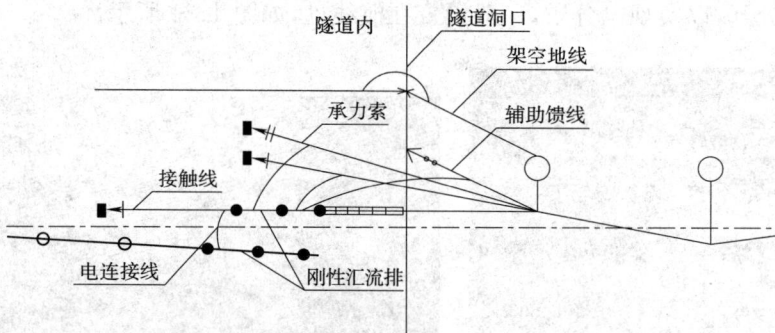

图 4.33 贯通式刚柔过渡示意图

贯通式刚柔过渡处两支接触线应该等高;在刚柔过渡交界处汇流排对接触线不应产生下压或者上抬力。

在接触线下锚处,绝缘子边缘距受电弓包络线不得小于 75 mm;刚性悬挂带电体距离柔性悬挂下锚底座、下锚支悬挂等接地体不得小于 150 mm。受电弓距离柔性悬挂下锚底座、下锚支悬挂等接地体不得小于 1 500 mm。在受电弓通过时应平滑无撞击并不得出现固定拉弧点。

(8)刚性接触网技术参数要求

①接触线高度

隧道内刚性悬挂接触线工作支悬挂点距轨面连线的高度一般为 4 040 mm,最低不得低于

4 000 mm。

②跨距长度

刚性架空接触网悬挂点的正线最大跨距：曲线为 6～8 m，直线为 8～10 m。相邻两跨距之比不宜大于 1.25∶1。

③锚段长度

锚段长度一般为 200～250 m，最大锚段长度不超过 300 m。

④接触导线坡度

刚性架空接触线高度变化时，其坡度不宜大于 2‰。

⑤拉出值

刚性架空接触网 500 m 长度内的拉出值一般为±(200～250) mm。

⑥锚段关节

刚性架空接触网的锚段关节由平行布置的两汇流排组成，汇流排的重叠区域的长度为 6.6 m。其中非绝缘锚段关节两平行汇流排间距为 200 mm，绝缘锚段关节两平行汇流排间距为 300 mm。

⑦绝缘距离

刚性架空接触网设备和车辆在任何情况下都应满足的最小净空尺寸参见表 4.1。

表 4.1 架空接触网带电绝缘距离

电压等级(V)　　　　绝缘距离(mm)		750		1 500	
		正常	困难	正常	困难
带电金属体到车辆动态包络线		25	25	115	100
带电金属体到"地"的静态值	混凝土	25	25	150	150
	金属	25	25	150	150
	混凝土	25	25	100	80
	金属	25	25	100	80
受电弓动态包络线到土建结构	接地体及其连接件	25	25	150	100
受电弓动态包络线到公共带电金属体(包括定位器的固定端)	轨道横截面的垂直方向	25	25	50	50
	轨道横截面的水平方向	25	25	150	100
受电弓动态包络线到定位器和任何直线与接触线相连的连接件	轨道横截面的垂直方向	15	15	15	15
	轨道横截面的水平方向	25	25	150	100

注：①表中"静态值"是指柔性架空接触网不受受电弓抬升力作用，或者长期承受受电弓抬升力作用情况下的净空尺寸；"动态值"是指柔性架空接触网承受行驶列车的受电弓抬升力作用时的净空尺寸。

②以上数值为最小值，当空间富裕时，在考虑增加系统结构之前，优先考虑增大电气距离。

2.架空刚性接触网的特点

架空刚性接触网是与弹性(柔性)接触网相对应的一种接触网形式，与柔性接触网有明显的差别。

（1）架空刚性接触网与柔性接触网的比较

①刚性悬挂、柔性悬挂都能满足最大离线时间、传输功率、电压电流、受电弓单弓受流电流以及最大行车速度的要求。

②在受电弓运行的安全性以及对弓网故障的适应性方面，由于刚性较柔性有如下特点，刚性悬挂受电弓的安全性和适应性要明显好于柔性。

a. 刚性汇流排和接触线无轴向力，不存在断排或断线的可能，从而避免了柔性钻弓、烧融、不均匀磨耗、高温软化、线材缺陷以及受电弓故障造成的断线故障。由于这样的特点，刚性悬挂的故障是点故障，而柔性悬挂的故障范围为一个锚段，所以刚性悬挂事故范围小。当然柔性悬挂的断线故障率还是非常小的，也是能够满足运营要求的。

b. 刚性悬挂的锚段关节简单，锚段长度是柔性悬挂的 $1/7 \sim 1/6$，因此固定金具窜动回转范围小，相应的提高了运行中的安全性和适应性。

（2）弓网摩擦副的更换周期

更换周期对受电弓以运营公里考核，对接触网则以运营弓架次总量或运营年限考核。正常的更换周期主要取决于摩擦副的磨耗量。磨耗量由机械磨耗和电气磨耗两部分组成。机械磨耗主要取决于摩擦副材质和平均接触力。电气磨耗取决于离线率和受流电流。更换周期还取决于受电弓滑板和接触线允许磨耗量的大小。

从理论上分析，在机械磨耗方面，摩擦副材质是相同的；在接触压力方面，刚柔接触压力幅度不同，但平均接触压力是相近的。在电气磨耗方面，离线率是相近的。不同的是柔性悬挂采用双根接触线，在均匀接触的时候，滑板和导线的压强相差近一倍，导线的离线电流相差近一倍，因此从理论上分析，刚性悬挂的磨耗较柔性的要大。另一个不同点是，刚性的接触压力变化偏差较柔性的小，因而在磨耗的均匀性上刚性又好于柔性。

在允许磨耗量方面，柔性悬挂接触线磨耗面积小于或等于 15％时，安全系数为 2.5；磨耗面积为 15％～25％时，安全系数为 2.2，最大允许磨耗量为 25％。而刚性悬挂接触线没有张力，理论上接触线允许磨耗至汇流排夹口边缘，只要保证受电弓与汇流排不接触，平均来说，刚性悬挂接触线的最大允许磨耗是柔性悬挂的两倍。综合起来，从更换周期角度来看，两者是相近的。

实际运营情况，受电弓维修周期从巴黎的 RERC 线看没有明显变化。接触线方面，从现有运行记录看（4弓×1250 A，800 弓架次/天），推算使用寿命约 20 年。

运营维护方面，无论是日常维护，还是事故抢修、导线更换，刚性悬挂的工作量要少于柔性。

架空刚性悬挂与柔性悬挂的技术、经济比较见表 4.2 和表 4.3。

刚性接触网是一种几乎没有弹性的接触网形式，适应于隧道内安装，其设计速度一般不大于 160 km/h。

刚性悬挂分成若干锚段，每个锚段长度一般不超过 250 m，跨距一般为 6～12 m，且与行车速度有密切的关系，见表 4.4。整个悬挂布置成正弦波的形状，一个锚段形成半个正弦波，各悬挂点与受电弓中心的距离（相当于柔性接触悬挂的拉出值或"之"字值）一般不大于200 m。

表 4.2 架空刚性悬挂与柔性悬挂的技术比较表

序 号	项 目	架空刚性悬挂	柔性悬挂
1	悬挂组成	结构紧凑(汇流排+接触线+地线)	较复杂(1根承力索+2根接触线+3或4根辅助馈线+1根地线)
2	允许车速(km/h)	一般为80~160,瑞士试验速度提高到140,弹性受电弓可达160	一般为80~160
3	可靠性	无断线隐患可靠性高	有断线隐患,可靠性较差
4	导线磨耗	导线磨耗均匀,允许磨耗是柔性的2倍	导线磨耗不均匀,允许磨耗小
5	受电弓受流情况	无特殊硬点,受流效果良好。受流特性主要取决于受电弓特性	存在硬点,硬点处受流效果较差。受流特性取决于弓网匹配
6	精度要求	安装精度要求高	相对可以低一些
7	设计、施工技术	有较丰富的设计和施工经验	有较丰富的设计和施工经验
8	施工机械	导线安装和更换需进口专用设备	有成熟的施工机械设备
9	国产化率	90%以上	90%以上
10	维修、养护	维护工作量少	维护工作量大

表 4.3 架空刚性悬挂与柔性悬挂的经济比较表

序 号	项 目	架空刚性悬挂	柔性悬挂
1	隧道净空要求引起的土建费用	净空要求相对较小。无需下锚装置,可避免不必要的局部开挖,如暗挖车站,可节省土建费用	净空要求相对较大。需下锚装置,有时需要局部开挖,如在暗挖车站
2	悬挂装置费用	悬挂点相对较多,费用相应增大	相对较少
3	维护费用	维护工作量少,周期长,费用低。日本、韩国经验,相对柔性可减少30%~50%	维护工作量大,周期短,费用较高

表 4.4 PAC110 型汇流排速度与跨距的关系

速度(km/h)	60	70	80	90	100	110	120
跨距(m)	12	11	10	9	8	7	6

4.2.3 工作任务

1.刚性接触网支持定位装置检修维护

(1)检查单支悬吊槽钢外观有无变形、锈蚀。

(2)检查单支悬吊槽钢上紧固件是否牢固,如有松动用扳手紧固。

(3)检查T形螺栓外观,T形头与槽钢须垂直。T形螺栓要有调节余量,外露不小于15 mm。

(4)检查绝缘子的外观是否有破损,安装是否垂直于轨道平面。绝缘子的瓷釉破损面积不得大于300 mm^2。

(5)检查悬吊槽钢是否平行于轨道平面。倾斜度误差一般均不应大于1°。

(6)检查接触线与汇流排随温度变化可有相对位移。

2.刚柔过渡检调

(1)测量刚柔过渡锚段关节处两支刚性悬挂接触线导高,如不等高必须调整两悬挂点到等高。

(2)检查在刚柔过渡交界点处,接触线与汇流排的衔接应平顺,不应对汇流排产生附加压力或拉力。

(3)刚性悬挂与相邻柔性悬挂导线不应相互摩擦,柔性接触线比刚性接触线低。

(4)检查防水罩对露天汇流排是否覆盖完全,防水罩安装稳固,性能满足设计要求。

(5)检查刚柔过渡处的电连接线、接地线是否安装牢固。

4.2.4 分析与思考

该任务主要是检修维护刚性接触网检修维护,是接触网工的常见日常工作之一,需要熟练掌握。在实际工作中容易出现以下问题,请读者思考和分析:

1.为什么要求接触线与汇流排随温度变化可有相对位移?

2.为什么 T 形螺栓要留有调节余量?

3.刚柔过渡锚段关节处两支刚性悬挂接触线为什么要求等高?

模块 3 第三轨式接触网检修与维护

第三轨式接触网是城市轨道交通接触网的重要组成部分,其学习目标和典型工作任务是第三轨式接触网的维护与检修,和其他模块共同组成接触网的日常维护与检修工作。

4.3.1 学习目标

1.掌握第三轨式接触网设备的作用、结构及技术要求;

2.能对第三轨式接触网常用参数进行测量并分析测量结果;

3.能对第三轨式接触网设备进行检调。

4.3.2 知识准备

第三轨式接触网是沿线路敷设的与轨道平行的附加接触轨,简称为第三轨,其功用与架空接触网一样,通过它将电能输送给电动车组。不同点在于,接触轨是敷设在铁路旁的钢轨。电动车组由伸出的受流器与之接触而接受电能。

接触轨(第三轨)受电方式最早在伦敦城市轨道采用,由于接触轨构造简单,安装方便,维修性好,并对隧道建筑结构等的净空要求较低,受流性能满足 DC 750 V 供电的需要,因而在标准电压 DC 750 V 供电系统中得到广泛的采用。其中接触轨为正极,走行轨为负极。接触轨系统允许电压波动范围为 DC(500～900)V。

第三轨系统可降低隧道上方净空,节省投资,具有供电线路维修工作量少,架设不影响周围的景观等优点。

第三轨系统采用高导电性的钢铝复合接触轨,因此可以不用额外敷设沿线的馈电电缆;单位电阻小,可降低牵引网电能损耗,从而有效地节约运营成本;重量轻,易于调整,接触轨之间采用接板机械连接,不需要现场焊接,因此安装简便;复合材料制成的接触轨支架具有低维护、耐腐蚀的特点,可以有效降低其寿命周期成本;安装位置在走行钢轨旁边,对铁路周围景观影响较小;钢铝复合轨与电力机车受流器之间的接触面为不锈钢层,因此使用寿命长。

德国在1978年建成了世界上第一段钢铝复合轨,运行长度3.3 km。1996年后,美国、日本、意大利、马来西亚、泰国等国家都开始应用,至今世界上已建成钢铝复合接触轨运营线路1000多公里,遍布欧洲、美洲、大洋洲、亚洲。25年的实践证明,它无论在工艺还是在运营业绩上,都是非常成熟的。

我国城市轨道建设起源于北京,20世纪60年代初,北京在修建城市轨道时采用了接触轨(第三轨)的受电方式,接触轨安装于线路行车方向的左侧,集电靴采用上部接触方式受电。目前,在我国有不少城市的地铁线路采用了接触轨系统。例如北京地铁1号线,北京地铁环线,天津地铁1号线,北京地铁13号线,北京地铁八通线,武汉轨道交通1号线。另外,由中国援建的1984年开通的朝鲜平壤地铁,以及由中国承建的2000年2月21日开通一期工程的伊朗德黑兰地铁,也采用了接触轨系统。这些线路的总长度超过200 km,其接触轨电压等级均为DC 750 V。

伴随着我国地铁建设事业的发展,接触轨技术也走过了近50年的发展历程。这期间接触轨技术不断发展,其主要表现为:安装方式由单一的上部接触受流方式,发展成上部接触受流方式与下部接触受流方式并存;导电轨由低碳钢材料发展成钢铝复合材料;防护罩(及支架)由木板材料发展成玻璃钢材料;绝缘子材料除电瓷外还开发出环氧树脂材料及硅橡胶材料;相应的一些施工安装方法也有所改进。目前,DC 1500 V接触轨系统也在积极研发之中,同时钢铝复合接触轨的国产化工作也正在逐步展开。

1.接触轨的组成

在接触轨系统零部件中,除作为导电轨的接触轨以外,还包括绝缘支架(或绝缘子)、防护罩、隔离开关设备、电缆等。接触轨、绝缘支架(或绝缘子)、防护罩,是接触轨系统中送电、支撑、防护的三大件。

接触轨系统的技术特征有三个。一是电压等级;二是安装方式;三是导电轨材料。

(1)电压等级:目前世界上城市轨道交通中的直流牵引网电压等级繁多,接触轨系统的电压等级有:600 V、630 V、700 V、750 V、825 V、900 V、1000 V、1200 V、1500 V等;国外接触轨系统的标称电压一般在1000 V以下,西班牙巴塞罗那采用过DC 1500 V及1200 V接触轨,美国旧金山BART系统为DC 1000 V接触轨。国内接触轨系统标称电压为DC 750 V,近年来出现了DC 1500 V第三轨的应用,例如,广州地铁四号线,深圳地铁三号线等。国际上接触轨电压等级的发展趋向是IEC标准中的DC 600 V、750 V。

(2)安装方式:接触轨系统根据受流位置的不同,可分为上接触式、下接触式及侧接触式三种形式。

(3)导电轨材料:接触轨可采用低碳钢材料或钢铝复合材料。

2.接触轨的分类

接触轨按与受流靴的摩擦方式可分为上接触式、下接触式及侧接触式三种。

(1)上接触式

上接触式是接触轨面朝上固定安装在专用绝缘子上,并且由固定在枕木上的弓形肩架予以支持,如图4.34(a)所示。由接触轨、绝缘子、三轨夹板、防护支架、防护板、端部三轨弯头、防爬器等构件组成。受流器从上压向接触轨轨头顶面受流。受流器的接触力是由下作用弹簧的压力调节的,受流平稳,由于端部弯头的过渡作用,能够减少在断电区的电流冲击。上磨式接触轨因受流器在其上面滑动,所以固定方便,但不易加防护罩。

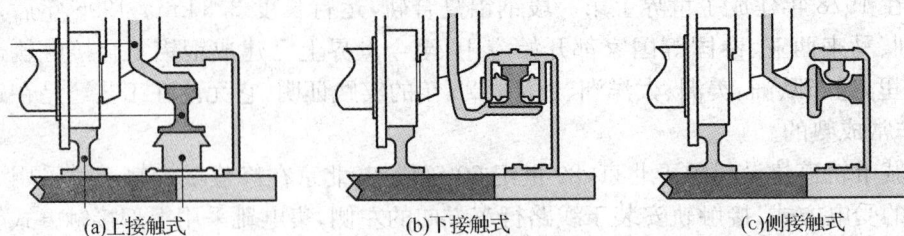

(a)上接触式　　　　　　(b)下接触式　　　　　　(c)侧接触式

图 4.34　接触轨摩擦接触方式

上接触式三轨施工作业简便,可以在轨头上部通过支架安装不同类型的防护板。北京地铁、纽约地铁都是采用上接触式第三轨。

（2）下接触式

下接触式是接触轨面朝下安装,如图 4.34(b)所示。下接触式轨头朝下,通过绝缘肩架、橡胶垫、扣板收紧螺栓、支架等安装在底座上。下接触式的优点是防护罩从上部通过橡胶垫直接固定在接触轨周围,对人员安全性好。莫斯科地铁就采用这种方式,利于防止下雪和冰冻造成集电困难。但是这种方式安装结构较复杂,费用较高。

（3）侧接触式

侧接触式,是近年来新开发的一种接触轨悬挂方式。侧面接触式就是接触轨轨头端面朝向走行轨,受流器从侧面受流。跨坐式独轨车辆就采用侧面接触形式。其受流器装在转向架下部,接触轨装在轨道梁上,如图 4.34(c)所示。

3.接触轨材质

接触轨按照轨材质可分为高电导率低碳钢导电轨和钢铝复合轨。

低碳钢导电轨主要的特点是磨耗小,制作工艺成熟,价格较低,主要规格有 DU48 和 DU52 型,如北京城市轨道交通系统。

钢铝复合轨是由钢和铝组合而成,其工作面是钢,而其他部分是铝。它的主要特点是电导率高,重量轻,磨耗小,电能损耗低。

近几年来随着复合材料的发展,由不锈钢与铝合金通过机械方法或冶金结合方法加工而成的钢铝复合接触轨已取代低碳钢接触轨,被世界上 60 多个城市采用。钢铝复合轨与低碳钢接触轨相比具有以下优势。

（1）电导率高,电压降及牵引能耗成比例下降,因此可加大供电距离约 1.4 倍,适当减少牵引变电站的数目。虽然目前钢铝导电轨还只能进口,成本比铁轨要贵三倍,但是节省下来的牵引变电站投资与接触轨增加的费用基本相抵,而且由于线路损耗降低,按 20 km 长的线路计,仅靠节电一项,5 年可收回多投的资金。

（2）不锈钢接触面光滑,耐腐蚀,耐磨耗,可延长接触轨与受流器的寿命。

（3）重量轻,便于施工安装。正因为钢铝复合轨有以上优势,新上项目采用钢铝复合轨已成为趋势。我国不少城市的轨道交通项目均使用钢铝复合轨方式。

4.接触轨式接触网的主要结构

接触轨式接触网主要由接触轨、端部弯头、接触轨接头、防爬器和安装底座等构成。

（1）接触轨

在我国城市轨道第三轨供电中，接触轨多采用 50 kg/m（或 60 kg/m）高电导率低碳钢轨，轨头宽度为 90 mm。伊朗城市轨道采用的 DU48 型导电轨理论重量 47.7 kg/m，横截面为 6 077 mm²，15 ℃时的电导率不超过 0.125 Ω/m，轨头宽度 80 mm。有利于与受流器接触，使受流效果最佳。低碳钢导电轨主要的特点是磨耗小，制作工艺成熟，价格较低。主要规格有 DU48 型和 DU52 型。这两种导电轨在我国均为成熟产品，为适应伊朗德黑兰城市轨道建设的需要，由鞍钢和有关单位研制了 DU48 型导电轨，该导电轨比 DU52 型导电轨重量轻，导电性高，适于下部接触式受电方式。

钢铝复合轨的主要特点是电导率高，重量轻，磨耗小，电能损耗低。类型从 300 A 至 6 000 A 均有。自从 1974 年铝-不锈钢复合导电轨在美国第一条快速线（BART）应用以来，复合导电轨在世界范围内逐步得到广泛应用。复合导电轨是钢导电轨升级换代的产品，具有广泛的应用前景。主要优点如下：

①在供电系统一定的情况下，它的电阻和阻抗小，因而可以延长供电距离，减少变电所数量。

②耐磨性好，电损失小，抗腐蚀和氧化性能好。

③电阻率低（约为钢导电轨的 24%），导电性能大幅提高，工作电流的范围广（300～6 000 A）。

④接触轨重量轻，悬挂点间距可适当加大，一般为 4 m，从而减少了支架数量及维修量。

接触轨单位制造长度一般为 15 m。当线路的曲线半径大于 190 m 时，钢铝复合轨可以在施工现场直接打弯；当线路的曲线半径小于或等于 190 m 时，钢铝复合轨则要在工厂加工预弯。

（2）端部弯头

接触轨端部弯头主要是为了保证集电靴顺利平滑通过接触轨断轨处而设置的。在行车速度较高区段，端部弯头一般采用长约 5.2 m，坡度为 1:50 的标准，如图 4.35 所示。

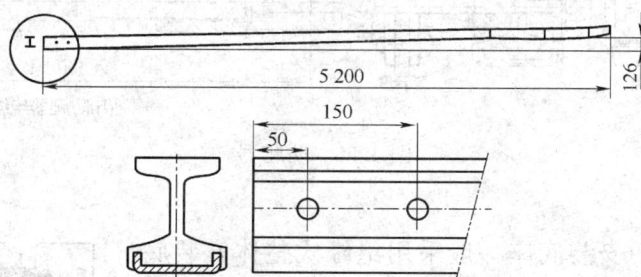

图 4.35　接触轨端部弯头（单位：mm）

（3）接头

接触轨接头一般分为正常接头和温度伸缩接头两种。

正常接头采用铝制接头夹板（鱼尾板）进行各段导电轨的固定而不预留温度伸缩缝，但要求接头与支持点的距离不小于 600 mm，如图 4.36 所示。

温度伸缩接头主要是为了克服接触轨随环境温度变化而引起的伸缩，在隧道内，接触轨自由伸缩段长度约按 100 m 左右考虑；地面及高架桥上接触轨自由伸缩段长度约按 80 m 左右考虑，如图 4.37 所示。

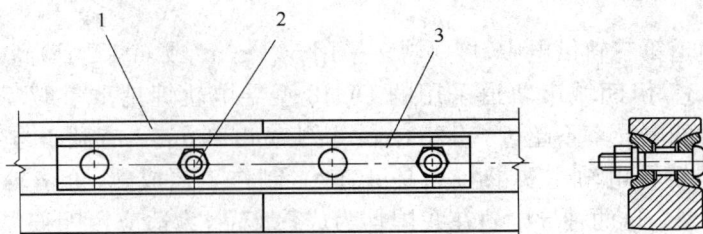

图 4.36　接触轨接头

1—接触轨；2—连接螺栓；3—钢轨接头夹板（鱼尾板）

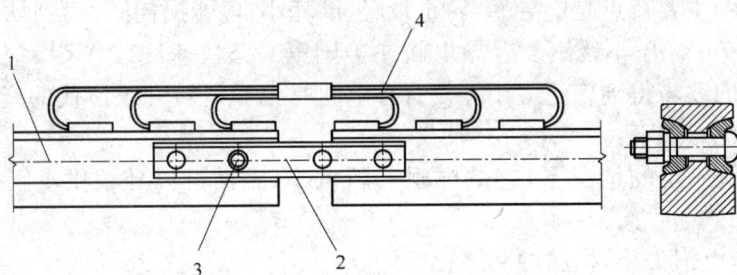

图 4.37　接触轨温度补偿接头

1—接触轨；2—钢轨接头夹板（鱼尾板）；3—连接螺栓；4—电连接

（4）防爬器

防爬器即中心锚结。设置防爬器主要是为了限制接触轨自由伸缩段的膨胀伸缩量。

在一般区段，在两膨胀接头的中部设置一处防爬器，并在整体绝缘支架两侧安装；在高架桥的上坡起始端、坡顶、下坡终端等处安装防爬器，如图 4.38 所示。

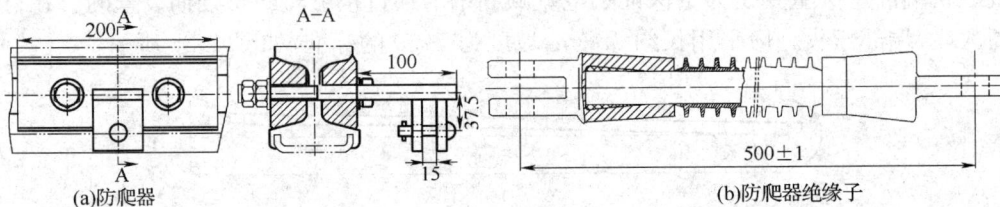

(a)防爬器　　　　(b)防爬器绝缘子

图 4.38　防爬器

（5）安装底座

下磨式接触轨的安装底座一般采用绝缘式整体安装底座，且一般安装在轨道整体道床或者轨枕上，如图 4.39 所示。

（6）防护罩

防护罩的作用在于尽可能地避免人员无意中触碰到带电的设备，一般采用玻璃纤维增强树脂（GRP）材质的防护罩，机械性能在工作支撑条件下可承受 100 kg 垂直荷载，并应在高温下具有自熄、无毒、无烟和耐火的性能。

5.技术发展历程

（1）北京地铁 1 号线工程接触轨系统

北京地铁 1 号线第一期工程，东起复兴门，西至苹果园，

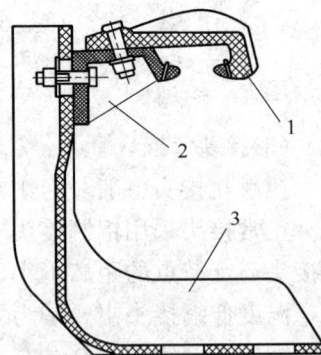

图 4.39　接触轨绝缘式安装底座

1—卡爪；2—托架；3—支架本体

全长 24.17 km。工程于 1958 年开始设计,1965 年 7 月 1 日开工建设,1969 年 9 月 20 日,基本建成并试运营。该工程接触轨系统是我国第一个地铁接触轨系统,接触轨系统的电压等级开始为 DC 825 V,以后随着牵引变电所设备的改造而成为 DC 750 V,安装方式为上部受流方式,导电轨材质为低碳钢。

①接触轨用绝缘子由以下三个主要部分组成。

a. 瓷件:材料为电磁;工作电压 1 000 V;抗弯 800 kg。

b. 下座:材料为 HT15-33 灰铸铁。

c. 上帽:材料为 HT15-33 灰铸铁。

另外,瓷件与下座间还设有 1~5 层的油毡纸垫片。

②木防护板

木防护板的木料全部是在天然干性油中浸透的松木制成,并做烘干处理,木防护板里表面涂防火漆,木防护板外表面涂防腐油漆。

③端部弯头

端部弯头总长度 2 300 mm,详见表 4.5。

表 4.5　北京地铁 1 号线工程端部弯头

坡　率	水平长度(mm)	坡端的接触面到走行轨顶面的垂距(mm)
1:25	1 750	70
1:12.5	250	50

(2)北京地铁环线工程接触轨系统

北京地铁环线工程,由北京站向东北绕过古天文台,沿东城墙旧址经建国门、东直门、德胜门、西直门、阜成门、复兴门后,与 1 号线工程的礼士路至长椿街区间相接,线路长 16.1 km。1974 年完成接触轨施工图设计,1976 年建成并试运营。1984 年完成改造。

根据北京地铁 1 号线工程的施工运营经验,针对存在问题,1974 年环线工程接触轨系统设计时进行了一些修改与完善,取消了环线工程接触轨防护板靠近线路侧上下两块和防护支架下边的一块,形成了目前的结构形式,如图 4.40 所示。

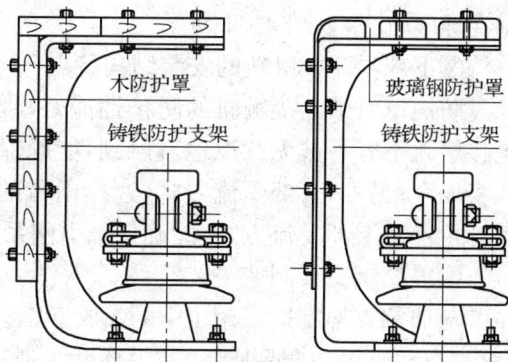

图 4.40　北京地铁环线接触轨安装示意图

(3)北京地铁复八线工程

北京地铁复八线工程,线路位于长安街下,西起复兴门,东至八王坟,线路长 12.7 km。该工程接触轨系统施工图设计完成于 1993 年 10 月,工程于 1999 年 9 月通车。与北京地铁环线接触轨系统相比,主要进行了以下修改:接触轨端部弯头由原来的 2 300 mm 加长到 2 775 mm,以使受流器与弯头接触时更平稳;同时减小了坡端的接触面到走行轨顶面的垂直距离。

采用3 000 V支柱绝缘子代替原绝缘子。3 000 V支柱绝缘子的主要技术要求参见表4.6。

表4.6 3 000 V支柱绝缘子的主要技术要求

电气性能	机械性能
额定电压3 000 V	
干弧电压27 000 V	抗弯强度不小于8 kN
湿弧电压20 000 V	

结合工程需要,本工程研制开发了玻璃钢防护罩,并在车站、道岔、隧道联络线等局部地段进行了试验安装(单线总长度约6 km)。

(4)德黑兰地铁1、2号线的接触轨系统

德黑兰地铁1、2号线,线路全长约53 km,2000年2月21日,第一期工程建成通车。

根据招标文件要求,北京城建设计研究总院联合高校与工厂,以产学研相结合的方式,研制开发出"下部受流接触轨系统",填补了国内空白,该技术成果于1994年6月8日获得了国家实用新型专利(ZL93 2 24173.5)。相应地,研制出玻璃钢材料的接触轨支架及防护罩,代替了传统的木板防护罩,这一创新成果带来了接触轨支架与防护罩材料的革命。本工程接触轨系统的电压等级为DC 750 V,导电轨材质为低碳钢。

①下部受流接触轨的安装结构描述。

下部受流接触轨主要由导电轨、绝缘支架、防护罩等构成。绝缘支架由顶部支架、中部支架、下部支架三部分组成,并共同构成悬臂结构形式。导电轨通过顶部、中部支架,悬挂在下部支架上。下部支架,则根据线路情况固定在整体道床上或碎石道床的轨枕上。防护罩靠自身弹性及支撑垫块固定在导电轨上,如图4.41所示。

②下部受流接触轨的安装结构特点

防护罩对带电接触轨的防护性能好,带电接触轨不容易被无意识地碰触到,能确保人身安全;另外,下部受流方式,遮挡雨雪的条件也优于上部受流方式,能确保牵引网系统的安全可靠运行。

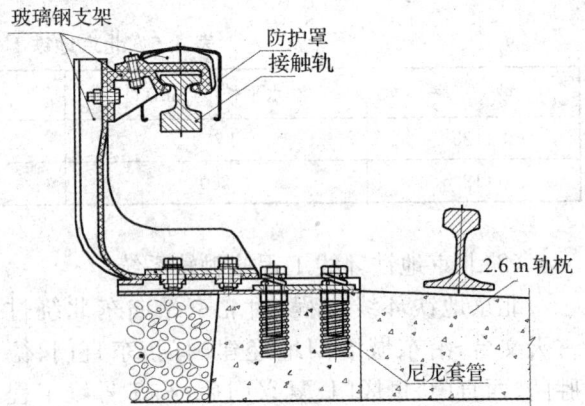

图4.41 德黑兰下部受流接触轨的安装示意图

③玻璃钢支架制造工艺

玻璃钢支架制造采用了RTM成型工艺。其优点为:降低了产品成型过程中苯乙烯的挥发量,有利于提高产品质量,减少环境污染;工艺成熟,参数齐全,产品质量稳定;可防止玻璃纤维的排布方向发生偏移,使铺层设计、性能设计有保障;可使产品表面附着均匀的胶衣树脂层,增加产品的抗老化能力。

④玻璃钢防护罩制造工艺

玻璃钢防护罩制造采用了拉挤成型工艺。其优点为:可自动化连续生产;产品均匀,质量稳定;产品规格多样化。

(5)北京地铁13号线(北京城市铁路工程)

北京城市铁路工程,线路全长40.85 km。1999年8月12日,项目被批准立项;2000年9月26日,城市铁路西线全面开工;2002年9月28日,城市铁路西线开通试运行;2003年1月28日,城市铁路全线建成试运营。

结合本工程,北京城建设计研究总院联合北京城市铁路股份有限公司等单位,研制开发出"新型上部受流接触轨系统",如图 4.42 所示。本工程接触轨系统的电压等级为 DC 750 V,导电轨材质为低碳钢。

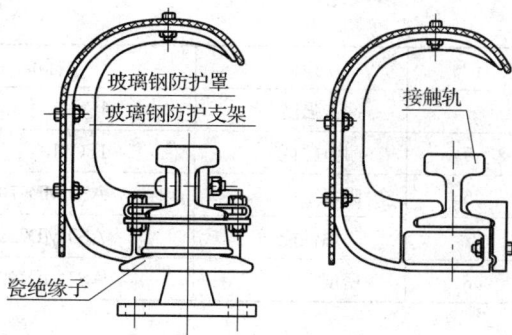

图 4.42　北京城市铁路新型上部受流接触轨系统

①新型上部受流接触轨系统的特点

a.防护罩支架及防护罩采用玻璃钢材质,具有一定的防火和耐候性功能,使用寿命长;

b.结构形式造型比较美观;

c.结构设计较为合理,承受力的情况较好,省材料;

d.防护罩支架直接固定在接触轨上,所以能更好地保证防护罩支架及防护罩与接触轨的相对位置关系;

e.防护罩支架可以在接触轨上移动安装,所以施工安装及运营管理维护比较方便,不受走行轨轨枕间距施工误差的影响,从而使防护罩的定货长度与设计长度一致,避免了材料及施工费的损失。

②玻璃钢防护罩支架的主要性能指标

玻璃钢防护罩支架采用绝缘高强级 SMC/BMC 高温模压而成。其典型材料的主要性能如表 4.7 所示。

表 4.7　玻璃钢防护罩支架的主要性能指标

序号	指标	符合标准	参数
1	弯曲强度	ASTMD790	120 MPa
2	开口冲击	ASTMD256	400 J/m
3	击穿强度	IEC243	6 kV/mm
4	耐泄漏性	IEC112	PTI600
5	吸水率	ASTMD570	0.2%
6	阻燃性能	ASTND229	V—0 级
7	绝缘电阻	IEC93	$\geqslant 1\,011\,\Omega \cdot m$

③玻璃钢防护罩的主要性能指标

玻璃钢防护罩采用拉挤工艺制造,外表面有聚氨酯耐气候性涂层,其典型材料主要性能如表 4.8 所示。

表 4.8　玻璃钢防护罩的主要性能指标

序号	指标	标准	参数
1	纵向弯曲强度	ASTMD790	300 MPa(L)
	横向弯曲强度		130 MPa(W)
2	纵向弯曲模量	ASTMD796	17 GPa(L)
	横向弯曲模量		5 GPa(W)
3	击穿强度	ASTMD256	5 kV/mm

序号	指标	标准	参数
4	冲击强度	IEC	2.3 kJ/m
5	耐泄露性	IEC112	PTI600
6	吸水率	ASTMD570	0.3%
7	阻燃性能	ASTMD229	V−0 级
8	密度	ASTMD792	1.9×10^3 kg/m³

(6)北京地铁八通线

北京地铁八通线,西起八王坟,东至通州土桥,线路全长 18.964 km。2003 年 12 月 7 日完成热滑,2003 年 12 月 28 日开通试运营。

北京地铁 1 号线、环线及城市铁路,使用的均是瓷绝缘子。瓷件是脆性材料,在运输、安装、运营维护等过程中,容易受到了硬器撞击而破损。近年来,复合绝缘子发展迅猛,性价比、可靠性不断提高。本工程在前述北京城铁"新型上部受流接触轨系统"的基础上,在正线接触轨系统中采用了环氧树脂绝缘子,在车场线接触轨上试用了硅橡胶绝缘子。不同材质绝缘子技术比较如表 4.9 所示。

表 4.9　不同材质绝缘子技术比较

类　型		瓷绝缘子	环氧树脂绝缘子	硅橡胶绝缘子
示意图				
外观	伞套材料	瓷绝缘子	环氧树脂	硅橡胶
	重量	较重	较重	较轻
机械性能	抗弯强度(最大)	12 kN/mm²	23 kN/mm²	35 kN/mm²
	阻燃性	好	好	好
	憎水性	好	一般	好
	抗污秽性	好	一般	好
电气性能	额定电压	3 000 V	3 000 V	3 000 V
	干弧电压	27 000 V	27 000 V	27 000 V
	湿弧电压	20 000 V	20 000 V	20 000 V
	耐漏电起痕和电蚀	/	一般	好
耐候性		一般	一般	好
已使用年限		30 年	/	/
安装难易程度		易	易	易
运输		小心轻放	小心轻放	小心轻放
储存条件		干燥通风	干燥通风	干燥通风
易清洗性		易	一般	易
价格		低廉	贵	中等

(7)武汉轨道交通一期工程的接触轨系统

武汉轨道交通 1 号线一期工程,自宗关站经硚口至黄浦路,线路全长 10.234 km,为全高架线路。2000 年 4 月开始初步设计,2003 年 12 月 11 日完成热滑,于 2004 年投入运营。

本工程在国内首次采用钢铝复合接触轨技术。接触轨采用钢铝复合材料制成(图 4.43),可有效地降低电阻率,并减少供电系统中牵引变电所的数量,降低运营时接触轨能量的损耗;防腐蚀性能较好;钢铝复合接触轨重量小,便于运输和安装;在铝合金轨的接触面上包覆有一层不锈钢带可大大提高耐磨性。

本工程接触轨系统的电压等级为 DC 750 V,安装方式为下部受流方式。

图 4.43　武汉用钢铝复合接触轨断面

①钢铝复合接触轨技术数据(表 4.10)。

表 4.10　复合接触轨技术数据

类　别	复合接触轨(3 500 A)	复合接触轨(4 500 A)
轨高(mm)	105	92.4
轨底宽(mm)	92	82.5
接触面宽(mm)	65	76.2
总宽(mm)	92	85.5
重量(kg/m)	13.8	14.75
标准长度(m)	10,15[注]	9,10[注]
电阻(Ω/m,20 ℃)	8.6×10^{-6}	6.56×10^{-6}
载流量(A,DC)	3 658	4 500
弹性模量	7 000	7 000
抗拉强度(kg/mm²)	20	20
膨胀系数(mm/℃·m)	0.021	0.023

注:接触轨的标准长度可根据线路实际情况来定,但最长不能超过 18 m。

②不锈钢带技术数据(表 4.11)。

(8)天津地铁 1 号线(延伸)工程的接触轨系统

1984 年 12 月,天津地铁 1 号线中段 7.4 km 建成通车,其接触轨系统与北京地铁早期建成线路的接触轨系统一致,2001 年 7 月因线路需向两端延伸改造而停运。天津地铁 1 号线(延伸)工程,线路全长 26.2 km。本工程采用 DC 750 V 上部受流接触轨系统,接触轨材料为钢铝复合接触轨。

表 4.11　不锈钢带技术数据

类　别	复合接触轨(3 500 A)	复合接触轨(4 500 A)
材　料	X6Cr17,130－170HB	X6Cr17,130－170HB
导电性	2.395％IACS［注］	2.395％IACS
面　积	220 mm²	220 mm²
重　量	1.75 kg/m	1.75 kg/m

注:IACS 指美国的一种对铜的标准。

(9)广州地铁 4 号线接触轨系统

广州市轨道交通 4 号线大学城专线段工程,线路全长 14.11 km。2005 年 12 月建成通车。

由于广州地铁 4 号线几次穿越珠江水系,并且一部分线路位于已建城区。针对减少车站埋深及增加选线灵活度的需求,而采用了爬坡能力大、转弯半径小的直线电机交通系统。另外,考虑到该线路平均站间距大及工程建造尽量减少对城市景观的影响,采用 DC 1 500 V 接触轨系统,接触轨材料为钢铝复合接触轨。

4.3.3　工作任务

1.检查电连接中间接头周围区域是否有变色现象,拆下线鼻子或者电连接中间接头进行配合面的检查。

2.检查电缆的位置,因环境温度变化或者负载引起的接触轨的伸缩不应受到限制。

3.检查是否有断裂和剥落现象,检查接线端子是否紧固。

4.检查中间接头带电部分与接地体之间的最小净距离,如不符合技术相关规定进行调整。

5.检查螺栓防松标记是否移动,如移动则把标记擦除,再按规定力矩紧固后重新用油漆画上防松标记。

6.检查接触轨受流面过渡是否平滑,如不符合技术相关规定用砂轮机打磨接触轨,直至其两端接触轨过渡平滑。

7.检查中间接头与接触轨的接触面是否有烧伤,如不符合技术相关规定应进行打磨或者更换中间接头。

8.填写检修报告。

4.3.4　分析与思考

该任务主要是检修维护第三轨式接触网电连接用中间接头,是接触网工的常见日常工作之一,需要熟练掌握。在实际工作中容易出现以下问题,请进行思考和分析:

1.为什么要作螺栓防松标记?

2.电连接用中间接头为什么要考虑安装接地挂环?

3.电连接板是否需要和接触轨采用相同的材质? 为什么?

复习思考题

1.接触网的主要形式有哪些?

2. 牵引网由哪些部分组成?

3. 接触网的工作特点是什么?

4. 接触网的供电方式有哪些?

5. 柔性接触网由哪几部分组成?

6. 接触悬挂包括哪几部分?

7. 定位装置的作用是什么?

8. 三跨式非绝缘锚段关节技术要求有哪些?

9. 三跨式绝缘锚段关节技术要求有哪些?

10. 接触网补偿装置的作用是什么?

11. 什么是中心锚结?

12. 线岔的作用是什么?

13. 电连接的作用是什么?

14. 什么是刚性悬挂?

15. 架空刚性悬挂由哪几部分组成?

16. 架空刚性接触网的支持和定位装置采用什么结构?

17. 第三轨式接触网的特点是什么?

18. 接触轨系统由哪些零部件组成?

19. 按与受流器的摩擦方式,接触轨可分为哪几种?

项目 5 电力监控系统运行维护

电力监控系统(简称 SCADA 系统)实现在控制中心(OCC)对供电系统进行集中管理和调度、实时控制和数据采集。除利用"四遥"(遥控、遥信、遥测、遥调)功能监控供电系统设备的运行情况,及时掌握和处理供电系统的各种事故、报警事件功能外,利用该系统的后台工作站还可以对系统进行数据归档和统计报表功能,以更好地管理供电系统。

项目描述

以牵引供电系统设备为载体,依据电力监控系统运行检修规程,在校内铁路综合实训基地和校外地铁公司实训基地,对电力监控系统进行硬件维护。

拟实现的学习目标

1. 技能要求

(1)了解电力监控系统的日常维护;

(2)了解调度主站的巡视;

(3)学会智能监控装置巡视;

(4)掌握监控系统软件模块的使用。

2. 知识要求

(1)掌握电力监控系统的功能;

(2)NDT650 系统的使用;

(3)理解电力监控系统的结构和功能;

(4)理解调度主站有哪些硬件设备;

(5)理解智能监控装置有哪些硬件设备;

(6)能够进行监控系统的故障处理。

模块 1 电力监控硬件系统运行维护

远动设备属于精密电子设备,对运行使用环境条件要求比较高,需要很规范化的日常维护管理。本模块是电力监控系统运行维护的基础部分,其他模块在其基础上提升。

5.1.1 学习目标

1. 了解电力监控系统的定义及技术特征;

2.掌握电力监控系统的组成；

3.掌握电力监控系统的功能。

5.1.2　知识准备

电力监控系统(简称 SCADA 系统)实现在控制中心(OCC)对供电系统进行集中管理和调度、实时控制和数据采集。除利用"四遥"(遥控、遥信、遥测、遥调)功能监控供电系统设备的运行情况,及时掌握和处理供电系统的各种事故、报警事件功能外,利用该系统的后台工作站还可以对系统进行数据归档和统计报表功能,以更好地管理供电系统。

电力监控系统由控制中心的电力调度系统(含车辆段的复示系统)、变电所综合自动化系统及联系两者间的通道三部分组成,其中控制中心的电力调度系统作为一个子系统纳入综合监控系统(ISCS);变电所综合自动化系统则设置在全线的主变电站、牵引降压混合变电所、降压变电所内。跟随所不单独设变电所综合自动化系统,纳入为其供电的主变电站、牵引降压混合变电所或降压变电所内。通信通道是利用综合监控系统组建的骨干传输网。

车辆段及停车场牵引降压混合变电所内设置集中监控台设备,为值班员提供管理界面;车站、车辆段和停车场的变电所综合自动化系统接入综合监控系统;车站级综合监控系统与变电所综合自动化系统之间通信方式采用冗余以太网,故障时可自动切换。轨道交通电力监控系统网络结构如图 5.1 所示。

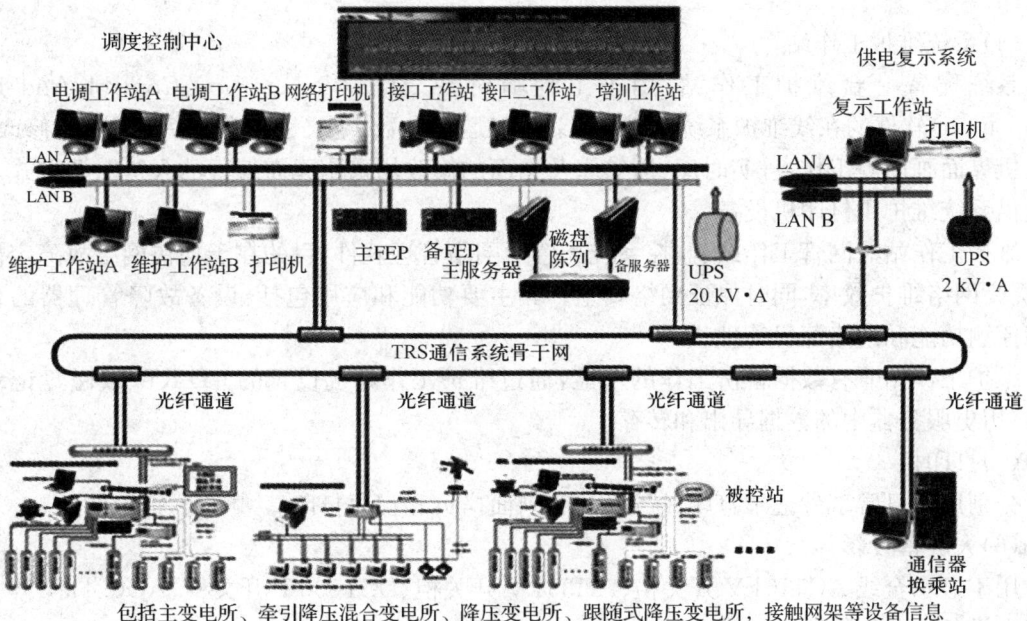

图 5.1　轨道交通电力监控系统网络结构图

1.控制中心电力调度系统

控制中心的电力调度系统由局域网络(10/100 Mbit/s 以太网)、传输介质(屏蔽双绞线、多模光纤)组成。局域网上接有:实时服务器(real-time data server)、历史服务器、调度操作员工作站、维护工作站、打印机、大屏幕投影等设备构成,并配置 UPS 电源,保证监控设备的不间断供电。

（1）实时服务器

在控制中心设置的两台实时数据服务器互为备份，在正常运行时，两台服务器均接收数据和服务请求，但是只有工作服务器响应请求，向客户端提供服务。两台服务器之间通过网络数据交换验证双方数据的一致性。由于处于备份状态的服务器存有所有的实时和短时历史数据，同时了解客户的服务请求，因此系统能够保证在工作服务器发生故障，很短时间内自动接替所有服务。接替的服务包括：实时数据服务、短时趋势历史数据服务、事件服务、文件服务等。在一台系统服务器下线，经过维修处理修复后，会自动从工作服务器恢复自己缺少的短时历史趋势数据和事件记录，保证双服务器历史数据的一致性。

（2）历史服务器

在控制中心设置一台历史服务器，系统的历史数据库设在历史服务器中，按照 1 min、5 min、10 min 或更长周期，保存系统重要数据的统计结果，例如，瞬时值、最大值、最小值、平均值或用户自定义的某种统计结果等，一般历史服务器硬盘内保存 5 年的数据，也可采用磁盘或可读写光盘保存查询 10 年以上的历史数据。

（3）调度操作员工作站

电力监控系统配置多套功能完全等价、并行工作的实时监控操作员工作站，用于操作人员的日常控制、监视的调度管理工作。工作站的人机接口软件功能满足 SCADA 系统对底层设备直接操作的要求：能够方便地实现遥控、遥信、遥测和遥调（保护定值下发）功能；能够统揽全局数据点并以生动丰富的画面表达出来；并进行数据的处理、趋势显示、报警、归档、文件、报表和打印。

（4）系统维护工作站

系统配置一台维护工作站，用于工程师对 SCADA（Supervision Control And Data Acquisition）软件的在线维护系统软件、定义系统运行参数、定义系统数据库及编辑、修改、增扩人机界面画面等工作，且实时库、历史库及画面的修改均采用无需编程的人机对话方式。同时提供系统维护用打印机设备。

维护工作站兼网管工作站、监控系统配置了网络管理软件，目的在于加快网络故障定位速度、提高网络维护效率，同时保证网络安全。其主要功能和应用包括：设备故障管理器的自动故障探测功能和网络配置管理。

维护工作站兼有数据备份工作的功能，通过维护工作站上设置的 CD-RW 或磁盘记录装置，将历史服务器中的数据导出和转存。

（5）打印机

分别用于日常事件记录打印、统计报表、画面拷贝和程序打印。

（6）大屏幕投影

用于显示全线 AC 110 kV 开关柜、AC 35 kV 开关柜、DC 1500 V 开关柜、AC 0.4 kV 开关柜等供电设备以及接触网开关设备的运行状态。

（7）UPS 装置及配电柜

SCADA 电力监控系统配置 UPS 及配电柜一套，当交流电源失电后，UPS 装置能维持系统供电的时间不少于 60 min。配套的配电柜馈线回路数及容量应满足系统设备用电要求并预留一定的馈线回路。

2.控制中心局域网络

控制中心主站网络访问方式采用客户-服务器访问方式,局域网络采用双以太网结构,所有的网络设备均配置相同的两份。系统网络应具有良好的容错能力和扩展性。

局域网交换机采用质量稳定的 28～48 口交换机,如果需要在不同楼层介入计算机设备,则每层楼层应分设交换机,楼层间的交换机采用光纤连接。

RTU 是执行端的核心设备,从外观上看,主要包括控制柜、变送器柜和连接电缆三大部分。两柜采用自立式结构、钢柜架、双开门,且具有足够的机械强度确保设备安装后无晃动、盘架无变形,同时可装备检测用照明灯。柜内端子排的设计确保运行、检修、调试方便,与电缆连接可靠。

RTU 设备的内部硬件主要以工业控制计算机为核心,配备数据存储器以及各种接口电路组成,其基本结构主要包括以下几部分,如图 5.2 所示。

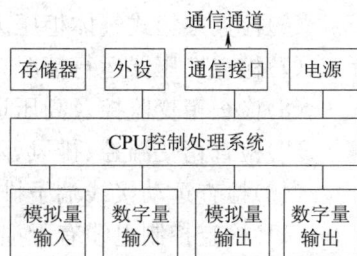

图 5.2　RTU 内部基本结构
组成示意图

(1)控制处理子系统

RTU 中的计算机一般采用字长不低于 16 位的工业控制用微处理器,并配有足够的内存容量及实时数据采集、管理软件和相应数据库。实现对各 I/O 模块的实时管理及数据处理。

(2)遥控输出子系统

接收调度端送来的遥控命令信息,并通过遥控出口继电器执行,直接与执行端被控对象的配电盘接口。输出接口界面采取光电隔离措施,并对遥控输出接口进行监测。

(3)遥信输入子系统

通过信息采集接口电路与配电盘直接接口,采集来自现场被控对象的实时状态信息,包括位置遥信和非位置遥信。遥信输入采用无源接点方式,输入接口界面采取光电隔离措施及防止被控对象接点抖动的干扰。

(4)模拟量输入接口

用于实现遥测数据信息的采集,接收来自模拟量变送器设备的信息,核心设备 A/D 转换板可采用智能板。模拟量输入可采用电流型或电压型,输入接口界面采取一定的抗干扰及隔离措施。

(5)电度量输入接口

接收来自电度量变送器设备的信息,用于电度测量,输入接口界面也要采取一定的抗干扰及隔离措施。

(6)故障点参数接口

接收来自接触网故障点标定设备(故测仪)的信息,以及向该设备传送有关控制信息。接口方式一般采用 RS232 串行接口或并行数据接口。

(7)通信接口子系统

采用冗余结构双重接口配置方式,采取抗干扰编码等措施确保可靠通信。主要用于完成远动数据的发送和接收。

(8)电源子系统

为 RTU 内各模板及 RTU 附属设备提供不间断工作电源。一般可接入交流或直流两种外部电源下工作,并设置过电压保护,确保 RTU 设备安全。

5.1.3　工作任务(远动智能监控装置巡视)

1.远动箱变设备巡视

(1)远动箱变外观、基础及箱变门巡视检查;

(2)检查箱变门行程开关是否良好;

(3)巡视所有高、低压远动开关状态;

(4)合闸位置红灯亮、分闸位置绿灯亮;

(5)检查高压远动开关的储能开关及指示,正常时储能开关置储能位,开关储能完好;

(6)检查共箱式气体柜压力是否正常;

(7)检查变压器运行情况;

(8)检查箱变监控及高压远动开关操作电源以及 UPS 工作是否正常;

(9)检查箱变温控、排风、除湿等辅助设备运行情况;

(10)检查远动接线端子排有无松动、过热;

(11)检查控制电缆有无损伤。

2.高压远动柱开关巡视

(1)检查高压柱上开关安装有无倾斜,是否牢固;

(2)核对高压柱上开关的状态;

(3)检查高压柱上开关的引入、引出接线端子有无接续不良烧损过热现象;

(4)检查高压柱上开关的绝缘套管有无裂缝爬弧、有无放电;

(5)检查高压电流互感器及其二次出线处有无裂缝爬弧,有无放电痕迹;

(6)检查开关的接地装置连接是否紧密,有无锈蚀。

3.高压柱上开关控制箱巡视

(1)对控制箱箱体进行检查清扫;

(2)打开箱门,检查箱内有无异味,端子排是否松动、过热,电源及控制电缆有无损伤;

(3)检查控制箱开关状态指示灯是否与高压远动开关位置一致——合闸位置红灯亮,分闸位置绿灯亮;

(4)检查控制箱两路电源是否正常,正常时两路电源指示灯常亮;

(5)检查交流接触器工作是否正常,有无发热烧损,正常时自闭电源作为主电源。

4.智能监控装置巡视

(1)对监控装置箱体进行检查清扫;

(2)打开箱门,检查箱内有无异味,端子排是否松动、过热,电源及控制电缆有无损伤;

(3)检查两路交流电源及电池是否正常,检查交流接触器工作是否正常;

(4)检查充电回路是否正常;

(5)检查通信设备是否正常;

(6)检查开关电源或电源板、主控板、遥信板、遥测板、遥控板工作是否正常,有无接线松动、发热、变色等现象;

(7)检查各出口继电器是否正常,连接是否紧密,有无松动;

(8)检查装置电源保险及各采样保险是否正常,有无熔断,连接是否紧密。

5.1.4 分析与思考

本模块的目的是为了熟悉被控端的硬件设备,目前在实际工作中最常遇见的问题如下:

1.网络问题:数据无法上传或无法接收调度端的命令。

2.RTU 由电源模板、监控模板、通信模板、采集模板、遥控模板等组成,每块模板都有相应指示灯指示是否正常,包括运行灯、故障灯、接收灯、发送灯等,通过观察指示灯可初步判断故障模板。此类故障现象多为单个站数据不正常。

模块 2 远动终端设备功能试验

5.2.1 学习目标

1.熟练掌握远动终端设备的功能;

2.熟练掌握远动终端设备的性能要求;

3.能够进行相应设备的功能试验。

5.2.2 知识准备

远动系统的执行端是远动系统遥控、遥调指令信息的接收与执行部分,也是被控端设备对象遥测、遥信信息的采集与发送部分。

城市轨道交通供电系统执行端分布安装在被控对象的所在地,其主要功能则是采集牵引变电所内各开关量的状态、电气量的参数并及时上送调度端,以及执行控制端发来的各种操作命令等。执行端为实现远动系统的功能完善,一般还具备被控设备对象发生事件的顺序记录、自恢复和自检测功能。

在 SCADA 中,执行端也称远方终端装置(RTU)。计算机远动系统的执行端主要包括计算机、数据采集电路、显示器和打印机等设备,其主要功能依靠软件编程实现。

RTU 基本功能如下:

①采集并发送状态量,状态量变位优先传送;

②采集并发送模拟量,支持被测量超越定值传送;

③采集并发送电度量;

④采集并发送数字量;

⑤接收、返校并执行遥控命令;

⑥接收、执行校时命令;

⑦与 GPS 对时;

⑧事件顺序记录;

⑨程序自恢复;

⑩设备自诊断(提供必要故障诊断信息);

⑪通道监视。

选配功能如下:

①支持当地显示及参数设置;

②当地选测功能;

③数据转换输出；

④信息编辑转发；

⑤接收并执行遥调命令；

⑥合闸同期检测；

⑦具有防误操作闭锁逻辑；

⑧设备备用电源自动投入；

⑨故障电流检测；

⑩与多个主站通信；

⑪接收执行复归命令；

⑫主、备通道自动切换；

⑬与上位机通信，交换信息；

⑭与智能化电子装置 IED 通信；

⑮支持电话拨号通信；

⑯支持网络通信；

⑰其他实用功能。

基本性能要求如下：

1. 直流模拟量

(1)直流模拟量标称值见表 5.1；

(2)模拟量输入总误差不大于 0.5% 或不大于 0.2%，输入电流信号最大负载阻抗为 5 V/mA（电流标称值）；电压信号最小负载阻抗为 200 kΩ/V；

(3)数模转换总误差不大于 0.5% 或不大于 0.2%，输出电流信号最大负载阻抗为 5 V/mA（电流标称值）；电压信号最小负载阻抗为 200 kΩ/V。

表 5.1　直流模拟量标称量

模拟量	电流源(mA)	电压源(V)
优先采用值	0～5 0～10 4～20 −1～0～+1 −5～0～+5 −10～0～+10	— — — — — —
非优先采用值	0～1 0～2.5 0～20 −2.5～0～+2.5 −20～0～+20	0～1 0～5 0～10 −1～0～+1 −5～0～+5 −10～0～+10

2. 工频交流模拟量

(1)工频交流模拟量标称值

工频交流模拟量标称值见表 5.2。

表 5.2　工频交流模拟量标称值

电流(A)	电压(V)	频率(Hz)
1	100	50
5	100	50

(2)允许基本误差极限和参比条件

①允许基本误差及相应等级指数见表 5.3。

表 5.3　工频交流模拟量基本误差和等级指数的关系

误差极限	±0.1%	±0.2%	±0.5%	±1%
等级指数	0.1	0.2	0.5	1

②在表 5.4、表 5.5 给定的参比条件下,输出范围内任一点误差不应超过表 5.3 给定的以基准值百分数表示的基本误差的极限。

表 5.4　影响量的参比条件和试验允许偏差

影响量	参比条件	试验允许偏差(适用于单个参比值)
环境温度	15～30 ℃	—
工作电源	额定值	额定值的±2%
电流不平衡度	平衡	—

表 5.5　被测量的参比条件

被测量	参比条件		
	电压	电流	功率因数
有功功率	标称电压±2%	从零到标称值内任一电流	cosφ=0.5(滞后)～1～0.5(超前)
无功功率	标称电压±2%	从零到标称值内任一电流	cosφ=0.5(滞后)～1～0.5(超前)
相角或功率因数	标称电压±2%	在标称 40%～100% 范围内的任一电流	
频率	标称电压±2%	—	—
三相电量	对称电压*	对称电流*	

* 三相对称系统的每一相电压和线电压与其对应的平均值之差应不大于1%,各相中的电流与其对应的平均值之差应不大于1%,任一相电流和该电压(相对中线)的夹角与其他任一相的电流、电压夹角之差不大于2°。

③线性范围

在参比条件下和表 5.2 规定的标称值范围内,误差不超过表 5.3 所规定的误差极限。

④功率消耗

工频交流电量每一电流输入回路的功率消耗应小于 0.75 V·A,每一电压输入回路的功率消耗应不大于 0.5 V·A。

⑤输入回路要求

工频交流电量输入回路应有隔离电路,且应有电压互感器和电流互感器回路异常报警。设备上二次电压互感器、电流互感器插件拔插应可靠地保证交流电压输入外回路开路、交流电流输入外回路短路。电压回路要经过熔丝,电流回路要直接与试验端子牢固连接。

⑥影响量的规定

影响量的参数范围及允许的改变量见表 5.6。

表 5.6　影响量的标称值适用范围极限和允许的该变量

影响量		标称值使用范围极限	允许改变量(以等级指数百分数表示)
环境温度		15～30 ℃	100%
被测量的不平衡度		断开一相电流	100%
被测量频率		45～55 Hz	100%
被测量的谐波分量		20%	200%
被测量的功率因数	感性	$0.5 > \cos(\sin)\varphi \geq 0$	100%
	容性	$0.5 > \cos(\sin)\varphi \geq 0$	100%
设备电源		+20%～-20%	50%
被测量超量限		120%	50%
被测线路间的相互作用		仅一测量元件电压为标称值,电流为 0; 其他测量元件电流为标称值,电压为 0	50%
自热		1～3 min 和 30～35 min 之间 测量的两个误差的差	100%

3. 故障电流

(1)故障电流输入范围,见表 5.7。

表 5.7　故障电流输入范围

模拟量	故障电流
非推荐	$2.5I_0$
推荐	$10I_0$
	$20I_0$

注:I_0 为额定输入电流。

(2)故障电流的总误差应不大于±3%或±5%。

4. 状态量

(1)对用机械触点"闭合"和"断开"表示的状态量,仅考虑以无源空触点接入方式;

(2)输入回路应有电气隔离及滤波回路,延迟时间为 10～100 ms;

(3)用一位码表示时:闭合对应二进制码"1",断开对应二进制码"0";

(4)用两位码表示时:闭合对应二进制码"10",断开对应二进制码"01";

状态量电压标称值见表 5.8。

表 5.8　状态量电压标称值　　　　　　　　　　（单位：V）

状态量	直流电压	交流电压
优先采用值	12 24 48 110 220	— — — — —
非优先采用值	5	24 48 110 220

（5）状态量输出电流分级见表 5.9；

（6）事件记录站内分辨率不大于 10 ms 或不大于 2 ms。

表 5.9　状态量输出电流分级　　　　　　　　　（单位：A）

电流分级	状态量输出			
	直流		交流	
	最小	最大	最小	最大
1 级	—	0.1	—	0.2
2 级	0.05	0.5	0.1	1
3 级	0.10	1.0	0.2	2
4 级	0.25	2.5	0.5	5

5. 脉冲量

（1）输入回路采用光电隔离；

（2）脉宽不小于 10 ms；

（3）接口电平：0～12 V，0～24 V。

6. 远动设备与通信系统间的接口电气特性

应符合 GB/T 16435.1—1996 的规定。

7. 远动规约

远动规约一般应采用 DL/T 634—2009 或其他国家标准、国际标准。变电站内通信规约可采用 DL/T 667—1999。

8. 遥控输出接点容量

遥控输出接点容量见表 5.10。

表 5.10　遥控输出接点容量表

直流	交流
30 V,5 A	220 V,5 A
30 V,10 A	220 V,10 A

5.2.3 工作任务(图5.3)

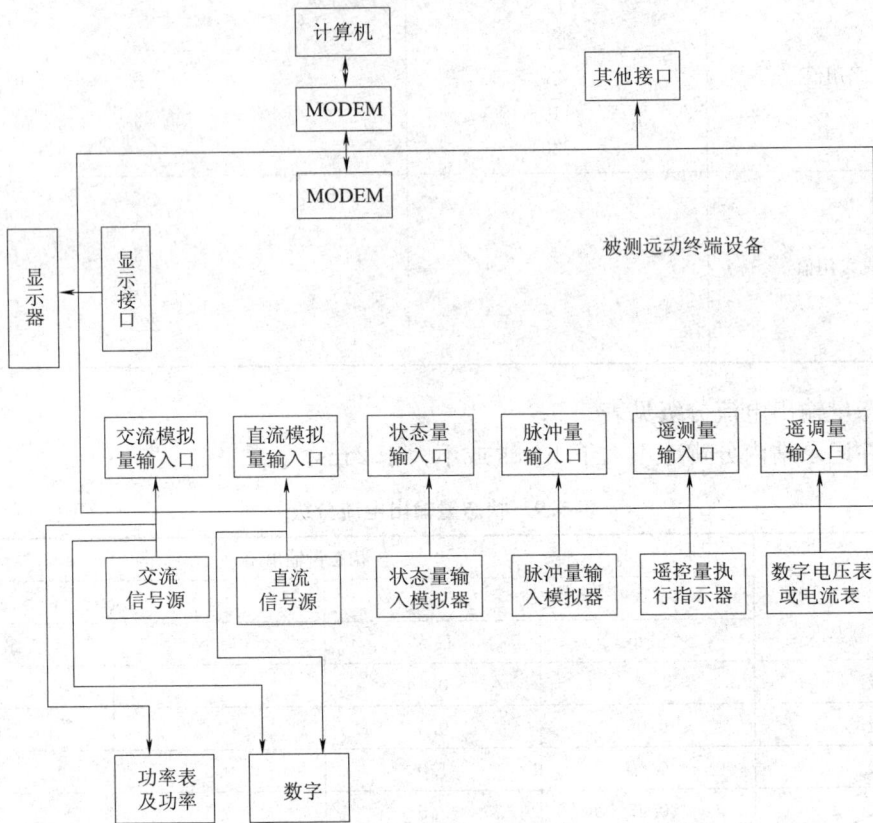

图 5.3 远动终端设备测试连接示意图

1. 直流输入总误差试验

在正常试验大气条件下,调节模拟量发生器使之输出 20 mA,16 mA,12 mA,8 mA,4 mA,并用 1/2 位数字电流表测量,读数记为 I_i,同时在被试设备的显示屏上显示输出值记为 I_x。误差 E_i 可由式(5.1)求出

$$E_i = \frac{I_x - I_i}{满刻度值(输入范围)} \tag{5.1}$$

2. 工频交流输入量基本误差试验

(1)电流、电压基本误差试验

将交流信号源和远动终端的交流工频电量输入回路连接好,同时接上标准表计,进行预处理 30 min,然后做下面的测试:

保持输入量的频率为 50 Hz,谐波分量为 0,依次分别施加 0 V、20 V、40 V、60 V、80 V、100 V 交流电压和 0 A、1 A、2 A、3 A、4 A、5 A 交流电流,读出标准表计中输入值,记为 U_i、I_i,同时读出 RTU 显示终端上的显示值,记为 U_x、I_x。交流工频电量输入回路和模数转换的基本误差 E_u 和 E_i,按 IEC 688(1992)中 6.1.3 规定的方法,分别由式(5.2)、式(5.3)求出

$$E_u = \frac{U_i - U_x}{AF} \times 100\% \tag{5.2}$$

$$E_i = \frac{I_i - I_x}{AF} \times 100\%\tag{5.3}$$

式中　AF——输出基准值。

基本误差取 E_u 和 E_i 中的最大值。

（2）有功功率、无功功率基本误差试验

将交流信号源和远动终端的交流工频电量输入回路连接好，同时接入标准表计，进行预处理 30 min，然后做下面的测试：

保持输入线电压为 100 V，频率 $f=50$ Hz，功率因数按参比条件，改变输入电流（$I_A = I_B = I_C$）为 0 A、1 A、2 A、3 A、4 A、5 A，记录标准表中 P_i、Q_i 和 RTU 显示终端的显示值，记为 P_x、Q_x，基本误差 E_P、E_Q 按式（5.4）式（5.5）计算

$$E_P = \frac{P_i - P_x}{AF} \times 100\%\tag{5.4}$$

$$E_Q = \frac{Q_i - Q_x}{AF} \times 100\%\tag{5.5}$$

基本误差取 E_P 和 E_Q 中的最大值。

（3）频率基本误差试验

将交流信号源和远动终端的交流工频电量输入回路连接好，同时接上标准表计，进行预处理 30 min，然后做下面的测试。

改变信号频率依次为 45 Hz、47 Hz、49 Hz、50 Hz、51 Hz、53 Hz、55 Hz，读出标准表上频率值，记为 f_i、同时读出 RTU 的显示终端上的显示值，记为 f_x，基本误差 E_f 按式（5.6）计算

$$E_f = \frac{f_i - f_x}{AF} \times 100\%\tag{5.6}$$

AF 为 10 Hz，基本误差取 E_f 中的最大值。

（4）功率因数基本误差试验

将交流信号源和远动终端的交流工频电量输入回路连接好，同时接上标准表计，进行预处理 30 min，然后做下面的测试：

保持线电压为 100 V，$I_A = I_B = I_C = 5$ A，$f=50$ Hz。改变相位角 φ 分别为 0°、±30°、±45°、±60°、±90°，记录标准表中的读数为 PF_i，记录 RTU 显示终端上的显示值为 PF_x，基本误差 $E_{\cos\varphi}$ 按式（5.7）计算

$$E_{\cos\varphi} = \frac{PF_i - PF_x}{AF} \times 100\%\tag{5.7}$$

基本误差取 $E_{\cos\varphi}$ 中的最大值。

3. 状态量（开关量）输入试验

在状态信号模拟器上拨动任何一路试验开关，则在显示屏上应观察到对应遥信位的变化，且与拨动的开关状态一致，重复上述试验 10 次以上。

4. 遥控试验

在主站计算机系统键盘上进行遥控操作时，遥控执行指示器应有正确指示，重复上述试验 100 次以上。之后模拟故障使遥控返校失败检查遥控执行的正确性。

5. 事件顺序记录站内分辨率的试验

将脉冲信号模拟器的两路输出信号至远动终端的任意两路遥信输入端（具有 SOE 功能），

对两路脉冲信号设置一定的时间延迟,该值不大于 10 ms(可调)。启动脉冲模拟器工作,这时在显示屏上显示出遥信名称、状态及动作时间,其中开关动作应正确。重复上述试验不少于5 次。

6. 工频交流输入量的影响量试验

对于工频交流输入量的频率变化、波形畸变、功率因数变化、不平衡电流、被测量超量限、三相功率测量元件之间相互作用,远动终端设备自热等影响引起的测量误差改变量的测试,按DL/T 630—1997 中 5.4.4 的规定进行。

7. 脉冲输入试验

启动脉冲量输出模拟器,在远动终端上显示出计数值,连续计数 5 min 该数值应与脉冲量输出模拟器的计数相一致。改变脉冲频率重复上述试验 5 次。

8. 信号响应时间试验

在状态信号模拟器上拨动任何一路试验开关,则在模拟主站上应观察到对应的遥信位变化,并记录下从模拟开关动作到遥信位变化的时间。在传输速率为 600 bit/s 时,此时间应不大于 1 s。

在交流工频电量输入回路施加一个阶跃信号为较高标称值的 0～90%,或者为较高标称值的 100%～10%,则在模拟主站上应观察到对应的数值变化,并记录下从施加阶跃信号到数值变化的时间。对重要遥测量在传输速率为 600 bit/s 时,此时间应不大于 3 s。其他遥测量响应时间应满足表 5.11 的规定。

表 5.11　数据更新周期

周期等级	周期时间	周期等级	周期时间
P1	2 s	P4	1 min
P2	4 s	P5	15 min
P3	8 s	P6	1 h

9. 与主站通信正确性试验

被测远动终端设备与模拟主站计算机系统按图 5.1 连接好通电后,在主站屏幕上校对遥测数据及遥信状态等,进行第 1、2、3、4、5 和第 7 条中规定的测试。

10. 与两个主站通信试验

远动终端设备的两个通信口分别与模拟主站相连,通电后,在主站屏幕上应核对遥测数据、遥信状态的正确性和 SOE 站内分辨率等。其结果均应符合技术性能要求。

11. 备用电源自动投入测试

在被试设备工作正常的情况下,将供电源断开,观察设备的工作情况。其备用电源应自动投入以保证设备正常工作。

12. 同期功能测试

同期功能检测试按以下步骤进行:

(1)试验利用两台信号源与被试设备相连,其中一台可以调节电压、频率、相位,以便达到同期条件。

(2)检查被试设备的计算两个电压的频率差、电压幅值和相位差的功能,设备应能显示这些值。

（3）当断开一侧电压，或调节两侧电压幅值差大于整定值，则同期检测功能退出工作。

（4）当两个同期电压的频率差大于可调整的滑差频率（最大为 0.3 Hz、0.5 Hz）时，同期检测功能退出工作。

（5）检查相角测量调节精度应小于±2°。

（6）调节一台信号源的电压、频率和相位，当小于允许的偏差时应能同期合闸。

5.2.4　分析与思考

该项目的目的是为了能够对监控系统的性能进行了解，并且能够对设备的性能进行试验，通过熟悉远动系统并掌握终端设备的性能，在进行任务的过程中主要强调同学们对于各种仪表的使用，减少人为误差对数据的影响。

模块 3　电力监控软件系统运行维护

5.3.1　学习目标

1. 认识 NDT650 系统；

2. 熟练运用 NDT650 系统。

5.3.2　知识准备

电力监控系统作为综合监控系统的一个子系统，通过通信数据通道及各被控站的变电所综合自动化系统，实施对供电系统及设备运行状况的实时监控，及时掌握和处理供电系统的各种事故、报警事件、准确实施调度指挥、事故抢修和故障处理，为电力调度提供自动化管理手段，保证供电系统的安全可靠运行。

1. 控制中心电力调度系统主要功能

（1）遥控功能

遥控功能分单控和程控两种。单控是对单个开关的单独控制，程控是对一组开关进行控制。根据运营的需要，运营人员可以进行对系统进行单控或程控操作。为了方便日常运营，缩短事故的处理时间，系统应根据可能出现的各种情况，设置相应的程控卡片。

（2）遥信功能

遥信信号：变电所开关位置信号、开关设备接地刀闸位置信号、变电所内事故信号和预告信号、变电所内交直流信号等。

数据采集及显示：包括正常运行状态的显示和报警信息处理两部分。正常运行状态的显示是各被控站主控单元，将各种信息实时地传递到控制中心综合监控系统电力调度子系统，通过 LCD 装置和大屏幕投影显示屏实现电力调度子系统对各被控站供电设备运行状态的监视。当被控站发生事故或预告警时，系统均应发出音响报警，但两者音响具有不同频率，此外还有灯光显示和打印记录。

（3）控制闭锁

系统具有控制闭锁功能。当现场供电设备故障时，引起相应开关跳闸，则此开关控制命令被自动闭锁。当现场某一供电开关设备处于合闸位置时，另一开关的控制命令可自动被闭锁。当现场供电开关设备接地刀闸接地时，操作员可在 LCD 主接线上开关符号处设置接地标志

(应尽可能自动实现),用于闭锁本开关的控制功能。

(4)遥控试验:在 LCD 主接线画面上设置遥控试验按钮,各被控站远动分机内设有一个模拟试验开关。遥控试验操作过程与单控操作过程相同。

(5)遥测功能

对变电所主要电流、电压、功率、电度量等电参数进行实时采集,并在监视器上通过窗口、曲线、棒图等方式动态显示。对变压器过负荷情况和出现时间,各种模拟电量的极值和出现时间进行统计,并对越限量报警。

(6)遥调功能

可对主变电站内有载调压变压器的调压开关进行调节,遥调结果在监视器主接线画面上显示。

(7)维修、事故抢修调度功能

采集设备异常或故障信号,及时通知运营维护部门进行事故抢修。

根据检修维护计划申请,结合行车组织和供电系统运行状况,编制供电设施的维护检修计划。

(8)数据处理功能

系统通过被控站主监控单元、通信通道接收上来的数据信息,经过各种算术及逻辑处理后,通过 LCD 显示及打印机打印出来。

(9)数据归档和统计报表功能

可分门别类保存操作信息、事故和报警信息的历史记录,以进行查询和故障分析;实现测量数据的日报、月报的统计报表。系统可根据调度人员的要求,建立各种档案报表,采用自动或手动方式录入数据。可进行定时和随时打印。

(10)用户画面显示功能

配置动态显示的供电系统图、监控系统图、变电所主接线、记录、报警、接触网供电分段示意图、程控等用户画面。用户画面种类和要求:

进入调度系统后自动显示地铁供电设施示意图。

• 系统构成图:包括调度所设备,被控站设备,通道等在内的整个系统的配置图。

• 供电系统图:显示供电系统环网接线。

• 被控站主接线和接触网线路图:显示被控站的主接线、接触网线路和设备的运行状态。

• 程控显示画面:在主接线图中用鼠标点中程控操作菜单后,将显示该站的程控项目窗口。

• 遥测曲线画面:显示 2 h 之内各遥测量(包括电流、电压、有功功率、无功功率)的趋势曲线。

• 电度量直方图:显示 24 h 之内的有功电度量和无功电度量。

• 日报报表:用表格的形式显示一天内的有功电度量和无功电度量及依此计算出的功率因数。报表能进行手动修改。

• 月报报表:用表格的形式显示一月内的有功电度量和无功电度量及依此计算出的功率因数。报表能进行手动修改。

• 年报报表:用表格的形式显示一年内的有功电度量和无功电度量及依此计算出的功率因数。报表能进行手动修改。

• 极值统计日报报表:以表格形式,显示出各模拟量当日出现的最大值和最小值(电压值)及出现的时间(可与"日报报表"合并设置)。

● 极值统计月报报表：以表格形式，显示出各模拟量当月出现的最大值和最小值（电压值）及出现的时间（可与"月报报表"合并设置）。

● 极值统计年报报表：以表格形式，显示出各模拟量当年出现的最大值和最小值（电压值）及出现的时间（可与"年报报表"合并设置）。

● 越/复限统计报表：以表格形式，显示出各模拟量当天越/复限出现的起始时间、结束时间及峰值/谷值。将存储两天的越/复限统计报表。

● 操作记录报表：以表格形式显示出调度员所进行的操作时间、结果。

● 事件记录报表：以表格形式显示出事件发生的时间、地点、事件内容和事件性质（紧急或非紧急）。

事件细目画面：事件发生后画面显示事件发生的时间、地点、事件内容和事件性质（紧急或非紧急）。用于事件发生后，调度员对事件进行处理。

（11）信息打印功能

所有操作、报表、报警信息均可根据需要在打印机上打印出来。

（12）培训功能

系统具有对操作人员、运行维护人员进行上岗培训功能，使其掌握电力监控系统的运行管理、操作，以及日常维护、故障排除、替换故障元件等业务。

（13）指令功能

对各等级的运行管理人员进行口令级别设置，以确定管理人员的管理范围，管理人员在岗位交接班时用口令替换形式完成。口令级可分为调度员级、应用软件级（包括数据库）、系统软件级等。

● 调度员级：键入口令后，可进入遥控操作状态，进行调度管理工作。

● 应用软件级：键入口令后，可对应用软件实现在线编辑。

● 系统员级：键入口令后，可对系统程序进行编程和修改。

（14）软件的维护、修改、扩展功能

系统具有对应用软件维护修改的功能，当数据库或用户画面由于某些原因发生数据变化或显示有误，维护人员应能调出数据库定义程序或画面编辑程序，对有关错误进行修改调整。

当系统需增扩一些对象时，维护操作人员可根据数据库及画面编辑原则，对系统进行扩容。

（15）系统的自诊断、自恢复及在线修复功能

系统应具有容错能力、自诊断、自恢复及在线修改功能。自检标志达到模块级。

（16）远方通信功能

通过远方通信接口实现远方用户对网络的访问，进而在远方对用户提供系统维护的功能。

2.电力监控系统复示终端功能

电力监控系统复示终端用于监视全线供电系统设备的运行情况，便于维修调度及时了解现场设备运行情况，指挥供电系统的维修与抢修作业，提高处理事故效率，缩短停电时间。

电力监控系统复示终端设置供电设备台账，存储供电设备的运行参数和检修记录，掌握设备的工作状况，制定检修计划，降低供电系统的故障。

3.系统监控内容

电力监控的内容见表 5.12。

表 5.12　城轨交通供电系统各类变电所电力监控主要内容

类型	遥控	遥测	遥信	遥调
主变电所	110 kV 断路器/电动隔离开关 变压器二次侧 35 kV 断路器 35 kV 母联、馈线断路器等其他切换开关	110 kV 电流/电压 110 kV 主变有功功率/有功电度量 110 kV 功率因数 110 kV 主变无功功率/无功电度量 主变二次侧电流 35 kV 母线电压 35 kV 馈线电流	遥控开关合/分位置 自动装置位置 远方/当地开关位置 进线检压信号 主变保护信号 馈线保护信号 所用电交/直流系统监测信号 设备自检信号 自动装置动作信号 主变抽头位置	主变有载调压
牵引降压混合所	35 kV 进线/出线、母联、馈线断路器 0.4 kV 进线、母联、三级负荷总开关 1500V 直流电动隔离开关 1500V 直流快速断路器 接触网电动隔离开关 35 kV 母联自投功能投/退 0.4 kV 母联自投功能投/退	断路器保护动作、报警信号 框架泄露保护信号 断路器分、合状态 35 kV 接地刀闸分、合状态 DC 1 500 V 隔离开关分、合状态 整流变、整流器、动力变温度报警及跳闸信号 设备自检信号 钢轨电位限制装置状态信号 所用电交/直流系统监测信号	35 kV 进/出线电流 35 kV 母线电压 35 kV 母联电流 整流/动力变压器一次侧电流/有功功率/有功电度 整流机组输出电流 1500 V 直流母线电压 1500 V 馈线电流 回流线电流 0.4 kV 进线电流/母线电压/功率因数 直流辅助电源装置直流母线电压 钢轨对地电位 整流变、动力变各相温度	
降压变电所	35 kV 进线/出线、母联、馈线断路器 0.4 kV 进线、母联、三级负荷总开关 35 kV 母联开关自投	35 kV 进/出线、母联电流 35 kV 母线电压 动力变压器一次侧电流/有功功率/有功电度量 0.4 kV 进线电流/电压	遥控开关合/分位置 自动装置位置 远方/当地位置信号 母线检压信号 35 kV 进线/出线保护信号 35 kV 馈线保护信号 动力变保护信号 0.4 kV 系统保护信号 设备自检信号 所用电交/直流系统监测信号	

在线监控系统是 NDT650 监控系统为调度所调度人员,变电站值班人员提供的操作平台,视适用的场合不同,以网络工作站的形式出现或独立计算机的形式出现。任何一台运行在线监控系统的机器,都称为监控终端。它的主要功能是:

①显示一次设备状态,即实时数据,包括接线图、地理图、数据一览表等,并可以人工打印图形。

②显示时间信息,事件信息包括:遥测越限报警、遥测越限恢复正常、遥信正常变位、事故变位、SOE、遥调、遥控结果等。

③显示事件列表,并提供各种查询手段。

④进行遥调、遥控操作。

⑤进行人工置数操作。

⑥进行报警确认操作。

⑦显示保护事件信息列表,并提供查询手段。

⑧显示实时曲线和历史曲线。

⑨显示历史报表,进行人工打印。

⑩自动打印历史报表。

⑪监视系统报文,包括串口报文、网络报文等。

5.3.3　工作任务

(1)操作票

①操作票生成

选择此项后,将打开操作票生成程序主界面,如图5.4所示。

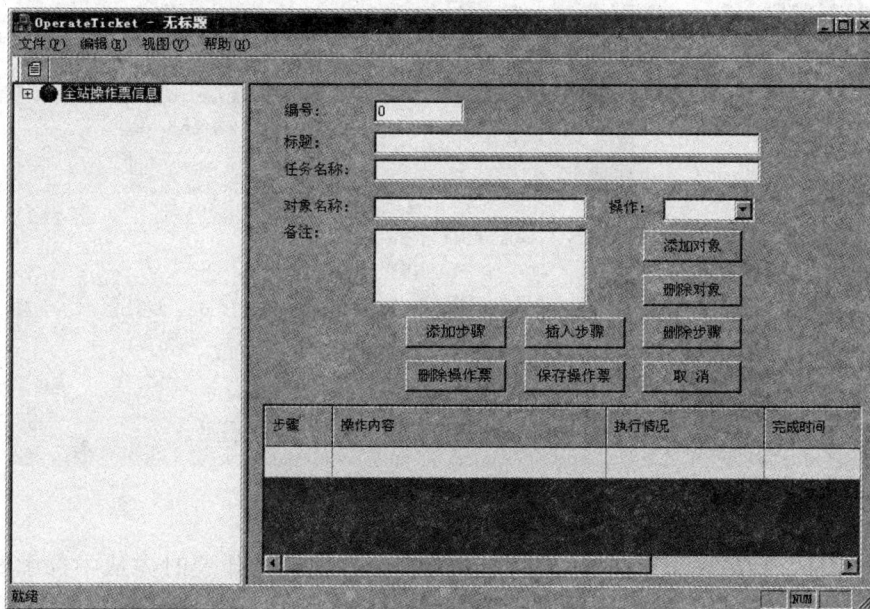

图5.4　操作票生成

界面左边是全站的操作票列表,以树形结构显示,选中其中一张操作票可对其进行修改和删除操作。

右面上方是设计操作票的主要工作区。

a.编号:本张操作票的站内编号。

b.标题:本张操作票的标题。

c.任务名称:本张操作票的主要任务描述。

d. 对象名称：本次步骤的操作对象。

e. 操作：本次步骤的具体操作，分为遥控合闸、遥控分闸、遥信合位等待、遥信分位等待、遥测等待和手动操作等待。

f. 备注：本次操作的注意事项。

g. "添加对象"和"删除对象"按钮用来为每个步骤指定和取消对象。

h. "添加步骤"用来将编辑好的操作步骤添加到操作票中。

i. "插入步骤"可以将编辑好的步骤插入到步骤列表中被选中的步骤之前。

j. "删除步骤"即将步骤列表中选定的步骤删除。

k. 当一张完整的操作票编辑完后点击"保存操作票"进行保存，并同时将在全站操作票列表中添加本张操作票的索引。

l. "删除操作票"可将全站操作票列表中选中的操作票删除。

②操作票执行

选择此项后，将打开操作票执行程序主界面，如图 5.5 所示。

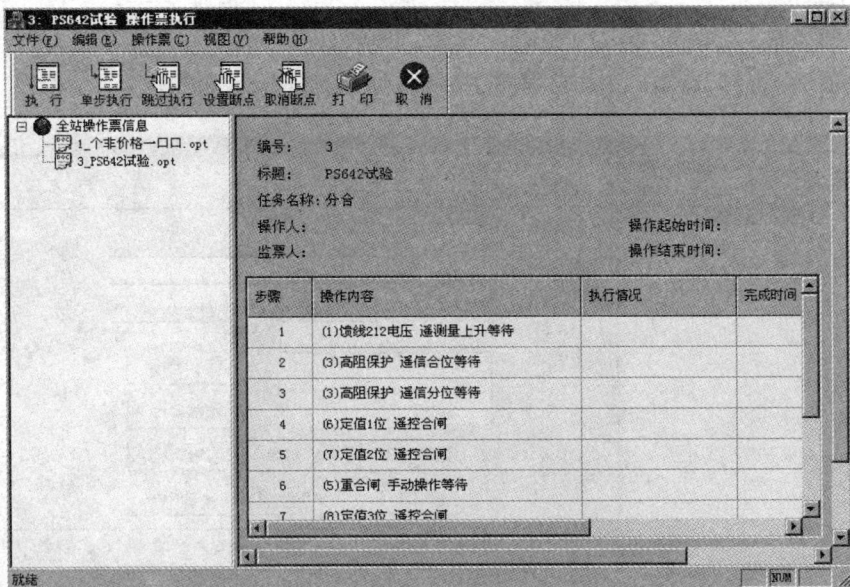

图 5.5　操作票执行

界面左边是全站的操作票列表，以树形结构显示。执行操作票时先从中选中要执行的操作票，界面右面将显示与其对应的操作票的详细信息。

执行操作票分为 7 种操作，具体如下：

a. 执行：即执行整张操作票，如中间条件满足将完成整个操作过程。

b. 单步执行：即本次只执行一步操作。

c. 跳过执行：是指忽略当前的一步操作，继续执行下面的操作。

d. 设置断点：是指在操作票的某个步骤上设置断点，当执行到这一步时，操作将暂停，等待用户的指令。

e. 取消断点：即取消前面操作设置的断点。

f. 打印：即将操作票及其操作结果在打印机上输出。

g. 取消：即取消操作票的操作。

在具体步骤的执行中，对于不同的操作对应不同的方法：

③遥控开关

a. 选择"遥控开关"项，将弹出对话框进行权限及口令检查。

b. 移动鼠标、点中开关类设备后，弹出遥控操作对话框（图 5.6）

c. 按"开关断开"或"开关闭合"按钮后，等待遥控返校。

d. 遥控返校正确后可选择遥控"执行"或"撤消"。

e. 在对话框中可修改设定返校超时间隔。

④遥调变压器挡位：

a. 选择"遥调变压器挡位"项，将弹出对话框进行权限及口令检查。点中变压类设备后，弹出遥调变压器挡位操作对话框（图 5.7）。

b. 按"升档"或"降档"按钮后，等待遥控返校。

c. 遥控返校正确后可选择遥控"执行"或"撤消"。

d. 在对话框中可修改设定返校超时间隔。

各种返校结果均有相关信息提示，如返校超时、返校出错、链路不同等等。

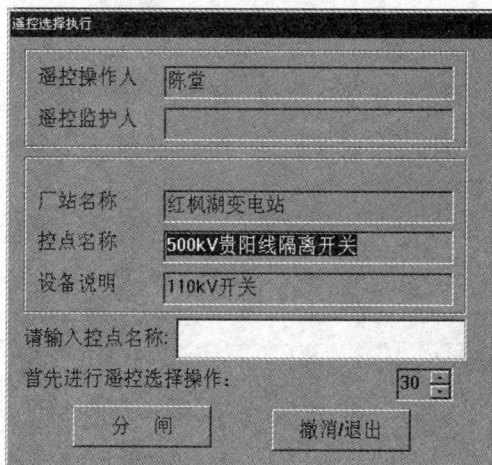

图 5.6　遥控操作对话框　　　　图 5.7　遥调变压器挡位操作对话框

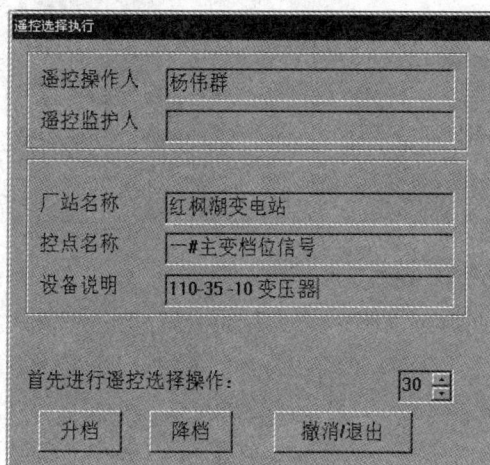

（2）倒闸作业

①调出倒闸作业变电所主接线图；

②根据倒闸票要求选择相应的设备进行正确的操作；

③确认操作完成系统。

（3）模拟变电所设备故障，系统进行报警，根据 SOE 信息查找设备故障点并进行处理。

5.3.4　分析与思考

在实际工作中，如何分析并排除下列常见的故障：

①单个站数据不正常；

②通信故障；

③遥信显示不正确；

④遥控无法控制开关故障；

⑤遥测显示不正确；

⑥监控装置与主控站的对时问题；

⑦测控单元与通信机通信不通故障。

复习思考题

1. 电力监控系统由哪几部分组成？
2. 电力监控系统的基本功能有哪些？
3. 站监控系统的基本功能有哪些？
4. 监控对象应包括哪些内容？
5. 监控系统的硬件包括哪些主要设备？
6. 变电所综合自动化系统的主要功能是什么？

项目 6　城轨交通供电系统的运行管理

城市轨道交通供电系统的运行管理工作包括供电系统检修维护组织、相关规程制度、相关技术资料和工器具的运行管理,是保障供电系统可靠运行的重要组织措施。

项目描述

以牵引供电系统设备运行管理为载体,依据相关规程制度规定,在校内铁路综合实训基地和校外地铁公司实训基地,对供电系统进行运行管理工作。

拟实现的学习目标

1. 技能要求

(1)会识别城市轨道交通供电系统运行管理组织;
(2)能掌握变电所管理规程与制度;
(3)能掌握接触网管理规程与制度;
(4)能掌握电力监控管理规程与制度;
(5)会填写城市轨道交通供电管理工作应备的记录和技术资料;
(6)能识别城市轨道交通供电工作应备的工具和备件。

2. 知识要求

(1)熟悉城市轨道交通供电系统运行管理组织;
(2)掌握变电所管理规程与制度;
(3)掌握接触网管理规程与制度;
(4)掌握电力监控管理规程与制度;
(5)掌握城市轨道交通供电管理工作应备的记录和技术资料;
(6)掌握城市轨道交通供电工作应备的工具和备件。

模块 1　城市轨道交通供电管理

6.1.1　学习目标

1. 了解城市轨道交通供电管理的任务;
2. 熟悉城市轨道交通供电管理方针;
3. 熟悉城市轨道交通供电管理组织。

6.1.2 知识准备

6.1.2.1 运行管理的任务和内容

城市轨道交通供电系统的运行管理工作包括运行和检修两个部分,其运行管理的方针、任务和内容如下所述。

1.运行管理的方针

在城市轨道交通供电系统的运行管理工作中应实行"三定、四化、记名检修",并贯彻落实"质量第一、修养并重、预防为主"的方针,并逐步向"定期检测、状态维修、限值管理、寿命管理"的方针过渡。

(1)三定

"三定",就是定设备、定人(或班组)、定检修周期和范围。定设备是把电气设备的管理范围按工种划分清楚,明确分界点,以防止漏检漏修。定人(或班组)是把设备的保管、维护和检修任务落实到人(或班组),做到分工明确,各负其责,从而加强工作责任感,以利于提高质量,减少事故。定检修周期和范围是根据不同的设备和修程,确定其检修周期和范围,以实现计划检修。

(2)四化

"四化",就是作业制度化、质量标准化、检修工艺化、检修机具和检测手段现代化。作业制度化是指检修作业和设备操作要按规定程序和安全制度执行。质量标准化是按技术要求精检细修,达到统一的质量标准。检修工艺化是坚持按工艺要求进行检修,保证质量,提高效率,降低成本。检修机具和检测手段现代化是利用现代科学技术及装备进行检修和测试,以适应现代技术不断发展的需要。

(3)记名检修

"记名检修",就是记录检修者和验收者的姓名,要求检修者根据设备的技术状态提出检修依据,采取针对性措施,按工艺检修,并做到修前有计划,修中有措施,修后有结语。

2.运行管理的任务和内容

城市轨道交通供电系统的运行管理工作就是为了保证供电设备的安全运行,持续地为用户提供合格的电能而采取的技术措施和组织措施。其工作内容包括正常运行工作、异常情况处理、设备检修、运行分析、技术资料管理和人员培训等6个方面。

(1)正常运行工作

正常运行工作包括设备巡视、记录、设备维护、倒闸操作、工作票受理等5个方面的内容。

①设备巡视

按照规定的周期和项目,沿指定的巡视路线进行设备检查,通过有关测量仪表和显示装置及时掌握设备的运行情况(如电压、电流、功率和温度等),以预防设备事故。凡遇高温、严寒、雷害、迷雾、台风和汛期时,要分别按重点检查项目进行特殊巡视。根据设备缺陷的等级,按职责范围加以消除或隔离,以保证供电的安全和质量。

②记录

按照规定的时间和项目,通过人工或自动装置对运行数据、运行环境、调度指令和操作、施工检查、事故处理等情况进行记录。

③设备维护

根据所处的环境和规定的周期与项目,进行场地清洁、设备清扫、绝缘子更换、带电测温和蓄电池维护等工作。

④倒闸操作

根据调度命令和倒闸操作票,由合格的人员进行电气操作及监护。

⑤工作票受理

按照安全工作规程,值班员审核工作票、核对及完成安全措施,并会同工作负责人对现场安全措施进行检查和工作许可(包括工作票延长、间断、转移的许可)等工作的办理。施工结束后会同工作负责人进行设备检查、验收,并办理工作票终结手续。

(2)异常情况及事故处理

设备的异常状态是指设备在规定的外部条件下,部分或全部失去额定的工作能力状态,它是相对设备的正常工作状态而言的。如变压器的负荷超出规程和设备能力允许时间内的正常过负荷数值、母线电压越出限值、充气设备压力异常等等。

事故本身也是一种异常状态,事故通常是指异常状态中比较严重的或已经造成设备部分损坏、引起系统运行异常、中止或部分中止了对用户供电的状态。

在发生故障时,值班运行人员要迅速、准确地判断和处理。在事故处理中必须牢固树立"安全第一"的思想,遵循"先通后复"的原则。在事故抢修中电调须与行调、环调密切配合,严格掌握供电和行车、环控的基本标准条件,根据设备的技术条件和现场具体情况,采取有效措施,适当调整运行方式,尽可能减少对行车的影响,及时安排抢修和处理时间,尽快恢复对接触网的供电和正常行车秩序,在允许的条件下保证环控设备的运行,保证城市轨道交通的服务质量。

(3)设备检修

①定期检修

定期检修即计划性检修,是为了防止设备性能及精度劣化或降低,根据设备运转的周期和季节性等特点,按预先制定的设备检修周期与工作内容、技术要求和计划所进行的维修作业。对于计划性检修,必须制定相应的年度检修计划及月度检修计划,并根据计划进行安排和落实。

②预防性试验

预防性试验是暴露设备内部缺陷,判断设备能否继续运行的重要措施。各种电气设备的预防性试验项目、周期和标准,按现场电气设备预防性试验规程执行。

③临时检修

临时检修是根据专业设备的变化和实际运作状态、事故跳闸或同类设备已发生重大事故时,根据需要进行的调整,增加的临时性检查修理。

(4)运行分析

运行分析工作主要是针对设备运行、操作和异常情况以及人员执行规章制度情况,进行分析总结,摸索规律,找出薄弱环节,及时发现问题,掌握运行规律,有针对性地制定保证运行安全的措施,以防事故发生,不断提高安全经济运行水平和管理水平。

(5)人员培训

不断提高运行人员的技术和管理水平也是保证安全运行、提高供电质量的重要条件之一。为此,供电系统管理部门应对值班和检修人员加强安全和技术业务教育,积极开展事故预想活动(反事故演练),不断提高值班业务和维护、检修水平以及事故处理的能力。

(6)技术资料管理

供电系统的运行检修工作应具备管理部门制定的各项管理规程、安全工作规程,各种技术图纸、技术资料,各种工作记录簿和指示图表,以使工作有章可循,同时便于积累资料进行运行分析,提高工作质量和效益。

3. 年度运行管理工作要点

按照以上规定的运行管理的任务和内容,结合不同的季节特点和负荷的变化情况,供电系统的运行管理每年的工作要点如下所述(以南方地区为例)。

(1)1月份

①元旦检修工作及特巡工作。

②防雷准备工作,变电所和接触网避雷器修理及校验;SCADA系统中防雷、过电压保护装置的检查;检查重合闸装置及蓄电池情况,并消除缺陷;测量接地电阻;检查避雷器的安装及动作计数器等。

③春节检修准备工作,提出检修项目及准备处理的缺陷,并做好人工、器材等的准备。

④继续做好防寒、防冻工作。

⑤做好防止工作中滑跌、摔伤的安全工作。

⑥加强变电所的防火工作。

⑦防止雾季闪络事故,进行接触网户外绝缘子清洗、擦拭或涂刷防尘绝缘剂等。

⑧对上年度设备进行全面总结和鉴定。

(2)2月份

①完成防雷准备工作。月底前将避雷器复役;继续检查重合闸装置及蓄电池情况,并消除缺陷;测量接地电阻;检查避雷器的动作计数器,并将原来的动作次数记录(雷雨季节中要经常检查和记录),测量接地电阻;检查并制定雷季运行方式和防雷反事故措施计划。

②继续做好防寒、防冻、防滑跌、摔伤、防火、防雾季闪络等工作。

③检查充油设备的油位。

④春节检修工作。

⑤加强春节期间的安全检查工作,重点检查变电所和接触网重点关键设备,加强值班巡视,并组织特巡。

(3)3月份

①继续做好预防雾季绝缘子闪络工作,完成检查重合闸装置和蓄电池情况的工作,并消除缺陷。

②组织在雾天对污秽地区的特巡,监视绝缘子情况。

③检查户外设备有无鸟巢。

④做好一季度设备的评级工作。

(4)4月份

①做好预防台风的准备工作,特别是做好接触网户外支柱的基础检查工作,检查防洪物资的到位及完好情况。

②做好迎接高峰负荷前的设备检查工作。

③"五一"节设备检修准备工作。

④"五一"节前设备安全检查工作。

⑤因昼夜温差较大,注意检查接触网补偿装置动作是否灵活。

(5)5月份

①"五一"节检修工作及特巡工作。

②做好预防发生台风事故的准备工作,检查避雷针结构的牢固状况;检查户外设备的安装是否牢固等。

③做好台风期的抢修准备工作,检查组织、材料、工具、车辆、后勤等的准备工作。

④检查变电所的降温防汛准备工作。检查变电所的通风情况,检查风扇、水泵、防汛栏等设施,并进行修理补充。

⑤检查并做好防止电气设备在雷雨季节受潮结露。

⑥检查电容器的安装、通风、温升及保护情况,并进行改进。

(6)6月份

①完成台风期抢修的准备工作,并进行抢修演习。

②完成变电所的降温、防汛工作。

③做好防止高温中发生设备过热事故的工作,检查对满载、超负荷设备的接头、变压器温度、温升的检查测量,并加强定期巡视检查。

④检查并做好防止电气设备在雷雨季节受潮结露工作。

⑤做好设备二季度的评级调整工作。

(7)7月份

①继续做好防台风和防止高温中设备过热的工作。

②在大雨时检查变电所的防汛情况。

③加强夏季安全生产工作,尤其是继电保护的安全运行。

④检查充油设备的油位及防潮、防漏工作。

⑤做好户外设备的除草工作。

(8)8月份

①继续做好防台风和防止高温中设备过热的工作。

②加强监测变电所电压,并适时进行调整。

③检查充油设备的油位。

④做好户外设备的除草工作。

(9)9月份

①继续做好防台风和防止高温中设备过热的工作,并做好夏季安全生产工作总结。

②做好国庆节期间的检修准备,提出消除缺陷和检修项目,安排人工、材料,并组织班组讨论工作的内容及安全措施,对设备进行的倒闸操作进行了解或预演。

③组织并做好国庆节期间的安全检查工作,加强值班巡视,增加特巡。

④检查充油设备的油位。

⑤做好户外设备的除草工作。

⑥做好第三季度设备的评级调整工作。

(10)10月份

①国庆节期间检修工作及确保检修时的安全。

②做好防止雾季绝缘子发生闪络的工作,进行户外设备绝缘子清扫或涂防尘绝缘剂工作。

③迎接高峰负荷,对重要用户的设备接点温度加强监视、测量,加强掌握负荷增长情况和设备负荷情况。

④检查并做好防小动物进入变电所的措施。

⑤做好防寒、防冻的准备工作。

⑥因昼夜温差较大，注意检查接触网补偿装置动作是否灵活。

（11）11月份

①继续做好防止雾季绝缘子发生闪络的工作和迎接高峰负荷工作。

②避雷器停役并进行检查。

③检查凝固点高的绝缘油情况，并检查充油设备的油位。

（12）12月份

①继续做好防止雾季绝缘子发生闪络，迎接高峰负荷和避雷器的检查、修理等工作。

②测量接地电阻。

③做好防寒、防冻、防火工作，并检查除草工作。

④做好元旦检修的准备工作。

⑤加强元旦前的安全检查工作。

⑥检查充油设备的油位。

⑦检查并做好防小动物进入变电所的措施。

⑧做好第四季度设备的评级调整和年度总结准备工作。

6.1.2.2 运行管理组织及有关人员职责

1.运行管理组织

在城市轨道交通供电系统的运行管理中，应设有各级运行与检修人员，分别负担不同的工作。如何根据城市轨道交通供电系统点多、分散、距离短且有电力监控系统的特点，不同的企业可结合实际情况，选择更适合自己的组织管理模式。运行管理组织的总体要求是机构精简、管理层次少、职责分工明确，从而提高管理和检修效率。但一般而言，需在控制中心设置电力调度，在维修基地供电管理部门除设置技术管理人员外，还需设置相关的运行、检修、试验人员。根据具体情况，运行值班人员与检修试验人员可分开，也可由检修试验人员同时兼顾运行值班工作。

对于供电管理部门的定员配置，可根据实际管理的幅度、人员的素质、检修设备的工作量及检修单台设备所需要的基本人数确定。其配置原则如下所述。

（1）专业技术管理人员的配置

根据供电系统的特点，每一专业至少配置一位专业工程师，如设一次设备工程师、二次设备工程师、试验检测工程师、低压设备工程师、SCADA工程师、变电运行工程师、接触网运行工程师、接触网检修工程师等。

（2）电力调度员的配置

原电力部颁发的《调度管理规程》规定："电力系统调度管理的任务是领导系统的运行和操作"，电调"为系统运行和操作指挥员"。因此，在变电所未实行无人值班时，电调的人员配置可按每值位一人值班来考虑。但在实现无人值班后，由于变电所所有能够实行"四遥"的设备运行操作及监控全部由电调来完成，因此，电调的任务不只是系统运行和操作的指挥人，而且还是系统运行和操作的执行人。即将电调从后台推到了前台。此时电调的值班制度应重新安排，宜安排每班二人值班。当供电系统有操作任务时，必须做到一人操作，另一人监护。

（3）变电运行、检修人员及工班的配置

根据设计和设备可靠性及对运行要求的不同，变电所的运行值班，可采用有人值班和无人值班方式。

采用有人值班方式时,其运行值班可采用三班制或三班半制,每班至少设两人,其中一人为安全等级不低于三级的值班员,另一人为安全等级不低于二级的助理值班员。只有两人值班时,值班员兼任值班负责人;值班人员在两人以上且安全等级符合要求时,可设一名值班负责人领导值班工作。

采用无人值班方式时,由于地铁变电所具有点多、分散、距离短、方便巡视的特点,可采用"无人值班,有人巡视"的模式。在运行初期,变电所的日常管理可实行分段管理,每一工班负责一个分段区域(一般是4~6座车站的变电所)的值班、巡视、日常维护、操作及事故处理。每分段设置一名分段值班员在分段值班室值班,另再设1~2名巡视人员。

如上述,根据具体情况,可分设运行值班人员与检修试验人员,也可由检修试验人员同时兼顾运行值班工作。对于工班的设置,视人员的素质和设备的特性以及管理幅度不同,可设一次设备工班、二次设备工班、高压试验工班、低压设备工班、运行工班等,每一工班至少需设置一名工班长以及数名技工。

(4)电力监控系统(SCADA)运行、检修人员的配置原则

对于电力监控系统(SCADA)运行、检修人员的配置,根据实际需要,可专门成立SCADA工班,工班至少需设置一名工班长以及数名技工。考虑到与受控设备及站端设备的关系,也可将SCADA工班与二次设备工班合并。在SCADA工班与二次设备工班合并的情况下,对工班人员的素质要求较高,但可起到减员增效的作用,实现一专多能。

(5)接触网运行、检修人员的配置

接触网的运行值班、维修及应急抢险等工作的人员,没有严格地区分,可"捆绑"在一起,由接触网当值人员承担,即接触网人员在不同时段,分别担任运行值班、维修及应急抢险任务;或同一时段,接触网当值人员既是运行值班人员,也是维修人员,同时也是应急抢险人员。

至于接触网工班的数量可按线路的长短来设置。根据检修作业的特点,每个工班至少需8名技工。每个当值时段的人员中,至少有一名安全等级不低于4级和两名安全等级不低于3级的人员。

接触网运行状态的监测,由接触网当值人员完成。其方式是在城市轨道交通沿线设置接触网运行状态监察点,监察点的设置原则是能够在要求的时间内,能够到达城市轨道交通正线的任何地点。运营时间内,接触网当值人员分布在各监察点,负责运营期间接触网设备运行状态的监视和故障情况下现场联络及防护工作。

2.有关人员的职责

(1)供电管理部门负责人的职责

①主持本部门的全面管理工作,完成分管工作;负责供电设备的运行、维修和事故处理工作,确保地铁供电系统安全可靠供电。

②组织开展供电设备有关的技改、科研,不断提高设备运营质量。

③制定本部门年度方针目标和生产计划,组织实施供电系统设备运行、检修、技改、科研、计划,以及为实施上述计划而进行采购、资金使用等计划申报。

④执行上级部门供用电方针、指示,实施安全供电,完成生产任务,开展节约用电。

⑤组织制订有关规章制度、标准化文件、检修规程,并组织执行。

⑥协调各工班之间、本部门与其他部门之间的生产工作关系。检查下级安全、生产、运行、

检修工作执行及完成情况。

⑦控制生产过程中出现的指标偏差,确保公司工作总目标实现。

⑧担当本部门的质量、安全生产的责任人。

(2)专业技术管理人员的职责

①确保本专业的设备正常运行和人员人身安全。

②组织实施本专业设备运行、维修和日常管理,并进行检查监督;组织实施本专业的故障处理;组织科研、技改的研究和实施工作,对本专业的故障处理进行技术支持。

③组织技术管理文件、规程编写,提高维修质量和故障处理能力。

④编报本专业各种检修、材料、工具、培训计划。

⑤建立和检查本专业各种记录、台账、报表,向上级提供各种运行报表。

⑥接受上级指令,明确本专业目标,并将目标展开到班组及责任人。

⑦提供良好服务,接受各种检查监督,认真整改不足。

⑧处理各种反馈信息,确保生产的正常开展,及时反馈各种信息。

⑨开展本专业技改、科研项目,使本专业设备不断完善。

(3)工班长的职责

工班长是整个工班在行政和业务上的领导人,应负责做好以下工作:

①接受行政上级的领导和专业工程师的业务指导,主持本班组的工作。

②根据部门下达的工作计划,编制检修工作计划,并负责组织实施。

③督促全工班人员,并以身作则严格遵守有关规程和制度,发现问题及时处理,确保人身和设备的安全。

④制定班组管理制度,并负责实施。

⑤负责工班的工器具使用、保养和班前维修的管理,及时提出工器具的补充和报废计划。

⑥负责管理班组备用材料,按程序领用和储备备品、备件,负责填写备品、备件使用报表,并上报相关部门。

⑦负责收集和上报各种票据作业单。

⑧做好班组的修旧利废组织工作,降低各种维修开支。

⑨负责本班组的检修记录,用工记录,原材料消耗,能源消耗工作量的记录和统计工作。

⑩审核班组人员的工作表现和工作能力,编制有关的培训计划,并在获准后负责实施。

⑪组织学习有关安全生产的文件和规程;组织进行事故预想演习;组织分析本工班的事故和事故苗子,并提出反事故措施。

⑫按时完成工作总结及填报各种报表。

⑬组织搞好班组的文明生产。

(4)班员的职责

①在工班长领导下,负责对所辖设备进行日常巡视、检查、维护、维修和抢修工作。

②熟悉所管辖范围内设备和供电系统情况,并能根据技术标准、工作程序完成操作任务和生产任务。

③熟悉掌握所辖设备的维护、保养方法和检修工艺。

④正确使用和维护工器具和测试仪表、仪器。

⑤严格执行各项规章制度和电气安全、技术规程,确保设备及人身安全。

⑥认真做好设备运行及维护、抢修工作的各项原始记录工作,认真填写各种工作作业票。

⑦积极主动参加各种培训,不断提高技术业务能力。

⑧有权督促操作者的正确作业、向工班长及各级反映情况和提出意见,有权参与工班的各种考评。

(5)变电所值班(巡视)人员的职责

值班(巡视)人员在值班时间内,负责设备的正确维护与安全运行,其主要工作有设备巡视及维护保养;表计监视和记录;倒闸操作;办理检修作业手续;事故、故障和缺陷的处理;整理资料并进行运行分析;清洁环境等。

对值班(巡视)人员的要求是能做到"五熟"、"三能"。

"五熟":

①熟悉本所主接线和二次接线的原理及其布置和走向;

②熟悉本所电气设备型号、规格、工作原理、构造、性能、用途、检修标准、巡视项目、停运条件和装设位置;

③熟悉本所(区段)继电保护和自动、远动装置及仪表等的基本原理和装设位置;

④熟悉本岗位的各种规章、制度及标准化作业程序;

⑤熟悉本所(区段)正常和应急的运行方式、操作原则、操作卡片和事故处理原则。

"三能":

①能分析、判断正常和异常的运行情况;

②能及时发现并排除故障、缺陷;

③能掌握一般的维护、检修技能。

值班(巡视)人员的具体职责见表 6.1。

表 6.1　值班(巡视)人员的具体职责

	值班负责人	值班(巡视)员	助理值班员
交接班	1. 交班前:检查所有的记录、图纸、资料、备品及当天的工作票。 2. 交接班时:点名、介绍值班期间运行、检修情况。 3. 接班时: (1)带领交、接班人员进行巡视; (2)根据交接班人员介绍的情况,重点检查有关的记录及运行日志; (3)批准接班	1. 交班前:检查当班时负责的记录。 2. 交接班时:留守控制室,监视设备运行。 3. 接班时: (1)参加交接班巡视,重点检查主要设备(变压器、断路器、隔离开关、互感器),并检查测量、保护装置的切换片、开关等; (2)监护助理值班员试验信号及表计; (3)检查操作命令记录、断路器跳闸及保护动作记录、故障缺陷记录及图纸、资料等	1. 交班前:检查当班时负责的记录和工具、备品。 2. 交接班时:参加交接班巡视并测量蓄电池。 3. 接班时: (1)参加交接班巡视,重点检查避雷装置、高压母线、电缆、端子箱、控制室内设备安装及接触情况; (2)测量蓄电池; (3)在监护下试验信号及表计; (4)检查避雷器动作记录、主变过负荷记录,门卫记录、工具、备品及钥匙等
值班	1. 主持研究并安排当天工作。 2. 与电力调度联系,申请停电作业。 3. 监视异常设备、保护装置及表计的运行情况。 4. 参加熄灯巡视及特殊巡视。 5. 组织制定事故及设备缺陷的处理措施	1. 接调度电话。 2. 计算供电日报、月报,填写运行日志(抄表部分除外)。 3. 主要监视直流屏表计,调整端电池放电电流、浮充电电流,监视保护装置运行。 4. 参加定时巡视,根据值班负责人的要求参加特殊巡视。 5. 处理事故及设备缺陷	1. 接各站电话。 2. 抄表(小时负荷、主变过负荷、馈电线大负荷)并填写运行日志有关部分。 3. 监视控制屏,量计屏、交流屏上仪表指示及信号显示情况。 4. 根据值班负责人的要求参加各种巡视。 5. 协助值班员处理事故及设备缺陷

续上表

	值班负责人	值班(巡视)员	助理值班员
倒闸作业	1. 编写倒闸表。 2. 监护复杂的操作及未经模拟操作的紧急倒闸操作。 3. 助理值班员不在时进行操作	1. 准备操作卡片和操作记录。 2. 要令、销令、执行操作命令、监护倒闸操作	1. 准备安全工具和钥匙。 2. 在监护下进行操作。 3. 监护值班员要令、销令
断路器跳闸的处理	1. 带领值班员检查有关的设备。 2. 批准有缺陷设备的投运申请。 3. 检查有关记录及标示牌	1. 监护助理值班员确认并复归转换开关及有关信号。 2. 参加有关设备的检查。 3. 向电力调度汇报跳闸情况、设备状态,并做好记录	1. 在监护下复归转换开关及有关信号。 2. 在监护下检查有关设备。 3. 更换断路器跳闸次数标示牌
检修作业	1. 审查工作票。 2. 必要时监护办理工作票。 3. 验收设备,批准结束工作票。 4. 经常巡视检修作业地点,了解检修及安全情况	1. 审查工作票,向助理值班员交代准备工作。 2. 办理工作票。 3. 监护助理值班员执行及恢复安全措施。 4. 参加设备验收。 5. 随时巡视检修作业地点,了解检修及安全情况	1. 准备接地线,标示牌及防护栅等。 2. 在监护下,执行及恢复工作票上规定的安全措施。 3. 根据值班员负责人的安排参加检修组工作

注:1. 学习(实习)值班负责人、值班员、助理值班员在学习(实习)期间可分别在值班员负责人、值班员、助理值班员的监护下进行职责范围内的工作,并对其负责,其相应的监护人员亦有同样责任。

2. 值班负责人可临时代替值班员或助理值班员的工作。

(6)电力调度员的职责

①负责所辖范围内的供电生产工作,保证整个城市轨道交通供电系统安全运行和连续供电。

②认真贯彻执行有关规章、制度、命令和上级指示。

③执行供电协议有关条文,负责城市轨道交通与城市供电部门间供电范围内的有关工作协调与联系。

④执行供电系统的运行方式;制定故障下系统的紧急运行模式。

⑤对电调管辖范围内的设备在 OCC 远方直接进行设备停启、运行方式转换的操作,对 OCC 不能进行远控的设备,电调负责编写操作票发令到变电所值班员当地操作。

⑥审核所辖设备检修计划,根据批准的计划要求,组织设备的检修和施工,并负责对施工安全进行把关,对施工过程进行监控。

⑦指挥供电系统内的事故处理,参加事故分析,制定系统安全运行的措施。

⑧负责对供电系统的电压调整、继电保护、安全自动装置设备进行运行管理;执行继电保护及自动装置的运行、更改方案。

⑨收集整理本系统的运行资料并进行分析工作,总结交流调度运行工作经验,不断提高系统调度运行和管理水平。

3. 变电所无人值班的管理

在实现变电所无人值班时,对调度端的电调和站端的变电所值班(巡视)人员的要求均与有人值班时不同。由于地铁变电所具有站多、分散、距离短、方便巡视的特点,结合组织架构设置和人力资源的要求,可实行"无人值班,有人巡视"的办法。地铁变电所的日常管理可实行分段管理,一个工班负责一个分段区域(一般是 4～6 座车站,即7～10 座变电所)的值班、巡视、日常维护和操作及事故处理。为保证能迅速、准确接受当值调度的命令,及时赶赴现场,设立分段值班室,值班室应设置在与电调联系方便的牵引变电所,以利于及时掌握设备运行状态,该值班室设置一名分段值班员。在实行变电所无人值班的初期,分段管理的原则可按如下考虑:

(1)站端变电所值班(巡视)人员的管理原则

①职责

a. 按调度命令进行就地倒闸操作。值班人员为倒闸操作人(即变电所工作要令人),同时兼任变电所内工作许可人。有关检修班组工作负责人为倒闸操作监护人;若不是检修作业而进行的倒闸操作,由区段内其他人员做监护人。

b. 一般每天每分段设置一名分段值班员 24 h 在分段值班室值班,负责分段值班室所在车站的变电所的巡视和可能的倒闸操作、事故处理及本分段运行情况的收集;另设置两名巡视人员在白班负责除分段值班室所在车站外的变电所的巡视和可能的倒闸操作、事故处理。

c. 变电所设备正常巡视至少每天 1 次,节假日巡视每天至少 2 次,特殊巡视及增加巡视次数按相关规定执行,各分段的巡视人员巡视结束后,若无特别事情,须回分段值班室待命。

d. 一般各分段的巡视人员每天在巡视结束后,须将巡视变电所的《运行日志》送回分段值班室交由该室值班员保存,并将巡视情况交代给值班员。

e. 各分段的巡视人员在离开分段值班室前去巡视前,必须先告知电调去向并取得其许可方可前去。分段值班室的交接班按有关规定及交接班制度执行,若遇所辖范围变电所(包括分段值班室所在车站外的变电所)内主要一、二次设备运行方式有较大变动,或存在较严重的设备缺陷,或运行情况异常,或交接双方认为有必要到现场时,交接双方应一同到现场进行交接、检查、确认。

②倒闸操作

a. 凡具备遥控功能的设备倒闸操作,由当值电调负责遥控操作。其余操作由现场人员进行,并必须按规定各自填写操作票。

b. 有计划的或可预见的操作,根据情况由电调命令巡视人员提前到达需操作的变电所,听从指挥。

c. 倒闸操作由两人进行,一人负责操作,一人负责监护,现场操作人员到达现场执行前,还需与当值电调联系并取得许可后方可操作。

d. 现场操作人员按当值电调命令进行现场操作及事故处理,操作后要立即报告当值电调。

③设备异常及事故处理

a. 当设备发生事故危及人身及设备安全时,值班人员有权先将事故设备停电,然后立即汇报电调及有关领导。

b. 在所辖分段内出现设备事故跳闸时,值班人员必须尽快赶到事故现场,检查设备情况并汇报电调,并在电调的指挥下立即着手处理事故。

c. 远动装置失灵或不具备"四遥"功能的设备发生事故时,值班人员须汇报当值电调,并做好记录,按电调的命令处理事故。

(2)调度端管理原则

①任务和职责

a. 电调是整个供电系统的运行监控指挥人和操作执行人。

b. 当值电调必须认真监视各站的运行情况,并详细填写《运行日志》。

c. 交班时,须认真仔细交接,并试验警报音响是否正常。将本班中存在的问题和缺陷(包括远动系统)向下一班交代清楚,重大问题向直接领导直至上层主管领导汇报。

d. 操作时,一人操作,另一人监护,认真核实操作设备无误后再执行,并注意主机一次系统图设备位置显示及参数变化是否正确。如有疑问,应派变电值班巡视人员到现场检查开关设备实际位置及设备状况。

②设备异常及事故处理

a. 按"先通后复"的原则,用一切可能的方法(包括改变运行方式和动用设备的过负荷能力)尽力保证对接触网等重要负荷的供电。

b. 在遥控操作及断路器跳闸或重合闸后,应立即检查遥信、遥测及打印记录是否正常。如有疑问,应派变电值班巡视人员到现场检查。

c. 遥控操作时,若发生拒动或遥测、遥信异常等情况时,应按下列步骤进行检查:检查调度端控制室设备及远动通信是否正常工作;派变电值班巡视人员到现场检查站端设备是否正常,判明是否远动终端装置异常或变电所一、二次设备故障,根据情况分别进行处理。

d. 遥信动作后,应首先检查屏幕显示与打印记录是否相符,否则,应另行做好记录,然后根据具体情况分别对待复归信号。复归信号一般按下列规定进行:对主设备的主保护动作跳闸,必须待处理人员到达现场检查后,根据技术条件由电调遥控复归或由现场人员奉令复归保护的动作信号;无需派人到现场检查处理可恢复供电的或已恢复供电的,可用遥控复归。

6.1.3 工作任务

1. 调研一个供电中心的运行管理
(1)列出其组织架构;
(2)调研其人员配置情况;
(3)调研其主要岗位人员的职责;
(4)调研其主要的日常工作及年度重点工作。
2. 调研一个接触网工区的运行管理
(1)列出其组织架构;
(2)调研其人员配置情况;
(3)调研其主要岗位人员的职责。

6.1.4 分析与思考

本任务的目的是城市轨道交通供电管理,目前在实际工作中最常遇见的问题如下:
1. 认知城市轨道交通供电管理的特点,及其对从业人员的要求;
2. 认知城市轨道交通供电管理组织架构,以便进行职业生涯的规划。

模块 2 城市轨道交通供电系统运行

6.2.1 学习目标

1. 掌握变电所管理规程与制度;

2.掌握接触网管理规程与制度；

3.掌握电力监控管理规程与制度；

4.掌握城市轨道交通供电管理工作应备的记录和技术资料；

5.掌握城市轨道交通供电工作应备的工具和备件。

6.2.2　知识准备

6.2.2.1　运行管理的有关规程和制度

为加强城市轨道交通供电系统的运行管理工作,其管理部门除具备国家、行业颁发的有关规程、制度、标准、规定、导则、条例外,还必须根据具体情况制定实际可行、可操作的管理制度,以便各级人员有章可循,并便于积累资料和进行分析,进而提高各级人员的技术管理水平。

1.变电所管理规程和制度

一般而言,变电所的技术管理中应建立和保存如下的规程和制度：

①电力工业技术管理法规；

②变电所安全工作规程；

③变压器运行规程；

④整流机组运行规程；

⑤电力电缆运行规程；

⑥蓄电池运行规程；

⑦电气测量仪表运行管理规程；

⑧电气事故处理规程；

⑨继电保护及安全自动装置运行管理规程；

⑩电气设备交接和预防性试验标准；

⑪供电系统电压和无功调整规定；

⑫变电所运行管理制度；

⑬电气装置安装施工及验收规范；

⑭各种反事故技术措施。

以上需建立的规程和制度,根据具体的执行情况,可单独成册或合订。以下介绍现场运行规程的编制依据及内容、运行人员的相关值班制度、检修的相关制度。

（1）现场运行规程

根据供电生产的特点和长期的实践经验,供电部门科学地总结和制定了一套保证电力系统安全运行的规程和管理制度。但由于各供电单位设备配置不同,各变电所现场接线方式不同以及运行方式的不断变化,现场会出现各种不同的运行情况。对运行人员,要求不仅熟悉各种设备的构造、性能和工作原理,还应熟悉系统的连接方式和各种保护的配置情况,熟悉设备的操作和故障处理办法,能熟练处理各种异常情况。因此,必须在各种生产场所分别制定适应本场所设备具体情况的运行规程——现场运行规程,例如《××变电所现场运行规程》等。以下重点介绍变电所《现场运行规程》的编制、修订和执行中的注意事项。

现场规程的编制应在新变电所投运前完成,投运满一年时定稿。运行中设备更换时,应及时修改规程。变电所扩建时,除应补充新装设备的内容,还应对涉及原运行部分的条文予以修改。

①现场运行规程的编制依据

现场运行规程的编制和修订的主要依据有以下几个方面：

a.《电力工业技术管理法规》；

b. 供电行业中已成文的各种电气设备运行规程、安全工作规程和运行管理规程；

c. 本变电所一次结线、保护配置等设计资料；

d. 本变电所各种设备技术性能、使用说明等制造厂家资料；

e. 与变电所或系统有调度业务联系的调度部门制定的调度规程；

f. 本单位运行实践经验。

②现场运行规程的内容

现场运行规程一般应包括下列内容：

a. 各级运行人员及运行管理人员的岗位职责；

b. 主要设备的性能、特点、正常和极限运行参数；

c. 设备和建筑物在运行中检查巡视、维护、调整的要点及注意事项；

d. 设备的操作程序；

e. 设备异常及事故情况的判断、处理和注意事项；

f. 有关安全作业、消防方面的规定。

其中第 a 项有关人员的岗位责任也可与其他制度（如交接班制度、缺陷管理制度等）编在一起称为运行管理制度。第 d 项也可单独编为《××变电所的现场倒闸操作规程》，仍属于现场运行规程的一部分。

需要强调的是电气设备的正常运行巡视，倒闸操作和事故处理是运行工作的主要内容，变电所的现场运行规程不论采用什么编写形式，都必须突出这方面的内容。

③现场运行规程的修订

现场规程的修订过程是学习和深入体会规程精神实质的过程。除了扩建和更改工程完工后应组织对现场规程进行修改、补充外，正常运行的变电所也应定期组织对现场规程进行修订。修改、补充的根据，一般来自下列资料：

a. 运行分析报告中发现原规程的错漏或不足之处；

b. 反事故演习中发现的规程中不够明确的条款；

c. 事故分析中发现的错漏之处。

（2）变电所运行管理制度

规程制度是生产实践经验的总结，是有效组织生产和建立正常秩序的保证。运行规程是一种技术规程，技术规程是靠人员去贯彻实施的。因此，还必须建立相应的管理规程或管理制度，去制约人员在工作中的行为，以保证技术规程的正确执行。变电所运行岗位除了要认真执行现场规程外，还必须遵守下列各项管理制度。

①值班制度

虽然实现无人值班后，大部分设备具备"四遥"功能，但由于考虑经济的原因还有一部分设备，如大部分低压开关、部分站场隔离开关，还需就地操作和定期巡视。根据我国国情，目前变电所还需安全保卫，因此，无人值班的管理模式之一是有人值守，无人值班。

a. 牵引变电所值班人员应接受电力调度的统一指挥，保证安全、可靠、不间断地供电。

b. 每班应不少于两人同时值班，并在各自的职责范围内进行工作。

c. 值班人员当班时应做到：

(a)"五熟"、"三能"。

(b)正确执行电力调度命令,按规定进行倒闸、办理工作票并做好安全措施,参加有关的验收工作。

(c)按规定及时、正确地填写各种运行记录和报表。

(d)按规定巡视设备。当发现设备缺陷、异常现象,或发生事故时,应尽力妥善地处理,并按信息反馈渠道及时报告有关部门。

(e)严格执行有关规章、制度、细则、命令及指示。

(f)管好仪表、工具、安全用具、备品、钥匙及图纸、资料。

(g)保持所内清洁卫生,搞好文明生产。

(h)不擅离职守,不做与当班无关的事。不擅自互相替班、换班,特殊情况应经所长批准方可变更。

d. 接班前、值班中均应禁止饮酒。接班前应充分休息,以保证精力充沛地值班。

e. 控制室应保持安静。非当班人员及检修人员未经许可不准进入控制室、高压室和设备区。其他人员入所须按有关规定办理手续。

②交、接班制度

a. 交、接班必须按照规定的时间严肃、认真地进行。接班人员未到,交班人员不得离岗,超过规定时间仍未到时,应报告所长或上级领导,直至作出安排。

b. 交、接班前,交班的值班负责人应组织交班人员进行本班工作小结,将交、接班事项填入运行日志中。交班人员应提前一小时做室内、外卫生及交班准备工作。

c. 交、接班时应避免倒闸操作和办理工作票。如遇有重要或紧急倒闸操作以及处理事故等特殊情况,不得进行交、接班或暂停交、接班,只有倒闸完毕或处理事故一段落时,经电力调度和接班负责人同意后方可进行或恢复交、接班。在交、接班当中发生事故或设备出现异常时,虽暂停交、接班,但接班人员应主动协助处理。

d. 交、接班内容由交班负责人介绍,并由交、接班人员按下述内容共同巡视检查。

(a)设备在交班时的运行方式,前一班的倒闸情况。

(b)前一班发生的事故和所发现的设备异常以及处理情况。

(c)断路器跳闸情况,继电保护及自动、远动装置的运行及动作情况。

(d)设备变更和检修情况,尚未结束工作票的检修设备,尚未拆除的接地线的地点、数目,以及尚未恢复的熔断器等。

(e)各种记录是否齐全,所记内容是否符合实际情况及有关规定。

(f)仪表、工具、安全用具、备品、钥匙及图纸、资料等是否齐全、完好。

(g)已提报的计划检修项目。

(h)设备整洁、环境卫生、通信设备等方面的情况。

e. 交、接班双方一致认为交、接无问题后,方可办理交接手续。即由接班负责人签字并宣告交、接班工作结束,然后转由接班人员开始执行值班任务。

f. 接班后,新接班的值班负责人应向电力调度报告交、接班情况,并根据设备运行、检修以及气候变化等情况,向本班人员提出运行中的注意事项和事故预想等。

③巡视制度

a. 值班人员应按有关项目和要求,结合本所的设备运行情况,按规定的巡视路线进行巡视。

b. 巡视应按以下要求进行:

(a)交接班巡视:每日交接时进行。

(b)全面巡视:交接班和每班中间巡视。

(c)熄灯巡视:结合全面巡视时进行。

(d)特殊巡视:在遇有异常气候时(雨、雾、狂风暴雨、雷雨、冰雹),新安装及大修后的主变、断路器跳闸后,设备异常时应加强巡视。

c. 巡视内容:

(a)交接班巡视、全面巡视:全部设备的全部项目。

(b)熄灯巡视:各种设备的绝缘件和电器连接部有无放电或发热。

(c)特殊巡视:异常气候时有无绝缘破损、裂纹和放电;重点设备的电气连接、油色、音响和气味。

d. 巡视应做到:

(a)单独巡视可由值班员进行,但严禁进入设备带电区域。

(b)巡视人员进行巡视时不得从事其他工作。

(c)各种巡视均应通知值班员或电调,巡视后由巡视人员在运行日志上记录,发现缺陷时要及时处理,并由值班员填写缺陷记录,应对缺陷进行检查并复查处理后的情况是否正常。

④缺陷管理制度

设备缺陷管理制度是要求全面掌握设备的运行状态,以便及时发现设备缺陷,认真分析产生的原因,并尽快消除。掌握设备的运行规律,保证设备处于良好的技术状态,努力做到防患于未然,是确保设备安全运行的重要环节,也是科学安排设备检修、校验和试验工作的重要依据。

按对供电安全构成的威胁程度,缺陷分为严重缺陷和一般缺陷。严重缺陷是指对人身和设备有严重威胁,若不及时处理有可能造成事故的缺陷。一般缺陷是指对运行虽有影响,但尚能安全运行的缺陷。有关人员发现缺陷后,无论消除与否均应由运行值班人员在运行日志和缺陷记录簿中做好记录,并向有关领导汇报。对于严重缺陷,应及时组织人员消除或采取必要的措施,防止造成事故。对于一般缺陷,可列入设备检修计划进行检修处理。

⑤运行分析制度

定期地进行运行分析是提高供电质量、保证安全运行的重要技术组织措施。运行分析应包括下述内容。

a. 岗位分析:包括检查分析工作票、作业命令记录、倒闸操作记录及各项制度执行情况;统计倒闸操作正确率、办理工作票正确率、违章率;对发生违章的班组和个人找出原因并提出改进措施。此项分析一般每月或至少每季进行一次。

b. 计量分析:包括分析负荷情况;统计负荷率、最大小时功率、平均小时功率;统计受电量、供电量、自用电量、主变压器损耗、功率因数,并分析判断电能电量与实际负荷是否相符;核算主变压器是否经济运行,以决定单台或多台并联运行等。一般每日抄表后进行一次日分析,每周或至少每半月进行一次阶段分析。

c. 检修分析:包括分析检修计划完成情况,对未完成或延长检修期限的原因作出说明;统计每台(屏)设备定期检修消耗的材料和工时;统计每月维护检修所消耗的材料费用。

d. 设备运行分析:指对电气设备、继电保护、自动、远动装置和仪表等的运行情况、事故、故障、缺陷、异常等进行的分析。具体作法是根据有关记录对投入运行以来及当时出现的现象、有关的操作、处理的措施、恢复的情况等进行统计、分析(评价),从中总结经验教训,以便有针对性地加强检修或进行技术改造。变电所进行的专项设备运行分析一般有下列几种。

(a)变压器运行分析:内容包括变压器每月的最高及最低油(绕组、铁芯)温、最大和最小温升、过负荷情况、投运时间、投切次数、承受穿越性短路电流次数等。

(b)断路器运行分析:内容包括累计跳闸次数、每次跳闸时的短路电流、电压值、气压变化情况,以及断路器本身拒动、误动次数及原因等。

(c)电容补偿装置运行分析:内容包括投切次数、投运时间、投运效果等。

(d)继电保护、自动、远动装置运行分析:内容包括撤出运行的次数、时间和原因;动作的次数和原因;拒动、误动的次数及原因;核算动作正确率等。

⑥设备鉴定

设备完好是变电所安全运行的重要前提。在运行中除应搞好日常维护、检修外,还应于每年年底对电气设备进行设备鉴定。设备鉴定就是根据设备在鉴定当时的现状,以及在运行、检修中发现的缺陷的处理情况,并结合本周期的预防性试验结果进行综合分析后,对设备质量进行的一次等级评定。本年度新建或大修的设备还可结合竣工验收时对质量评定的结果来评定。除已封存的或已列入年度大修计划但尚未修的设备可不作鉴定外,其他所有设备(包括已安装的或替修用的备用设备)均应进行鉴定,一并统计。

设备鉴定是供电部门全面质量管理的重要组成部分,它采取边鉴定边整治的原则。通过鉴定可全面掌握设备质量,为拟定下一年度的设备检修计划和技术组织措施提供可靠的依据。

设备鉴定后的质量等级分为优良、合格、不合格三级。

a. 优良设备:要求技术状况全面良好,即预防性试验项目全部合格,可测量的技术数据均在标准范围之内,全部项目达到中修的质量标准,外观整洁,技术资料(铭牌,技术履历簿,历年试验报告,每年大、中、小修记录以及鉴定记录,历年事故、故障、缺陷和异常的记录)齐全。对于继电保护及自动、远动装置等二次设备还应有与现场设备相符的图纸。

b. 合格设备:要求预防性试验项目全部合格,主要技术数据在标准范围之内,主要项目达到中修的质量标准,次要项目达到小修的质量标准。

c. 不合格设备:是指预防性试验项目或主要技术数据有一项不合格,或者预防性试验超过规定周期10%仍未试验者,或其他项目有一项不符合小修质量标准者。

优良设备与合格设备统称为完好设备。

设备完好率=完好设备数/参加鉴定设备数。

电气设备鉴定结果应填入设备鉴定质量统计表6.2。鉴定时发现的设备缺陷应填入设备缺陷记录分析表6.3,并进行汇总分析,提出整修改善措施。对鉴定中发现的缺陷已在鉴定期间处理者,可按整修后的质量评定。

表 6.2　设备鉴定质量统计表

设备类别	单　位	总数量	鉴定数量	%	良　好		合　格		不合格	
					数量	%	数量	%	数量	%

编制:　　　　　　　　　　审核:　　　　　　　　　　审定:

表 6.3　设备缺陷记录分析表

序　号	设备名称	地　点	单　位	数　量	缺陷原因	达到修程	附　注

编制：　　　　　　　审核：　　　　　　　　　审定：

2. 接触网管理规程和制度

(1)接触网工作的有关规程规章

对于从事接触网运行维修人员，掌握有关规程规章是十分必要的。有关接触网运行维修的规章、规程主要有：

①《接触网安全工作规程》；

②《供电设备检修内容(接触网部分)》；

③《供电设备检修周期与工作内容(接触网部分)》；

④《通用电气安全规则》；

⑤《供电系统事故管理规则》；

⑥《行车组织规则》；

⑦《车厂动作手册》；

⑧《行车设备施工管理规定》；

⑨《调度手册电调分册》；

⑩《作业安全守则》；

⑪《突发事件应急处理办法》；

⑫《应急信息报告程序》；

⑬《事故抢险组织程序》；

⑭《设备技术鉴定办法》。

(2)接触网作业制度

①接触网检修作业，实行工作票制度，工作票按作业方式分为停电作业、远离作业两种形式。

②停电作业工作票适用于下列作业：

a. 需要接触网停电的作业；

b. 距离接触网带电部分 1 m 范围内的作业。

③远离作业工作票适用于距带电体 1 m 及以外的高空作业和复杂的地面作业。

④工作票由供电车间批准的发票人签发，交工作领导人执行，用后交值班人员保存，发票人和工作领导人安全等级不得低于 4 级。

⑤工作票一式两份，填写时应字迹清楚正确，不得用铅笔填写或任意涂改、删添，有效期不得超过 6 个工作日，保存期不得少于三个月，工作票一份交工作领导人执行，一份由发票人保存。

⑥工作票应在前一天由发票人交给工作领导人，使其有足够时间熟悉内容及做好准备，并讲清注意事项。工作领导人有疑问时发票人应解释清楚。

⑦执行工作票时应做到：

a. 发票人不得兼任作业领导人；

b. 未经发票人同意，不得改变工作票中的工作条件；

c. 一张工作票只能发给一个工作领导人，一个工作领导人手中不应同时接受两张工作票；

d. 事故抢修可不签发工作票,但应有电调命令。

⑧发票人应对下列各项负责:

a. 作业的必要性;

b. 作业是否安全;

c. 工作票中的安全措施是否完备;

d. 所派工作领导人和作业组成员是否合格和足够。

⑨工作领导人应对下列各项负责:

a. 作业地点、时间、作业组成员等是否都符合工作票中所提的要求;

b. 作业地点所采取的安全措施是否正确完备;

c. 时刻在场监督作业组成员的作业安全,如果必须短时离开作业地点时,要指定临时代理人,否则停止作业,并将人员和机具撤至安全地带。

⑩作业成员应做到:

a. 服从工作领导人的指挥调动,遵章守纪;

b. 对不明白和有疑问的命令要果断及时提出,当解释清楚后再执行,确保安全作业。

(3)交接班制度

①交班应在值班室当面进行。

②交班时应做到:

a. 清点、检查值班用品、用具。

b. 检查报表记录。

c. 检查消防器材用具。

d. 检查卫生状况。

e. 介绍工区设备、生产、安全、节约等情况。

③交班人员应主动讲清楚值班时工段的情况,不得漏交,并对值班用品的齐全、完好负责。

④接班人应主动询问交接疑问,查对值班用具和值班记录,发现问题应由交班人弄清并纠正。

⑤交接事项办理完后由交班者签名并注明交接时间,接班者签名后即对值班工作负责。

⑥事故发生中不可进行交接班,若必须交接班时,只有在接班者完全熟悉情况后方可办理;在未办理交接班手续前,交接班人员应密切合作。

(4)要令与销令制度

①在接触网设备上进行停电作业或倒闸操作时,均需有电力调度的命令。各种调度命令应有编号和批准时间,无编号和批准时间的命令无效,要令和销令时间应以电力调度员通知时间为准。

②要令程序

a. 作业组提前半小时与电调联系,由要令人向发令人报告班组、姓名、作业地点、内容及安全措施,申请作业命令。

b. 由发令人审查补充安全措施后,发布准许作业的命令内容。

c. 要令人复诵命令内容。

d. 发令人确认无误后,给予命令编号和批准时间并记载于命令票中。

e. 要令人复诵并确认命令编号和时间。

f. 发令人确认后告诉本人姓名并登记要令人姓名,结束要令手续。

g. 要令人将停电时间及电调提醒注意事项及时报告工作领导人。

③销令程序

a. 工作结束后,工作领导人命令撤除地线,检查现场,确保无妨碍送电及行车障碍后,销令人向发令人报告班组、姓名和命令编号,要求结束该令。

b. 由发令人复诵确认后,给销令人以销令时间并记载于命令票中,告知电调本人姓名、结束销令手续。

④要令人和销令人应做到:

a. 要令人和销令人由安全等级不低于三级的人员担任,要令、销令由一人进行,只有在通信中断和意外情况下要令人可委托安全等级相当的第二人代为销令。

b. 要令人和销令人应将调度命令清楚、正确地记录在作业命令票上,不得涂改和漏记。

c. 要令人和销令人应对下列各项负责:

(a)命令是否误解、误传、误记。

(b)允许作业时间是否延误。

(c)命令是否按时消除。

d. 要令、销令人应经常和作业组联系,随时掌握作业情况。作业未结束严禁提前销令和臆测销令,也不得晚销令,特殊情况要延长作业时间时,应提前 15 min 报告电调,申请延时命令。

e. 要令人应主动报告作业中重大问题,并回答电调的提问,销令人要提前与电调联系。

(5)开工与收工会制度

①接触网每次检修均执行开工、收工会制度,由工作领导人主持。开工、收工会时,作业组成员要列队和穿戴整齐。

②开工会:工作领导人检查作业组成员的穿戴;宣读工作票,布置安全措施;分派作业组成员的工作;回答作业组成员的疑问。

③作业组成员根据各自承担的工作,认真准备工器具和材料,并将其搬到作业车上。

④收工会:作业结束后,全体作业组成员开会,各作业组成员汇报工作中的安全和任务完成情况;汇报工作中遇到的业务问题、所出现的不安全现象及事故苗头等;工作领导人全面总结作业情况,指出问题,提出要求,并记录在工班日志上。

⑤作业组成员收拾工器具和材料,并入库整理。

(6)作业防护制度

①接触网检修作业应采取的有效防护措施:

a. 在正线区间作业时,应在区间两端车站设置防护红闪灯;

b. 在正线车站和车辆段作业时,在距作业区域两端适当处设置防护红闪灯;

c. 必要时,可设专人进行防护,其安全等级不低于三级。

②接触网检修作业时,由工作领导人或指派专人办理有关区间、车站封闭手续,对可能有工程车运行的区段应按下列要求设置坐台防护人员:

a. 车辆段作业时,设在车厂调度室;

b. 区间作业时,设在相邻车站站控室;

c. 车站作业时,设在该站站控室。

③站控室或车厂调度室防护人员应熟悉室内信号和通信设备,与值班员联系,说明工作地点、作业内容。如在车辆段占用股道作业,要得到值班员允许,并应主动询问或提醒值班员随

时掌握车辆运行情况。

④防护职责：

a. 防止列车进入作业区。

b. 防止作业组成员、工具等被列车撞到。

⑤防护人员应做到：

a. 检查并带好防护用品、对讲机、红黄信号旗、警笛等，晚上和隧道内应带信号灯；

b. 熟悉防护规定和正确显示各种防护信号；

c. 掌握作业区段的行车情况和作业进行情况。

⑥防护人员的配备、设备和撤离应由工作领导人决定，未设好防护不得开工，作业未结束不得撤除防护。

（7）验电接地制度

①接触网停电作业必须先进行验电接地。验电接地应由两人进行，一人操作，一人监护，操作人和监护人的安全等级分别不得低于二级和三级。

②验电使用验电器，将验电器端头轻靠接触网导线，无响声则为已停电。验电器使用前要验声，不合格者，即时调换。

③验明接触网已停电后，须在作业地点两端，以及和作业地点相连可能来电的所有停电设备上装设接地线。

④装设接地线时，先将接地线夹紧固在牵引轨上，再用绝缘棒将另一端地线挂钩接在停电的接触导线或辅助线上。拆除接地线则顺序相反，先拆连接停电设备端，再拆接牵引轨端。整个过程中，人体不得接触接地体。

⑤接地线采用截面不小于 $70 \, \text{mm}^2$ 的软铜铰线，不得有断股、散股和接头；接地时要连接牢固，接触良好。

（8）倒闸作业制度

①倒闸作业应有两人进行，一人监护，一人操作，操作人和监护人的接触网安全等级均不得低于三级。

②所有隔离开关的倒闸作业必须根据电力调度命令进行，并填写隔离开关倒闸命令票，按命令内容要求迅速完成。由其他部门负责倒闸的开关，倒闸前应由操作人员向该部门值班员办理准许倒闸手续并按有关规定操作。

③倒闸作业命令接受程序

a. 由操作人员向电调提出申请；

b. 值班电力调度审查后，发布倒闸作业命令；

c. 操作人员受令，填写隔离开关倒闸命令票并复诵（有疑问需问清）；

d. 值班电调确认无误后，给予编号和批准时间（无命令编号和批准时间的命令无效）；

e. 操作人进行倒闸作业，监护人在场监护；

f. 操作完后，操作人员立即向电调汇报，注销倒闸命令，并填写"隔离开关倒闸完成报告单"交由该区值班员保存；

g. 值班电力调度及时发布完成时间和编号，并将命令内容等记入"倒闸操作命令记录"。

④作业人员注意事项

a. 操作前戴好安全帽和绝缘手套，穿好绝缘靴；

b. 确认开关编号,检查开关状态和开关接地装置是否良好;

c. 打开隔离开关操作手柄上的挂锁;

d. 确定操作手柄牢固可靠,与手套接触不黏不滑;

e. 操作时应平衡迅速,一次开合到底,中途不准发生冲击或停滞;

f. 操作到位后,确认技术状态是否良好;

g. 用挂锁将操作手柄锁定,然后离开。

⑤倒闸作业须注意的有关事项

a. 严禁线路带负荷进行隔离开关倒闸作业,隔离开关可以开、合不得超过10 A的空载电流;

b. 隔离开关倒闸时所用绝缘手套及绝缘靴要求电气试验合格,操作前应对绝缘手套做漏气检查;

c. 隔离开关操作机构须用挂锁锁定,不得用铁丝或绳索等代替;

d. 挂锁钥匙应存放在固定地点,由专人保管,钥匙上应有标签注明相应的开关号码,并注意定期更新标签;

e. 相邻支柱上的隔离开关或同一根支柱上有多台隔离开关的,其钥匙不得相互通用;

f. 控制车辆段检修车库的隔离开关,其传动机构与检修平台上的铁门联锁,操作时应严格按有关规定进行;

g. 对于接地隔离开关,操作完后须检查接地刀闸是否安全到位;

h. 隔离开关倒闸作业整个过程要求准确迅速。

(9)自检互检制度

①接触网检修必须执行自检互检制度,自检由操作人进行,互检由第二操作人或监护人进行。

②自检时应做到:

a. 对设备各部按工艺、技术标准精检细检,不得漏检漏修。

b. 仔细检查设备质量,使其能满足安全运行至少一个周期。

c. 如实记录被检修设备的修前状态,修中措施和修后结论,填写有关报表记录并签名。

d. 对互检人指出的设备缺陷应确认复修,立即克服。

③自检人应负下列责任:

a. 对被检修设备质量和安全负责一个检修周期。

b. 对检修记录的完整性和真实性负责。

④互检时应做到:

a. 监督、协助检修操作人员按工艺、项目、程序和技术标准检修。

b. 确认被检修设备的质量,有怀疑时亲自检查,发现问题及时提出,要求操作人员重修,使其达到技术标准。

c. 检查自检人员填写的记录,确认完备、真实后签名。

⑤互检人应负下列责任:

a. 对被检修的质量和安全在一个周期内负次要责任,如互检人提出的缺陷遭操作人拒绝,互检人不负责任。

b. 对检修记录误记、漏记负次要责任。

(10)巡视作业制度

①接触网工区应对管内设备进行定期和不定期巡视,巡视人员的接触网安全技术等级不

低于三级。

②接触网巡视应按下列要求进行：

a. 步行巡视每半月一次，夜间巡视每季不少于一次。

b. 乘车巡视每季一次（一般由工长或工作领导人及工区指定人员进行），昼间巡视允许一人进行，夜间巡视不得少于两人。

③接触网不定期巡视应按下列要求进行：

a. 按电力调度口头命令进行巡视。

b. 异常气象（狂风、暴雨、山洪、塌方、爆炸作业等）时应进行针对性巡视。

c. 对重点设备和试验性设备应进行重点巡视。

④巡视应做到：

a. 将巡视地段、日期和巡视者姓名通知电调。

b. 备齐应携带的用具（如电话柱钥匙、警笛、信号旗等）和记录本。

c. 巡视人员不得攀登支柱，无论接触网是否停电均应以有电对待。需时刻注意来往的列车。

d. 步行巡视主要检查各部零部件是否合乎要求，是否有树木、飘落物、塌方落石等一切危害接触网的情况以及部件有无电晕闪络、发红等现象。乘车巡视主要观察集电弓取流，拉出值、接触导线硬点等情况。

e. 巡视中发现设备故障时，应主动采取保护措施，并设法尽快通知值班电调。

f. 每次巡视填好巡视记录，并对设备缺陷提出处理意见向工长报告，巡视情况当日应按时报告给规定部门及电力调度员。

g. 巡视发现的设备缺陷，工长应及时安排临修，一般缺陷应由工长向上级报告并提出处理意见。处理结果应纳入检修记录。

(11)设备分管制度

①接触网工段应将管内设备作业实行分管，作业组应将主要设备分给作业组成员分管，做到人各有责、物各有主。

②作业分管设备一般以站场区间分界，一般设备应由作业组集体负责，下列设备应分给作业组人员负责：

a. 隔离开关及开关箱；

b. 分段绝缘器；

c. 补偿器；

d. 锚段关节；

e. 馈电线及架空地线。

③各类标记、各种分管划界应明确具体，工段内应画出图表，监视执行，并保持一年的稳定性，不得经常变动人员分工。

④作业组成员对自己分管的设备应负以下责任：

a. 运行是否安全；

b. 检修是否按周期、项目、工艺进行，是否达到规定的质量标准。

⑤作业组成员应做到：

a. 全面掌握分管设备的技术状态。发现问题及时向作业组负责人和工长反映，分管人能单独处理的缺陷，由分管人员负责处理；分管人员无能力单独处理者，应及时向作业组或工长汇报，如果未向作业组或工长反映时,责任由分管人承担。如果反映未处理者,责任由作业人承担。

b. 分管人一般应亲自参加分管设备的检修处理并担任操作,因故不能参加检修时,应委托同一个作业组的成员代表参加,检修人员不得无故推辞。但设备检修时分管人应检查检修记录并签名。

c. 作业组负责人或工长,对分管人提出的设备缺陷应及时分析,根据轻重缓急处理。安排不当发生事故时,工长和作业负责人应负一定责任。

(12)设备运行分析制度

指对接触网的各种参数和状况等的运行情况、事故、故障、缺陷、异常等进行的分析。具体做法是根据有关记录对投入运行以来及当时出现的现象、处理的措施等情况等进行统计、分析(评价),从中总结经验教训,以便有针对性地加强维修或进行技术改造。接触网常进行的专项运行分析一般有下列几种。

①导线高度和拉出("之"字)值分析:内容包括导线高度和拉出("之"字)值的变化情况、相邻定位点导线的高差、曲线地段跨中偏移值的变化情况、锚段关节的过渡情况、线岔区是否良好等。

②弓网之间的运行状况分析:内容包括观察和分析运行中受电弓与接触网的取流状况、受电弓与接触线之间的接触力变化及受电弓的垂直加速度的变化情况等。

③补偿活动情况分析:内容包括补偿坠砣的上下活动规律、分析其实际活动量与理论值进行比较、判断补偿器的工作状态等。

④接触线磨耗分析:内容包括接触线全面磨耗值和重点、区段的磨耗值等。

⑤自然灾害情况分析:内容包括支柱基础的防洪分析、雷雨时节接触网防雷分析、台风时接触网防台风情况和隧道漏水情况分析等。

⑥接触网设备鉴定制度与变电所设备相同,可参考前述有关内容。

3. 电力监控管理规程和制度

(1)安全及检查制度

针对全线的设备,SCADA 工作人员的基本安全生产制度和作业纪律是必须认真执行"三不动"、"三不离"、"三不放过"、"三预想"、"三懂三会"和"三级检查制度"等安全措施,以及城市轨道交通运营部门的有关安全规章制度。

"三不动"是未联系登记好不动;对设备性能、状态不清楚不动;未经授权的人员对正在使用中的设备不动。

"三不离"是检查完不复查试验好不离;发现故障不排除不离;发现异状、异味、异声不查明原因不离。

"三不放过"是事故原因分析不清不放过;没有防范措施不放过;事故责任者和其他人员没有受到教育不放过。

"三预想"是工作前,预想联系、登记、检修设备、预防措施是否妥当;工作中,预想有无漏检、漏修和只检不修造成妨害的可能;工作后,预想是否检修都彻底,复查试验、加封加锁、消点手续是否完备。

"了解事故要三清"是时间清、地点清、原因清。

"三懂三会"是懂设备结构,会使用;懂设备性能,会维修;懂设备原理,会排除故障。

"三级检查制度"是部门每半年对管内主要设备检查一次;工班每季对管辖内的主要设备检查一次;SCADA 专业人员每月对管辖内的主要设备检查一次。各种检查后,均应有详细的设备运行记录。凡进行危险性较大、影响行车及安全的工作时,必须事先拟定技术安全措施,由专人负责执行。对维护工具及安全防护用品,在出前前必须进行检查,禁止使用不良工具和防护用品。未授权的任何人员严禁对本系统所有应用软件作任何改动。电调人员应严格按照有关操作程序进行操作和控制,并对自己的操作负责。SCADA 专业维修人员应严格按照操作维修规程进行维修作业;同时要遵守运营部门有关保密制度和规定。

(2)设备的日常维护与巡视制度

按照规定的时间、周期和项目,对全线 SCADA 设备进行检查并记录。进行 SCADA 维护作业按下列规定执行:

①凡有计划对设备进行拆卸、更换、移位、测试等工作,需中断设备使用时,应填写施工要点申请计划表报生产调度,施工前应按调度命令,在设备检查登记表中登记,经车站值班人员同意并签认后,方可作业。但作业前应告知 SCADA 值班人员。

②临时对 SCADA 设备进行拆卸、更换、移位、测试等工作,必须在设备检查登记表上登记,经车站值班员同意签认后,方可作业,但作业前应告知 SCADA 值班人员。若作业影响到相关专业设备,必须取得相关专业人员认可后,在相关专业的监护下方可作业。

③不松动电气节点,不拆断电气连线,不更换零配件和不分离机械设备的一般性检查,可不登记,但应加强与车站值班人员和 SCADA 值班人员的联系。

④检修作业的联系、清点和登记的要求:

a. 联系、清点前,必须核对准确检修作业地点、需要检修的设备、检修内容及对其他设备的影响范围。

b. 联系、清点和登记工作,由 SCADA 检修人员负责办理。

c. 登记的时间、地点和作业性质、设备编号和影响范围等内容,一经车站值班员同意签认后,任何人不得涂改。

d. 登记清点的维修作业,一般应在给定的时间内完成,遇有特殊情况需延长时间时,必须重新办理登记手续。

(3)设备故障处理制度

①为迅速进行事故障碍的处理,同时便于 SCADA 设备故障的管理及考核,要建立完善的故障受理制度。

②SCADA 检修人员应从生产调度处受理 SCADA 故障,故障受理要按要求填写故障受理表格。

③SCADA 设备发生故障,有关维修人员应及时准确地作出判断(判明故障位置、故障原因等),积极组织修复,把故障时间及影响控制在最小范围内。若无法维修,应及时上报。

④故障处理时限为在接到故障报告时的当班内应赶到现场,如果是仅需在线维修的设备,维修应在当班内完成,当班完成不了的,应报维修中心生产调度,并做好现场保护措施和下一步的维修计划;对必须离线维修的设备,在设备离线前,做好设备更换,经复查、检验以及运行恢复正常后,才离开现场,离线设备的维修应有计划和维修期限。

⑤SCADA 维修人员在故障处理完毕后,应对维修现场进行清理,恢复到原来状态,并及时消点。

⑥SCADA 维修人员应及时填写故障处理台账,记录故障情况及处理时间、结果,归档备查,对一时无法处理的故障要及时上报。

⑦严格事后检查制度,由 SCADA 班组对维修情况作核查,确保维修质量。

⑧故障处理时,不能影响接口专业的运作,涉及接口的维修,应先与其他专业协调,在其他专业监护下进行。

⑨故障处理要按故障处理程序进行,处理要做到三清,即时间清、原因清、地点清。部门对 SCADA 维护班组按月考核"三清率"。

6.2.2.2 应备的记录和技术资料

1. 变电所管理工作应备的记录和技术资料

(1)各种记录簿及其填写的要求

①运行值班日志

由值班人员填写当班期间变电所的运行情况,该表格格式可视本段各变电所接线及设备的具体情况自行设计。该日志应能反映系统运行方式及设备投运和停运的情况;设备检修时安全措施的布置;运行中继电保护、自动装置及仪表的运行状态;设备发生事故或异常时,事故的处理经过;设备的异常现象及发现的设备缺陷等。此外还应记录调度和上级关于运行的通知,受理工作票的情况;以及交接班的交班小结,与运行有关的其他事宜等。

②倒闸操作命令记录

用来记录电力调度员操作指令的发令人、受令人姓名,操作命令编号,操作命令的内容、时间及执行操作完成的时间和内容。格式可参考表 6.4。

表 6.4 倒闸操作命令记录

___年___月___日:

发令时间	内 容	变电所	卡片编号	发令人	受令人	命令编号	批准时间	完成时间(时分)

③设备缺陷记录

由发现缺陷的人员、处理缺陷的负责人及缺陷处理后进行验收的当班值班员分别分项填写有关内容。发现缺陷的人员包括参加设备巡视的各类人员、当班值班员、检修人员。变电所所长(分段负责人)每天(或每班)都要查看一次该记录,以便督促负责检修该设备的人员尽快处理。

缺陷内容包括日常运行中发现的缺陷和异常现象,检修过程中发现的但当时未能消除的缺陷,以及断路器故障跳闸超过规定次数等。格式可参考表 6.5。

表 6.5 设备缺陷记录

发现缺陷日期	发现缺陷人员	缺陷设备名称及运行编号	缺陷内容	变电所负责人(签名)	处理措施	处理缺陷负责人	验收人	消除缺陷日期

④蓄电池记录

由值班人员或检修人员填写蓄电池运行及充放电的情况记录。其中的运行方式一栏可按浮充、××A 电流放电、××A 电流充电来填写。根据使用的电池类型不同,可选用表 6.6 或表 6.7。

表 6.6 阀控密封铅酸蓄电池记录

变电所 _____ 测量时间 ___年___月___日___时___分 测量人 _____

运行方式：				浮充电压(V)：		浮充电流(mA)：	
环境温度(℃)：				合闸母线电压(V)：		控制母线电压(V)：	
序 号	电压(V)	序 号	电压(V)	序 号	电压(V)	序 号	电压(V)
1		15		29		43	
2		16		30		44	
3		17		31		45	
4		18		32		46	
5		19		33		47	
6		20		34		48	
7		21		35		49	
8		22		36		50	
9		23		37		51	
10		24		38		52	
11		25		39		53	
12		26		40		54	
13		27		41			
14		28		42			

表 6.7 碱性蓄电池记录

变电所 _____ 测量时间 ___年___月___日___时___分 测量人 _____

运行方式：				浮充电压(V)：				浮充电流(mA)：			
环境温度(℃)：				合闸母线电压(V)：				控制母线电压(V)：			
最高密度(g/cm³)：				最低密度(g/cm³)：				一般密度(g/cm³)：			
序 号	电压(V)	序 号	电压(V)	序 号	电压(V)	序 号	电压(V)	序 号	电压(V)	序 号	电压(V)
1		13		25		37		49			
2		14		26		38		50			
3		15		27		39		51			
4		16		28		40		52			
5		17		29		41		53			
6		18		30		42		54			
7		19		31		43		55			
8		20		32		44		56			
9		21		33		45		57			
10		22		34		46		58			
11		23		35		47		59			
12		24		36		48		60			

序　号	电压(V)	序　号	电压(V)	序　号	电压(V)	序　号	电压(V)	序　号	电压(V)	序　号	电压(V)
61		67		73		79		85			
62		68		74		80		86			
63		69		75		81		87			
64		70		76		82		88			
65		71		77		83		89			
66		72		78		84		90			

⑤保护装置动作和断路器自动跳闸记录

该记录由值班人员填写，内容为各种继电保护装置的动作及断路器自动跳闸的有关情况。格式可参考表6.8。

表6.8　保护装置动作和断路器自动跳闸记录

跳闸时间	断路器运行编号	保护动作				跳闸原因	复送时间
		保护名称	重合和强送情况	信号显示情况	计算机保护显示值		

在表中的"重合和强送情况"一栏中，为了区分各种情况，一般可按"重合成功"、"重合不成功"、"重合闸拒动"、"重合闸撤除"、"强送"、"手动合闸"等填入。

"强送"是指不管故障原因查明与否，凡跳闸后根据电力调度的命令合闸送电的，均称"强送"。"手动合闸"乃指正常停电后的送电。以上两种情况根据自动装置的原理，重合闸均不应动作。

在该记录中的"信号显示情况"一栏里，如音响、闪光、各种信号灯（包括信号继电器的信号）显示均正确时，方可填写正常，否则应逐项填写未正常显示的情况。

在"跳闸原因"一栏中，应写明故障性质、地点（包括区间和接触网杆号或定位），如系列车引起的故障跳闸，还应注明列车编号、列车车次。

"复送时间"一栏一般是指自动跳闸的断路器的复送时间，但为了尽快恢复供电而投入另一台主变压器或备用馈电线断路器时，则它们的投入时间即作为复送时间，这时应特别注明"送×××断路器"。

⑥保护装置整定记录

是原设计的保护整定值及其变更情况的记录。表中的整定值一栏即指设计值，应由变电所所长（分段负责人）统一填写。变更情况一栏则由变更整定值的工作领导人填写，当班值班员签认。格式可参考表6.9。

表 6.9 保护装置整定记录

保护名称		变流比		整定值	
被保护的设备名称和运行编号		变压比			
变更时间	变更原因	变更后的整定值	变更整定值负责人	值班员	备 注

⑦避雷器动作记录

平常运行时由值班(巡视)人员填写,动作计数器试验后则应由试验人员填写试验后读数,这时的差数应记为零,且不累计到动作次数内。格式可参考表 6.10。

表 6.10 避雷器动作记录

避雷器型号				设备编号			
制造厂				运行编号			
读 数	差 数	动作次数	记录时间	读 数	差 数	动作次数	记录时间

⑧设备检修记录

由检修工作领导人填写,当班值班员验收并签认。其中"修前状况、修后结语"栏均应记录有关的技术数据,例如对于隔离开关要记录分、合闸角度、止钉间隙、绝缘电阻、接地电阻等。"修中措施"栏除应注明是否按工艺检修外,尚应提出对修前不良状态的针对性处理措施。此外,"修后结语"栏还应记录存在的问题,并进行设备的质量评定,即给出"合格"或"不合格"的结论。对变压器、断路器、互感器等设备,一般采用表 6.11 格式的检修记录。对隔离开关、蓄电池、回流线、电容器和交、直流电源系统等,一般采用表 6.12 格式的检修记录。

表 6.11 变电所设备检修记录(一)

设备名称		安装地点		
规格型号		本次修程		
运行编号		出厂编号		
制造工厂		制造年月		
检修时间	年 月 日至 年 月 日	工作票号		
修前状况				
修中措施及内容				
存在问题				
检修负责人		验收负责人		质量评定

表6.12 变电所设备检修记录(二)

设备名称及设备编号		承修班组		检修时间	年 月 日至 年 月 日	
		检修人数		检修负责人		
安装地点及运行编号		修 程		质量评定	自验评语	
		验收负责人				
修前状态		修中状态			修后状态	

⑨事故处理记录

由所长(分段负责人)或指定的值班负责人填写所内发生的各种事故的有关情况(原因、处理情况及今后防止措施等)。格式可参考表6.13。

表6.13 事故处理记录

事故发生日期	当班人员	事故设备名称及运行编号	事故及其处理的详细情况	原因分析	今后防止措施	处理事故负责人	处理结束日期	变电所负责人(签名)

⑩安全用具、绝缘工具记录

由所长(分段负责人)指定的专人(工具保管员或安全员)填写。应逐一记录所内安全用具及绝缘工具的名称、编号、试验日期和试验结果等有关情况。格式可参考表6.14。

表6.14 工具强度试验记录

工具名称	试验标准	试验日期	试验周期	试验结果	备 注

以上各种记录所记载的内容是变电所运行中原始资料及数据的积累,极其重要。要求有关人员认真填写,妥善保管。填写时力求字迹工整、清晰,不得随意涂改、撕页。其中姓名应填写全名,时间应填年、月、日、时、分。此外,对于工班管理中还需建立有关安全和业务培训的相关记录,如《事故预想记录簿》记录事故预想的时间、事故简况、应采取的措施及处理步骤,还应记录对整个事故预想和处理的评价,以及参加预想的全体人员姓名。《反事故演习记录簿》记录反事故演习日期、参加人员姓名、演习的题目及内容,以及演习中发现的问题和今后宜采取的措施,并对演习做出评价。《安全活动记录簿》记录安全活动的日期、参加人员姓名、活动内容、发现的问题,以及为确保安全宜采取的措施。《培训记录簿》记录培训的项目、内容、时间,以及参加培训人员的姓名,对培训的评价和有关人员的签字。

(2)变电所的指示图表

为清晰明了系统地反映该变电所的概貌、紧急情况的处理及变电所的管理,一般还就以下事项的内容在必要的场所靠墙悬挂:

①系统模拟图板(主控制室);

②设备的主要运行参数；

③变电所紧急疏散图；

④变/配电所月份维护工作计划；

⑤变/配电所设备评级图表；

⑥有权发布调度操作命令人员名单（由主管部门发文明确）；

⑦有权签发工作票人员名单（由主管部门发文明确）；

⑧有权单独巡视高压设备人员名单（由主管部门发文明确切）；

⑨有权担当监护人员名单（由主管部门明确）；

⑩事故处理紧急使用电话表；

⑪定期巡视路线图；

⑫设备专责分工表；

⑬变电所相关运行制度。

（3）技术资料

①图纸

应备有主接线图,室内外设备平面布置图,配电装置断面图,保护装置及交、直流自用电系统图,二次接线展开图及安装图,各种屏、柜的背面接线图,电缆手册,防雷接地装置图。

②规程

应备有变电所安全工作规程,变电所运行检修规程,供电事故管理规则及其他有关细则、补充规定、标准等。

③资料

包括设备制造厂家及使用说明书,出厂试验记录,安装交接有关资料,设备改进、大中小修施工记录及竣工报告,历年大中修及定期预防性试验报告,设备事故、障碍及运行分析专题报告,设备发生的严重缺陷、移动情况及改造记录。

2.接触网管理工作应备的记录和技术资料

（1）接触网工班应具备的记录

接触网工班台账记录一般分管理台账和技术台账。管理台账和技术台账的设置应根据工班管理的实际情况,以及所辖接触网设备情况而定。

①管理记录

a.综合记录；

b.业务学习记录；

c.接触网值班日志；

d.交接班记录；

e.工器具管理记录。

②技术记录

a.接触悬挂、定位支持装置维修、调整及状况记录；

b.锚段关节维修记录；

c.下锚及补偿器维修记录；

d.接触悬挂线岔维修记录；

e.隔离开关维修记录；

f. 避雷器维修记录；

g. 支柱维修记录；

h. 接触网巡视取流检查记录；

i. 受电弓状态检查记录；

j. 接触线磨耗和损伤记录；

k. 综合维修记录。

（2）技术资料

接触网工班应根据设备情况配备有关的技术资料，以便作为接触网设备维修和事故处理时的依据。接触网工班一般应配备以下几种技术资料：

①全线供电分段图和模拟图；

②接触网平面布置图，包括接触网区间平面布置图和折返线、车辆段的平面布置图，它是接触网工班掌握设备的基本资料；

③设备安装图（装配图）、断面图（数据表）、安装曲线图、接触线磨耗换算表；

④隔离开关、避雷器、绝缘器等大型设备出厂说明书；

⑤有关隐蔽工程记录；

⑥有关设备大修竣工报告；

⑦设备和工具的机械或电气试验记录；

⑧设备维修记录和管理台账；

⑨导线接头位置表。

3. 电力监控管理工作应备的记录和技术资料

（1）各种记录簿及其填写的要求

①SCADA 软件修改记录表

SCADA 软件修改记录表目的是追踪记录专业软件的版本升级、数据库的修改等情况。格式可参考表 6.15。

表 6.15　SCADA 软件修改记录表

修改人		确认人	
修改日期			
修改名称			
修改地点			
修改原因			
修改内容			
修改后运动情况			
备　注			

序号用阿拉伯数字 1、2、3 等填写；设备名称填写分解到能更换的最小设备，如主控制盘（RTU）的 FSP 等；故障原因主要指发生故障的现象经过，如多次发生通道故障、PG 或 PC 显示颜色与实际开关位置不符合等；故障处理过程指实际操作过程，如更换故障模块等；故障处理时间如 2000 年 6 月 20 日表示为"2000,6,20"；故障发生时间如 2000 年 6 月 20 日表示为

"2000,6,20";处理人员为故障处理过程中的实际操作人员;检查人员为故障处理时的具体操作人员之外的其他人员,当操作时只有一个 SCADA 人员在场,则检查人员为工班长;备注记录故障处理过程中发生的其他一些相关现象。

②SCADA 设备维修记录表

SCADA 设备维修记录表目的是追踪记录设备故障原因、维修过程等情况。以便日后进行整理、分析,逐渐找出各种设备故障的规律及维修方法。格式可参考表 6.16。

表 6.16　SCADA 设备维修记录表

序　号	设备名称	故障原因	故障处理过程	发生故障时间	故障处理时间	处理人员	检查人员	备　注

③SCADA 设备更换记录表

SCADA 设备更换记录表的目的是追踪记录设备更换情况。对设备更换情况进行统计与归类,有利于判断 SCADA 系统可能发生故障的重点部件,从而为维修、保养等工作提供参考与帮助。格式可参考表 6.17。

表 6.17　SCADA 设备更换记录表

序　号	部件名称	部件编号	更换时间	更换前地点	更换后地点	新部件名称及编号	故障现象及更换原因	更换人员	检查人员	备　注

序号用阿拉伯数字 1、2、3 等填写;部件名称填写分解到能更换的最小单位的备件,如模拟屏 PLC 的 CPU 的 EPROM 等;部件编号为备件管理中所有备件或在线设备的部件编号,如 FSP-001 等;更换时间如 2000,6,20;更换前地点指部件发生故障时所在地,如某站 B 所;更换后地点指故障部件存放地点,一般为 OCC 备件房;新部件名称指代替故障部件的新部件名称,可以与故障部件相同,也可不同,如用交流 220 V 主控制盘(RTU)电源代替直流 110 V 主控制盘(RTU)电源,则该栏填"交流 220 V 主控制盘(RTU)电源";新部件编号如 FSP-001;故障现象及原因如多次发生通道故障等;更换人员指具体操作人员;检查人员为更换操作时的具体操作人员之外的其他人员,当操作时只有一个 SCADA 人员在场,则检查人员为工班长;备注栏则记录更换过程中发生的其他一些情况、故障备件或新部件曾经在其他地点用过等。

④OCC 交接班记录

当需要在 OCC 值班,对设备日常巡检、保养及故障处理,须在值班室设有交接班记录表。格式可参考表 6.18。

表 6.18 OCC 交接班记录

序 号	检查项目		各种发生情况的次数				
1	P500 记录中的故障记录	主、备机故障	突然出现错误提示,需重新启动	网络故障(主、备机联系中断)	正常操作中没有任何错误提示后重启动	电调错误操作	其他
		主控制盘(RTU)故障	主控制盘(RTU)自动复位	主控制盘(RTU)人工复位	主控制盘(RTU)L2 错误	原因不明	其他
		PAK 故障	单个 PAK 自动复位	单个 PAK 故障后需人工复位	两个 PAK 故障后需人工复位	两个 PAK 自动复位	其他
2	归档程序		各种情况确认			备 注	
			日报表是否及时生成	电度值是否正常	Transfer data是否正常		
3	各种硬件设备情况		各种硬件情况确认			备 注	
			良好	一般	差		
		打印机					
		主、备机					
		TCI					
		UPS					
		归档、信号、维护机					
		模拟屏					

交班人签名：　　　　　接班人签名：　　　　　日期：　　年　月　日

　　OCC 交接班记录的填写由交班人员和接班人员共同完成,在交接班前 15 min 内共同检查各设备、各记录以及各种表格等,并作好签名记录。

　　a. 主备机故障突然出现错误提示,需重新启动情况的填写格式为:若没有该类情况发生则不填;若有这种情况发生则用阿拉伯数字填写具体次数。

　　b. 主备机网络故障栏的填写格式为:若没有该类情况发生则不填;若有这种情况发生则用阿拉伯数字填写具体次数。

　　c. 正常操作中没有任何错误提示后重启动的填写格式为:若没有该类情况发生则不填;若有这种情况发生则用阿拉伯数字填写具体次数。

　　d. 电调错误操作格式为:若没有则不填;若有则指明出现错误操作的具体内容。

　　e. 主控制盘(RTU)自动复位的填写格式为:若没有则不填;若有则用阿拉伯数字填写具体次数。(若变电所没有电话通知 OCC 而出现主控制盘(RTU)复位情况则视为自动复位,反之为手动复位)

　　f. 主控制盘(RTU)手动复位的填写格式为:若没有则不填;若有则用阿拉伯数字填写具体次数。(若变电所没有电话通知 OCC 而出现主控制盘(RTU)复位情况则视为自动复位,反之为手动复位)

g. 主控制盘(RTU)L2 错误的填写格式为：观察 P500 记录后若没有主控制盘(RTU)L2 错误则不填；若有则用阿拉伯数字填写具体次数。

h. 原因不明的填写格式为：故障处理设备正常后，找不到具体原因的情况，必须说明故障现象和具体解决办法。

i. 单个 PAK 自动复位的填写格式：查看 P500 记录，用阿拉伯数字记录其次数。

j. 单个 PAK 故障后须人工复位的填写格式：用阿拉伯数字记录其次数。

k. 两个 PAK 故障后须人工复位的填写格式：用阿拉伯数字记录其次数。

l. 两个 PAK 自动复位的填写格式：查看 P500 记录，用阿拉伯数字记录其次数。

m. 日报表是否及时生成的填写格式：填是或否(参考电调的意见)。

n. 电度值是否正常的填写格式：填是或否(参考电调的意见)。

o. Transfer data是否正常的填写格式：填是或否(视报表机报表程序是否工作正常)。

p. 各种硬件设备情况分为良好、一般、差三种。记录时在相应等级下划√。其中设备各部件完全工作正常且清洁、整洁的则为良好；设备各部件完全工作正常且基本清洁、整洁的则为一般；设备各部件基本工作正常且清洁、整洁程度一般的则为差。

(2)技术资料

电力监控系统应备的技术资料至少应包括以下内容：

①《电力监控系统(SCADA)合同附件》；

②《SCADA 部件操作手册》；

③《电力监控系统操作手册》；

④《电力监控系统应急预案》；

⑤《电力监控系统远程控制接口柜维修手册》；

⑥《电力监控系统远程控制终端柜维修手册》；

⑦《电力监控系统不间断电源柜维修手册》；

⑧《电力监控系统设备检修周期与工作内容》。

6.2.2.3　应备的工具和备件

1. 变电所应备的工具和备件

根据变电所运行的特点，各变电所中应备的安全用具、绝缘工具见表 6.19。为了在故障情况出现时快速处理问题，除在供电部门的基地存放相关的工具、备件外，结合城市轨道交通变电所点多、分散的特点，一般还需在部分重要的变电所存放常用工具及备品，可参见表 6.20。

表 6.19　变电所安全用具、绝缘工具一览表

序 号	名 称	规 格	数 量	备 注
1	绝缘手套、绝缘靴	高压	2 双	
2	绝缘胶垫		足够	在需要的地方铺设
3	绝缘夹钳		2 把	
4	验电器	DC 110 kV、35 kV、1 500 V	各 1 支	根据电压等级确定
5	警告牌、标示牌		若干	包括"有人工作、禁止合闸"、"禁止分闸"、"止步、高压危险"、"在此工作"等

序号	名　称	规　格	数　量	备　注
6	临时防护栅、绝缘挡板		4～6块	可用干燥木材或坚韧的绝缘材料制成
7	接地杆、接地线		9根	接地杆应轻便并有一定绝缘强度，接地线用不小于 25 mm² 截面的裸铜软绞线制成，两端应有焊接牢固的接线端子
8	绝缘杆、绳、滑轮、硬梯		适量	需进行带电作业时配备
9	安全帽		4顶	
10	防护镜		2副	

表 6.20　变电所常用工具、备品一览表

序号	名　称	规　格	数　量	备　注
1	熔断器	规格	交流不少于3个、直流不少于2个	
2	熔丝	各种规格	适量	
3	信号灯具、灯泡	各种规格	灯具为使用数3%、灯泡为使用数20%	每种至少配备一套（只）
4	镀锌螺栓、螺母、平垫圈、弹簧垫圈	与各种金具配套	适量	
5	端子排、端子、镀铬螺丝、螺母、平垫圈、弹簧垫圈	各种规格	适量	二次接线所用及继电器、屏（柜）仪表所用
6	电工工具、维修用工具	全套	1	
7	蓄电池组检修专用工具	全套	1	
8	携带式仪表：万用表、钳形表、兆欧表、直流电压表	500 V、1 000 V、2 500 V、	各1	
9	其他易耗材料、零件		若干	
10	照明用具	个	3	
11	各类测控装置备用模块	块	至少各1	各类模块

2.接触网应备的工具和备件

接触网在运行与维修过程中，必须要有些工具和备品，以维持维修工作正常地开展。

（1）常用工具

接触网运行维修中常用的工具见表 6.21。

表 6.21　接触网运行维修应备的工具

序号	名　称	规　格	数　量	备　注
1	导高拉出值测量仪		1套	数量可根据实际需要配置
2	克丝钳	250 mm	2把	
3	斜口钳	175 mm	2把	
4	活动扳手	250 mm	2把	
5	两用扳手	8～24 mm	1套	

序号	名　称	规　格	数　量	备　注
6	内六角扳手	6～12 mm	各 1 把	
7	螺丝刀	300 mm	2 把	
8	扭矩扳手	10～100 N·m	1 把	
9	管子扳手	14 英寸、16 英寸	各 1 把	
10	钢卷尺	10 m	1 把	
11	皮尺	30 m、50 m	各 1 把	
12	水平尺	600 mm、1 200 mm	各 1 把	
13	千分尺	0～300 mm	1 把	
14	塞尺	0.02～1 mm、0.02～0.1 mm、200 mm	各 1 把	
15	线坠	0.5 kg、1 kg	各 1 个	
16	万用表	普通型	1 台	
17	接触地摇表	手摇式	1 台	
18	兆欧表	1 000 V/1 000 MΩ、2 500 V/2 500 MΩ	各 1 台	
19	电烙铁	30 W、50 W	各 1 把	
20	冲击钻		1 把	
21	电锤		1 把	
22	手扳葫芦	0.5 T、1.5 T、3 T	各 2 个	
23	拉链葫芦	1.5 T、3 T	各 2 个	
24	双钩紧线器	120 mm²、150 mm²	各 4 个	
25	楔形紧线器	120 mm²、150 mm²	各 4 个	
26	导线正弯器		2 个	
27	导线正面器		2 个	
28	断线剪	300 mm、600 mm	各 1 把	
29	导线煨弯器		1 个	
30	铁锤	1 kg、2 kg	各 1 把	
31	塑料锤		1 把	
32	电工套件	24 件套	1 套	
33	锉刀	7 件套	1 套	内有平锉、圆锉、三角锉等
34	压接钳	液压式	1 套	带 120～400 mm² 压模
35	手持式钢锯		1 把	
36	砂轮切割机	台式、手持式	各 1 台	
37	望远镜	10 倍	2 台	
38	照明工具		若干	含轻便式发电机、照明工具等
39	整形锉	5 件套 200 mm	1 套	

（2）常用备品

接触网运行维修中常备的备品见表6.22。

表6.22 接触网运行检修应备的备件

序号	名 称	规 格	数 量	备 注
1	铁线	$\phi4.0$ mm	若干	
2	不锈钢线	$\phi3.2$ mm	若干	
3	各种规格的吊弦		若干	
4	补偿绳	GJ-70、GJ-50	若干	
5	铜绞线	150 mm^2	1盘	整盘
6	软铜绞线	35 mm^2、10 mm^2	若干	
7	接触线	120 mm^2	1盘	整盘
8	定位器（管）	各种规格型号	各1套	
9	定位线夹	各种规格型号	各5个	
10	吊弦线夹	各种规格型号	各5个	
11	接触线接头线夹	120 mm^2	5个	
12	铜绞线预制接头	120 mm^2、150 mm^2	各5个	含终端、中间预制接头
13	楔形线夹	双耳式、杆座式	各5个	
14	正馈线支持线夹		5个	
15	腕臂	各种型号	3根	
16	拉杆	各种型号	各3根	
17	压管	各种型号	各3根	
18	绝缘子	各种型号	各10个	
19	定位环	各种型号	各3个	
20	套管绞环	各种型号	各3个	
21	支持器	各种型号	各3个	
22	腕臂底座	各种型号	各3个	
23	拉杆底座	各种型号	各3个	
24	补偿滑轮		3个	
25	补偿棘轮		3个	
26	坠砣		若干	
27	隔离开关本体		3台	
28	隔离开关刀闸		5套	
29	隔离开关操作机构	手动式、电动式	各2套	
30	分段绝缘器	单线式、双线式	各2台	
31	支柱	各种型号	各2根	
32	隧道倒立柱	各种型号	各3根	
33	无缝钢管	1英寸、1.5英寸、2英寸及2.5英寸	各2根	

续上表

序号	名　称	规　格	数　量	备　注
34	角钢	50 mm×50 mm、40 mm×40 mm	若干	
35	圆钢	ϕ10 mm、ϕ16 mm	若干	

3. 电力监控系统(SCADA)应备的工具和备件

(1)工具

电力监控系统应备的工器具分为专用工具、普通工具两类,详见表 6.23。

表 6.23　SCADA 应备的工器具

序　号	名　称	数　量	备　注
1	特殊接头指针万用表	1 台以上	
2	LIAN 接收线	1 条以上	监视通道情况时用
3	模拟屏安装器	1 个	
4	弱电接线工具箱	1 箱	
5	接线工具箱	1 箱	
6	FSP 参数线	2 条	修改参数时用
7	NML 参数线	2 条	修改参数时用
8	集成块起拔器	1 个以上	用于拔集成芯片
9	普通万用表	若干	每次巡检、作业、检修时必备
10	一字螺钉旋具	若干	
11	十字螺钉旋具	若干	
12	镊子	1 个以上	
13	手电筒	若干	
14	尖嘴钳	若干	
15	剥线钳	若干	
16	六角匙	若干	
17	钢丝钳	若干	
18	焊锡器	若干	

(2)备件

电力监控系统应备的备件分为特殊备件、普通备件两类,详见表 6.24。

表 6.24　SCADA 备件一览表

序　号	名　称	数　量	备　注
1	工控机(带专用通信口)	1 台以上	专用备件
2	FSP 模块	1 个以上	专用备件
3	模拟屏指示灯	1 个以上	专用备件
4	主控制盘(RTU)电源模块	1 个以上	专用备件

续上表

序　号	名　称	数　量	备　注
5	通信模块	1个以上	专用备件
6	时钟模块	1个以上	专用备件
7	以太网线	6m以上	普通备件
8	稳压器	1个以上	普通备件
9	打印机	1台以上	普通备件
10	显示器	1台以上	普通备件
11	计算机电源	1个以上	普通备件

6.2.3　工作任务

1.调研一个供电中心的运行

(1)列出其主要的管理规章制度;

(2)调研其主要的日常工作及年度重点工作。

2.调研一个接触网工区的运行

(1)列出其主要的管理规章制度;

(2)列出其主要的应备记录和技术资料;

(3)列出其主要的应备的工具和备件。

6.2.4　分析与思考

本任务的目的是城市轨道交通供电系统运行,目前在实际工作中最常遇见的问题如下:

1.认知城市轨道交通供电系统运行所应备记录和技术资料;

2.认知城市轨道交通供电系统运行所应备的工具和备件。

复习思考题

1. 城市轨道交通供电系统的运行管理方针是什么?

2. 城市轨道交通供电系统的正常运行工作有哪些?

3. 设备的异常状态是指什么?

4. 什么叫预防性试验?

5. 什么是缺陷管理制度?

附录 1　电气设备常用图形符号

元件名称	图形符号（新）	元件名称	图形符号（新）
双绕组变压器	形式1 形式2	灯和信号灯，闪光型信号灯	
电压互感器	形式1 形式2	机电型位置指示器	
电流互感器（有两个铁芯和两个二次绕组）	形式1 形式2	断路器，自动开关	
电流互感器（有一个铁芯和两个二次绕组）	形式1 形式2	隔离开关	
		负荷开关	
电铃	或（旧）	三级开关单线表示	（旧）
电警笛，报警器		三级开关多线表示	（旧）
蜂鸣器	或（旧）	火花间隙	
		熔断器	
电喇叭		避雷器	

续上表

元件名称		图形符号（新）	元件名称		图形符号（新）
接触器（具有灭弧触点）	常开（动合）触点		非电量触点	常开（动合）触点	
	常闭（动断）触点			常闭（动断）触点	
按钮	动合	不闭锁 / 闭锁	电阻		
			可变电阻		
	动断	不闭锁 / 闭锁	电容	一般形式	
				极性电容	
			电感,线圈,扼流圈,绕组		
			带磁芯的电感器		
			二极管（一般符号）		
手动开关			三极管	PNP 型	
				NPN 型	
位置开关,限位开关	常开（动合）接点		蓄电池		
			桥式全波整流器		
	常闭（动断）接点		整流器		

元件名称		图形符号（新）	元件名称		图形符号（新）
整流器／逆变器			常闭（动断）触点		
连接片	闭合	形式1　　形式2	中间断开的双向转换触点		
	断开		接触器	常开灭弧接点	
切换片				常闭灭弧接点	
端子	一般符号		继电器接触器	被吸合时延时闭合的动合触点	形式1　（旧）　形式2
	可拆卸的端子	（旧）		被释放时延时断开的动合触点	形式1　（旧）　形式2
继电器线圈				被释放时延时闭合的动断触点	形式1　（旧）　形式2
继电器电压线圈				被吸合时延时断开的动断触点	形式1　形式2　（旧）
继电器电流线圈					
极化继电器的线圈					
缓慢释放继电器的线圈					
缓慢吸合继电器的线圈					
常开（动合）触点		形式1　　　形式2	仪表的电流线圈		

元件名称	图形符号（新）	元件名称		图形符号（新）
仪表的电压线圈	⊖	有功电能表		Wh
电压表	Ⓥ	无功电能表		varh
电流表	Ⓐ	信号继电器	机械保持的常开（动合）触点	
有功功率表	Ⓦ		机械保持的常闭（动断）触点	
无功功率表	var			

附录2　常用电气设备文字符号对照表

名称	新符号 单字母	新符号 多字母	旧符号	名称	新符号 单字母	新符号 多字母	旧符号
重合闸装置		APR	ZCH	出口继电器		KCO	BCJ
电源自动投入装置		AAT	BZT	跳闸位置继电器		KCT	TWJ
中央信号装置		ACS		合闸位置继电器		KCC	HWJ
故障距离探测装置		AUD		事故信号继电器		KCA	SXJ
电容器	C			预告信号继电器		KCR	YXJ
避雷器	F			电源监视继电器		KVS	JJ
熔断器		FU	RD	接触器		KM	C
蓄电池		GB		闭锁继电器		KCB	BSJ
绿灯		GN		瓦斯继电器		KG	WSJ
警铃		HAB		合闸继电器		KOH	HJ
蜂鸣器、电喇叭		HAU		跳闸继电器		KTP	
信号灯、光指示器		HL		电抗器、电感器、线圈、永磁铁	L		
跳闸信号灯		HLT		电动机	M		
合闸信号灯		HLC		电流表		PA	
光字牌	H			电压表		PV	
继电器	K		J	有功电能表		PJ	
电流继电器		KA	LJ	无功电能表		PRJ	
电压继电器		KV	YJ	有功功率表		PPA	
过电压继电器		KVO		无功功率表		PPR	
欠电压继电器		KVU		断路器		QF	DL
差动继电器		KD	CJ	隔离开关		QS	G
阻抗继电器		KI	ZKJ	接地刀闸		QSE	
重合闸继电器		KCA		刀开关		QK	DK
极化继电器		KP	JJ	灭磁开关	Q		MK
干簧继电器		KRD		电阻器;变阻器	R		R
时间继电器		KT	SJ	电位器		RP	
信号继电器		KS	XJ	红灯		RD	
控制(中间)继电器		KC	ZJ	控制回路开关	S		
防跳继电器		KCF	TBJ	控制开关(手动)、选择开关		SA	KK
按钮开关		SB	AN	半导体器件:晶体管、二极管	V		
变压器;调压器	T		B	三极管		VT	
电力变压器		TM	B	连接片、切换片		XB	LP
自耦调压器		TT	ZT	端子排		XT	
电流互感器		TA	LH	合闸线圈		YC	HQ
电压互感器		TV	YH	跳闸线圈		YT	TQ
整流器		UF	ZL				

参 考 文 献

[1] 郑瞳炽,张明锐. 城市轨道交通供电系统. 北京:中国铁道出版社,2000.

[2] 何宗华. 城市轨道交通供电系统运营与维修. 北京:建筑出版社,2006.

[3] 中铁电气化勘测设计研究院. 9 号线供电初步设计. 2007.

[4] 马沂文,白秀梅. 城市轨道交通研究. 城市轨道交通供电接触网类型的比较. 2003(1).

[5] 刘海玲. 铁道工程学报. 城市轨道交通第三轨安装工艺浅谈. 2004(4).

[6] 于松伟. 都市快轨交通. 我国地铁接触轨技术发展综述与研发建议. 2004(2).

[7] 唐晓岚,余杨武. 科技交流. 城轨接触网支柱及结构型式的方案研究. 2005(4).

[8] 北京城建设计院. 北京地铁 10 号线牵引供电系统投标文件. 2003.

[9] 梁广深. 城市轨道交通研究. 城市轨道交通供电制式分析探讨. 2008(6).

[10] 周志敏,周纪海,纪爱华. 阀控式密封铅酸蓄电池实用技术. 北京:中国电力出版社,2004.

[11] 白忠敏,於崇干,刘百震,等. 现代电力工程直流系统. 北京:中国电力出版社,2004.

[12] 何永华. 发电厂及变电站的二次回路. 北京:中国电力出版社,1997.

[13] 邹仉平. 实用电气二次回路 200 例. 北京:中国电力出版社,2000.

[14] 文锋. 电气二次接线识图. 北京:中国电力出版社,2000.

[15] 袁乃志. 发电厂和变电站电气二次回路技术. 北京:中国电力出版社,2004.

[16] 黄栋,吴轶群. 发电厂及变电站二次回路. 北京:中国水利水电出版社,2004.

[17] 于松伟. 城市轨道交通供电系统设计原理与应用. 成都:西南交通大学出版社,2008.

[18] 李威. 地铁杂散电流腐蚀监测及防护技术. 徐州:中国矿业大学出版社,2004.

[19] 朱宏. 城市轨道交通概论. 北京:中国铁道出版社,2011.

[20] 贺威俊. 轨道交通牵引供变电技术. 成都:西南交通大学出版社,2011.